Der Übergang von Arbeitsverhältnissen wider Willen bei einer Unternehmensumwandlung

Europäische Hochschulschriften
Publications Universitaires Européennes
European University Studies

Reihe II
Rechtswissenschaft

Série II Series II
Droit
Law

Bd./Vol. 3976

PETER LANG
Frankfurt am Main · Berlin · Bern · Bruxelles · New York · Oxford · Wien

Margret Hohner

Der Übergang von Arbeitsverhältnissen wider Willen bei einer Unternehmensumwandlung

PETER LANG
Europäischer Verlag der Wissenschaften

Bibliografische Information Der Deutschen Bibliothek
Die Deutsche Bibliothek verzeichnet diese Publikation in der Deutschen Nationalbibliografie; detaillierte bibliografische Daten sind im Internet über <http://dnb.ddb.de> abrufbar.

Zugl.: Regensburg, Univ., Diss., 2004

Diese Arbeit wurde im Wintersemester 2003/2004
von der Juristischen Fakultät der Universität Regensburg
als Dissertation angenommen
(Erstgutachter: Prof. Dr. Reinhard Richardi,
Zweitgutachter: Prof. Dr. Ingo Koller).

D 355
ISSN 0531-7312
ISBN 3-631-52695-4

www.peterlang.de

Meinen Eltern

INHALTSVERZEICHNIS

Literaturverzeichnis

Ahrens, Martin, Anmerkung zum Urteil des BAG vom 18.3.1999, EzA Nr. 177 zu § 613 a BGB

Alvensleben, Constantin von, Die Rechte der Arbeitnehmer bei Betriebsübergang im Europäischen Gemeinschaftsrecht, Baden-Baden 1992 (zitiert: Betriebsübergang)

Andresen, Boy-Jürgen/Förster, Wolfgang/Rößler, Norbert/Rühmann, Jochen, Arbeitsrecht der betrieblichen Altersversorgung mit sozialrechtlicher Grundlegung, 1. Auflage, Köln 1999 (zitiert: Betriebliche Altersversorgung)

Annuß, Georg, Der Betriebsübergang nach „Ayse Süzen", NZA 1998, 70 ff.
ders., Der Betriebsübergang in der neuesten Rechtsprechung des Bundesarbeitsgerichts, BB 1998, 1582 ff.
ders., Kündigung widersprechender Betriebsratsmitglieder bei Betriebs(teil)-übergang, DB 1999, 798 ff.

Arens, Wolfgang/Spieker, Ulrich, Umwandlungsrecht in der Beratungspraxis, Bonn 1996 (zitiert: Umwandlungsrecht)

Ascheid, Reiner/Preis, Ulrich/Schmidt, Ingrid, Hrsg., Großkommentar zum Kündigungsrecht, München 2000 (zitiert: Großkommentar-Bearbeiter)

Bachner, Michael, Arbeitsrechtliche Folgen des neuen Umwandlungsgesetzes, AuA 1996, 217 ff.
ders., Individualarbeits- und kollektivrechtliche Auswirkungen des neuen Umwandlungsgesetzes, NJW 1995, 2881 ff.
ders./Köstler, Roland/Trittin, Wolfgang/Trümner, Ralf, Arbeitsrecht bei Unternehmensumwandlung, Handbuch für Praktiker, Köln 1997

Backhaus, Ludger, Betriebsübergang nach § 613 a BGB bei Erwerb des Betriebsvermögens durch ein Bündel von Rechtsgeschäften mit betriebsfremden Dritten?, DB 1985, 1131 ff.

Backmeister, Thomas/Trittin, Wolfgang, Kündigungsschutzgesetz mit Nebengesetzen, Kommentar zum Kündigungsschutzgesetz und weiteren wichtigen Vorschriften des Kündigungsrechts, München 2000 (zitiert: Backmeister/Trittin-Bearbeiter, KSchG)

Balze, Wolfgang/Rebel, Wolfgang/Schuck, Peter, Outsourcing und Arbeitsrecht, 1. Auflage, München 1997 (zitiert: Outsourcing)

Bauer, Jobst-Hubertus, Unternehmensveräußerung und Arbeitsrecht, arbeitsrechtliche Probleme bei der Übertragung von Unternehmen, Betrieben, Betriebsteilen und Geschäftsanteilen, Heidelberg 1983 (zitiert: Unternehmensveräußerung)
ders., Beendigung von Arbeitsverhältnissen beim Betriebsübergang, DB 1983, 713 ff.
ders., Zuordnung von Arbeitsverhältnissen beim Betriebsübergang, DB 1983, 1097
ders., Kein Widerspruchsrecht der Arbeitnehmer bei Betriebsübergang, NZA 1990, 881 ff.
ders., Nochmals: Kein Widerspruchsrecht, NZA 1991, 139 f.
ders., Aktuelle Probleme des Personalabbaus im Rahmen von Betriebsänderungen (Teil I), DB 1994, 217 ff.
ders., Sozialversicherungsrechtliche und steuerliche Konsequenzen bei der Beendigung von Arbeitsverhältnissen, in: Preis, Ulrich/Willemsen, Heinz Josef, Hrsg., Kölner Tage des Arbeitsrechts, Umstrukturierung von Betrieb und Unternehmen im Arbeitsrecht, Köln 1999, S. 188 ff. (zitiert: Bauer, in: Preis/Willemsen, Kölner Tage des Arbeitsrechts)
ders./Diller, Martin, Wettbewerbsverbote, Rechtliche und taktische Hinweise für Arbeitgeber, Arbeitnehmer und vertretungsberechtigte Organmitglieder, 2. Auflage, München 1999 (zitiert: Wettbewerbsverbote)
ders./Klein, Olaf, Sozialauswahl bei Teilzeitbeschäftigung, BB 1999, 1162 ff.
ders./Lingemann, Stefan, Das neue Umwandlungsrecht und seine arbeitsrechtlichen Auswirkungen, NZA 1994, 1057 ff.
ders./Steinau-Steinrück, Robert von, Neuregelung des Betriebsübergangs: Erhebliche Risiken und viel mehr Bürokratie!, ZIP 2002, 457 ff.

Baumann, Thomas, Arbeitsrechtliche Aspekte des neuen Umwandlungsrechts, DStR 1995, 888 ff.

Baumann, Wolfgang, Die Einmann-Personengesellschaft, BB 1998, 225 ff.

Becker, Friedrich/Hillebrecht, Wilfried, Mitbegründer, Gemeinschaftskommentar zum Kündigungsschutzgesetz und zu sonstigen kündigungsrechtlichen Vorschriften, 6. Auflage, Neuwied 2002 (zitiert: KR-Bearbeiter)

Becker, Friedrich/Wulfgramm, Jörg, Kommentar zum Arbeitnehmerüberlassungsgesetz, 3. Auflage, Neuwied 1985 (zitiert: Becker/Wulfgramm, AÜG)

Beisel, Wilhelm/Klumpp, Hans-Hermann, Der Unternehmenskauf, München 1996

Belling, Detlev W./Müsgen, Thomas K., Arbeitsrechtliche Aspekte der Sanierung von Betrieben in den neuen Bundesländern, NZA 1991, Beil. 1, 7 ff.

Bepler, Klaus, Der Betriebsbegriff des Kündigungsschutzgesetzes und die Kleinbetriebsklausel, AuR 1997, 54 ff.

Berenz, Claus, Aktuelle Probleme im Sozialplanrecht – Die Regelung des § 112 V BetrVG, NZA 1993, 538 ff.

Berger-Delhey, Ulf, Anmerkung zum Urteil des EuGH vom 5.5.1988, EzA Nr. 89 zu § 613 a BGB

Bernstein, Rainer, Die Kündigung von Betriebsratsmitgliedern bei Stillegung einer Betriebsabteilung nach § 15 V KSchG, NZA 1993, 728 ff.

Berscheid, Ernst-Dieter, Die Auswirkungen der arbeitsrechtlichen Vorschriften des Umwandlungsgesetzes auf die einzelnen Arbeitsverhältnisse und die Beteiligungsrechte des Betriebsrats, in: Farthmann, Friedhelm/Hanau, Peter/Isenhardt, Udo/Preis, Ulrich (Hrsg.), Arbeitsgesetzgebung und Arbeitsrechtsprechung, Festschrift zum 70. Geburtstag von Eugen Stahlhacke, Berlin 1995, S. 15 ff. (zitiert: Berscheid, FS Stahlhacke)

Beuthien, Volker/Hadding, Walther, Gesamtredaktion, Studienkommentar zum BGB, Erstes bis Drittes Buch (§§ 1-1296), 2. Auflage, Frankfurt 1979 (zitiert: StudK BGB)
Biedenkopf, Sebastian, Interessenausgleich und Sozialplan unter Berücksichtigung der besonderen Probleme bei der Privatisierung und Sanierung von Betrieben in den neuen Bundesländern, Berlin 1994 (zitiert: Interessenausgleich und Sozialplan)

Binz, Karlheinz, Zur Gesellschafterhaftung aus Dauerschuldverhältnissen nach Umwandlung einer Personenhandelsgesellschaft in eine GmbH, GmbHR 1978, 145 ff.

Birk, Rolf, Anmerkung zum Urteil des BAG vom 2.10.1974, EzA Nr. 1 zu § 613 a BGB
ders., Anmerkung zum Urteil des BAG vom 17.11.1977, AP Nr. 10 zu § 613 a BGB

ders., Der EuGH und das Widerspruchsrecht des Arbeitnehmers beim Betriebsinhaberwechsel, EuZW 1993, 156 ff.

Blank, Michael/Blanke, Hermann/Klebe, Thomas/Kümpel, Winfried/Wendeling-Schröder, Ulrike/Wolter, Henner, Arbeitnehmerschutz bei Betriebsaufspaltung und Unternehmensteilung, 2. Auflage, Köln 1987 (zitiert: Blank, u.a., Betriebsaufspaltung)

Blomeyer, Wolfgang/Otto, Klaus, Gesetz zur Verbesserung der betrieblichen Altersversorgung, Kommentar, 2. Auflage, München 1997 (zitiert: Blomeyer/Otto, BetrAVG)

Boecken, Winfried, Der Übergang von Arbeitsverhältnissen bei Spaltung nach dem neuen Umwandlungsrecht, ZIP 1994, 1087 ff.
ders., Unternehmensumwandlungen und Arbeitsrecht, Köln 1996 (zitiert: Unternehmensumwandlungen)

Böttcher, Conrad/Zartmann, Hugo/ Kandler, Götz, Wechsel der Unternehmensform: Umwandlung - Verschmelzung - Einbringung, 4. Aufl., Stuttgart 1982

Bötticher, Eduard, Zum Übergang der Arbeitsverhältnisse auf den Betriebsnachfolger, in: Festschrift für Arthur Nikisch, Tübingen 1958, S. 3 ff. (zitiert: Bötticher, FS Nikisch)

Borngräber, Helmut, Arbeitsverhältnis bei Betriebsübergang, Düsseldorf 1977 (zitiert: Betriebsübergang)

Bossmann, Michael, Die Auswirkungen des Betriebsübergangs nach § 613 a auf die Wettbewerbsverbote, Berlin 1993 (zitiert: Wettbewerbsverbote)

Bracker, Ulrich, Betriebsübergang und Betriebsverfassung, Berlin 1979 (zitiert: Betriebsübergang)

Brecher, Fritz, Vertragsübergang, Betriebsnachfolge und Arbeitsverhältnis, in: Festschrift für Walter Schmidt-Rimpler, Karlsruhe 1957, S. 181 ff. (zitiert: Brecher, FS Schmidt-Rimpler)

Brinkmann, Antje, Die Spaltung von Rechtsträgern nach dem neuen Umwandlungsrecht, Eine Analyse ihrer individualarbeitsrechtlichen Folgen, Berlin 1999 (zitiert: Spaltung von Rechtsträgern)

Brox, Hans/Rüthers, Bernd, Arbeitsrecht, 14. Auflage, Köln 1999

Buchner, Herbert, Anmerkung zum Urteil des BAG vom 28.3.85, EzA Nr. 96 zu § 626 BGB n.F.
ders., Wettbewerbsverbote während und nach Beendigung des Arbeitsverhältnisses, Heidelberg 1995 (zitiert: Wettbewerbsverbote)
ders., Die Ausgliederung von betrieblichen Funktionen (Betriebsteilen) unter arbeitsrechtlichen Aspekten (I und II), GmbHR 1997, 377 ff., 434 ff.

Büdenbender, Ulrich, Kurzkommentar zum Urteil des BAG vom 15.12.1998, EWiR 1999, 437 f.

Busche, Jan, Anmerkung zum Urteil des BAG vom 7.4.1993, DZWiR 1994, 115 ff.

Carl, Dieter, § 613 a BGB – eine Norm im Spannungsfeld zwischen Insolvenz- und Europarecht, AuA 1993, 293 ff.

Commandeur, Gert, Betriebs-, Firmen- und Vermögensübernahme, München 1990
ders., Individualrechtliche Probleme des Widerspruchs des Arbeitnehmers beim Betriebsübergang, NJW 1996, 2537 ff.

Däubler, Wolfgang, Das Widerspruchsrecht des Arbeitnehmers bei Betriebsübergang - ein Verstoß gegen EG-Recht?, NZA 1991, 134 ff.
ders., Der Gemeinschaftsbetrieb im Arbeitsrecht, in: Bettermann, Karl August/Löwisch, Manfred/Otto, Hansjörg/Schmidt, Karsten, Hrsg., Festschrift für Albrecht Zeuner zum siebzigsten Geburtstag, Tübingen 1994, S. 19 ff. (zitiert: Däubler, FS Zeuner)
ders., Das Arbeitsrecht im neuen Umwandlungsgesetz, RdA 1995, 136 ff.
ders./Kittner, Michael/Klebe, Thomas, Hrsg., BetrVG, Betriebsverfassungsgesetz, Kommentar für die Praxis, 8. Auflage, Frankfurt 2002 (zitiert: DKK-Bearbeiter, BetrVG)

Debong, Bernhard, Die EG-Richtlinie über die Wahrung der Arbeitnehmeransprüche beim Betriebsübergang, Ein Vergleich ihrer Umsetzung in der Bundesrepublik Deutschland und Frankreich, Pfaffenweiler 1988 (zitiert: Betriebsübergang)

Dehmer, Hans, Umwandlungsgesetz und Umwandlungssteuergesetz, 2. Auflage, München 1996

Dieterich, Thomas/Hanau, Peter/Schaub, Günter, Hrsg., Erfurter Kommentar zum Arbeitsrecht,
1. Auflage, München 1998 (zitiert: ErfK[1]-Bearbeiter)
3. Auflage, München 2003 (zitiert: ErfK-Bearbeiter)

Dörner, Klemens Maria/Luczak, Stefan/Wildschütz, Martin, Handbuch Arbeitsrecht, 3. Auflage, Neuwied 2002 (zitiert: Dörner/Luczak/Wildschütz-Bearbeiter, Handbuch Arbeitsrecht)

Dorndorf, Eberhard/Hauck, Friedrich/Kriebel, Volkhart/Weller, Bernhard/ Höland, Armin/Neef, Klaus, Heidelberger Kommentar zum Kündigungsschutzgesetz, 3. Auflage, Heidelberg 1999 (zitiert: HK-Bearbeiter, KSchG)

Dreher, Martina, Die zeitlichen Grenzen des arbeitnehmerseitigen Widerspruchs bei Betriebsübergang – Zugleich eine Analyse der Rechtsprechung des BAG -, BB 2000, 2358 ff.

Düwell, Josef, Umwandlung von Unternehmen und arbeitsrechtliche Folgen, NZA 1996, 393 ff.
ders., Arbeitsrechtliche Chancen und Risiken von Outsourcing, in: Hanau, Peter, Hrsg., Richterliches Arbeitsrecht, Festschrift für Thomas Dieterich, München 1999, S. 102 ff. (zitiert: Düwell, FS Dieterich)
ders., Arbeitsrechtliche und betriebsverfassungsrechtliche Fragen bei Zusammenschluß von Betrieben oder Betriebsteilen, in: Rieder, Hans Dieter, Hrsg., Umstrukturierung bei Banken und Versicherungen, Münster 1994, S. 231 ff. (zitiert: Düwell, in: Rieder, Umstrukturierung)

Ehrich, Christian, Das Widerspruchsrecht des Arbeitnehmers beim Betriebsübergang (§ 613 a BGB) – keine Makulatur!, NZA 1993, 635 ff.

Ende, Monika, Das Recht des Arbeitnehmers auf Beendigung seines Arbeitsverhältnisses bei Betriebsübergang im EG-Recht, NZA 1994, 494 ff.

Engelmeyer, Cäcilie, Die Spaltung von Aktiengesellschaften nach dem neuen Umwandlungsrecht, Köln 1995 (zitiert: Spaltung von Aktiengesellschaften)

Enneccerus, Ludwig/Lehmann, Heinrich, Recht der Schuldverhältnisse, 15. Auflage, Tübingen 1958 (zitiert: Schuldrecht)

Ensthaler, Jürgen, Hrsg., Gemeinschaftskommentar zum Handelsgesetzbuch, 6. Auflage, Berlin 1999 (zitiert: GK-Bearbeiter, HGB)

Fabricius, Fritz/Wiese, Günther/Kraft, Alfons/Kreutz, Peter, Betriebsverfassungsgesetz, Band II: §§ 74-132 mit Kommentierung des BetrVG 1952 und des Sozialplangesetzes, Gemeinschaftskommentar, 5. Auflage, Berlin 1995 (zitiert: GK-Bearbeiter, BetrVG)

Falder, Roland, Kündigungsschutz für alle – Wunschdenken oder Realität, NZA 1998, 1254 ff.

Falkenberg, Rolf-Dieter, Auswirkungen des § 613 a BGB in der betrieblichen Praxis, DB 1980, 783 ff.

Feger, Dieter, Grundrechtliche Aspekte des Rechts der Europäischen Gemeinschaften auf dem Gebiet der abhängigen Arbeit, RdA 1987, 13 ff.

Fenn, Herbert/Klose, Oliver, Voraussetzungen und Folgen des Widerspruchs gegen den Arbeitgeberwechsel bei § 613 a BGB – BAGE 88, 196, JuS 2000, 531 ff.

Feudner, Bernd W., Kündigungsschutz von Betriebsräten bei Betriebsübergang, DB 1994, 1570 ff.

Fischer, Lorenz, Individualarbeitsrechtliche Probleme beim Betriebsübergang nach § 613 a BGB, Mainz 1980 (zitiert: Betriebsübergang)

Fitting, Karl/Kaiser, Heinrich/Heither, Friedrich/Engels, Gerd/Schmidt, Ingrid, Betriebsverfassungsgesetz, Handkommentar, 21. Auflage, München 2002 (zitiert: FKHES, BetrVG)

Flume, Werner, Allgemeiner Teil des bürgerlichen Rechts, Band 2, Das Rechtsgeschäft, 3. Auflage, Berlin 1979

Franzen, Martin, Der Betriebsinhaberwechsel nach § 613 a BGB im internationalen Arbeitsrecht, Heidelberg 1994 (zitiert: Betriebsinhaberwechsel)
ders., Die Richtlinie 98/50/EG zur Änderung der Betriebsübergangsrichtlinie 77/187/EWG und ihre Auswirkungen auf das deutsche Arbeitsrecht, RdA 1999, 361 ff.

Freitag, Angelika, Der Einfluß von § 4 BetrAVG auf Spaltungen nach dem neuen Umwandlungsgesetz – zugleich ein Beitrag zu § 132 UmwG, München 1998 (zitiert: Einfluß von § 4 BetrAVG)

Freytag, Sabine, Die Auswirkungen der Spaltung auf die Rechte der Arbeitnehmer, Münster 2000 (zitiert: Auswirkungen der Spaltung)

Gagel, Alexander, Hrsg., Sozialgesetzbuch III – Arbeitsförderung - , Kommentar, Band 1, München 2001 (zitiert: Gagel-Bearbeiter, SGB III)

Galperin, Hans, Gutachten Betriebsnachfolge, BB 1952, 322 ff.
ders., Betriebsnachfolge und Betriebsinhaberwechsel (Teil I und II), Eine Begriffsbestimmung, DB 1962, 1078 ff., 1113 f.

Gaul, Björn, Beteiligungsrechte von Wirtschaftsausschuß und Betriebsrat bei Umwandlung und Betriebsübergang, DB 1995, 2265 ff.
ders., Das Schicksal von Tarifverträgen und Betriebsvereinbarungen bei der Umwandlung von Unternehmen, NZA 1995, 717 ff.
ders., Gestaltungsspielraum bei Sozialplanabfindungen, DB 1998, 1513 ff.
ders., Die neue EG-Richtlinie zum Betriebs- und Unternehmensübergang, 1. Teil: Begriffe, Haftungsfragen, Unterrichtungspflichten, Kündigung, Insolvenzfall, BB 1999, 526 ff., 2. Teil: Beteiligung der Arbeitnehmervertretung, Günstigkeitsprinzip, BB 1999, 582 ff.
ders./ Otto, Björn, Unterrichtungsanspruch und Widerspruchsrecht bei Betriebsübergang und Umwandlung, DB 2002, 634 ff.
ders./Kühnreich, Mathias, Weiterbeschäftigung statt betriebsbedingter Kündigung, BB 2003, 254 ff.

Gaul, Dieter, Betriebsinhaberwechsel und Arbeitsverhältnis, München 1966 (zitiert: Betriebsinhaberwechsel)
ders., Der Betriebsinhaberwechsel und seine einzelvertraglichen Auswirkungen, BB 1979, 1666 ff.
ders., Weiterentwicklung zur Auslegung des § 613 a BGB, in: Boewer, Dietrich, Aktuelle Aspekte des Arbeitsrechts, Fest- und Jubiläumsschrift zum 65. Geburtstag und zum 30jährigen Bestehen der Arbeitsrechtlichen Arbeitskreise Dieter Gaul, Berlin 1987, S. 140 ff. (zitiert: Gaul, in: Boewer, Aktuelle Aspekte des Arbeitsrechts)
ders., Auswirkungen des rechtsgeschäftlich begründeten Betriebsüberganges auf nachwirkende Wettbewerbsvereinbarungen und Geheimhaltungspflichten, NZA 1989, 697 ff.
ders., Das Widerspruchsrecht des Arbeitnehmers beim Betriebsübergang und seine Rechtswirkungen, ZfA 1990, 87 ff.
ders., Gemeinsame Anmerkung zu BAG EzA Nr. 44-46 zu § 613 a BGB
ders., Anmerkung zum Urteil des EuGH vom 5.5.1988, EzA Nr. 89 zu § 613 a BGB

ders., Der Betriebsübergang: Arbeitsrecht – Sozialrecht – Gesellschaftsrecht – gewerblicher Rechtsschutz, 2. Auflage, Böblingen 1993 (zitiert: Betriebsübergang)
ders./Gajewski, Peter, Die Betriebsänderung, Interessenausgleich – Sozialplangestaltungen – Betriebsbedingte Kündigung – Rechtsstellung leitender Angestellter, Köln 1993 (zitiert: Betriebsänderung)

Geck, Reinhard, Die Spaltung von Unternehmen nach dem neuen Umwandlungsrecht, DStR 1995, 416 ff.

Gentges, Peter, Die Zuordnung von Arbeitsverhältnissen beim Betriebsübergang, RdA 1996, 265 ff.
ders., Anmerkung zum Urteil des BAG vom 7.4.1993, AP Nr. 22 zu § 1 KSchG Soziale Auswahl

Gerauer, Alfred, Betriebsratsamt und Betriebsübergang, Kündigung eines Betriebsratsmitglieds wegen Widerspruchs gegen den Übergang seines Arbeitsverhältnisses bei Veräußerung einer Betriebsabteilung, BB 1990, 1127 f.

Gitter, Wolfgang, Betriebsübergang und Arbeitsverhältnis unter besonderer Berücksichtigung der Zustimmung des Arbeitnehmers, in: Gamillscheg, Franz/Hueck, Götz/Wiedemann, Herbert, Hrsg., Festschrift 25 Jahre Bundesarbeitsgericht, München 1979, S. 133 ff. (zitiert: Gitter, FS BAG)

Goutier, Klaus/Knopf, Rüdiger/Tulloch, Anthony, Hrsg., Kommentar zum Umwandlungsrecht, Umwandlungsgesetz – Umwandlungssteuergesetz, Heidelberg 1996 (zitiert: Goutier/Knopf/Tulloch-Bearbeiter, UmwG)

Gragert, Nicola, Kündigungsschutz in Kleinbetrieben, NZA 2000, 961 ff.
dies./Kreutzfeldt, Heiko, Anmerkung zum Urteil des BAG vom 12.11.1998, AP Nr. 20 zu § 23 KSchG

Grell, Dieter, Der Betriebsinhaberwechsel, Köln 1957 (zitiert: Betriebsinhaberwechsel)

Grobys, Marcel, Die Neuregelung des Betriebsübergangs in § 613 a BGB, BB 2002, 726 ff.

Grünwald, Alfons, Umwandlung – Verschmelzung – Spaltung : der Rechtsübergang bei unternehmensrechtlichen Strukturmaßnahmen, Wien 1996 (zitiert: Umwandlung)

Grunsky, Wolfgang, Wettbewerbsverbote für Arbeitnehmer, 2. Auflage, Köln 1987 (zitiert: Wettbewerbsverbote)

Gussen, Heinz/Dauck, Andreas, Die Weitergeltung von Betriebsvereinbarungen und Tarifverträgen bei Betriebsübergang und Umwandlung, 2. Auflage, Berlin 1997 (zitiert: Weitergeltung)

Haas, Franz Joseph/Durchlaub, Thomas, Zuordnung von Arbeitsverhältnissen bei der Abspaltung von Betriebsführungsgesellschaften nach dem Umwandlungsgesetz 1995, in: Wassermayer, Franz/Mayer, Dieter/Rieger, Norbert, Hrsg., Umwandlungen im Zivil- und Steuerrecht, Festschrift für Siegfried Widmann zum 65. Geburtstag am 22. Mai 2000, Berlin 2000, S. 23 ff. (zitiert: Haas/Durchlaub, FS Widmann)

Habersack, Mathias, Gesellschaftsrechtliche Fragen der Umwandlung von Sportvereinen in Kapitalgesellschaften, in: Scherrer, Urs, Hrsg., Sportkapitalgesellschaften, München 1998, S. 45 ff. (zitiert: Habersack, in: Scherrer, Sportkapitalgesellschaften)
ders., Grundfragen der Spaltungshaftung nach § 133 Abs. 1 S. 1 UmwG, in: Westermann, Harm Peter/Mock, Klaus, Hrsg., Festschrift für Gerold Bezzenberger zum 70. Geburtstag am 30. März 2000, Rechtsanwalt und Notar im Wirtschaftsleben, Berlin 2000, S. 93 ff. (zitiert: Habersack, FS Bezzenberger)

Hadding, Walther/Häuser, Franz, Anmerkung zum Urteil des BAG vom 18.8 1976, SAE 1978, 55 ff.

Hanau, Peter, Arbeitsrecht und Mitbestimmung in Umwandlung und Fusion, ZGR 1990, 548 ff.
ders., Aktuelle Fragen zu § 613 a BGB, in: Boewer (Hrsg.), Festschrift für Dieter Gaul, Berlin 1992, S. 287 ff. (zitiert: Hanau, FS Gaul)
ders./Vossen, Reinhard, Die Auswirkungen des Betriebsinhaberwechsels auf Betriebsvereinbarungen und Tarifverträge, in: Dieterich, Thomas/Gamillscheg, Franz/Wiedemann, Herbert, Hrsg., Festschrift für Marie Luise Hilger und Hermann Stumpf, München 1983, S. 271 ff. (zitiert: Hanau/Vossen, Festschrift für Hilger/Stumpf)

Hartmann, Christian, Die privatautonome Zuordnung von Arbeitsverhältnissen nach Umwandlungsrecht, ZfA 1997, 21 ff.

Hassenpflug, Gisela, Die Kündigung von Betriebsratsmitgliedern wegen Stillegung eines Betriebs oder einer Betriebsabteilung, Frankfurt 1989 (zitiert: Kündigung von Betriebsratsmitgliedern)

Heidenhain, Martin, Spaltungsvertrag und Spaltungsplan, NJW 1995, 2873 ff.

Heinze, Meinhard, Die Arbeitgeber-Nachfolge bei Betriebsübergang, DB 1980, 205 ff.
ders., Die Rechtsprechung des Bundesarbeitsgerichts im Jahre 1982, ZfA 1983, 409 ff.
ders., Nichtsozialplanpflichtige Betriebsänderung, NZA 1987, 41 ff.
ders., Arbeitsrechtliche Probleme im Zusammenhang mit dem Spaltungsgesetz und der Unternehmensrückgabeverordnung, VIZ 1992, 301 ff.
ders., Arbeitsrechtliche Fragen bei der Übertragung und Umwandlung von Unternehmen, ZfA 1997, 1 ff.

Heither, Friedrich, Zum Widerspruchsrecht der Arbeitnehmer bei Betriebsübergang, NZA 1991, 136 f.

Helpertz, Stefan, Widerspruch des Arbeitnehmers und Sozialauswahl beim Betriebsteilübergang, DB 1990, 1562 ff.

Hennrichs, Joachim, Zum Formwechsel und zur Spaltung nach dem neuen Umwandlungsgesetz, ZIP 1995, 794 ff.
ders., Formwechsel und Gesamtrechtsnachfolge bei Umwandlungen, Einschließlich Verschmelzung und Spaltung, Berlin 1995 (zitiert: Gesamtrechtsnachfolge)

Henssler, Martin, Aktuelle Rechtsprobleme des Betriebsübergangs, NZA 1994, 913 ff.

Herbst, Jens, Arbeitsrecht im neuen Umwandlungsgesetz, AiB 1995, 5 ff.

Herschel, Wilhelm, Anmerkung zum Urteil des BAG vom 2.10.1974, AuR 1975, 382 ff.
ders., Betriebsübergang und Arbeitsvertrag, ZfA 1977, 219 ff.
ders., Anmerkung zum Urteil des BAG vom 6.2.1980, AP Nr. 21 zu § 613 a BGB
ders., Anmerkung zum Urteil des BAG vom 15.2.1984, AP Nr. 37 zu § 613 a BGB

Hess, Harald, Gesetzlicher Übergang des Arbeitsverhältnisses bei Betriebsveräußerung nur mit Einwilligung des Arbeitnehmers?, BB 1977, 501 ff.
ders./Schlochauer, Ursula/Glaubitz, Werner, Kommentar zum Betriebsverfassungsgesetz, 5. Auflage, Berlin 1997 (zitiert: HSG-Bearbeiter, BetrVG)

Heymann, Ernst, Begr., Handelsgesetzbuch (ohne Seerecht): Kommentar, Bd. 2, §§ 105-237, 2. Auflage, Berlin 1996 (zitiert: Heymann-Bearbeiter, HGB)

Hitzfeld, Ulrike, § 613 a BGB im System der europäischen Rechtsprechung, BB 1991, 199 ff.

Höfer, Reinhold, Gesetz zur Verbesserung der betrieblichen Altersversorgung, Kommentar, Band I, Arbeitsrecht, 4. Ergänzungslieferung (Stand: novelliertes Betriebsrentengesetz 1999 – BetrAVG 1999, München (zitiert: Höfer, BetrAVG)

Hoffmeister, Karl-Heinz, Soziale Auswahl nach Betriebs(teil)übergang, ArbuR 1995, 132 ff.

Hommelhoff, Peter, Zivilrecht unter dem Einfluß europäischer Rechtsangleichung, AcP 192 (1992), 71 ff.
ders., Gläubigerschutz und Anteilseigner-Information bei Spaltungen, in: Lutter, Marcus, Hrsg., Kölner Umwandlungsrechtstage: Verschmelzung, Spaltung, Formwechsel nach neuem Umwandlungsrecht und Umwandlungssteuerrecht, Köln 1995, S. 117 ff. (zitiert: Hommelhoff, in: Lutter, Kölner Umwandlungsrechtstage)

Hoyningen-Huene, Gerrick von/Linck, Rüdiger, Kündigungsschutzgesetz, Kommentar, 13. Auflage, München 2002 (zitiert: v. Hoyningen-Huene/Linck, KSchG)
Hoyningen-Huene, Gerrick von/Windbichler, Christine, Der Übergang von Betriebsteilen nach § 613 a BGB, RdA 1977, 329 ff.

Huber, Ulrich, Vermögensanteil, Kapitalanteil und Gesellschaftsanteil an Personengesellschaften des Handelsrechts, 1970 (zitiert: Vermögensanteil)

Hueck, Alfred/Nipperdey, Carl, Lehrbuch des Arbeitsrechts, Erster Band, 7. Auflage, Berlin 1963 (zitiert: Arbeitsrecht I)

Hümmerich, Klaus/Spirolke, Matthias, Allgemeiner Unterlassungsanspruch des Betriebsrats bei Betriebsänderung, BB 1996, 1986 ff.

Ihrig, Hans-Christoph, Zum Inhalt der Haftung bei der Spaltung, in: Habersack, Mathias, Hrsg., Die Spaltung im neuen Umwandlungsrecht und ihre Rechtsfolgen, Heidelberg 1999, S. 80 ff. (zitiert: Ihrig, in: Habersack, Spaltung im neuen Umwandlungsrecht)

Ingelfinger, Helmar, Widerspruch des Arbeitnehmers beim Betriebsübergang und Sozialauswahl bei anschließender betriebsbedingter Kündigung, ZfA 1996, 591 ff.

Ingenfeld, Gisbert, Die Betriebsausgliederung aus der Sicht des Arbeitsrechts, Arbeitsrechtliche Probleme bei Umstrukturierungen in Unternehmensgruppen, unter besonderer Berücksichtigung von Gemeinschaftsbetrieben verbundener Unternehmen, Bergisch Gladbach 1992 (zitiert: Betriebsausgliederung)

Ising, Peter/Thiell, Marie-Theres, Der Übergang laufender Arbeitsverhältnisse nach dem Spaltungsgesetz, DB 1991, 2082 ff.

Jaeger, Georg, Die Betriebsaufspaltung durch Ausgliederung einzelner Betriebsteile als sozialplanpflichtige Betriebsänderung, BB 1988, 1036 ff.

Jelinek, Claus, Der Bestandsschutz des Arbeitsverhältnisses beim Betriebsinhaberwechsel, Kiel 1971 (zitiert: Betriebsinhaberwechsel)

Joost, Detlev, Der Widerspruch des Arbeitnehmers beim Betriebsübergang und das europäische Recht, ZIP 1991, 220 ff.

ders., Der Widerspruch des Arbeitnehmers beim Betriebsübergang – nunmehr europaweit?, ZIP 1993, 178 ff.

ders., Umwandlungsrecht und Arbeitsrecht, in: Lutter, Marcus, Hrsg., Kölner Umwandlungsrechtstage: Verschmelzung, Spaltung, Formwechsel nach neuem Umwandlungsrecht und Umwandlungssteuerrecht, Köln 1995, S. 297 ff. (zitiert: Joost, in: Lutter, Kölner Umwandlungsrechtstage)

ders., Arbeitsrechtliche Angaben im Umwandlungsvertrag, ZIP 1995, 976 ff.

ders., Betriebsübergang und Funktionsausgliederung, in: Anzinger, Rudolph/Wank, Rolf, Hrsg., Arbeitsrecht und Arbeitsschutzrecht, Festschrift für Otfried Wlotzke zum 70. Geburtstag, München 1996, S. 683 ff. (zitiert: Joost, FS Wlotzke)

ders., Arbeitsrecht im Umwandlungsgesetz, in: Preis, Ulrich/Willemsen, Heinz Joseph, Hrsg., Kölner Tage des Arbeitsrechts: Umstrukturierung von Betrieb und Unternehmen im Arbeitsrecht, Köln 1999, S. 61 ff. (zitiert: Joost, in: Preis/Willemsen, Kölner Tage des Arbeitsrechts)

Jung, Eberhard, Die Weitergeltung kollektivvertraglicher Regelungen (Tarifverträge, Betriebsvereinbarungen) bei einem Betriebsinhaberwechsel, RdA 1981, 360 ff.

Kallmeyer, Harald, Umwandlungsgesetz, Kommentar; Verschmelzung, Spaltung und Formwechsel bei Handelsgesellschaften, Köln 1997 (zitiert: Kallmeyer-Bearbeiter)
ders., Die Reform des Umwandlungsrechts, DB 1993, 367 ff.
ders., Das neue Umwandlungsgesetz, ZIP 1994, 1746 ff.
ders., Spaltung nach dem neuen Umwandlungsgesetz: Anwendung des § 133 UmwG auf Arbeitnehmeransprüche?, ZIP 1995, 550 ff.

Kania, Thomas, Tarifbindung bei Ausgliederung und Aufspaltung eines Betriebs, DB 1995, 625 ff.

Karlsfeld, Stephan, Das Widerspruchsrecht der Arbeitnehmer beim Betriebsübergang nach dem Umwandlungsgesetz, Hamburg 2001 (zitiert: Widerspruchsrecht)

Kempen, Otto Ernst, Betriebsübergang und Tarifvertrag, BB 1991, 2006 ff.
Kerschner, Helmut/Köhler, Hermine, Betriebsveräußerung und Arbeitsrecht: Haftung des Betriebserwerbers beim Übergang von Arbeitsverhältnissen, Berlin 1983 (zitiert: Betriebsveräußerung)

Kittner, Michael, Anmerkung zum Beschluß des BAG vom 17.2.1981, AP Nr. 9 zu § 111 BetrVG 1972
ders., Neues Kündigungsschutzrecht außerhalb des Kündigungsschutzgesetzes, NZA 1998, 731 ff.

Kittner, Michael/Däubler, Wolfgang/Zwanziger, Bertram, Kündigungsschutzrecht, Kommentar für die Praxis zu Kündigungen und anderen Formen der Beendigung des Arbeitsverhältnisses, 5. Auflage, Frankfurt 2001 (zitiert: Kittner/Däubler/Zwanziger-Bearbeiter)

Kittner, Michael/Trittin, Wolfgang, Kündigungsschutzrecht, Kommentar für die Praxis zum Kündigungsschutzgesetz und zu den anderen Kündigungsvorschriften, 2. Auflage, Köln 1995 (zitiert: Kittner/Trittin)

Knigge, Arnold/Ketelsen, Jörg Volker/Marschall, Dieter/Wittrock, Achim, Kommentar zum Arbeitsförderungsgesetz, 2. Auflage, Baden-Baden 1988 (zitiert: Knigge/Ketelsen/Marschall/Wittrock, AFG)

Köhler, Helmut, BGB Allgemeiner Teil, 22. Auflage, München 1996 (zitiert: BGB AT)

Koller, Ingo/Roth, Wulf-Henning/Morck, Winfried, Handelsgesetzbuch, Kommentar, München 1996 (zitiert: Koller, HGB)

Kollmar, Jens, Die Ausstrahlung des Umwandlungsgesetzes auf Spaltungen nach traditionellem Recht, Frankfurt 1999 (zitiert: Spaltungen)

Konzen, Horst, Die Rechtsprechung des Bundesarbeitsgerichts im Jahre 1977, ZfA 1978, 451 ff.
ders., Unternehmensaufspaltungen und Organisationsveränderungen im Betriebsverfassungsrecht, Heidelberg 1986 (zitiert: Unternehmensaufspaltungen)

Kraft, Alfons, Betriebsübergang und Arbeitsverhältnis in der Rechtsprechung des Bundesarbeitsgerichtes, in: 25 Jahre Bundesarbeitsgericht, München 1979, S. 299 ff. (zitiert: Kraft, FS BAG)
ders., Anmerkung zum Beschluß des BAG vom 18.9.1997, EzA Nr. 46 zu § 15 KSchG

Krasshöfer, Horst-Dieter, Kurzkommentar zum Urteil des LAG Köln vom 11.12.1996, EWiR 1997, 487 f.

Krause, Rüdiger, Die tatsächliche Betriebsführung als konstitutives Erfordernis des Betriebsübergangs, ZfA 2001, 67 ff.

Kreitner, Jochen, Kündigungsrechtliche Probleme beim Betriebsinhaberwechsel, Heidelberg 1989 (zitiert: Kündigungsrechtliche Probleme)
ders., Die Zuordnung von Arbeitsverhältnissen beim Betriebsinhaberwechsel, NZA 1990, 429 ff.

Krejci, Heinz, Betriebsübergang und Arbeitsvertrag, Zugleich ein Beitrag zur Lehre von der Vertragsübernahme, Wien 1972 (zitiert: Betriebsübergang)

Kreßel, Eckhard, Arbeitsrechtliche Aspekte des neuen Umwandlungsbereinigungsgesetzes, BB 1995, 925 ff.

Küchenhoff, Günther, Das Arbeitsverhältnis im Gemeinschaftsstaat würdigen Schaffens, AuR 1964, 225 ff.

Kukat, Klaus, Betriebsbedingte Kündigung und konzernbezogener Kündigungsschutz in der Rechtsprechung des Bundesarbeitsgerichts, BB 2000, 1242 ff.

Lakies, Thomas, Neuregelung beim Betriebsübergang in § 613 a BGB, Neue Justiz 2002, 287 ff.

Lamprecht, Philipp, Fortsetzung der OHG bei Ausscheiden eines Gesellschafters?, ZIP 1997, 919 ff.

Lange, Heinrich/Kuchinke, Kurt, Lehrbuch des Erbrechts, 4. Auflage, München 1995 (zitiert: Erbrecht)

Lange, Sabine, Betriebsaufspaltung und Probleme des § 613 a BGB - insbesondere Arbeitnehmeransprüche -, Würzburg 1993 (zitiert: Betriebsaufspaltung)

Larenz, Karl, Lehrbuch des Schuldrechts, Allgemeiner Teil, 10. Auflage, München 1970 (zitiert: Schuldrecht I)
ders./Canaris, Claus-Willhelm, Methodenlehre der Rechtswissenschaft, 3. Auflage, Berlin 1995 (zitiert: Methodenlehre)
ders./Wolf, Manfred, Allgemeiner Teil des Bürgerlichen Rechts, 8. Auflage, München 1997 (zitiert: BGB AT)

Leinemann, Wolfgang, Hrsg., Kasseler Handbuch zum Arbeitsrecht, Band 2, Besondere Arbeitsverhältnisse, berufliche Bildung, Beendigung des Arbeitsverhältnisses, Mitbestimmung in Unternehmen, Konzernen, Tarifvertrag und Arbeitskampf, arbeitsgerichtliche Verfahren, neue Bundesländer, Europarecht, 2. Auflage, Neuwied 2000 (zitiert: Kasseler ArbR-Bearbeiter)

Lieb, Manfred, Betriebs-(Teil-)Übergang bei zentraler Unternehmensorganisation, ZfA 1994, 229 ff.

Liebscher, Brigitta, Anmerkung zum Urteil des Arbeitsgerichts Köln vom 9.2.1996, BB 1996, 801 f.

Liessem, Georg, Der Übergang der Arbeitsverhältnisse bei Betriebsverpachtung, Köln 1983 (zitiert: Betriebsverpachtung)

Linck, Rüdiger, Die soziale Auswahl bei betriebsbedingter Kündigung, München 1990 (zitiert: Soziale Auswahl)

Lipinski, Wolfgang, Sonderkündigungsschutz bei Betriebsübergang, Regensburg 2001 (zitiert: Sonderkündigungsschutz)
ders., Sozialauswahl bei Betriebsteilübergang zugunsten eines widersprechenden Arbeitnehmers?, DB 2002, 1214 ff.

Löw, Friederike, Die Betriebsveräußerung im europäischen Arbeitsrecht, Die EG-Richtlinie und ihre Umsetzung in Deutschland und in Großbritannien, Frankfurt 1992 (zitiert: Betriebsveräußerung)
dies., Steht das europäische Recht einem Widerspruchsrecht des Arbeitnehmers bei Betriebsübergang entgegen?, DB 1991, 546 ff.

Löwisch, Manfred, Arbeitsrecht, 4. Auflage, Düsseldorf 1996
ders., Der arbeitsrechtliche Teil des sogenannten Korrekturgesetzes, BB 1999, 102 ff.
ders., Festlegung des von der Umstrukturierung betroffenen Personenkreises, in: Preis, Ulrich/Willemsen, Heinz Josef, Hrsg., Kölner Tage des Arbeitsrechts: Umstrukturierung von Betrieb und Unternehmen im Arbeitsrecht, Köln 1999, S. 248 ff. (zitiert: Löwisch, in: Preis/Willemsen, Kölner Tage des Arbeitsrechts)
ders./Kaiser, Dagmar, Betriebsverfassungsgesetz, Kommentar, 5. Auflage, Heidelberg 2002 (zitiert: Löwisch/Kaiser, BetrVG)

Loh, Ernesto, Wahrt das Spaltungsgesetz die Rechte der Arbeitnehmer?, DStR 1992, 1246 ff.

Lohre, Werner/Mayer, Udo/Stevens-Bartol, Eckart, Hrsg., Arbeitsförderungsgesetz, Basiskommentar mit Anordnungen, Köln 1995 (zitiert: Lohre/Mayer/Stevens-Bartol, AFG)

Loritz, Karl-Georg, Aktuelle Rechtsprobleme des Betriebsübergangs nach § 613 a BGB, RdA 1987, 65 ff.

Lüke, Gerhard, Anmerkung zum Urteil des BAG vom 30.10.1986, AP Nr. 55 zu § 613 a BGB

Lüttge, Jörg W., Das neue Umwandlungsrecht und Umwandlungssteuerrecht, NJW 1995, 417 ff.

Lunk, Stefan, Widerspruch gegen Betriebsübergang und Sozialauswahl, NZA 1995, 711 ff.

Lutter, Marcus, Hrsg., Umwandlungsgesetz, Kommentar, Köln 1996 (zitiert: Lutter[1]-Bearbeiter, UmwG)

ders., Hrsg., Umwandlungsgesetz, Kommentar,
Band I, §§ 1-151, 2. Auflage, Köln 2000
Band II, §§152-325, 2. Auflage, Köln 2000
(zitiert: Lutter-Bearbeiter, UmwG)
ders., Betriebsübergang und Betriebsteilübergang als Betriebsänderung, NZA 2000, 1073 ff.

Masing, Tobias, Betriebliche Altersversorgung in der Unternehmensspaltung, Der individuelle Schutz von unmittelbaren Versorgungszusagen in einer neuen Sukzessionsform, Berlin 1997 (zitiert: Betriebliche Altersversorgung)

Matthes, Hans-Christoph, Rechtsfragen zum Interessenausgleich, in: Anzinger, Rudolf/Wank, Rolf, Hrsg., Entwicklungen im Arbeitsrecht und Arbeitsschutzrecht, Festschrift für Otfried Wlotzke zum 70. Geburtstag, München 1996, S. 393 ff. (zitiert: Matthes, FS Wlotzke)
ders., Betriebsübergang und Betriebsteilübergang als Betriebsänderung, NZA 2000, 1073 ff.
Mayer, Dieter, Zweifelsfragen bei der Spaltung von Treuhandunternehmen, DB 1991, 1609 ff.
ders., Spaltungsbremse? Ein Vorschlag zur sachgerechten Auslegung des § 132 UmwG, GmbHR 1996, 403 ff.

Medicus, Dieter, Allgemeiner Teil des BGB: ein Lehrbuch, 7. Auflage, Heidelberg 1997 (zitiert: BGB AT)
ders., Schuldrecht: ein Studienbuch, 1. Allgemeiner Teil, 10. Auflage, Heidelberg 1998 (zitiert: Schuldrecht I)

Meilicke, Wienand, EuGH zu § 613 a BGB: Widerspruch des Arbeitnehmers hindert nicht Übergang des Arbeitsverhältnisses, DB 1990, 1770
ders., Widerspruchsrecht des Arbeitnehmers bei Betriebsübergang - Wirkungen des Europarechts, DB 1991, 1326 ff.

Mengel, Anja, Umwandlungen im Arbeitsrecht, Eine Untersuchung der arbeitsrechtlichen Vorschriften des Gesetzes zur Bereinigung des Umwandlungsrechts vom 28. Oktober 1994, Heidelberg 1997 (zitiert: Umwandlungen)

Menze, Sandra, Das Widerspruchsrecht der Arbeitnehmer bei Betriebsübergang: Bestehen, Voraussetzungen und individualrechtliche Rechtsfolgen, Frankfurt 2000 (zitiert: Widerspruchsrecht)

Mertens, Kai, Umwandlung und Universalsukzession: die Reform von Verschmelzung, Spaltung, Vermögensübertragung und Formwechsel; Rechtsdogmatische Betrachtungen zum Referentenentwurf eines Gesetzes zur Bereinigung des Umwandlungsrechts, Heidelberg 1993 (zitiert: Umwandlung)
ders., Zur Universalsukzession in einem neuen Umwandlungsrecht, AG 1994, 66 ff.

Meyer, Cord, Sozialplangestaltung bei nachträglichem Betriebsübergang, NZA 2000, 297 ff.

Michalski, Lutz, BGB – Erbrecht, Heidelberg 1999

Molitor, Erich, Arbeitnehmer und Betrieb, Marburg 1929 (zitiert: Arbeitnehmer)

Moll, Wilhelm, Betriebsübergang und Arbeitsverhältnisse, AnwBl. 1991, 282 ff.
ders., Die Rechtsstellung des Arbeitnehmers bei einem Betriebsübergang, NJW 1993, 2016 ff.
ders., Anmerkung zum Urteil des BAG vom 22.4.1993, AP Nr. 103 zu § 613 a BGB
ders./Jacobi, Jessica, Anmerkung zum Urteil des BAG vom 19.3.1998, AP Nr. 177 zu § 613 a BGB

Müller, Thomas, Umwandlungen des Unternehmensträgers und Betriebsvereinbarung, RdA 1996, 287 ff.
ders./Peters, Harald, Anmerkung zum Urteil des BAG vom 13.7.1994, AP Nr. 14 zu § 3 TVG – Verbandszugehörigkeit, Bl. 6/1 ff.
ders./Thüsing, Gregor, Die Zuordnung von Arbeitnehmern beim Betriebsübergang, ZIP 1997, 1869 ff.

Müller-Ehlen, Frank, Der Übergang von Arbeitsverhältnissen im Umwandlungsrecht, Eine Betrachtung des neuen Anwendungsbereichs des § 613 a BGB, Frankfurt 1999 (zitiert: Übergang von Arbeitsverhältnissen)

Nagl, Ruth, Spaltung durch Einzelrechtsnachfolge und nach dem neuen Umwandlungsrecht, DB 1996, 1221 ff.

Neef, Klaus, Betriebsübergang und Betriebsänderung, NZA 1994, 97 ff.
ders., Die Behandlung der Abfindung nach dem SGB III, DB 1999, 281 ff.

Nerreter, Stefan, Die Kündigung von Betriebsratsmitgliedern bei Stillegung eines Betriebes nach § 15 IV KSchG, NZA 1995, 54 ff.

Neye, Hans-Werner/Limmer, Peter/Frenz, Norbert/Harnacke, Ulrich M., Handbuch der Unternehmensumwandlung, Berlin 1996

Niebler, Michael/Förschner Petra, Betriebsveräußerung und Arbeitsrecht: arbeitsrechtliche Aspekte des Betriebsinhaberwechsels, 2. Auflage, Berlin 1995 (zitiert: Betriebsveräußerung)

Niesel, Klaus, Hrsg., Sozialgesetzbuch, Arbeitsförderung – SGB III -, Kommentar, München 1998 (zitiert: Niesel-Bearbeiter, SGB III)

Nikisch, Arthur, Arbeitsrecht, Erster Band, 3. Auflage, Tübingen 1961 (zitiert: Arbeitsrecht I)

Oetker, Hartmut, Das Widerspruchsrecht der Arbeitnehmer beim Betriebsübergang und die Rechtsprechung des EuGH, NZA 1991, 137 ff.
ders., Das Widerspruchsrecht der Arbeitnehmer beim Betriebsübergang zwischen Freiheitsschutz und Bestandsschutz, DZWir 1993, 136 ff.
ders., Die Vorgaben der Betriebsübergangsrichtlinie für die Beteiligungsrechte des Betriebsrats, NZA 1998, 1193 ff.
ders./Busche, Jan, Entflechtung ehemals volkseigener Wirtschaftseinheiten im Lichte des Arbeitsrechts, NZA 1991, Beil. 1, 18 ff.
ders./Preis, Ulrich, Betriebsübergang und Arbeitsrecht im europäischen Recht, 1996 (zitiert: Betriebsübergang)

Ohl, Heinrich, Der Sozialplan nach dem Betriebsverfassungsgesetz, Recht und Praxis kompensatorischer Leistungen für den Verlust des Arbeitsplatzes, Göttingen 1976 (zitiert: Sozialplan)

Opitz, Dirk, Individualarbeitsrechtliche und sozialversicherungsrechtliche Probleme des arbeitnehmerseitigen Widerspruchs beim Betriebsübergang, Frankfurt 2001 (zitiert: Probleme des arbeitnehmerseitigen Widerspruchs)

Otto, Hansjörg, Kurzkommentar zum Urteil des LAG Düsseldorf vom 25.11.1997, EWiR, § 15 KSchG 1/98, 707 f.

Palandt, Bürgerliches Gesetzbuch,
59. Auflage, München 2000 (zitiert: Palandt^{59}-Bearbeiter, BGB)
62. Auflage, München 2003 (zitiert: Palandt-Bearbeiter, BGB)

Peterek, R., Anmerkung zum Urteil des BAG vom 18.10.90, EzA Nr. 91 zu § 613 a BGB

Pfeiffer, Susanne, Der Übergang von Arbeitsverhältnissen bei der Umstrukturierung von Unternehmen, Regensburg 1999 (zitiert: Übergang von Arbeitsverhältnissen)

Picot, Gerhard, Mergers & Acquisitions in Germany, New York 1999

Pietzko, Joachim, Der Tatbestand des § 613 a BGB, Berlin 1988 (zitiert: Tatbestand)

Posth, Martin, Arbeitsrechtliche Probleme beim Betriebsinhaberwechsel (§ 613 a BGB), Köln 1978 (zitiert: Betriebsinhaberwechsel)

Pottmeyer, Klaus, Die Überleitung der Arbeitsverhältnisse im Falle des Betriebsinhaberwechsels nach § 613 a BGB und die Mitbestimmung gemäß §§ 111 ff. BetrVG, Frankfurt 1987 (zitiert: Überleitung der Arbeitsverhältnisse)
ders., Das Widerspruchsrecht des Arbeitnehmers im Falle des Betriebsinhaberwechsels und die Sperrzeit nach § 119 I AFG, NZA 1988, 521 ff.
ders., Praktische Probleme im Zusammenhang mit dem Widerspruchsrecht des Arbeitnehmers beim Betriebsinhaberwechsel (§ 613 a BGB) – Zugleich ein Beitrag zur Rechtsnatur des Widerspruchsrechts - , ZfA 1989, 239 ff.

Preis, Ulrich, Legitimation und Grenzen des Betriebsbegriffs im Arbeitsrecht, RdA 2000, 257 ff.
ders./Steffan, Ralf, Neue Konzepte des BAG zum Betriebsübergang nach § 613 a BGB, DB 1998, 309 ff.
dies., Anmerkung zum Urteil des BAG vom 7.4.1993, EzA Nr. 30 zu § 1 KSchG Soziale Auswahl

Priester, Hans-Joachim, Die zwingende Einheitlichkeit des Personengesellschaftsanteils – ein überholtes Prinzip, DB 1998, 55 ff.
ders., Spaltungsvertrag/Spaltungsplan, in: Lutter, Marcus, Hrsg., Kölner Umwandlungsrechtstage: Verschmelzung, Spaltung, Formwechsel nach neuem Umwandlungsrecht und Umwandlungssteuerrecht, Köln 1995, S. 99 ff. (zitiert: Priester, in: Lutter, Kölner Umwandlungsrechtstage)

Pröpper, Martin, Präventive Vereinbarungen zwischen Arbeitgeber und Arbeitnehmer über das Widerspruchsrecht für den Fall eines Betriebsübergangs – Gestaltungsmöglichkeit oder Umgehungsgeschäft? -, DB 2000, 2322 ff.

Quander, Thomas, Betriebsinhaberwechsel bei Gesamtrechtsnachfolge, München 1990 (zitiert: Gesamtrechtsnachfolge)

Ramm, Thilo, Hrsg., Entwürfe zu einem Deutschen Arbeitsvertragsgesetz, Mit dem Arbeitsgesetzbuch der DDR von 1990 (u.a.), Frankfurt 1992 (zitiert: Entwürfe)

Rebmann, Kurt/Säcker, Franz Jürgen, Hrsg., Münchener Kommentar zum Bürgerlichen Gesetzbuch,
Band 1, Allgemeiner Teil, §§ 1-240, AGB-Gesetz, 3. Auflage, München 1993
Band 2, Schuldrecht, Allgemeiner Teil, §§ 241-432, 3. Auflage, München 1994
Band 4, Schuldrecht, Besonderer Teil II, §§ 607-704, 3. Auflage, München 1997
(zitiert: MüKo-Bearbeiter, BGB)

Reichsgerichtsräte-Kommentar, Das Bürgerliche Gesetzbuch mit besonderer Berücksichtigung der Rechtsprechung des Reichsgerichts und des Bundesgerichtshofes, Kommentar, Band II, Teil 3/1, §§ 611-620, 12. Auflage, Berlin 1997 (zitiert: RGRK-Bearbeiter, BGB)

Richardi, Reinhard, Sozialplan und Konkurs, Düsseldorf 1975
ders., Anmerkung zum Urteil des BAG vom 14.9.1976, AP Nr. 2 zu § 113 BetrVG
ders., Betriebsverfassungsgesetz mit Wahlordnung, Kommentar, 7. Auflage, München 1998 (zitiert: Richardi^7, BetrVG)
ders., Hrsg., Betriebsverfassungsgesetz mit Wahlordnung, Kommentar, 8. Auflage, München 2002 (zitiert: Richardi-Bearbeiter, BetrVG)
ders./Wlotzke, Otfried, Hrsg., Münchener Handbuch zum Arbeitsrecht,
Band 1, Individualarbeitsrecht I, §§ 1-113, 2. Auflage, München 2000
Band 2, Individualarbeitsrecht II, §§ 114-239, 2. Auflage, München 2000
(zitiert: MünchArbR-Bearbeiter)
Band 2, Individualarbeitsrecht II, §§ 111-232, 1. Auflage, München 1993 (zitiert: MünchArbR^1-Bearbeiter)

Rieble, Volker, Verschmelzung und Spaltung von Unternehmen und ihre Folgen für Schuldverhältnisse mit Dritten, ZIP 1997, 301 ff.
ders., Kompensation der Betriebsspaltung durch den Gemeinschaftsbetrieb mehrerer Unternehmen (§ 322 UmwG), in: Hanau/Lorenz/Matthes, Hrsg., Festschrift für Günther Wiese zum 70. Geburtstag, Neuwied 1998, S. 453 ff. (zitiert: Rieble, FS Wiese)

Riegger, Bodo/Weipert, Lutz, Hrsg., Münchener Handbuch des Gesellschaftsrechts, Bd. 1, BGB-Gesellschaft, Offene Handelsgesellschaft, Partnerschaftsgesellschaft, Partnerreederei, EWIV, München 1995 (zitiert: MünchHdb.GesR I-Bearbeiter)

Rieker, Petra, Die Mehrfachbeteiligung einer Person an einer Personengesellschaft, Aachen 1998 (zitiert: Mehrfachbeteiligung)

Roemheld, Bernard, Zum Übergang der Arbeitsverhältnisse nach § 613 a BGB, BB 1976, 845 ff.

Ronnenberg, Helmut, Folgen des Widerspruchs beim Betriebsübergang, in: Landesvereinigung der Arbeitgeberverbände Nordrhein-Westfalen e.V., Hrsg., Arbeitsrecht aus Arbeitgebersicht, Festschrift für Dieter Stege, Köln 1997, S. 165 ff. (zitiert: Ronnenberg, FS Stege)

Rüthers, Bernd, Allgemeiner Teil des BGB, 10. Auflage, München 1997 (zitiert: BGB AT)

Sagasser, Bernd/Bula, Thomas, Umwandlungen. Verschmelzung - Spaltung - Formwechsel - Vermögensübertragung, 2. Auflage, München 2000 (zitiert: Umwandlungen)

Salje, Peter, Anmerkung zum Urteil des BAG vom 5.2.1997, AP Nr. 112 zu § 112 BetrVG

Sandmann, Georg/Marschall, Dieter, Arbeitnehmerüberlassungsgesetz: AÜG; Kommentar, Loseblattsammlung, Stand: Juni 2000 (zitiert: Sandmann/ Marschall, AÜG)

Schäfer, Carsten, Höchstpersönliche Rechte (Gegenstände) in der Aufspaltung, in: Habersack, Mathias, Hrsg., Die Spaltung im neuen Umwandlungsrecht und ihre Rechtsfolgen, Heidelberg 1999, S. 114 ff. (zitiert: Schäfer, in: Habersack, Spaltung im neuen Umwandlungsrecht)

Schalle, Heidrun, Der Bestandsschutz der Arbeisverhältnisse bei Unternehmensumwandlungen, Eine Untersuchung arbeitsrechtlicher Konsequenzen der Unternehmensorganisationsänderung nach dem UmwG, Berlin 1999 (zitiert: Bestandsschutz)

Schaub, Günter, Der arbeitsrechtliche Betriebsübergang im Recht der Gesamtrechtsnachfolge, in: Anzinger, Rudolf/Wank, Rolf, Hrsg., Entwicklungen im Arbeitsrecht und Arbeitsschutzrecht, Festschrift für Otfried Wlotzke zum 70. Geburtstag, München 1996, S. 103 ff. (zitiert: Schaub, FS Wlotzke)

ders., Arbeitsrechtliche Fragen bei der Privatisierung öffentlicher Betriebe und Einrichtungen, WIB 1996, 97 ff.
ders., Arbeitsrechts-Handbuch, Systematische Darstellung und Nachschlagewerk für die Praxis, 10. Auflage, München 2002 (zitiert: ArbRHandb)

Schiefer, Bernd, Rechtsfolgen des Betriebsübergangs nach § 613 a BGB, NJW 1998, 1817 ff.
ders., Outsourcing, Auftragsvergabe, Betriebsübergang – nach aktueller Rechtsprechung, Düsseldorf 1998 (zitiert: Outsourcing)

Schirge, Barbara, Böswilliges Unterlassen anderweitigen Erwerbs nach § 615 Satz 2 BGB im gekündigten Arbeitsverhältnis, DB 2000, 1278 ff.

Schlachter, Monika, Die Rechtsstellung des widersprechenden Arbeitnehmers bei Betriebsübergang, NZA 1995, 705 ff.

Schlegelberger, Franz, Begr., Handelsgesetzbuch: Kommentar, Bd. 3, Halbbd.1. §§ 105-160, 5. Auflage, München 1992 (zitiert: Schlegelberger-Bearbeiter, HGB)

Schleifenbaum, Henrich, Gesellschafterwechsel als Betriebsübergang bei der Gesellschaft bürgerlichen Rechts, BB 1991, 1705 f.

Schleusener, Axel Aino, Die Freikündigung eines Arbeitsplatzes zugunsten eines Betriebsratsmitglieds bei Stillegung eines Betriebsteils, DB 1998, 2368 ff.

Schmalenberg, Werner, Die Tatbestandsvoraussetzungen des Betriebsübergangs gemäß § 613 a BGB, NZA 1989, Beil. 3, 14 ff.

Schmidt, Karsten, Grundzüge der GmbH-Novelle, NJW 1980, 1769 ff.
ders., Universalsukzession kraft Rechtsgeschäfts, AcP 191 (1991), 495 ff.
ders., Gläubigerschutz bei Umstrukturierungen – Zum Referentenentwurf eines Umwandlungsgesetzes -, ZGR 1993, 366 ff.
ders., Hrsg., Münchener Kommentar zum Handelsgesetzbuch, Band 1, Erstes Buch, Handelsstand, §§ 1-104, München 1996 (zitiert: MüKo-Bearbeiter, HGB)
ders., Gesellschaftsrecht, 3. Auflage, München 1997

Schmidt, Thorsten, Einmann-Personengesellschaften, Baden-Baden 1998

Schmiedel, Burkhard, Deliktsobligationen nach deutschem Kartellrecht, Erster Teil, Zivilrechtsdogmatische Grundlegung: Untersuchungen zu § 823 Abs. 2 BGB, Tübingen 1974 (zitiert: Deliktsobligationen)

Schneider, Christian J., Die vertragsrechtliche Zuordnung der Arbeitnehmer im Gemeinschaftsbetrieb unter Berücksichtigung der Unternehmensspaltung, Regensburg 1997 (zitiert: Vertragsrechtliche Zuordnung)

Schnorr von Carolsfeld, Ludwig, Anmerkung zum Beschluß des BAG vom 10.2.1977, SAE 1978, 174 ff.

Scholz, Rupert, Die Berufsfreiheit als Grundlage und Grenze arbeitsrechtlicher Regelungssysteme, ZfA 1981, 265 ff.

Schramm, Dieter Ludwig, Die Willensbeteiligung der Arbeitnehmer bei Betriebsinhaberwechsel, Frankfurt 1978 (zitiert: Willensbeteiligung)

Schreiber, Klaus, Das Arbeitsverhältnis beim Übergang des Betriebs, RdA 1982, 137 ff.

Schüren, Peter, Arbeitnehmerüberlassungsgesetz: Kommentar, München 1994 (zitiert: Schüren, AÜG)

Schwanda, Klaus, Der Betriebsübergang in § 613 a BGB unter besonderer Berücksichtigung des Betriebsbegriffs, Berlin 1992 (zitiert: Betriebsübergang)

Schwarz, Hans-Detlef, Das neue Umwandlungsrecht, DStR 1994, 1694 ff.

Schwarz, Walter, Das Arbeitsverhältnis bei Übergang des Unternehmens, Zugleich ein Beitrag zum Recht des Betriebes und des Unternehmens, Wien 1967 (zitiert: Arbeitsverhältnis)

Schwedhelm, Rolf, Die Unternehmensumwandlung: Verschmelzung, Spaltung, Formwechsel, Einbringung, 3. Auflage, Köln 1999 (zitiert: Unternehmensumwandlung)
ders./Streck, Michael/Mack, Alexander, Die Spaltung der GmbH nach neuem Umwandlungsrecht (I), GmbHR 1995, 7 ff.

Schwerdtner, Peter, Die außerordentliche arbeitgeberseitige Kündigung bei ordentlich unkündbaren Arbeitnehmern, in: Arbeitsrecht in der Bewährung, Festschrift für Otto Rudolf Kissel, München 1994, S. 1077 ff. (zitiert: Schwerdtner, FS Kissel)

Seiter, Hugo, Anmerkung zum Urteil des BAG vom 2.10.1974, BAG AP Nr.1 zu § 613 a BGB

ders., Betriebsinhaberwechsel, Arbeitsrechtliche Auswirkungen eines Betriebsübergangs unter besonderer Berücksichtigung des § 613 a BGB in der Fassung vom 13. August 1980, Stuttgart 1980 (zitiert: Betriebsinhaberwechsel)
ders., Tarifverträge und Betriebsvereinbarungen beim Betriebsinhaberwechsel, DB 1980, 877 ff.

Siebert, Wolfgang, Das Arbeitsverhältnis in der Ordnung der nationalen Arbeit, Hamburg 1935 (zitiert: Arbeitsverhältnis)

Simon, Jürgen, Arbeitsrechtliche und Haftungsprobleme bei der Betriebsaufspaltung, ZfA 1987, 311 ff.

Soergel, Bürgerliches Gesetzbuch mit Einführungsgesetzen und Nebengesetzen,
Band 1, Allgemeiner Teil (§§ 1-240), HaustürwiderrufG, 12. Auflage, Köln 1988
Band 4/1, Schuldrecht III/1 (§§ 516-651), 12. Auflage, Köln 1997
(zitiert: Soergel-Bearbeiter, BGB)

Söring, Kai, Die Zulässigkeit der Mehrfachbeteiligung an einer Personengesellschaft, Frankfurt 1997 (zitiert: Mehrfachbeteiligung)

Spirolke, Matthias, Der Betriebsübergang nach § 613 a BGB im neuen Umwandlungsgesetz, Bonn 1998 (zitiert: Betriebsübergang)

Stahlhacke, Eugen/Preis, Ulrich/Vossen, Reinhard, Kündigung und Kündigungsschutz im Arbeitsverhältnis, 7. Auflage, München 1999 (zitiert: Kündigung)

Staudinger, Julius von, Begr., Kommentar zum Bürgerlichen Gesetzbuch mit Einführungsgesetz und Nebengesetzen,
Erstes Buch, Allgemeiner Teil, §§ 1-240, 11. Auflage, Berlin 1957
Zweites Buch, Recht der Schuldverhältnisse, §§ 611-704, 11. Auflage, Berlin 1958
Zweites Buch, Recht der Schuldverhältnisse, §§ 611-619, 12. Auflage, Berlin 1993
Zweites Buch, Recht der Schuldverhältnisse, §§ 611-615, 13. Auflage, Berlin 1999
Zweites Buch, Recht der Schuldverhältnisse, §§ 652-740, 12. Auflage, Berlin 1991
Zweites Buch, Recht der Schuldverhältnisse, §§ 620-630, 13. Auflage, Berlin 1995

Fünftes Buch, Erbrecht, Einleitung, §§ 1922-1966, 13. Auflage, Berlin 1994 (zitiert: Staudinger-Bearbeiter, BGB)

Steinau-Steinrück, Robert von, Haftungsrechtlicher Arbeitnehmerschutz bei der Betriebsaufspaltung, Bonn 1994 (zitiert: Haftungsrechtlicher Arbeitnehmerschutz)

Steuck, Jens-Peter, Die privatisierende Umwandlung, NJW 1995, 2887 ff.

Stratmann, Marita, Anmerkung zu BAG SAE 1976, 78 ff.

Streckel, Siegmar, Anmerkung zum Urteil des BAG vom 19.1.1988, EzA Nr. 69 zu § 613 a BGB

Tauchert-Nosko, Martina, Verschmelzung und Spaltung von Kapitalgesellschaften in Deutschland und Frankreich, Frankfurt 1999 (zitiert: Verschmelzung und Spaltung)

Teichmüller, Frank, Die Betriebsänderung, Köln 1983

Tempelmann, Achim, Arbeitsrechtliche Probleme bei Spaltungen nach dem Umwandlungsgesetz, Frankfurt 2001 (zitiert: Arbeitsrechtliche Probleme)

Träxler, Christian, Betriebsänderung nach § 111 S. 2 Nr. 1 BetrVG und Sozialplanpflicht, Die Bedeutung der Einfügung von § 112 a Abs. 1 BetrVG durch Art. 2 BeschFG 1985, Regensburg 1993 (zitiert: Betriebsänderung)

Tschöpe, Ulrich, Rechtsfolgen eines arbeitnehmerseitigen Widerspruchsrechts beim Betriebsinhaberwechsel, Frankfurt 1984 (zitiert: Rechtsfolgen)

Ulber, Jürgen, AÜG: Arbeitnehmerüberlassungsgesetz und Arbeitnehmer-Entsendegesetz, Frankfurt 1998 (zitiert: Ulber, AÜG)

Ulmer, Peter, Die zeitliche Begrenzung der Haftung von Gesellschaftern beim Ausscheiden aus einer Personenhandelsgesellschaft sowie bei der Umwandlung in eine Kapitalgesellschaft, Ein Gesetzesvorschlag mit Begründung, BB 1983, 1865 ff.
ders., Gesellschaft bürgerlichen Rechts und Partnerschaftsgesellschaft: systematischer Kommentar, 3. Auflage, München 1997 (zitiert: GbR)

Voigt, Annette, Umwandlung und Schuldverhältnis, Untersuchungen im Spannungsfeld von Umstrukturierungsfreiheit und vertraglicher Bindung nach dem Inkrafttreten des Umwandlungsgesetzes, Heidelberg 1997 (zitiert: Umwandlung)

Vollkommer, Max, Anmerkung zum Urteil des BAG vom 9.1.1980, AP Nr. 19 zu § 613 a BGB

Walker, Wolf-D., Der Vollzug der Arbeitgebererbfolge mit einem vermeintlichen Erben, Berlin 1985 (zitiert: Arbeitgebererbfolge)

Warrikoff, Alexander, Die Stellung der Arbeitnehmer nach der neuen Insolvenzordnung, BB 1994, 2338 ff.

Weber, Ralf, Anmerkung zum Urteil des BAG vom 19.3.1998, SAE 1998, 319 ff.
ders., Die Entwicklung des arbeitsrechtlichen Schrifttums im Jahre 2000, ZfA 2001, 451 ff.

Weimar, Robert, Einmann-Personengesellschaften – ein neuer Typ des Gesellschaftsrechts?, ZIP 1997, 1769.

Weimar, Robert/Alfes, Jochen, Widerspruchsrecht der Arbeitnehmer bei der Umstrukturierung von Treuhandunternehmen?, NZA 1991, 833 ff.
dies., Betriebsbelegschaften als Investitionshemmnis in den neuen Bundesländern – Arbeitsrechtliche Fragen zum VermG, SpTrUG und THG -, BB 1991, Beil. 9, 16 ff.

Wendling, Gerhard, Rechtsgeschäftlicher Betriebsübergang und Arbeitsverhältnis, Bochum 1980 (zitiert: Rechtsgeschäftlicher Betriebsübergang)

Wertheimer, Frank, Nachvertragliche Wettbewerbsverbote bei Arbeitsverhältnissen, Köln 1998 (zitiert: Wettbewerbsverbote)

Westermann, Harm Peter, Hrsg., Erman, Bürgerliches Gesetzbuch: Handkommentar mit AGBG, EGBGB, ErbbauVO, HausratsVO, HausTWG, ProdHaftG, SachenRBerG, SchuldRAnpG, VerbrKrG, Bd. 1, 10. Auflage, Köln 2000 (zitiert: Erman-Bearbeiter, BGB)

Widmann, Siegfried/Mayer, Robert, Umwandlungsrecht, Umwandlungsgesetz, Umwandlungssteuergesetz, Kommentar, Loseblatt-Sammlung, Stand: Dezember 2000
Band 3, Umwandlungsgesetz – Einzelkommentierung §§ 79-250

Band 4, Umwandlungsgesetz – Einzelkommentierung §§ 251-325 (zitiert: Widmann/Mayer, UmwG)

Wiedemann, Herbert, Gesellschaftsrecht, Ein Lehrbuch des Unternehmens- und Verbandsrechts, Band I, Grundlagen, München 1980 (zitiert: Gesellschaftsrecht I)
ders./Müller, Thomas, Anmerkung zum Urteil des BAG vom 5.10.1993, AP Nr. 42 zu § 1 BetrAVG Zusatzversorgungskassen

Wiesner, Georg, Dauerschuldverhältnisse in der Aufspaltung, in: Habersack, Mathias, Hrsg., Die Spaltung im neuen Umwandlungsrecht und ihre Rechtsfolgen, Heidelberg 1999, S. 168 ff. (zitiert: Wiesner, in: Habersack, Spaltung im neuen Umwandlungsrecht)

Wilhelm, Gerhard/Lindemann, Achim, Unternehmenshandbuch Arbeitsrecht, Köln 1999

Willemsen, Heinz Josef, Der Grundtatbestand des Betriebsübergangs nach § 613 a BGB, RdA 1991, 204 ff.
ders., Arbeitsrechtliche Aspekte der Reform des Umwandlungsrechts, RdA 1993, 133 ff.
ders., Arbeitsrecht im Umwandlungsgesetz - Zehn Fragen aus der Sicht der Praxis, NZA 1996, 791 ff.
ders./Annuß, Georg, Anmerkung zum Urteil des BAG vom 11.9.1997, EzA Nr. 153 zu § 613 a BGB
dies., Anmerkung zum Urteil des BAG vom 18.3.1999, AP Nr. 189 zu § 613 a BGB
dies., Neue Betriebsübergangsrichtlinie – Anpassungsbedarf im deutschen Recht?, NJW 1999, 2073 ff.
Willemsen, Heinz Josef/Hohenstatt, Klaus-Stefan/Schweibert, Ulrike, Hrsg., Umstrukturierung und Übertragung von Unternehmen – Arbeitsrechtliches Handbuch – München 1999 (zitiert: Willemsen/Hohenstatt/Schweibert-Bearbeiter, Umstrukturierung)
Willemsen, Heinz Josef/ Lembke, Mark, Die Neuregelung von Unterrichtung und Widerspruchsrecht der Arbeitnehmer beim Betriebsübergang, NJW 2002, 1159 ff.

Wlotzke, Otfried, Arbeitsrechtliche Aspekte des neuen Umwandlungsrechts, DB 1995, 40 ff.

Wollenschläger, Michael/Pollert, Dirk, Rechtsfragen des Betriebsübergangs nach § 613 a BGB unter besonderer Berücksichtigung betriebsverfassungsrechtlicher Fragen und des Rechtes der Europäischen Union, ZfA 1996, 547 ff.

Worzalla, Michael, Neue Spielregeln bei Betriebsübergang – Die Änderungen des § 613 a BGB, NZA 2002, 353 ff.

Wrede, Beatrice, Anmerkung zum Urteil des Arbeitsgerichts Köln vom 7.3.1996, DB 1996, 1343 f.

Zachert, Ulrich, Auf dem Weg zu europäischen Arbeitnehmergrundrechten?, NZA 2000, 621 ff.

Zöllner, Wolfgang, Hrsg., Kölner Kommentar zum Aktiengesetz, Band 3, §§ 291-410 AktG, EG AktG, Gesetzesanhang, München 1985 (zitiert: KöKo-Bearbeiter, AktG)
ders., Gemeinsame Betriebsnutzung, Kritische Bemerkungen zur Rechtsfigur des gemeinsamen Betriebes, in: Bierich, Marcus/Hommelhoff, Peter/Kropff, Bruno, Hrsg., Festschrift für Johannes Semler zum 70. Geburtstag, Unternehmen und Unternehmensführung im Recht, Berlin 1993, S. 995 ff. (zitiert: Zöllner, FS Semler)

I. Einleitung

Im Rahmen der Umsetzung der Richtlinie 2001/23/EG des Rates vom 12. März 2001 zur Angleichung der Rechtsvorschriften der Mitgliedstaaten über die Wahrung von Ansprüchen der Arbeitnehmer beim Betriebsübergang von Unternehmen, Betrieben oder Unternehmens- oder Betriebsteilen[1] hat der deutsche Gesetzgeber im Gesetz zur Änderung des Seemannsgesetzes und anderer Gesetze[2], das am 1. April 2002 in Kraft getreten ist, das Widerspruchsrecht der Arbeitnehmer beim Betriebsübergang gesetzlich normiert. Vorangegangen waren über 25 Jahre Rechtsprechung zum Widerspruchsrecht, die sich insbesondere mit der dogmatischen Begründung, den Ausübungsmodalitäten und den Rechtsfolgen der Ausübung des bis zu diesem Zeitpunkt ungeschriebenen Rechts beschäftigte. Dabei waren die Einzelheiten von jeher höchst umstritten, und manche Autoren leugneten bis zum Schluß die Zulässigkeit eines Widerspruchsrechts der Arbeitnehmer überhaupt.

Die Einführung des § 613 a Abs. 6 BGB hat nun hinsichtlich des Betriebsübergangs durch Einzelrechtsnachfolge den Streit, ob in einem solchen Fall tatsächlich ein Widerspruchsrecht der Arbeitnehmer besteht, endgültig beendet. Hinsichtlich des Übergangs von Arbeitsverhältnissen im Rahmen eines Betriebsübergangs infolge einer Unternehmensumwandlung nach dem am 1. Januar 1995 in Kraft getretenen Umwandlungsgesetz bestimmt § 324 UmwG, daß § 613 a Abs. 1, 4 bis 6 BGB[3] durch die Wirkungen der Eintragung einer Verschmelzung, Spaltung oder Vermögensübertragung „unberührt" bleibt. Aufgrunddessen geht man größtenteils nun auch für den dabei stattfindenden Übergang von Arbeitsverhältnissen von der Anwendbarkeit des § 613 a BGB und somit auch von einem Widerspruchsrecht der Arbeitnehmer aus. Streitigkeiten verbleiben aber jedenfalls für den Fall, in dem der Rechtsträger durch die Umwandlung erlischt.

Darüber hinaus sind zwar durch die gesetzliche Regelung des Widerspruchsrechts einige Streitpunkte bezüglich dessen Ausübungsmodalitäten, wie insbesondere der Länge der Widerspruchsfrist, weggefallen. Gleichzeitig sind aber auch neue Fragen, wie die des Umfangs der in diesem Zusammenhang bestehenden Informationspflicht des Arbeitgebers, entstanden. An den Problemen, die von jeher hinsichtlich der Rechtsfolgen der Ausübung des Widerspruchsrechts bestanden haben, hat sich auch durch die gesetzliche Normierung des

---

[1] ABl. EG Nr. L 82, S. 16.
[2] BGBl. 2002 I, 1163.
[3] Die ursprüngliche Verweisung auf die Absätze 1 und 4 wurde ebenfalls im Zuge der Änderung des Seemanngesetzes und anderer Gesetze auf die gleichzeitig neu eingeführten Absätze 5 und 6 erweitert.

Widerspruchsrechts nichts geändert. Für den Arbeitnehmer, der die Ausübung seines Widerspruchsrechts in Betracht zieht, stellt sich vernünftigerweise die Frage, ob er sich dies überhaupt leisten kann.

Darüber hinaus wirft die Anerkennung eines Widerspruchsrechts im Rahmen von Unternehmensumwandlungen, bei denen es sich um eine gesellschaftsrechtliche Gesamtrechtsnachfolge handelt, ein weiteres Problem auf: Schließlich könnte man nun auch noch einen Schritt weitergehen und an ein Widerspruchsrecht sogar bei der erbrechtlichen Gesamtrechtsnachfolge denken, was bisher nahezu einhellig abgelehnt wurde. Daneben gibt es weitere Konstellationen, in denen das Arbeitsverhältnis auf einen neuen Arbeitgeber übergeht, ohne daß dabei bisher ernsthaft ein Widerspruchsrecht diskutiert wurde. Dies gilt zum Beispiel für den Übergang der Arbeitsverhältnisse auf den verbleibenden „Gesellschafter“ bei Ausscheiden des vorletzten Gesellschafters aus einer Personengesellschaft und bei der Fiktion des Arbeitsverhältnisses mit dem Entleiher gemäß § 10 Abs. 1 Satz 1 AÜG bei unerlaubter Arbeitnehmerüberlassung.
Dies scheint im Widerspruch zu der bisher geläufigen Begründung des Widerspruchsrechts zu stehen. Zumindest auf den ersten Blick ist kein triftiger Grund dafür ersichtlich, warum in manchen Fällen, nämlich bei dem Betriebsinhaberwechsel durch Einzelrechtsnachfolge und dem infolge von Unternehmensumwandlungen, das Persönlichkeitsrecht und die Vertragsfreiheit des Arbeitnehmers, auf welche das Widerspruchsrecht bisher in erster Linie gestützt wurde, ohne Widerspruchsrecht verletzt sein sollen, in den anderen hier angesprochenen Fällen jedoch nicht.

Die vorliegende Arbeit beschäftigt sich deshalb nach einem Blick auf die einschlägigen Vorschriften für den Übergang von Arbeitsverhältnissen bei einer Unternehmensumwandlung zunächst mit den geschichtlichen Entwicklungen hinsichtlich der Willensbeteiligung der Arbeitnehmer bei dem Übergang ihrer Arbeitsverhältnisse. Im Anschluß daran sollen zum einen die Voraussetzungen, die an die Ausübung des Widerspruchsrechts gestellt werden, und zum anderen die Frage, welche Rechtsfolgen die Ausübung des Widerspruchsrechts für den widersprechenden Arbeitnehmer und für die Restbelegschaft mit sich bringen, untersucht werden. Dabei spielen insbesondere die Möglichkeit, dem widersprechenden Arbeitnehmer betriebsbedingt zu kündigen, sowie die Gefahr, daß er von Sozialplan- und sonstigen Ansprüchen ausgeschlossen wird, eine wichtige Rolle für die recht zweifelhafte tatsächliche Attraktivität des Widerspruchsrechts für den Arbeitnehmer. Zum Abschluß soll ausgehend von der Feststellung, daß dem Arbeitnehmer nunmehr auch ein Widerspruchsrecht im Rahmen der gesellschaftsrechtlichen Gesamtrechtsnachfolge nach dem Umwandlungsgesetz zusteht, auf das Bestehen bzw. Nichtbestehen eines Widerspruchsrechts in anderen, bisher nicht oder nur unzureichend diskutierten Fällen eingegangen werden.

II. Der Übergang von Arbeitsverhältnissen bei einer Unternehmensumwandlung

Das Umwandlungsgesetz, das am 1.1.1995 in Kraft trat, regelt einen numerus clausus von Umwandlungsarten, nämlich die Verschmelzung (§§ 2 ff. UmwG), die Spaltung (§§ 123 ff. UmwG), die Vermögensübertragung (§§ 174 ff. UmwG) und den Formwechsel (§§ 190 ff. UmwG). Dabei kann man die beiden zuletzt genannten Umwandlungsarten für die hier vorliegende Arbeit außer Betracht lassen. Die Vermögensübertragung, weil sie aufgrund der gesetzlichen Beschränkungen der in Betracht kommenden Rechtsträger (§ 175 UmwG) praktisch nicht bedeutsam ist, und den Formwechsel, weil er lediglich die Rechtsform des Unternehmens ändert, dessen rechtliche und wirtschaftliche Identität dagegen unberührt läßt[4]. Von großer Bedeutung sind jedoch die Verschmelzung und die Spaltung, welche die Aufspaltung, die Abspaltung und die Ausgliederung umfaßt.

Bei der Verschmelzung übertragen ein oder mehrere Rechtsträger ihr Vermögen als Ganzes auf einen anderen, schon bestehenden Rechtsträger (Verschmelzung zur Aufnahme, § 2 Nr. 1 UmwG) oder auf einen neuen, von ihnen dadurch gegründeten Rechtsträger (Verschmelzung zur Neugründung, § 2 Nr. 2 UmwG). Die übertragenden Rechtsträger gehen dabei zwingend ohne Abwicklung unter[5].

Die Aufspaltung stellt den umgekehrten Fall der Verschmelzung dar, d.h. ein Rechtsträger spaltet unter Auflösung ohne Abwicklung sein Vermögen auf, wobei die Anteilsinhaber des übertragenden Rechtsträgers Anteile oder Mitgliedschaften der übernehmenden bzw. der neugegründeten Rechtsträger erhalten (§ 123 Abs. 1 UmwG). Bei der Abspaltung spaltet der Rechtsträger - ebenfalls gegen die Gewährung von Anteilen oder Mitgliedschaften an dem übernehmenden bzw. neugegründeten Rechtsträger an die Anteilsinhaber des übertragenden Rechtsträgers - nur einen Teil seines Vermögens ab (§ 123 Abs. 2 UmwG), wird also nicht aufgelöst, sondern bleibt bestehen. Die Ausgliederung wiederum entspricht der Abspaltung, allerdings mit dem Unterschied, daß nicht die Anteilsinhaber des übertragenden Rechtsträgers die Anteile oder Mitgliedschaften an dem übernehmenden Rechtsträger erhalten, sondern der übertragende Rechtsträger selbst (§ 123 Abs. 3 UmwG).

Entscheidend für die hier vorliegende Arbeit ist im folgenden nicht der rechtlich vorgeschriebene Ablauf einer Verschmelzung oder einer Auf- oder Abspal-

[4] Wlotzke, DB 1995, 40.

[5] Lutter-Lutter, § 2 UmwG, Rn. 23.

tung[6], sondern sind vielmehr die Auswirkungen dieser Vorgänge auf die Situation der Arbeitnehmer in den davon betroffenen Unternehmen, insbesondere die Auswirkungen auf deren Arbeitsverhältnisse.
Dabei muß als Grundlage für alle weiteren Überlegungen zunächst untersucht werden, ob im Rahmen der oben beschriebenen Arten der Unternehmensumwandlungen die Voraussetzungen für einen Betriebsübergang im Sinne des § 613 a Abs. 1 Satz 1 BGB erfüllt sein können. Ist dies der Fall, ist zu prüfen, ob infolgedessen im Rahmen von Unternehmensumwandlungen die Arbeitsverhältnisse zwingend nach § 613 a Abs. 1 Satz 1 BGB übergehen oder ob dieser Übergang auch aufgrund anderer – umwandlungsrechtlicher - Vorschriften erfolgen kann.

A. Der Übergang von Arbeitsverhältnissen gemäß § 613 a Abs. 1 Satz 1 BGB

1. Der Tatbestand des § 613 a Abs. 1 Satz 1 BGB

§ 613 a Abs. 1 Satz 1 BGB verlangt, daß ein Betrieb oder ein Betriebsteil durch Rechtsgeschäft auf einen anderen Inhaber übergeht. Die Tatbestandsvoraussetzungen des § 613 a Abs. 1 Satz 1 BGB waren von jeher in ihren Einzelheiten höchst umstritten, was nicht zuletzt auch durch die teilweise voneinander abweichende Rechtsprechung von BAG und EuGH unterstützt wurde[7].

a) Übergang eines Betriebs(teils) auf einen anderen Inhaber

§ 613 a Abs. 1 Satz 1 BGB setzt zunächst den Übergang eines Betriebs(teils) auf einen anderen Inhaber voraus. Unter dem Begriff „Betrieb" im Sinne des § 613 a BGB, der nach der neuen, mittlerweile ständigen Rechtsprechung des BAG[8] mit dem Begriff der „wirtschaftlichen Einheit" des EuGH[9] gleichzusetzen ist, ist jede organisierte Gesamtheit von Personen und Sachen zur auf Dauer an-

---

[6] Vgl. hierzu §§ 4 ff. und §§ 126 ff. UmwG.
[7] Vgl. Willemsen/Hohenstatt/Schweibert-Willemsen, Umstrukturierung, S. 666 f.
[8] Vgl. zum überkommenen Betriebs(übergangs)begriff des BAG, nach dem die Arbeitnehmer auf der Tatbestandsseite keine Berücksichtigung finden sollten („Konfusionsargument") und bereits die bloße Fortsetzungsmöglichkeit des Betriebserwerbers für das Vorliegen eines Betriebsübergangs ausreichen sollte: BAG AP Nr. 2, 14, 24, 33, 39, 40, 42, 55, 59, 67, 72, 76, 81, 82 zu § 613 a BGB. Zust.: Gaul, Gemeinsame Anmerkung zu BAG EzA Nr. 44-46, S. 302 d; ders., in: Boewer, Aktuelle Aspekte des Arbeitsrechts, S. 140, 147, 183. Kritisch dazu, insbesondere wegen des Widerspruchs zum Normzweck des § 613 a BGB und der Schwierigkeiten bezüglich der Abgrenzung zur Betriebsstillegung: Annuß, NZA 1998, 70, 73; Peterek, Anm. BAG EzA Nr. 91 zu § 613 a BGB, S. 12 f.; Pietzko, Tatbestand, S. 36; Willemsen, RdA 1991, 204, 215 ff.
[9] Vgl. EuGH BB 2002, 464, 465.

gelegten Ausübung einer wirtschaftlichen Tätigkeit mit eigener Zielsetzung zu verstehen[10]. Die Einheit darf dabei nicht als bloße Tätigkeit verstanden werden, wodurch die reine Funktionsnachfolge von dem Anwendungsbereich des § 613 a BGB ausgeklammert wird[11].
Ein Betriebsteil ist eine Teileinheit eines Betriebs. Es handelt sich dabei in Abgrenzung zu nur einzelnen Anlage- oder Umlaufgütern um eine organisatorische Untergliederung des Gesamtbetriebes, mit der innerhalb des betrieblichen Gesamtzwecks ein Teilzweck verfolgt wird, auch wenn es sich hierbei nur um eine untergeordnete Hilfsfunktion handelt[12].
Für einen Übergang des Betriebs(teils) in diesem Sinne muß ein neuer Rechtsträger die wirtschaftliche Einheit unter Wahrung der Identität fortführen[13]. Der dafür erforderliche Inhaberwechsel liegt dann vor, wenn derjenige wechselt, der innerhalb des Betriebes oder Betriebsteils den Einsatz der betrieblichen Merkmale zur Verfolgung des jeweiligen arbeitstechnischen Zwecks koordiniert[14], d.h. wenn die Leitungsmacht auf eine andere juristische Person oder Personengesamtheit übergeht[15]. Bei der Prüfung der Frage, ob ein im wesentlichen unveränderter Fortbestand der organisierten Gesamtheit „Betrieb" bei dem neuen Inhaber anzunehmen ist, müssen sämtliche den betreffenden Vorgang kennzeichnenden Tatsachen berücksichtigt werden. Dazu gehören als Teilaspekte der Gesamtwürdigung insbesondere die Art des betreffenden Unternehmens oder Betriebs, der etwaige Übergang der materiellen Betriebsmittel wie Gebäude und bewegliche Güter, der Wert der immateriellen Aktiva im Zeitpunkt des Übergangs, die etwaige Übernahme der Hauptbelegschaft, der etwaige Übergang der Kundschaft sowie der Grad der Ähnlichkeit zwischen den vor und nach dem Übergang verrichteten Tätigkeiten und die Dauer einer eventuellen Unterbrechung dieser Tätigkeit[16].

---

[10] BAG AP Nr. 165, 169, 170, 171, 186, 187, 189, 190, 196, 197 zu § 613 a BGB.
[11] Dies war lange Zeit aufgrund der unklaren EuGH-Rechtsprechung nicht deutlich, vgl. EuGH AP Nr. 106 zu § 613 a BGB, mit Anm. Loritz; als Reaktion darauf der EU-Richtlinienvorschlag zum Betriebsübergang vom 8.9.1994, DB 1994, 1979 ff., mit Anm. Bauer und das Memorandum der EU-Kommission zu den erworbenen Ansprüchen der Arbeitnehmer beim Übergang von Unternehmen, DB 1997, 1030. Mittlerweile besteht jedoch bezüglich dieser Frage eine einhellige Auffassung, vgl. BAG AP Nr. 172 zu § 613 a BGB; BAG AP Nr. 196 zu § 613 a BGB; BAG NZA 2000, 370; Preis, RdA 2000, 257, 277 f.
[12] BAG AP Nr. 106 zu § 613 a BGB; anders noch BAG AP Nr. 42 zu § 613 a BGB und BAG AP Nr. 76 zu § 613 a BGB.
[13] BAG DB 2000, 1966.
[14] Staudinger[13]-Richardi/Annuß, § 613 a BGB, Rn. 54.
[15] Vgl. MünchArbR-Birk, § 19, Rn. 226 zur RL 98/50.
[16] BAG AP Nr. 190 zu § 613 a BGB; BAG DB 2000, 1966; EuGH BB 2002, 464, 465.

(1) Verschmelzung

Die Verschmelzung umfaßt das gesamte Vermögen des übertragenden Rechtsträgers. Folglich werden bei der Verschmelzung sämtliche materiellen Betriebsmittel, die einen Betrieb ausmachen, ebenso wie sämtliche Vertragsbeziehungen zu Kunden, Lieferanten usw. erfaßt[17]. Bei der Verschmelzung ist das Tatbestandsmerkmal „Betriebsübergang" des § 613 a BGB also regelmäßig erfüllt, soweit der neue bzw. der aufnehmende Rechtsträger die organisatorische Einheit tatsächlich fortführt.

(2) Spaltung

Bei der Spaltung handelt es sich um eine partielle Gesamtrechtsnachfolge, die größere Teile des Vermögens oder gar das gesamte Vermögen eines Rechtsträgers erfaßt, welches dann auf einen anderen Rechtsträger übertragen oder auf mehrere andere Rechtsträger verteilt wird. Da das Instrument der Spaltung aufgrund des Verfahrensaufwandes meist nur bei Umstrukturierungen größeren Rahmens eingesetzt wird, kommt es auch dabei grundsätzlich zu einem Übergang von Betrieben oder zumindest von Betriebsteilen, soweit der bzw. die neuen Rechtsträger wiederum die organisatorische Einheit tatsächlich fortführen. Zwar ist bei der Abspaltung theoretisch die Möglichkeit gegeben, daß der Vermögensteil, der abgespalten wird, nicht die quantitativen und qualitativen Voraussetzungen eines Betriebes oder Betriebsteils erfüllt, was bedeuten würde, daß dann der Tatbestand des § 613 a Abs. 1 Satz 1 BGB insgesamt nicht erfüllt wäre. Praktisch erscheint diese Möglichkeit zum einen jedoch aufgrund des extensiven Betriebs(teil)begriffs des BAG im Rahmen des § 613 a BGB nur sehr schwer vorstellbar[18]. Zum andern wäre die in diesem Rahmen wohl einzig mögliche Konstellation der Übertragung von nur einzelnen Vermögensgegenständen durch das Instrumentarium der partiellen Gesamtrechtsnachfolge zu kompliziert und daher unpraktikabel. Im Einzelfall kann jedoch § 613 a BGB im Rahmen einer Abspaltung mangels Erfüllung des Tatbestandsmerkmals „Betriebs(teil)übergang" abzulehnen sein[19].

b) Zeitpunkt des Betriebs(teil)übergangs

Maßgebliches Ereignis für die Beurteilung des Zeitpunkts des Betriebs(teil)übergangs ist grundsätzlich der Übergang der rechtlich begründeten

---

[17] GK-Fabricius, § 111 BetrVG, Rn. 239; MünchArbR-Wank, § 124, Rn. 213; Seiter, Betriebsinhaberwechsel, S. 49.

[18] Vgl. Mengel, Umwandlungen, S. 106.

[19] Da dann auch kein Übergang der Arbeitsverhältnisse gemäß § 613 a Abs. 1 Satz 1 BGB stattfinden kann, kommt lediglich ein sogenannter spaltungsrechtlicher Übergang der Arbeitsverhältnisse in Betracht. Siehe dazu unten S. 28 ff.

tatsächlichen Leitungsmacht über die betriebliche Organisationseinheit[20]. Zwar reicht nach der neueren Rechtsprechung nun die bloße Möglichkeit, den bisherigen Betrieb im wesentlichen unverändert fortzuführen, nicht mehr für die Annahme eines Betriebs(teil)übergangs aus[21]. Das Erfordernis der tatsächlichen Fortführung ist jedoch insoweit zu subjektivieren, als es auf den Willen des Erwerbers im Zeitpunkt des Betriebs(teil)übergangs ankommt[22]. Nur so ist es möglich, bereits zum Zeitpunkt der Übertragung der wirtschaftlichen Einheit abschließend zu beurteilen, ob ein Betriebsübergang vorliegt, weil es auf die späteren Ereignisse nicht mehr ankommt. Demgegenüber geht Krause[23] davon aus, daß es in den Fällen, in denen es ausnahmsweise zu einem Auseinanderfallen von geplantem und tatsächlichen Verhalten komme, in der Logik des Rekurses auf die eigennützige Übernahme eines von fremder Hand geschaffenen Wertschöpfungsprozesses liege, der wirklichen Entwicklung den Vorrang einzuräumen, zumal eine konsequente Subjektivierung nicht mit europarechtlichen Vorgaben vereinbar sei. Schließlich hebe der EuGH für die Beurteilung, ob die übertragene wirtschaftliche Einheit ihre Identität gewahrt habe, immer wieder die Ähnlichkeit der vor und nach dem Übergang verrichteten Tätigkeit hervor. Der Umstand, daß der Erwerber sich erst kurze Zeit nach der Erlangung der tatsächlichen Leitungsmacht dazu entschließe, den Betrieb im wesentlichen unverändert fortzuführen, könne somit nicht zur Ablehnung eines Betriebsübergangs führen. Dem ist jedoch entgegenzuhalten, daß bei einem Abstellen auf die spätere, tatsächliche Entwicklung „unerträgliche Schwebezustände"[24] entstehen könnten. Um diese Rechtsunsicherheit zu vermeiden, sind die Absichten des Erwerbers im Zeitpunkt der Erlangung der tatsächlichen Leitungsmacht als das entscheidende Kriterium anzusehen. Eine alsbaldige Wiederaufnahme der Tätigkeit kann jedoch insoweit Bedeutung erlangen, als dies ein Indiz für eine entsprechende Absicht bereits zum Zeitpunkt der Erlangung der Leitungsmacht darstellt[25].

Bei einer Unternehmensumwandlung kann nicht davon ausgegangen werden, daß der Zeitpunkt der Eintragung der Umwandlung immer auch als Zeitpunkt des Betriebsübergangs zu werten ist[26]. Vielmehr sind Tatbestand und Zeitpunkt

---

[20] Annuß, BB 1998, 1582, 1584; MünchArbR-Wank, § 124, Rn. 73; Schaub, ArbRHandb, § 118, Rn. 54; Staudinger[13]-Richardi/Annuß, § 613 a BGB, Rn. 60; Großkommentar-Steffan, § 613 a BGB, Rn. 74; Willemsen/Hohenstatt/Schweibert-Willemsen, Umstrukturierung, S. 728.

[21] BAG AP Nr. 186 zu § 613 a BGB; BAG DB 2000, 1966. Anders noch die oben bereits erwähnte „Theorie der Fortführungsmöglichkeit", vgl. BAG AP Nr. 67 zu § 613 a BGB und zuletzt BAG NZA 1998, 97, 100.

[22] Vgl. Annuß, BB 1998, 1582, 1584; Willemsen/Hohenstatt/Schweibert-Willemsen, Umstrukturierung, S. 728. A.A. Ahrens, Anm. zu BAG EzA Nr. 177 zu § 613 a BGB (unter II 2).

[23] Krause, ZfA 2001, 67, 89.

[24] Vgl. Willemsen/Annuß, Anm. zu BAG AP Nr. 189 zu § 613 a BGB (unter II 1).

[25] Vgl. Willemsen/Annuß, Anm. zu BAG AP Nr. 189 zu § 613 a BGB (unter II 1).

[26] Vgl. Brinkmann, Spaltung von Rechtsträgern, S. 92; Spirolke, Betriebsübergang, S. 41.

einer Umwandlung von Tatbestand und Zeitpunkt eines Betriebsübergangs unabhängig[27], so daß es auch hier für den Zeitpunkt des Betriebsübergangs allein auf den Übergang der tatsächlichen Leitungsmacht ankommt[28]. Da es danach in den einzelnen Betrieben eines Unternehmens zu unterschiedlichen Zeitpunkten zum Übergang der Leitungsmacht kommen kann, können sich folglich auch unterschiedliche Zeitpunkte für den Eintritt der Rechtsfolgen des § 613 a Abs. 1 Satz 1 BGB für die einzelnen Betriebe des Unternehmens ergeben.

c) Betriebsübergang durch Rechtsgeschäft

Letzte und in diesem Rahmen besonders problematische Voraussetzung zur Erfüllung des Tatbestandes des § 613 a Abs. 1 Satz 1 BGB ist, daß der Betriebs- oder Betriebsteilübergang „durch Rechtsgeschäft" zu erfolgen hat.

(1) Rechtsprechung

Das BAG ging, abgesehen von einer Entscheidung aus dem Jahre 1974[29], in ständiger Rechtsprechung davon aus, daß das Merkmal „durch Rechtsgeschäft" allein die Aufgabe habe, solche Betriebsübergänge aus dem Anwendungsbereich des § 613 a Abs. 1 Satz 1 BGB auszuschließen, die auf Gesetz oder Hoheitsakt beruhten[30]. Damit sollten insbesondere Fälle der Gesamtrechtsnachfolge im Gegensatz zu den Fällen der Einzelrechtsnachfolge außen vor bleiben, da es sich bei ersteren nach Auffassung der Rechtsprechung um Fälle eines gesetzlichen Übergangs handelte. Lediglich in einem Urteil aus dem Jahre 1993 deutete das BAG die Möglichkeit einer analogen Anwendung des § 613 a BGB auf Fälle einer Gesamtrechtsnachfolge durch Fusion an, da die Interessenlage bei einer gesetzlichen Gesamtrechtsnachfolge durch Verschmelzung dieselbe sei wie bei einer rechtsgeschäftlichen Betriebsübernahme. Zudem sei die Verschmelzung der vertraglichen Übernahme in der § 613 a BGB zugrundeliegenden Richtlinie 77/187[31] gleichgestellt[32]. Im Grundsatz hielt das BAG aber daran fest, daß es sich bei einer Gesamtrechtsnachfolge um einen von § 613 a BGB nicht erfaßten Vermögensvorgang handele.

Seit Inkrafttreten des neuen Umwandlungsgesetzes hat das BAG noch nicht ausdücklich darüber entschieden, ob bei einer Unternehmensumwandlung ein

---

[27] Vgl. BAG DB 2000, 1966, 1967.

[28] BAG DB 2000, 1966, 1967; Bachner/Köstler/Trittin/Trümner, Arbeitsrecht bei Unternehmensumwandlung, S. 126 f.; Karlsfeld, Widerspruchsrecht, S. 100.

[29] BAG vom 4.12.1974, AP Nr. 2 zu § 3 TVG, wobei es sich um die Verschmelzung zweier eingetragener Genossenschaften gemäß §§ 93 a ff. GenG handelte.

[30] BAG AP Nr. 24 zu § 613 a BGB; BAG AP Nr. 33 zu § 613 a BGB; BAG AP Nr. 36 zu § 613 a BGB; BAG AP Nr. 44 zu § 613 a BGB; BAG AP Nr. 23 zu § 7 BetrAVG.

[31] Mittlerweile abgelöst durch die Richtlinie 2001/23/EG vom 12.3.2001.

[32] BAG AP Nr. 42 zu § 1 BetrAVG - Zusatzversorgungskassen, Bl. 4/2.

Betriebsübergang „durch Rechtsgeschäft" vorliegt oder nicht. In dem ersten zu diesem Problemkreis existierenden höchstrichterlichen Urteil ging das BAG zwar davon aus, daß bei einer Verschmelzung ein Firmentarifvertrag gemäß § 20 Abs. 1 Satz 1 UmwG auf einen neuen Rechtsträger übergehe. Für eine Anwendung der §§ 324 UmwG, 613 a Abs. 1 Satz 2 BGB sei insoweit kein Raum[33]. Darin ist jedoch noch keine Entscheidung über die (Nicht-)Anwendbarkeit des § 613 a Abs. 1 Satz 1 BGB im Hinblick auf den Übergang der Arbeitsverhältnisse bei einer Unternehmensumwandlung zu sehen. In einem anderen Urteil des BAG zur Anwendbarkeit des § 613 a BGB bei Unternehmensumwandlungen bestand die Besonderheit, daß der Übergang des Betriebes nur im zeitlichen Zusammenhang mit einer Umwandlung nach dem UmwG stand. Das BAG hatte dabei jedoch nicht darüber zu entscheiden, ob durch die Umwandlungsvorgänge selbst die Voraussetzung des § 613 a Abs. 1 Satz 1 BGB „durch Rechtsgeschäft" erfüllt war. Vielmehr hatte in diesem Fall bereits die zeitlich vorangehende, rechtsgeschäftlich vereinbarte Nutzungsüberlasssung zu einem rechtsgeschäftlichen Betriebsübergang geführt[34].

Das ArbG Münster geht davon aus, daß der Gesetzgeber für den Fall einer Verschmelzung nach dem UmwG, der eigentlich von § 613 a BGB mangels einer rechtsgeschäftlichen Übertragung nicht erfaßt sei, den § 613 Abs. 1 BGB in § 324 UmwG für anwendbar erklärt habe[35].

(2) Frühere herrschende Meinung

Auch die ganz herrschende Meinung in der Literatur ging stets davon aus, daß die gesellschaftsrechtliche Gesamtrechtsnachfolge als Form des gesetzlichen Übergangs aufgrund des Tatbestandsmerkmals „durch Rechtsgeschäft" von dem Anwendungsbereich des § 613 a BGB ausgeschlossen sei[36]. Man stellte das Erlöschen des bisherigen Unternehmens dem Tod der natürlichen Person gleich. Der Übergang aller Rechte und Pflichten erfolge dann gleich dem Erbschaftsan-

---

[33] BAG AP Nr. 1 zu § 20 UmwG.

[34] Vgl. BAG DB 2000, 1966, 1967.

[35] ArbG Münster, DB 2000, 1183.

[36] Seiter, Betriebsinhaberwechsel, S. 19, 42; ders., DB 1980, 877, 879; Fischer, Betriebsübergang, S. 43; Backhaus, DB 1985, 1131; Bauer, Unternehmensveräußerung, S. 26, 116; Beisel/Klumpp, Unternehmenskauf, Rn. 488; Falkenberg, DB 1980, 783; Gaul, Gemeins. Anm. zu BAG EzA Nr. 44-46 zu § 613 a BGB, S. 302 f; ders., in: Boewer, Aktuelle Aspekte des Arbeitsrechts, S. 140, 153; Heinze, DB 1980, 205, 208; v. Hoyningen-Huene/Windbichler, RdA 1977, 329, 330; Quander, Gesamtrechtsnachfolge, S. 15; RGRK-Ascheid, § 613 a BGB, Rn. 108; MüKo-Schaub, § 613 a BGB, Rn. 25; Staudinger[12]-Richardi, § 613 a BGB, Rn. 192; Streckel, Anm. zu BAG EzA Nr. 69 zu § 613 a BGB, S. 12; Belling/Müsgen, NZA 1991 Beil. 1, 7, 16; Commandeur, Betriebs-, Firmen- und Vermögensübernahme, S. 28, 40; Kerschner/Köhler; Betriebsveräußerung, S. 23; Vollkommer, Anm. BAG AP Nr. 19 zu § 613 a BGB; Walker, Arbeitgebererbfolge, S. 143.

fall nicht kraft Rechtsgeschäfts, sondern kraft Gesetzes – und nur „aufgrund eines Rechtsgeschäfts“. Dies sollte für eine Anwendung des § 613 a BGB jedoch nicht ausreichen. Der zwingende Übergang des Vermögens müsse zur Vermeidung subjektloser Rechte gesetzlich angeordnet werden, da die Unternehmen infolge der Verschmelzung untergingen.
Dabei argumentierte man, daß der Gesetzgeber mit § 613 a BGB eine Schutzlücke habe schließen wollen, die dort bestanden habe, wo der Übergang der Arbeitsverhältnisse zusammen mit dem Betrieb bei einem Betriebsinhaberwechsel nicht schon anderweitig sichergestellt sei[37]. § 613 a BGB sei somit letztlich ein Auffang- oder Ergänzungstatbestand zur Gesamtrechtsnachfolge. Dies werde auch von § 613 a Abs. 3 BGB für die Fälle von Verschmelzung und Umwandlung klargestellt[38], indem er § 613 a Abs. 2 BGB und damit mittelbar § 613 a Abs. 1 BGB für nicht anwendbar erkläre. Eine solche Anwendung wäre auch nicht sinnvoll, da der Betriebserwerber bereits durch die Gesamtrechtsnachfolge an die Stelle des bisherigen Betriebsinhabers trete und in dessen Arbeitgeberstellung einrücke[39], so daß hier gerade keine Lücke im Bestandsschutz der Arbeitsverhältnisse vorliege.
Das von Kritikern vorgebrachte Argument, § 613 a Abs. 3 BGB mache nach dieser Auffassung keinen Sinn, da er nicht die Nichtanwendbarkeit eines Absatzes einer Vorschrift anordnen könne, wenn die Vorschrift insgesamt schon gar nicht anwendbar sei, wurde zwar erkannt. Man beschränkte sich jedoch zumeist darauf, § 613 a Abs. 3 BGB als überflüssig zu bezeichnen[40] oder festzustellen, daß Absatz 3 nicht in den Gesetzestext gehöre und nur Verwirrung stifte[41].
Man verstand somit das Tatbestandsmerkmal „durch Rechtsgeschäft“ im Sinne von „durch Einzelrechtsnachfolge“[42], so daß alle Fälle der Gesamtrechtsnachfolge vom Anwendungsbereich des § 613 a BGB grundsätzlich ausgeklammert waren.

(3) Abweichende Auffassungen

Andere Autoren vertraten jedoch auch schon sehr früh die Auffassung, daß zumindest eine entsprechende Anwendung des § 613 a BGB auf die Fälle der (gesellschaftsrechtlichen) Gesamtrechtsnachfolge geboten sei. Man begründete

---

[37] Wendling, Rechtsgeschäftlicher Betriebsübergang, S. 90 f.
[38] Nach der damaligen Fassung des § 613 a Abs. 3 BGB gab es noch die Unterscheidung zwischen diesen Instituten, während nach der heutigen Terminologie die Verschmelzung als einer der Umwandlungsfälle bezeichnet wird, vgl. § 1 Abs. 1 Nr. 1 UmwG.
[39] So schon vor Einführung des § 613 a BGB: Gaul, Betriebsinhaberwechsel, S. 47; Galperin, BB 1952, 322; Nikisch, Arbeitsrecht I, § 46 I 2; Hueck/Nipperdey, Arbeitsrecht I, § 54 III 5.
[40] RGRK-Ascheid, § 613 a BGB, Rn. 246.
[41] Staudinger[12]-Richardi, § 613 a BGB, Rn. 190.
[42] Wendling, Rechtsgeschäftlicher Betriebsübergang, S. 90; Fischer, Betriebsübergang, S. 44; Bauer, Unternehmensveräußerung, S. 29; Niebler/Förschner, Betriebsveräußerung, S. 39.

dies teilweise mit der gleichartigen Interessenlage bei Einzel- und Gesamtrechtsnachfolge[43], teilweise mit dem europarechtlichen Argument, daß die einschlägige Richtlinie 77/187[44] nicht zwischen Betriebsübergängen durch Einzel- oder Gesamtrechtsnachfolge unterscheide[45].

Einige Autoren befürworteten sogar die direkte Anwendung von § 613 a BGB auf die gesellschaftsrechtliche Gesamtrechtsnachfolge und beschritten somit im Ergebnis wie auch in der Dogmatik neue Wege. Auch diese Autoren sahen - wie die herrschende Meinung - nur die Rechtsnachfolge durch Rechtsgeschäft vom Wortlaut des § 613 a BGB erfaßt[46]. Sie gingen jedoch davon aus, daß sich die Begriffe des Rechtsgeschäfts und der gesellschaftsrechtlichen Gesamtrechtsnachfolge keineswegs ausschlössen. Die Einstufung als gesetzliche Nachfolge, wie sie die herrschende Meinung vornehme, treffe zwar auf die Erbfolge als klassischen Beispielsfall der Gesamtrechtsnachfolge zu. Deshalb sei dies jedoch nicht automatisch auch für den Fall der gesellschaftsrechtlichen Gesamtrechtsnachfolge zwingend. Vielmehr sei die Gesamtrechtsnachfolge lediglich als Abgrenzung zur Einzelrechtsnachfolge als jede Nachfolge in mehrere Rechte oder Rechtsverhältnisse zu verstehen, die ohne Beachtung des Spezialitätsgrundsatzes als Rechtsfolge nur eines Tatbestandes eintrete[47].

Man argumentierte auch, daß die Auffassung der herrschenden Meinung zum Begriff des Rechtsgeschäfts zu restriktiv sei. Ein Rechtsgeschäft liege nach allgemeiner zivilrechtlicher Begriffsbildung nämlich immer dann vor, wenn eine Rechtsfolge von den Parteien gewollt sei und von der Rechtsordnung gebilligt werde[48]. Deshalb sei das entscheidende Kriterium bei der Beantwortung der Frage, ob ein Rechtserwerb durch Rechtsgeschäft oder durch Gesetz stattgefunden habe, inwiefern der Rechtserwerb von dem Willen der Beteiligten abhänge oder inwiefern die Beteiligten diesen auch vom Gesetz aufgezwungen bekommen könnten. Bei einer genauen Betrachtung stelle sich dabei heraus, daß die gesellschaftsrechtlichen Institute der Gesamtrechtsnachfolge aufgrund der alles entscheidenden Umwandlungs-/Spaltungsbeschlüsse und -verträge letztlich vom Willen der beteiligten Rechtsinhaber abhingen, und nicht von dem Willen

---

[43] Hanau/Vossen, Festschrift für Hilger/Stumpf, S. 271, 289.

[44] Jetzt RL 2001/23/EG.

[45] Von Alvensleben, Betriebsübergang, S. 279 f., 316 ff.; Hanau/Vossen, Festschrift für Hilger/Stumpf, S. 271, 289; Quander, Gesamtrechtsnachfolge, S. 174 ff., 284 ff. Auch wenn sich einige Autoren dieser Argumentation anschlossen, vgl. Kempen, BB 1991, 2007, 2011; Kö-Ko-Kraft, § 339 AktG, Rn. 83 ff.; § 346 AktG; Rn. 17; Löw, Betriebsveräußerung, S. 201, 206, beschränkte sich der Großteil der Literatur, der ebenfalls die unvollständige Umsetzung des Europarechts erkannt hatte, darauf, ein Tätigwerden des Gesetzgebers zu fordern, vgl. Jung, RdA 1981, 360, 364; Düwell, in: Rieder, Umstrukturierung, S. 231, 252.

[46] Pietzko, Tatbestand, S. 132; Mertens, Umwandlung, S. 64.

[47] K. Schmidt, AcP 191 (1991), 495, 501.

[48] Pietzko, Tatbestand, S. 129; Mertens, Umwandlung, S. 64 f.

des Gesetzgebers[49]. Daran ändere sich auch nichts dadurch, daß der Rechtserwerb endgültig erst mit der Eintragung in das Handelsregister eintrete. Die §§ 873, 925 BGB ließen ebenfalls die Vollendung des Rechtserwerbs erst mit Eintragung in das Grundbuch zu, wobei jedoch keiner auf die Idee kommen würde, diesen Rechtserwerb deshalb als „gesetzlich" zu bezeichnen. Für die Beurteilung, ob ein Rechtserwerb kraft Gesetzes vorliege, könne schließlich nicht auf die Rechtsfolgen einer Norm abgestellt werden; entscheidend sei vielmehr, ob der Tatbestand einer Norm, wie z.B. bei den §§ 946 ff., 965 ff., 1922 ff. BGB, den Rechtserwerb unabhängig vom Erwerberwillen vorsehe. Da die gesellschaftsrechtliche Gesamtrechtsnachfolge tatbestandlich das Vorliegen eines Rechtsgeschäftes voraussetze, handele es sich nicht um eine gesetzliche, sondern um eine rechtsgeschäftliche Rechtsnachfolge[50]. Die Vertreter dieser Auffassung fühlten sich auch durch die Regelung des § 613 a Abs. 3 BGB in diesem Ergebnis bestärkt, da sie daraus auf die grundsätzliche Anwendbarkeit dieser Vorschrift auf die Fälle der gesellschaftsrechtlichen Gesamtrechtsnachfolge schlossen[51].

Als weiteres Argument für die auch praktische Notwendigkeit, diese „rechtsgeschäftlichen" gesellschaftsrechtlichen Gesamtrechtsnachfolgen in den Anwendungsbereich des § 613 a Abs. 1 Satz 1 BGB einzubeziehen, brachte man vor, daß die Regelungen des § 613 a Abs. 1 Sätze 2-4 BGB keine Entsprechungen bei einem Übergang der Arbeitsverhältnisse im Rahmen der Gesamtrechtsnachfolge finden würden[52].

(4) Literatur zum UmwG

Während schon die Literatur zum SpTrUG die Diskussion um die Anwendbarkeit des § 613 a BGB im Rahmen einer gesellschaftsrechtlichen (partiellen) Gesamtrechtsnachfolge weiterführte[53], blieb insbesondere das Inkrafttreten des

---

[49] Pietzko, Tatbestand, S. 129 f., 135; Mertens, Umwandlung, S. 64 ff.

[50] Pietzko, Tatbestand, S. 129.

[51] K. Schmidt, AcP 191 (1991), 495, 516; ähnlich bereits LAG Berlin Urteil vom 18. 3.1978, EzA Nr. 15 zu § 613 a BGB, S. 82.

[52] Pietzko, Tatbestand, S. 130 ff. Ohne größere Begründung oder mit ähnlichen, wie bereits dargestellten Begründungsansätzen waren auch schon Teile des gesellschaftsrechtlichen Schrifttums von einer Anwendung des § 613 a BGB in den Fällen der Verschmelzung und der übertragenden Umwandlung ausgegangen, vgl. Beuthien, StudK BGB, § 613 a Anm. 5; Binz, GmbHR 1978, 145, 151; KöKo-Kraft, § 346 AktG, Rn. 17; Böttcher/Zartmann/Kandler, Wechsel der Unternehmensform, S. 102; Ulmer, BB 1983, 1865, 1870. Ebenso schloß sich Hanau der Meinung K. Schmidts an, daß Erwerb durch Rechtsgeschäft und Erwerb durch Gesamtrechtsnachfolge keine Gegensätze seien, vgl. FS Gaul, S. 287, 302 f.

[53] Für eine direkte Anwendung des § 613 a BGB auf die Spaltungsvorgänge z.B. Mayer, DB 1991, 1609, 1612. Dabei argumentierte man teilweise, der Gesetzgeber habe im SpTrUG die Geltung des § 613 a BGB angeordnet, vgl. Ising/Thiel, DB 1991, 2082; Weimar/Alfes, BB 1991, Beil. 9, 16, 20; Carl, AuA 1993, 293. Teilweise ging man auch davon aus, daß es sich

Umwandlungsgesetzes am 1.1.1995 darauf nicht ohne Auswirkungen. Nachdem von verschiedenen Seiten mit unterschiedlichen Begründungen Kritik sowohl am Diskussionsentwurf[54] als auch am Referentenentwurf[55] geübt worden war, stand der daraufhin eingeführte § 324 UmwG im Mittelpunkt der Diskussion. In § 324 UmwG heißt es: „§ 613 a Abs. 1, 4 bis 6 des Bürgerlichen Gesetzbuches[56] bleiben durch die Wirkungen der Eintragung einer Verschmelzung, Spaltung oder Vermögensübertragung unberührt".

Diese Formulierung sah man zwar als nicht besonders glücklich an[57]; dennoch geht seitdem der Großteil der Literatur von der Anwendbarkeit des § 613 a BGB auf die Umwandlungen mit Gesamt- oder Sonderrechtsnachfolge nach dem UmwG aus[58]. Dabei sehen dies viele als den Willen des Gesetzgebers an[59],

---

bei der Spaltung zumindest wegen des zugrundeliegenden Spaltungsplans um einen Fall der rechtsgeschäftlichen Rechtsnachfolge handele, vgl. Weimar/Alfes, BB 1991, Beil. 16, 20; K. Schmidt, AcP 191 (1991), 495, 511, 517, oder daß es sich bei der Spaltung um einen Fall einer modifizierten Einzelrechtsnachfolge handele, auf die § 613 a BGB grundsätzlich Anwendung finde, vgl. Weimar/Alfes, NZA 1991, 833, 834. A.A. Oetker/Busche, NZA 1991, Beilage 1, 18, 20; Heinze, VIZ 1992, 301, 304.

[54] Hanau, ZGR 1990, 548 ff.; Hennrichs, Gesamtrechtsnachfolge, S. 53.

[55] Willemsen, RdA 1993, 133 ff.; Hennrichs, Gesamtrechtsnachfolge, S. 53.

[56] Der Verweis auf die Absätze 5 und 6 des § 613 a BGB wurde erst durch das Gesetz zur Änderung des Seemannsgesetzes und anderer Gesetze mit Wirkung zum 1.4.2002 eingefügt.

[57] Man sprach teilweise von einer „unklaren" oder „ratlos machenden" Vorschrift, vgl. Kreßel, BB 1995, 925, 928; Wlotzke, DB 1995, 40, 42; Herbst, AiB 1995, 5, 10; Goutier/Knopf/Tulloch-Bermel/Hannapel, § 5 UmwG, Rz. 68.

[58] Bauer/Lingemann, NZA 1994, 1057, 1061; Baumann, DStR 1995, 888, 889; Boecken, Unternehmensumwandlungen, Rn. 57 ff.; ders., ZIP 1994, 1087, 1089; Beisel/ Klumpp, Unternehmenskauf, Rn. 494; Brinkmann, Spaltung von Rechtsträgern, S. 75; Däubler, RdA 1995, 136, 141; Dehmer, § 20 UmwG, Rn.75; § 131 UmwG, Rn. 51; § 324 UmwG, Rn. 1; Düwell, NZA 1996, 393, 396; Engelmeyer, Spaltung von Aktiengesellschaften, S. 347 ff.; Gaul, NZA 1995, 717, 720; GK-Fabricius, § 111 BetrVG, Rn. 239; KR-Pfeiffer, § 613 a BGB, Rn. 38; Goutier/Knopf/Tulloch-Bermel, § 324 UmwG, Rn. 3; Heidenhain, NJW 1995, 2873, 2878; Hennrichs, ZIP 1995, 794, 799; Herbst, AiB 1995, 5, 10; Joost, in: Lutter, Kölner Umwandlungsrechtstage, S. 297, 318; ders., FS Wlotzke, S. 683, 692; ders., ZIP 1995, 976, 980; Kallmeyer, ZIP 1994, 1746, 1757; ders., ZIP 1995, 550, 551; Kania, DB 1995, 625; Kittner/Trittin, § 324 UmwG, Rn. 42, 82, 87, 107; Kreßel, BB 1995, 925, 928; Lüttge, NJW 1995, 417, 424; Lutter-Lutter, § 5 UmwG, Rn. 41; Lutter-Priester, § 126 UmwG, Rn. 50; Lutter-Joost, § 324 UmwG, Rn. 1 ff.; Müller, RdA 1996, 287; Müller/Peters, Anmerkung zu BAG AP Nr. 14 zu § 3 TVG, Bl. 6/1 ff.; Nagl, DB 1996, 1221, 1224; Picot, Mergers & Acquisitions in Germany, S. 97; Priester, in: Lutter, Kölner Umwandlungsrechtstage, S. 99, 112; Sagasser/Bula, Umwandlungen, F, Rn. 3 ff.; Schaub, ArbRHandb, § 117, Rn. 10 ff. , § 118, Rn. 77; ders., FS Wlotzke, S. 103, 105; ders., WIB 1996, 97, 98 f.; Schwarz, DStR 1994, 1694, 1697; Schwedhelm, Unternehmensumwandlung, Rn. 795; Schwedhelm/Streck/Mack, GmbHR 1995, 7, 10; Großkommentar-Steffan, § 324 UmwG, Rn. 3; Steuck, NJW 1995, 2887, 2890; Wiedemann/Müller, Anm. BAG AP Nr. 42 zu § 1 BetrAVG Zusatzversorgungskassen; Willemsen, NZA 1996, 791, 798; Wlotzke, DB 1995, 40, 42.

andere berufen sich auf europarechtliche Vorgaben[60] oder ziehen das schon vorher bekannte Argument heran, die grundsätzliche Anwendbarkeit der Norm ergebe sich bereits aus § 613 a Abs. 3 BGB, da dessen Ausschluß des § 613 a Abs. 2 BGB für Umwandlungen ansonsten überflüssig sei[61]. Wieder andere Autoren begründen eine Anwendung des § 613 a BGB auf die Fälle der Umwandlung damit, daß nur so die erforderliche Gleichbehandlung der Betriebe, der Arbeitnehmer und Arbeitgeber sowohl im Falle rechtsgeschäftlicher als auch gesetzlicher Umwandlung erreicht werden könne[62]. Viele Autoren haben sich mittlerweile der bereits vor Inkrafttreten des Umwandlungsgesetzes vertretenen Meinung angeschlossen, daß die Umwandlungsvorgänge, auch wenn sie zu einer (partiellen) Gesamtrechtsnachfolge führten, auf einem Rechtsgeschäft beruhten. Somit sei § 613 a BGB – unabhängig von der Vorschrift des § 324 UmwG - in jedem Fall direkt anwendbar[63]. Schließlich könne eine Vorschrift, die sowieso nicht anwendbar sei, nicht als „unberührt bleibend" qualifiziert werden[64].

Einige Autoren gehen demgegenüber auch weiterhin davon aus, daß das Tatbestandsmerkmal „durch Rechtsgeschäft" insbesondere der Abgrenzung gegenüber der Gesamtrechtsnachfolge diene, so daß sich eine Anwendung des § 613 a BGB nur aufgrund der Verweisung in § 324 UmwG ergeben könne[65]. Ansonsten handele es sich bei dieser Vorschrift jedoch um eine Rechtsgrundverweisung[66].

---

[59] Joost, in: Lutter, Kölner Umwandlungsrechtstage, S. 319; Sagasser/Bula, Umwandlungen, F, Rn. 3; Balze/ Rebel/Schuck, Outsourcing und Arbeitsrecht, 1. Kap., Rn. 300; Schalle, Bestandsschutz, S. 57.

[60] Berscheid, FS Stahlhacke, S. 15, 27; Däubler, RdA 1995, 136, 139; Joost, in: Lutter, Kölner Umwandlungsrechtstage, S. 297, 319; Wlotzke, DB 1995, 40; Bachner/Köstler/Trittin/Trümner, Arbeitsrecht bei Unternehmensumwandlung, S. 123; Düwell, NZA 1996, 393, 396; MünchArbR-Richardi, § 33, Rn. 14; Schaub, FS Wlotzke, S. 103, 105.

[61] Boecken, ZIP 1994, 1087, 1090; Däubler, RdA 1995, 136, 139; Schaub, ArbRHandb, § 117, Rn. 15; ders., FS Wlotzke, S. 103, 105.

[62] Heinze, ZfA 1997, 1, 15.

[63] Balze/Rebel/Schuck, Outsourcing, 1. Kap., Rn. 299 f.; Boecken, Unternehmensumwandlungen, Rn. 65; Grünwald, Umwandlung, S. 70; Mengel, Umwandlungen, S. 101; Voigt, Umwandlung, S. 14 f.

[64] Däubler, RdA 1995, 136, 139; Schalle, Bestandsschutz, S. 57; Sagasser/Bula, Umwandlungen, F, Rn. 3.

[65] Brox/Rüthers, Arbeitsrecht, Rn. 223b; Staudinger[13]-Richardi/Annuß, § 613 a BGB, Rn. 85; Kreßel, BB 1995, 925, 928; Bachner, NJW 1995, 2881, 2882. So jetzt auch ArbG Münster, DB 2000, 1182, 1183.

[66] MünchArbR-Richardi, § 33, Rn. 14; Großkommentar-Steffan, § 324 UmwG, Rn. 3. Auch Karlsfeld geht davon aus, daß es sich bei § 324 UmwG um eine Rechtsgrundverweisung handele, hält aber gleichzeitig das Merkmal „durch Rechtsgeschäft" durch das Vorliegen des Umwandlungsvertrages für erfüllt, s. Widerspruchsrecht, S. 89, 91.

Darüber hinaus vertreten manche Autoren auch noch die Auffassung, daß nur eine analoge Anwendung des § 613 a BGB in Betracht komme[67]. Denn § 324 UmwG fordere die Anwendung von § 613 a BGB zwar nicht eindeutig; dies entspreche aber sowohl dem Willen des Gesetzgebers als auch insbesondere europarechtlichen Vorgaben.

(5) Stellungnahme

Bei der Klärung der Frage, ob und warum eine Anwendung des § 613 a Abs. 1 Satz 1 BGB auf den Betriebsübergang durch Verschmelzung und Spaltung nach dem UmwG jedenfalls nicht durch das Tatbestandsmerkmal „durch Rechtsgeschäft" ausgeschlossen ist, steht neben § 613 a BGB selbst die Vorschrift des § 324 UmwG im Mittelpunkt. Diese verweist - in welcher Form auch immer - auf § 613 a BGB und stellt eine der Hauptschnittstellen zwischen Umwandlungs- und Arbeitsrecht dar. Zunächst ist jedoch durch Auslegung festzustellen, ob § 613 a Abs. 1 Satz 1 BGB bereits unabhängig von der Vorschrift des § 324 UmwG auf die Verschmelzung und die Spaltung Anwendung findet.

(a) Auslegung des § 613 a Abs. 1 Satz 1 BGB

Streng vom Wortlaut her gesehen ist dabei zuzugeben, daß im Rahmen einer Verschmelzung oder Spaltung der Betriebsübergang nicht „durch" Rechtsgeschäft, sondern vielmehr „aufgrund" eines Rechtsgeschäfts erfolgt. Die Vermögensübertragung einschließlich der bestehenden vertraglichen Bindungen ist erst gesetzliche Folge der Eintragung in das Handelsregister. Demgegenüber ist jedoch zum einen zu beachten, daß ein Betrieb oder ein Betriebsteil grundsätzlich nicht „durch Rechtsgeschäft" übergehen kann, weil es sich dabei nicht um einen Gegenstand handelt, der als solcher durch Rechtsgeschäft übertragen werden kann[68]. Zum andern ist die Behauptung von Rechtsprechung und großen Teilen der Literatur, daß Fälle der Gesamtrechtsnachfolge ganz allgemein vom Anwendungsbereich des § 613 a BGB ausgeschlossen sein sollen[69], dem Wortlaut des § 613 a BGB selbst nicht zu entnehmen. Vielmehr ist die Formulierung „durch Rechtsgeschäft" so zu verstehen, daß § 613 a BGB den Betriebsübergang im Wege der gesetzlichen Rechtsnachfolge nicht erfaßt, welche der rechtsgeschäftlichen Rechtsnachfolge gegenübersteht. Bei der gesellschaftsrechtlichen Gesamtrechtsnachfolge handelt es sich jedoch gerade nicht zwingend um einen Fall der gesetzlichen Rechtsnachfolge, wie K. Schmidt, Pietzko

---

[67] Dehmer, § 20 UmwG, Rn. 75 ff.; § 131 UmwG, Rn. 51; Willemsen, RdA 1993, 134 f.; Wlotzke, DB 1995, 40, 43; dies ablehnend: Staudinger[13]-Richardi/Annuß, § 613 a BGB, Rn. 85.

[68] Vgl. BAG BB 2003, 423, 425; Staudinger[13]-Richardi/Annuß, § 613 a BGB, Rn. 82.

[69] BAG AP Nr. 24 zu § 613 a BGB; BAG AP Nr. 36 zu § 613 a BGB; Staudinger[13]-Richardi/Annuß, § 613 a BGB, Rn. 83.

und Mertens überzeugend dargelegt haben[70]. Der die Rechtsnachfolge auslösende Impuls wird in diesen Fällen privatautonom gesetzt. Insbesondere bei dem Umwandlungsinstitut der Spaltung wird im Spaltungsvertrag oder –plan in allen Einzelheiten bestimmt, welche Gesamtheit von Aktiva und Passiva übergeht. Die Rechtsnachfolge kann aber nicht als gesetzliche verstanden werden, wenn das, was übergeht, privatautonom bestimmt wird. Bei Unternehmensspaltungen kann die Rechtsfolge nicht wie in den Fällen der gesetzlichen Rechtsnachfolge unabhängig oder gegen den Willen aufgrund entsprechender Tatbestandsformung seitens des Gesetzgebers durch den Eintritt eines Ereignisses, an das der Tatbestand anknüpft, wie zum Beispiel den Todesfall in § 1922 BGB, herbeigeführt werden[71]. Es muß vielmehr eine Willensentscheidung der Gesellschafter zugrundeliegen. Die Rechtsfolge der Gesamtrechtsnachfolge ist gerade Mittel zu dem Zweck, dem dabei ausgeübten Willen der Rechtsträger Geltung zu verschaffen[72]. Sie dient der Vereinfachung von Umstrukturierungsmaßnahmen, die im Ergebnis auch mit Hilfe einzelgegenständlicher Veräußerungsgeschäfte erreicht werden könnten[73]. Kommt man zu der Erkenntnis, daß es sich bei der Spaltung um eine rechtsgeschäftliche, partielle Universalsukzession handelt, ist als logische Folge auch die Verschmelzung als rechtsgeschäftliche Universalsukzession einzuordnen. Ansonsten würde man die beiden Umwandlungsinstitute grundlos unterschiedlich behandeln.

Folglich handelt es sich bei den hier zu untersuchenden Formen der Unternehmensumwandlung um Betriebs(teil)übergänge, die durch Rechtsgeschäft im Sinne des § 613 a BGB erfolgen[74], so daß bereits der Wortlaut des § 613 a Abs. 1 Satz 1 BGB für eine Anwendbarkeit desselben auf Unternehmensumwandlungen spricht.

Aufschlußreich ist darüber hinaus der durch das UmwG neugefaßte § 613 a Abs. 3 BGB, nach dem § 613 a Abs. 2 BGB nicht gilt, wenn eine juristische Person oder Personenhandelsgesellschaft durch Umwandlung erlischt. Zwar könnte man diesbezüglich auch weiterhin die Auffassung vertreten, es handele sich dabei um eine „überflüssige" oder gar wegzustreichende Vorschrift, wie es von der früheren herrschenden Meinung vertreten wurde[75]. Der Gesetzgeber hat jedoch nach all der Kritik und den Unsicherheiten, die schon lange bezüglich der Bedeutung des § 613 a Abs. 3 BGB bestanden hatten, an der Formulierung weitgehend festgehalten. Folglich ist davon auszugehen, daß der Gesetzgeber durch diese punktuelle Ausschlußregelung für einen Teil der Rechtsfolgen einer

---

[70] K. Schmidt, AcP 1991 (191), S. 495, 515 ff.; Pietzko, Tatbestand, S. 132 ff.; Mertens, Umwandlung, S. 167 f.

[71] Vgl. näher zur erbrechtlichen Gesamtrechtsnachfolge unten S. 195 ff.

[72] Vgl. Brinkmann, Spaltung von Rechtsträgern, S. 83.

[73] Vgl. Voigt, Umwandlung, S. 12.

[74] Ebenso: Schaub, FS Wlotzke, S. 103, 106.

[75] Siehe oben S. 9 ff.

Norm hinsichtlich bestimmter Sachverhalte klarstellen wollte, daß der Tatbestand in diesen Fällen im übrigen voll erfüllt ist. Ansonsten wäre ein Ausschluß des § 613 a Abs. 2 BGB nämlich wirklich überflüssig, und man hätte darauf bei der Änderung des § 613 a Abs. 3 BGB im Rahmen des Umwandlungsrechtsbereinigungsgesetzes Rücksicht genommen.
Auch vom Sinn und Zweck des § 613 a BGB her ist eine Anwendung dieser Vorschrift auf Unternehmensumwandlungen geboten. Allgemein geht man davon aus, daß § 613 a BGB eine Zwecktrias verfolgt, nämlich den Bestandsschutz der Arbeitsverhältnisse, die Mitbestimmungserhaltung und die Regelung der Haftung von altem und neuem Betriebsinhaber[76]. Insbesondere im Hinblick auf den ersten dieser drei Zwecke könnte man nun der Auffassung sein, daß eine Anwendung des § 613 a BGB im Rahmen von Unternehmensumwandlungen überflüssig ist, da sich der Übergang der Arbeitsverhältnisse sowieso schon im Wege der (partiellen) Gesamtrechtsnachfolge vollzieht. Demgegenüber ist jedoch zu beachten, daß sich ohne Anwendung des § 613 a BGB punktuell erhebliche Schutzlücken auftun würden, so z.B. bezüglich der Fortgeltung kollektivrechtlicher Normen auf individualrechtlicher Basis, der gesamtschuldnerischen Mithaftungsregelung, des besonderen Kündigungsschutzes und nicht zuletzt bezüglich des mittlerweile in § 613 a Abs. 6 BGB gesetzlich normierten Widerspruchsrechts. Um diese Schutzlücken zu vermeiden, ist eine direkte Anwendung des § 613 a BGB erforderlich[77].
Zudem unterscheidet die dem § 613 a BGB zugrundeliegende europäische Richtlinie 77/187, neugefaßt durch die Richtlinie 98/50 und mittlerweile ersetzt durch die Richtlinie 2001/23/EG, nicht zwischen Einzel- und Gesamtrechtsnachfolge. Es steht also auch in dieser Hinsicht einer direkten Anwendung des § 613 a BGB auf die gesellschaftsrechtliche Gesamtrechtsnachfolge nichts im Wege.
Insgesamt ergibt somit bereits die Auslegung von § 613 a Abs. 1 Satz 1 BGB, daß dieser auf die Umwandlungsinstitute des UmwG, die einen Betriebs(teil)übergang durch (partielle) Gesamtrechtsnachfolge beinhalten, direkt anwendbar ist[78].

(b) Auslegung und Bedeutung des § 324 UmwG

Wie bereits erwähnt, ordnet § 324 UmwG an, daß § 613 a Abs. 1, 4 bis 6 BGB durch die Wirkungen der Eintragung einer Verschmelzung, Spaltung oder Vermögensübertragung „unberührt" bleibt.

---

[76] BAG AP Nr. 18 zu § 613 a BGB; Seiter, Betriebsinhaberwechsel, S. 29 f.; Staudinger[13]-Richardi/Annuß, § 613 a BGB, Rn. 10 ff.
[77] Vgl. Tempelmann, Arbeitsrechtliche Probleme, S. 76.
[78] Ebenso Tempelmann, Arbeitsrechtliche Probleme, S. 77.

Der Gesetzgeber hat in der Begründung zum Umwandlungsgesetz insofern seinen Willen deutlich gemacht, daß § 613 a BGB nunmehr direkt auf die Umwandlungsinstitute mit Gesamtrechtsnachfolge anzuwenden sei[79]. Ginge man also im Gegensatz zu der hier vertretenen Auffassung davon aus, daß auch weiterhin alle Gesamtrechtsnachfolgen vom Anwendungsbereich des § 613 a BGB ausgeschlossen sein sollen, so müßte diese Regelung des § 324 UmwG tatsächlich dahingehend zu verstehen sein, daß dadurch die Anwendbarkeit des § 613 a BGB auf die gesellschaftsrechtliche Gesamtrechtsnachfolge konstitutiv angeordnet werden soll[80]. Die entgegengesetzte Auslegung des Wortlauts des § 324 UmwG, nämlich daß die gesellschaftsrechtliche Gesamtrechtsnachfolge schon von sich aus die Tatbestandsvoraussetzung „durch Rechtsgeschäft" erfüllt, ist jedoch vorzuziehen. Folglich wird durch das „Unberührtbleiben" klargestellt, daß § 613 a BGB in diesem Rahmen nicht durch die Vorschriften des Umwandlungsgesetzes verdrängt wird[81]. Schließlich hätte der Gesetzgeber, wenn § 613 a BGB sowieso nicht einschlägig wäre, auch nicht dessen „Unberührtheit" in § 324 UmwG festlegen müssen. Schon nach natürlichem Sprachgebrauch versteht man unter diesem Ausdruck grundsätzlich keine positive Geltungsanordnung, sondern nur die Weitergeltung einer ohnehin anwendbaren Regelung. Auch der Gesetzgeber verwendet nur dann, wenn er im Umwandlungsgesetz zum Ausdruck bringen will, daß durch eine Regelung andere gesetzliche Vorschriften weitergelten sollen, die Formulierung „bleibt unberührt"[82]. Außerdem entspricht diese Auslegung dem vom Gesetzgeber geäußerten Willen, daß § 324 UmwG die Anwendbarkeit des § 613 a BGB „klarstellen" solle[83], also nicht etwa „anordnen" solle.

Die Bedeutung des § 324 UmwG besteht somit darin, zu bestimmen, daß die Regelung des § 613 a Abs. 1 Satz 1 BGB, soweit dessen Voraussetzungen erfüllt sind, bei der Übertragung von Arbeitsverhältnissen gegenüber den umwandlungsrechtlichen Vorschriften Vorrang hat. Er löst die Normenkonkurrenz zwischen §§ 20 Abs. 1 Nr. 1, 131 Abs. 1 Nr. 1 UmwG einerseits und § 613 a Abs. 1 Satz 1 BGB andererseits zugunsten des letzteren auf. § 324 UmwG ordnet nicht konstitutiv die Geltung des § 613 a BGB an[84], sondern stellt vielmehr nur deklaratorisch dessen Anwendbarkeit fest und betont, daß er gerade nicht

---

[79] Begründung RegE, BT-Drucks. 12/6699, S. 78, 118, 121, 175.

[80] So Bachner, NJW 1995, 2881, 2882; Kreßel, BB 1995, 925, 928; Staudinger[13]-Richardi/Annuß, § 613 a BGB, Rn. 85.

[81] So sehen es Rieble, ZIP 1997, 301, 303; K. Schmidt, AcP 191 (1991), 495, 510.

[82] Vgl. z.B. § 325 Abs. 2, S. 2 UmwG in Bezug auf die §§ 9 und 27 BetrVG.

[83] Begründung RegE, BT-Drucks. 12/6699, S. 78, 118, 121, 175.

[84] Brinkmann, Spaltung von Rechtsträgern, S. 83 f., geht davon aus, daß § 324 UmwG „insoweit konstitutiv" sei, als in ihm das veränderte Normverständnis des Gesetzgebers zwischen § 613 a BGB und der gesellschaftsrechtlichen Gesamtrechtsnachfolge seinen Ausdruck finde.

durch die – grundsätzlich spezielleren – Regelungen des Umwandlungsrechts verdrängt wird[85].

2. Rechtsfolgen des § 613 a Abs. 1 Satz 1 BGB

a) Übergang der bestehenden Arbeitsverhältnisse

Die Erfüllung des Tatbestandes des § 613 a Abs. 1 Satz 1 BGB durch die verschiedenen Formen der Unternehmensumwandlungen bewirkt primär den zwingenden Übergang der Arbeitsverhältnisse auf den neuen Betriebsinhaber, d.h. auf den neuen oder den übernehmenden Rechtsträger. Der neue Betriebsinhaber tritt in die Rechte und Pflichten aus allen im Zeitpunkt des Betriebsübergangs bestehenden Arbeitsverhältnissen ein und wird Schuldner aller Verbindlichkeiten aus dem Arbeitsverhältnis, auch solcher, die vor dem Übergang entstanden sind[86].

Bestehende Arbeitsverhältnisse im Sinne des § 613 a BGB sind auch befristete Arbeitsverhältnisse, ruhende Arbeitsverhältnisse und Arbeitsverhältnisse, die bereits gekündigt sind, deren Kündigungsfrist aber noch nicht abgelaufen ist[87]. Dabei ist es im Rahmen des § 613 a BGB nicht entscheidend, ob ein wirksamer Arbeitsvertrag vorliegt. Vielmehr werden auch sogenannte fehlerhafte Arbeitsverhältnisse erfaßt, wobei der neue Arbeitgeber selbstverständlich die gleichen Rechte diesbezüglich hat wie der alte, d.h. insbesondere die Möglichkeit der Aufhebung für die Zukunft. Ebenso gehen anfechtbare Arbeitsverhältnisse auf den neuen Betriebsinhaber über, allerdings zusammen mit dem Anfechtungsrecht[88].

b) Zuordnung der Arbeitsverhältnisse

Bei der Verschmelzung, die das gesamte Vermögen und somit alle Betriebe der beteiligten Rechtsträger erfaßt, wird der neue Rechtsträger neuer Arbeitgeber aller Arbeitnehmer. Folglich sind Probleme bezüglich der Frage, welche Arbeitsverhältnisse von dem Übergang erfaßt werden und welche eventuell nicht, nicht denkbar, so daß insoweit keine Zuordnungsprobleme gelöst werden müssen.

---

[85] Vgl. Schalle, Bestandsschutz, S. 65. Vielmehr ist § 613 a BGB insoweit als lex specialis anzusehen, vgl. Willemsen/Hohenstatt/Schweibert-Willemsen, Umstrukturierung, S. 49; Karlsfeld, Widerspruchsrecht, S. 95. Ebenso, jedoch allein für den Fall der Aufspaltung: Tempelmann, Arbeitsrechtliche Probleme, S. 84 f.

[86] BAG AP Nr. 4 zu § 613 a BGB.

[87] BAG BB 1978, 914.

[88] Bauer, Unternehmensveräußerung, S. 46; Niebler/Förschner, Betriebsveräußerung, S. 44; die Arbeitsverhältnisse bereits ausgeschiedener Arbeitnehmer gehen selbstverständlich nicht über, s. Bachner/Köstler/Trittin/Trümner, Arbeitsrecht bei Unternehmensumwandlung, S. 132.

Anders stellt sich die Lage jedoch bei Auf- und Abspaltungen dar. Dabei werden nämlich nur einzelne Betriebe eines Unternehmens abgespalten, bzw. das gesamte Unternehmen spaltet sich in zwei oder mehr neue Unternehmen auf. Dies kann zu Schwierigkeiten bei der Frage führen, welche Arbeitsverhältnisse nun auf welche Rechtsträger übergehen, da im Einzelfall die Zuordnung der einzelnen Arbeitsverhältnisse zu einem Betrieb nicht unbedingt eindeutig ist.
Noch schwieriger ist die Situation zu beurteilen, wenn gar nur einzelne Betriebsteile abgespalten werden, da es nicht selten vorkommt, daß ein Arbeitnehmer in mehreren Teilen eines Betriebes tätig ist. Folglich ist es bei der Abspaltung eines dieser Teilbereiche schwierig, den jeweiligen Arbeitgeber zu bestimmen. Welche Konstellationen dabei in Betracht kommen, und wie diese jeweils zu lösen sind, wird im folgenden zu klären sein.
Zum einen gibt es in einem Betrieb die Arbeitnehmer, die in sogenannten Overhead-Positionen arbeiten, d.h. die als Arbeitskräfte der Führungsebene übergeordnet für den gesamten Betrieb tätig sind. Zum anderen gibt es sogenannte Querschnittsbereich-Arbeitnehmer, die Verwaltungs- oder sonstige Tätigkeiten erledigen, von denen der gesamte Betrieb profitiert, so z.B. Hausmeister, Nachtwächter, Wartungsdienst, zentrale Rechnungs- und EDV-Abteilung, Boten und ähnliches[89]. Letzte problematische Gruppe sind die sog. „Springer", die ihre Arbeitszeit und –kraft – aus welchen Gründen auch immer[90] - auf zwei oder mehr Betriebsteile verteilen[91].
Geht in diesen Fällen durch Auf- oder Abspaltung nur einer der Betriebsteile auf einen neuen Rechtsträger über, stellt sich die Frage, welche Arbeitsverhältnisse auf den anderen Rechtsträger übergehen, welche bei dem alten verbleiben, und welche Kriterien bei der vorzunehmenden Zuordnung eine Rolle spielen. Dabei kann zunächst auf die Lösungsvorschläge, die im Rahmen der Einzelrechtsnachfolge in der Literatur entwickelt wurden, zurückgegriffen werden, da diese grundsätzlich auf die Gesamt- und Sonderrechtsnachfolge übertragbar sind.

(1) Herkömmliche Zuordnungsvorschläge

Manche Autoren vertreten in den Fällen, in denen nicht eindeutig erkennbar ist, welchem Betriebsteil die Arbeitnehmer angehören, die Auffassung, daß die Zu-

---

[89] Großkommentar-Steffan, § 126 UmwG, Rn. 31; Willemsen/Hohenstatt/Schweibert-Willemsen, Umstrukturierung, S. 732.
[90] Als Gründe kommen hier besonderes Know-how, allgemeine Einsetzbarkeit des betroffenen Arbeitnehmers, zu wenig oder zu viel Arbeit in einem der betroffenen Betriebsteile etc. in Betracht.
[91] Vgl. Großkommentar-Steffan, § 126 UmwG, Rn. 31; Willemsen/Hohenstatt/Schweibert-Willemsen, Umstrukturierung, S. 732. Ebenso kann ein Arbeitnehmer seine Arbeitszeit und –kraft auf zwei oder mehr Betriebe eines Unternehmens verteilen, wobei sich die entsprechenden Probleme stellen.

ordnung der Arbeitnehmer danach vorzunehmen sei, für welchen Betriebsteil der Arbeitnehmer überwiegend tätig gewesen sei. Es soll also auf den objektiven Schwerpunkt der Tätigkeit ankommen[92]. In den Problemfällen, in denen auch die Feststellung einer „überwiegenden" Tätigkeit nur schwer möglich[93] oder in denen eine solch „überwiegende" Tätigkeit in diesem Sinne gar nicht vorhanden sei[94], soll dann nach Meinung einiger Autoren darauf abzustellen sein, wo sich nach der Auf- oder Abspaltung das Substrat, also die Grundlagen des Arbeitsverhältnisses, befinden[95].
Andere Autoren vertreten hingegen – wie früher auch das BAG - die Ansicht, die Zuordnung der Arbeitsverhältnisse sei nicht nach objektiven, sondern vielmehr nach subjektiven Gesichtspunkten vorzunehmen. Der Wille der Beteiligten soll entscheidend sein[96]. Der Schutzzweck des § 613 a BGB gebiete es nämlich nicht, in Grenz- und Zweifelsfällen eine Zuordnung gegen den Willen der Beteiligten vorzunehmen[97]. Es müsse danach nur eine eindeutige Zuordnung erreicht werden, die der Funktion der Betriebsveräußerung genüge und den betroffenen Arbeitnehmern ihre Arbeitsplätze und sozialen Besitzstände erhalte[98].
Das Abstellen auf den einvernehmlichen Willen der Beteiligten hilft aber in den Fällen, in denen kein Tätigkeitsschwerpunkt erkennbar ist, dann nicht weiter, wenn ein solch einvernehmlicher Wille gerade nicht vorhanden ist. Während sich die Rechtsprechung bisher mit einem solchen Fall nicht beschäftigen mußte, werden in der Literatur dafür unterschiedliche Lösungsmöglichkeiten angeboten.
Einige Autoren schlagen ein Wahlrecht für die betroffenen Arbeitnehmer vor, ob sie in dem alten Unternehmen bleiben wollen oder ob sie in das neue Unternehmen übernommen werden wollen[99]. Andere vertreten die Auffassung, in solchen Fällen hätte der Veräußerer in Anlehnung an § 315 BGB das Recht zu bestimmen, ob das Arbeitsverhältnis eines schwerpunktmäßig nicht zuzuordnenden Arbeitnehmers auf den Erwerber übergehen soll oder nicht. Dabei seien jedoch auch soziale Gesichtspunkte (vgl. § 1 Abs. 2 KSchG) zu berücksichti-

---

92 Schiefer, NJW 1998, 1817, 1818; Loritz, RdA 1987, 65, 79; v. Hoyningen-Huene/Windbichler, RdA 1977, 329, 334; Buchner, GmbHR 1997, 434, 437.

93 So z.B. bei einem Tätigwerden innerhalb von mehr als zwei Betriebsteilen.

94 So z.B. bei einer Tätigkeit im Zentralbereich eines Betriebes.

95 Loritz, RdA 1987, 65, 80

96 BAG AP Nr. 31 zu § 613 a BGB; BAG AP Nr. 23 zu § 7 BetrAVG; Bachner/Köstler/Trittin/Trümner, Arbeitsrecht bei Unternehmensumwandlung, S. 132; Heinze, ZfA 1983, 409, 591.

97 Bauer, DB 1983, 1097.

98 Müller/Thüsing, ZIP 1997, 1869, 1870.

99 Bachner/Köstler/Trittin/Trümner, Arbeitsrecht bei Unternehmensumwandlung, S. 132; V. Hoyningen-Huene/Windbichler, RdA 1977, 329, 334; Müller/Thüsing, ZIP 1997, 1869, 1873; Großkommentar-Steffan, § 613 a BGB, Rn. 82; ebenso insbesondere für die Aufspaltung: Schalle, Bestandsschutz, S. 153.

gen[100]. Daneben gibt es auch diejenigen, die im Zweifel einen Übergang der Arbeitsverhältnisse befürworten[101], und diejenigen, die im Zweifel den Übergang der Arbeitsverhältnisse ablehnen[102].
Im Fall der Aufpaltung gehen manche Autoren sogar davon aus, daß bei fehlendem Schwerpunkt in Anlehnung an die Regelung des § 131 Abs. 3 UmwG die übernehmenden Rechtsträger zu Gesamthandsarbeitgebern würden[103] bzw. als Gesamtschuldner in die Rechtsstellung als Arbeitgeber einträten[104]. Darüber hinaus haben einige Autoren versucht, entgegen der herkömmlichen subjektiven oder objektiven Zuordnung sog. „differenzierende Lösungsansätze" zu finden[105].

(2) Neuere Rechtsprechung

Seit seinem Urteil vom 11. September 1997[106] geht das BAG in Anlehnung an die Rechtsprechung des EuGH[107] wie dieser von einer strukturorientierten Betrachtungsweise bei der Frage der Zuordnung von Arbeitnehmern zu einem Betrieb(steil) aus. Es ist danach nicht ausreichend, daß ein Arbeitnehmer, ohne dem übertragenden Betriebsteil anzugehören, lediglich bestimmte Tätigkeiten mit Betriebsmitteln des übergehenden Betriebsteils verrichtet hat und damit *für* diesen tätig oder zumindest überwiegend *für* ihn tätig gewesen ist. Denn ein bloßer Funktionszusammenhang genügt nach der neuen Rechtsprechung des BAG nicht mehr. Entscheidend ist vielmehr, daß der betreffende Arbeitnehmer

---

[100] Bauer, DB 1983, 1097; ders., Unternehmensveräußerung, S. 47.
[101] Seiter, Betriebsinhaberwechsel, S. 64; Staudinger[12]-Richardi, §613 a BGB, Rn. 116.
[102] Tempelmann, Arbeitsrechtliche Probleme, S. 95; Bossmann, Wettbewerbsverbote, S. 38; Brinkmann, Spaltung von Rechtsträgern, S. 114; Ingenfeld, Betriebsausgliederung, S. 251; Kasseler ArbR-Hattesen, 6.7, Rn. 105; Kreitner, NZA 1990, 429, 431; Moll, AnwBl. 1991, 282, 287, da es bei nicht eindeutiger Zuordnung an der notwendigen Überleitungsnorm fehle. Grundsätzlich ebenso Willemsen/Hohenstatt/Schweibert-Willemsen, Umstrukturierung, S. 733, der aber für den Fall, daß der übertragende Rechtsträger durch die Umwandlung erlischt, wiederum dem Arbeitgeber ein einseitiges Zuordnungsrecht zubilligt.
[103] Kasseler ArbR-Düwell, 6.8, Rn. 191.
[104] Gaul/Otto, DB 2002, 634, 636.
[105] So entwickelt z.B. Lieb, ZfA 1994, 229 ff., sein Zuordnungssystem in zwei Schritten: Zunächst werden die Arbeitsplätze des übergehenden Betriebs(teils) nach Art und Zahl ermittelt, anschließend werden die so gefundenen Arbeitsplätze abstrakt besetzt, wobei eine Sozialauswahl gemäß § 1 Abs. 2, Abs. 3 KSchG analog stattfindet. Ablehnend Gentges, RdA 1996, 265, 272.
[106] BAG EzA Nr. 153 zu § 613 a BGB.
[107] EuGH-Botzen-Slg. 1985, 528, Rn. 16; EuGH-Katsikas-Slg. 1992, 6607, Rn. 21=AP Nr. 97 zu § 613 a BGB.

in den übergegangenen Betrieb oder Betriebsteil tatsächlich eingegliedert und in dessen Struktur eingebunden gewesen ist[108].

(3) Stellungnahme

Sowohl die herkömmliche Zuordnung von Arbeitnehmern nach objektiven Gesichtspunkten als auch die nach subjektiven Gesichtspunkten zeigen einige Schwachpunkte auf. Bei der objektiven Zuordnung finden sich für viele problematische Fälle, in denen kein objektiver Tätigkeitsschwerpunkt festzustellen ist, gerade keine Lösung. Zudem ist das Abstellen auf den bloßen Funktionszusammenhang mit dem von der Rechtsprechung nun ständig vertretenen Betriebsübergangsbegriff, der die Wahrung der Identität der betreffenden wirtschaftlichen Einheit fordert, nicht vereinbar. Bei subjektiver Zuordnung liegt kein Fall des gesetzlichen Übergangs der Arbeitsverhältnisse gemäß § 613 a BGB vor, sondern ein Fall des rechtsgeschäftlichen Übergangs durch einen dreiseitigen Vertrag[109]. Darüber hinaus hilft dieser Lösungsansatz im Problemfall des nicht übereinstimmenden Willens gerade nicht weiter.
Die Meinung, die § 613 a BGB in Fällen von Zuordnungsschwierigkeiten nicht gelten lassen will, übersieht, daß gerade auch bei Zuordnungsschwierigkeiten ein Schutzbedürfnis der betroffenen Arbeitnehmer besteht, zumal § 613 a BGB insbesondere zum Schutz der Arbeitnehmer geschaffen wurde. Außerdem ist diese Lösung z.B. im Falle der Aufspaltung, wenn sich der ursprüngliche Rechtsträger auflöst, nicht praktikabel.
Auch der sogenannte „differenzierende" Lösungsansatz von Lieb, der die „mittelbar übergangsbetroffenen Arbeitsverhältnisse" im Wege der zweistufigen Betrachtungsweise zuordnen will, ist abzulehnen. Diese funktionsakzessorische Zuordnung ist ebenfalls nicht mit dem hier vertretenen Betriebsteilübergangsbegriff vereinbar. Außerdem würde diese Lösung § 613 a Abs. 1 Satz 1 BGB, der allein die Individualbeziehung zwischen Arbeitgeber und Arbeitnehmer betrifft, systemwidrig zu einer Norm mit Solidarbezug machen[110].
Der Weg, den das BAG nun seit kurzem in Übereinstimmung mit der Rechtsprechung des EuGH beschreitet, scheint die einzige Möglichkeit zu sein, eine umfassende Lösung des Zuordnungsproblems in Harmonie mit dem neuen Betriebs(teil)übergangsbegriff des BAG zu bieten, welcher die Übertragung einer organisatorischen Einheit verlangt und die Übertragung einer Funktion nicht

---

[108] So auch BAG AP Nr. 170 zu § 613 a BGB. Zust. Willemsen/Hohenstatt/Schweibert-Willemsen, Umstrukturierung, S. 732.

[109] Vgl. zu diesem Kritikpunkt an der Rechtsprechung des BAG: Loritz, RdA 1987, 65, 79; Kreitner, Kündigungsrechtliche Probleme, S. 199; ders., NZA 1990, 429; Müller/Thüsing, ZIP 1997, 1869, 1870.

[110] Vgl. Staudinger[13]-Richardi/Annuß, § 613a BGB, Rn. 113; Willemsen/Annuß, Anmerkung zu BAG EzA Nr. 153 zu § 613 a BGB, S. 17.

genügen läßt[111]. Diese strukturorientierte Betrachtungsweise hat zur Folge, daß die Arbeitsverhältnisse der Arbeitnehmer, die in Overhead- und Querschnittspositionen tätig sind und die grundsätzlich in eine bestimmte Betriebsabteilung organisatorisch eingegliedert sind, nur dann nach § 613 a BGB übergehen, wenn der Erwerber auch jene Abteilung übernimmt, in deren Struktur sie eingebunden sind[112]. Sie werden also nicht etwa anteilig auf diese „umgelegt“[113].
Einer solchen Lösung kann zwar vorgeworfen werden, die Entscheidung über den (Nicht)-Übergang der Arbeitsverhältnisse werde nach rein formalen Gesichtspunkten getroffen und berücksichtige nicht genug die wahren Beschäftigungsgegebenheiten innerhalb eines Betriebs(teils). Der entscheidende Vorteil dieser Lösung liegt jedoch in der sehr großen Rechtssicherheit für alle Beteiligten, die aufgrund der Vorhersehbarkeit, welche Arbeitsverhältnisse übergehen und welche nicht, besteht. Schließlich können nun keine Arbeitnehmer, die nur funktional mit dem übergehenden Betriebsteil verbunden sind, diesem in überraschender Weise zugeordnet werden. Darüber hinaus stellt diese Lösung die konsequente Fortsetzung des Grundansatzes dar, daß der bloße Übergang einer Funktion ohne gleichzeitigen Übergang der zugehörigen betrieblichen Organisation keinen Betriebsübergang im Sinne des § 613 a Abs. 1 Satz 1 BGB darstellt[114].
Doch auch bei dieser zu bevorzugenden Lösung können Fälle auftauchen, bei denen die strukturorientierte Betrachtungsweise nicht zu eindeutigen Ergebnissen führt. Dies gilt insbesondere dann, wenn ein Arbeitnehmer in verschiedene betriebliche Teilstrukturen eingegliedert ist. In diesen Fällen bleibt wiederum einzig die Möglichkeit einer „quantitativen Beurteilung“, d.h. es ist auf den absoluten bzw. notfalls auf den relativen Arbeitsplatzschwerpunkt abzustellen[115]. Falls sich im Einzelfall auch ein solcher nicht feststellen läßt, ist dem übertragenden Rechtsträger ein einseitiges Zuordnungsrecht zu gewähren. Als „Herr des Verfahrens“ hat er ein originäres Zuweisungsrecht, das sich direkt aus § 613 a BGB ergibt und das deshalb nicht auf § 315 BGB gestützt zu werden braucht[116].

---

[111] Ebenso: Staudinger[13]-Richardi/Annuß, § 613a BGB, Rn. 113; Willemsen/Annuß, Anmerkung zu BAG EzA Nr. 153 zu § 613 a BGB, S. 17.
[112] Vgl. Müller/Thüsing, ZIP 1997, 1869, 1875; Annuß, BB 1998, 1582, 1586.
[113] Vgl. Willemsen/Hohenstatt/Schweibert-Willemsen, Umstrukturierung, S. 732.
[114] Vgl. Annuß, NZA 1998, 70, 76.
[115] Annuß, NZA 1998, 70, 76 f.; Staudinger[13]-Richardi/Annuß, § 613 a BGB, Rn. 115.
[116] Annuß, NZA 1998, 70, 77.

B. Verhältnis des Übergangs und der Zuordnung der Arbeitsverhältnisse gemäß § 613 a Abs. 1 Satz 1 BGB zu den Normen des Umwandlungsgesetzes

1. Zuordnung im Spaltungs- und Übernahmevertrag bzw. im Spaltungsplan

Regelmäßig wird im Rahmen der Spaltung ein Betrieb oder Betriebsteil einem übernehmenden Rechtsträger zugeordnet werden, wobei für die Parteien völlige Zuordnungsfreiheit besteht. Eine auf rechtsgeschäftlicher Bestimmung beruhende spaltungsrechtliche Zuordnung von Arbeitsverhältnissen (§ 126 Abs. 1 Nr. 9 UmwG) ist jedoch im Rahmen des Anwendungsbereichs des § 613 a BGB wegen dessen zwingender Wirkung ausgeschlossen[117]. Dem Spaltungsvertrag kommt insoweit nur deklaratorische Bedeutung zu[118]. § 126 des Referentenentwurfs, der noch eine freie Zuordnungsmöglichkeit bezüglich der Arbeitsverhältnisse vorsah[119], ist nicht Gesetz geworden. Die Rechtsfolge gemäß § 613 a Abs. 1 Satz 1 BGB hat daher grundsätzlich Vorrang vor den Bestimmungen im Spaltungs- und Übernahmevertrag[120].

a) Literatur

Nach Auffassung vieler Autoren bleibt jedoch insoweit Raum für eine spaltungsrechtliche Zuordnung von Arbeitsverhältnissen gemäß §§ 126 Abs. 1 Nr. 9, 131 Abs. 1 Nr. 1 UmwG, als § 613 a BGB nicht eingreift[121]. Dies soll zum einen der Fall sein, wenn Arbeitsverhältnisse übertragen werden, ohne daß mindestens ein Betriebsteil übergeht[122], d.h. wenn zum Beispiel nur zwei Arbeit-

---

[117] Hartmann, ZfA 1997, 21, 25; Boecken, Unternehmensumwandlungen, Rn. 68; Großkommentar-Steffan, § 126 UmwG, Rn. 129; Willemsen, RdA 1993, 133, 137; ders. NZA 1996, 791, 799; Willemsen/Hohenstatt/Schweibert-Willemsen, Umsrukturierung, S. 49.

[118] Die im Spaltungsvertrag enthaltenen Angaben zum Übergang der Arbeitsverhältnisse sind dann also unbeachtlich, vgl. Schalle, Bestandsschutz, S. 66. Dies bedeutet gleichzeitig, daß auch im Spaltungsvertrag „vergessene" Arbeitsverhältnisse ohne weiteres gemäß § 613 a Abs. 1 Satz 1 BGB auf den neuen Rechtsträger übergehen, vgl. Widmann/Mayer, § 126 UmwG, Rn. 187.

[119] Vgl. Begr. zum RefE, Beilage Nr. 112 a zum Bundesanzeiger vom 14.4.1992, S. 159.

[120] Vgl. Begr. zu § 126, BT-Drucks. 12/6699, S. 118, und zu § 132, BT-Drucks. 12/6699, S. 121; Willemsen, RdA 1993, 133, 134; Kallmeyer-Kallmeyer, § 126 UmwG, Rn. 34; Menze, Widerspruchsrecht, S. 41; Schalle, Bestandsschutz, S. 129. Vgl. auch oben S. 17 ff.

[121] Hartmann, ZfA 1997, 21, 25; Widmann/Mayer, § 126 UmwG, Rn. 184; § 131 UmwG, Rn. 53 ff; Dehmer, § 131 UmwG, Rn. 52; Engelmeyer, Spaltung von Aktiengesellschaften, S. 351; Däubler, RdA 1995, 136, 142 ff.

[122] Boecken, ZIP 1994, 1087, 1091; Dehmer, § 131 UmwG, Rn. 52; Kollmar, Spaltungen, S. 68; Widmann/Mayer, § 126 UmwG, Rn. 184; Willemsen/Hohenstatt/Schweibert-Willemsen, Umstrukturierung, S. 737. Demgegenüber vertritt B. Gaul erstaunlicherweise ohne nähere Begründung die Auffassung, daß § 613 a BGB auch dann anzuwenden sei, wenn im Rahmen

nehmer übernommen werden, die mit der vorher nicht bestehenden Funktion der Verwaltung des übergehenden Vermögens betraut werden[123]. Denn dabei liege nicht die Wahrung der Identität einer wirtschaftlichen Einheit vor. Zum andern soll dies dann der Fall sein, wenn mit dem Übergang eines Betriebsteils zusätzlich solche Arbeitsverhältnisse übertragen werden sollen, die einem zurückbleibenden Betriebsteil angehören[124], d.h. wenn der Übergang eines Betriebsteils dadurch komplettiert wird, daß einzelne Arbeitnehmer aus dem „Restbereich" mitgehen[125]. Dies kann mittlerweile insbesondere für diejenigen Arbeitnehmer Bedeutung erlangen, welche von einer Verwaltungsabteilung aus bislang zwar Aufgaben für den übergehenden Betrieb(steil) ausgeübt haben, diesem Betrieb(steil) aber aufgrund der strukturorientierten Rechtsprechung des EuGH und neuerdings auch des BAG dennoch nicht zuzuordnen sind[126].
Darüber hinaus soll auch dann ein spaltungsrechtlicher Übergang der Arbeitsverhältnisse stattfinden, wenn Arbeitsverhältnisse übertragen werden, bei denen Zuordnungsordnungsschwierigkeiten bestehen. Dann sei § 613 a BGB unanwendbar[127], und es bleibe somit Raum für die spaltungsrechtliche Gestaltungsfreiheit[128]. In solchen Fällen sei die Bezeichnung im Spaltungsvertrag für den Übergang der Arbeitsverhältnisse unverzichtbar, d.h. konstitutiv[129]. Es entspreche auch den Bedürfnissen der Praxis und dem Zweck des neuen Umwandlungsrechts, den Regelungen des Spaltungsvertrages in diesen Zweifelsfällen bindende Wirkung beizumessen[130].
Im Rahmen dieses spaltungsrechtlichen Übergangs von Arbeitsverhältnissen geht der Großteil der Autoren aber dann davon aus, daß die spaltungsrechtliche Zuordnung unter dem Zustimmungsvorbehalt des einzelnen Arbeitnehmers ste-

---

einer Unternehmensumwandlung einzelne Vermögensgegenstände übertragen werden, die ihrerseits nicht die Qualität eines Teilbetriebes i.S.d. § 613 a BGB erfüllen, vgl. BB 1999, 526.

[123] Vgl. Däubler, RdA 1995, 136, 142. A.A. Schalle, Bestandsschutz, S. 132, die davon ausgeht, daß die Betriebszugehörigkeit eines Arbeitnehmers bei Spaltungen in jedem Fall vorrangig und zwingend gilt.

[124] Boecken, ZIP 1994, 1087, 1091; Dehmer, § 131 UmwG, Rn. 52; Kollmar, Spaltungen, S. 68; Widmann/Mayer, § 126 UmwG, Rn. 184; Willemsen/Hohenstatt/Schweibert-Willemsen, Umstrukturierung, S. 737.

[125] Vgl. Däubler, RdA 1995, 136, 142. A.A. Schalle, Bestandsschutz, S. 132.

[126] Vgl. Brinkmann, Spaltung von Rechtsträgern, S. 113; Willemsen/Hohenstatt/Schweibert-Willemsen, Umstrukturierung, S. 737.

[127] Boecken, ZIP 1994, 1087, 1091; Brinkmann, Spaltung von Rechtsträgern, S. 115; Kollmar, Spaltungen, S. 67; Widmann/Mayer, § 126 UmwG, Rn. 184; Dehmer, § 131 UmwG, Rn. 52. Schalle, Bestandsschutz, S. 132, spricht von der Zuordnungsmöglichkeit hinsichtlich „überbetrieblich Beschäftigter ohne festen Arbeitsplatz".

[128] Hartmann, ZfA 1997, 21, 26; Willemsen, RdA 1993, 133, 137.

[129] Balze/Rebel/Schuck, Outsourcing, 1. Kap., Rn. 302; Schneider, Vertragsrechtliche Zuordnung, S. 105.

[130] Willemsen, RdA 1993, 133, 137.

he[131]. Begründet wird dies vor allem mit der Regelung des § 132 Satz 1 UmwG, der die spaltungsrechtliche Universalsukzession unter einen Übertragbarkeitsvorbehalt im Hinblick auf allgemeine Vorschriften stellt. Zu diesen gehöre auch § 613 Satz 2 BGB[132]. Da danach der Anspruch auf Dienste im Zweifel nicht übertragbar sei, komme eine Übertragbarkeit eben nur mit Zustimmung des Arbeitnehmers in Betracht[133].

Manche Autoren kritisieren diese Auffassung wegen eines zu pauschalen Verständnisses des § 613 Satz 2 BGB[134]. Sie gingen stattdessen bereits vor der Einführung des § 613 a Abs. 6 BGB davon aus, daß dem vom spaltungsrechtlichen Übergang seines Arbeitsverhältnisses betroffenen Arbeitnehmer in Anlehnung an die Rechtsprechung des BAG zu § 613 a BGB ein Widerspruchsrecht zustehe. Dieses stelle ein Prinzip des allgemeinen Rechts im Sinne des § 132 Satz 1 UmwG dar[135].

---

[131] Boecken, Unternehmensumwandlungen, Rn. 106 ff.; Däubler, RdA 1995, 136, 142; Herbst, AiB 1995, 5, 11; Düwell, NZA 1996, 393, 396; Widmann/Mayer, § 126 UmwG, Rn. 184; Dehmer, § 131 UmwG, Rn. 53; Mayer, GmbHR 1996, 403, 409; Heidenhain, NJW 1995, 2873, 2879. Ein Zustimmungserfordernis im Rahmen der Spaltung nach dem SpTrUG bejahten bereits Ising/Thiell, DB 1991, 2082.

[132] Boecken, Unternehmensumwandlungen, Rn. 104; Brinkmann, Spaltung von Rechtsträgern, S. 120; Düwell, NZA 1996, 393, 397; Kasseler ArbR-Düwell, 6.8, Rn. 198; Widmann/Mayer, § 324 UmwG, Rn. 17; Willemsen/Hohenstatt/Schweibert-Willemsen, Umstrukturierung, S. 50, 737; dies ablehnend: Hennrichs, Gesamtrechtsnachfolge, S. 136.

[133] Boecken, ZIP 1994, 1087, 1093; ders., Unternehmensumwandlungen, Rn. 105; Freytag, Auswirkungen der Spaltung, S. 61. Ebenso kommt danach natürlich eine Übertragbarkeit des Arbeitsverhältnisses in Betracht, wenn sich dies aus den Umständen ergibt, vgl. Palandt-Putzo, § 613 BGB, Rn. 5; Staudinger[12]-Richardi, § 613 BGB, Rn. 20. Dies ist jedoch nur dann der Fall, wenn die Übertragung nicht mit einer Änderung des Leistungsinhalts verbunden ist, was bei der spaltungsrechtlichen Übertragung von Arbeitsverhältnissen, soweit sie zu einer Loslösung vom bisherigen Betrieb oder Betriebsteil führt, grundsätzlich nicht gegeben ist, vgl. Boecken, Unternehmensumwandlungen, Rn. 106 f.; Düwell, NZA 1996, 393, 397. A.A. wegen der erforderlichen Berücksichtigung einer etwaigen Versetzungsklausel: Willemsen/Hohenstatt/Schweibert-Willemsen, Umstrukturierung, S. 739 f.

[134] Hartmann, ZfA 1997, 21, 26.

[135] Hartmann, ZfA 1997, 21, 30; Sagasser/Bula, Umwandlungen, F, Rn. 9; ebenso Beisel/Klumpp, Unternehmenskauf, Rn. 495; Tauchert-Nosko, Verschmelzung und Spaltung, S. 220, die das bis dahin ungeschriebene Widerspruchsrecht als eine Vorschrift im Sinne des § 132 S. 1 UmwG ansahen, die die Übertragung eines bestimmten Gegenstandes ausschließt oder an bestimmte Voraussetzungen knüpft. Andere Autoren gehen davon aus, daß eine Zustimmung zumindest bei den Fällen mit Zuordnungsschwierigkeiten nicht erforderlich sei, sehr wohl jedoch in den beiden übrigen Fällen des spaltungsrechtlichen Übergangs von Arbeitsverhältnissen, vgl. Kallmeyer-Kallmeyer, § 126 UmwG, Rn. 35; Baumann, DStR 1995, 888, 889; Großkommentar-Steffan, § 126 UmwG, Rn. 31. Manche lehnen ein Zustimmungserfordernis auch ganz ab, vgl. Schwedhelm/Streck/Mack, GmbHR 1995, 7, 10; Hennrichs, Gesamtrechtsnachfolge, S. 135.

b) Eigene Auffassung

Auch unabhängig von dem jeweils für erforderlich gehaltenen Beteiligungsgrad der Arbeitnehmer ist es höchst fraglich, ob es überhaupt einen solchen „spaltungsrechtlichen" Übergang der Arbeitsverhältnisse geben kann. Es erscheint insbesondere zweifelhaft, ob § 613 a Abs. 1 Satz 1 BGB wirklich in den Fällen, in denen Zuordnungsschwierigkeiten bestehen, nicht eingreift bzw. keine Regelung trifft.

Letzteres ist abzulehnen, da der Tatbestand des § 613 a Abs. 1 Satz 1 BGB auch dann erfüllt ist, wenn Zuordnungsschwierigkeiten bestehen. Es handelt sich dabei vielmehr um ein Problem, das die Rechtsfolgenseite betrifft[136]. Schließlich wird ein grundsätzlich erfüllter Tatbestand nicht auf einmal dadurch nicht mehr einschlägig, daß sich Probleme auf der Rechtsfolgenseite ergeben, die unlösbar erscheinen. Zum einen würde man damit die einmal festgestellte Erfüllung des Tatbestandes des § 613 a BGB nachträglich wieder ablehnen. Zum andern lassen sich, wie oben festgestellt, auch bei sehr schwierigen Zuordnungsfällen Kriterien finden, nach denen eine Zuordnung rechtssicher und vorhersehbar getroffen werden kann[137].

Eine andere Lösung wäre nur dann vertretbar, wenn man die Möglichkeit einer eindeutigen Zuordnung des Arbeitnehmers zum übertragenen Betrieb oder Betriebsteil gewissermaßen als ungeschriebenes Tatbestandsmerkmal des § 613 a Abs. 1 Satz 1 BGB ansehen würde[138]. Dann wäre nämlich wirklich bei Zuordnungsschwierigkeiten der Tatbestand des § 613 a Abs. 1 Satz 1 BGB nicht erfüllt, und man könnte einen „spaltungsrechtlichen" Übergang der Arbeitsverhältnisse in Betracht ziehen.

Für eine solche Einbeziehung des Merkmals der eindeutigen Zuordenbarkeit des Arbeitnehmers in den Tatbestand des § 613 a Abs. 1 Satz 1 BGB spricht jedoch weder der Wortlaut des § 613 a Abs. 1 Satz 1 BGB noch erfordert es der Sinn und Zweck dieser Regelung. Im Gegenteil besteht gerade in den Fällen, in denen die Zuordnung nicht eindeutig ist, eine besondere Schutzbedürftigkeit des Arbeitnehmers[139]. Zudem kann die Erfüllung des Tatbestands des § 613 a Abs. 1 Satz 1 BGB aufgrund der gefundenen Zuordnungskriterien, die die Zuordnung eines jeden Arbeitnehmers ermöglichen, grundsätzlich jedenfalls nicht an fehlender Zuordenbarkeit scheitern. Und bezüglich der Arbeitnehmer, die im Einzelfall objektiv nicht zugeordnet werden können, da sie ohne überwiegenden

---

[136] Lieb, ZfA 1994, 229, 236; Mengel, Umwandlungen, S. 149 f.; Pfeiffer, Übergang von Arbeitsverhältnissen, S. 137.

[137] Vgl. oben S. 23 f.

[138] So Kreitner, NZA 1990, 429, 431; Boecken, ZIP 1994, 1087, 1091; Hartmann, ZfA 1997, 21, 26; auch das BAG geht davon aus, daß § 613 a BGB grundsätzlich die Zuordnung eines jeden Arbeitsverhältnisses zu einem bestimmten Betrieb oder Betriebsteil voraussetzt, vgl. BAG AP Nr. 31 zu § 613 a BGB.

[139] Vgl. Großkommentar-Steffan, § 323 UmwG, Rn. 23.

Tätigkeitsschwerpunkt in verschiedene Betriebsteile organisatorisch eingegliedert sind, kann der Arbeitgeber seine ihm originär zustehende Zuordnungskompetenz[140] bereits im Spaltungsplan ausüben[141]. Dies erhöht die Planungssicherheit. Deshalb handelt es sich dabei aber nicht um einen spaltungsrechtlichen Übergang der Arbeitsverhältnisse, sondern weiterhin um einen Übergang der Arbeitsverhältnisse gemäß § 613 a Abs. 1 Satz 1 BGB.

Demgegenüber scheidet in den Zweifelsfällen, in denen letztendlich festgestellt wird, daß für einen Arbeitnehmer bei Einbindung in mehrere Betriebsteilorganisationen kein Tätigkeitsschwerpunkt für den übergehenden Betriebsteil besteht, ein Übergang seines Arbeitsverhältnisses gemäß § 613 a Abs. 1 Satz 1 BGB aus. Gleiches gilt, wenn in dann noch bestehenden Zweifelsfällen der bisherige Arbeitgeber sein originäres Zuordnungsrecht in der Weise ausübt, daß der betreffende Arbeitnehmer einem anderen als dem übergehenden Betriebsteil zugeordnet wird. Denn in beiden Fällen geht der Betriebsteil, dem der Arbeitnehmer zugeordnet ist, gar nicht über.

Auch in den übrigen Fällen, in denen ein spaltungsrechtlicher Übergang der Arbeitsverhältnisse befürwortet wird, handelt es sich um Fälle, in denen § 613 a Abs. 1 Satz 1 BGB schon vom allgemeinen Tatbestand her nicht einschlägig ist. Es werden entweder gar keine Betriebsteile übertragen oder eben solche Betriebsteile, denen die betreffenden Arbeitsverhältnisse nicht zugeordnet sind[142]. Insofern besteht in diesem Bereich kein Konkurrenzverhältnis zwischen § 613 a Abs. 1 Satz 1 BGB und den umwandlungsrechtlichen Vorschriften. Daher betrifft der spaltungsrechtliche Übergang der Arbeitsverhältnisse auch nicht die im Rahmen des § 613 a BGB herausgearbeiteten Zuordnungskriterien.

Nur wenn § 613 a Abs. 1 Satz 1 BGB somit gar nicht einschlägig ist, was jedoch bei Zuordnungsschwierigkeiten, wie bereits festgestellt, entgegen der herrschenden Meinung grundsätzlich nicht der Fall ist, erlangt die Auflistung der betreffenden Arbeitsverhältnisse im Spaltungsvertrag eine Bedeutung in dem Sinne, daß sich mit der Eintragung der Spaltung im Handelsregister der sogenannte spaltungsrechtliche Übergang dieser Arbeitsverhältnisse vollzieht. Schließlich fallen nach herrschender Meinung unter den Begriff „Gegenstände" im Rahmen des § 126 Abs. 1 Nr. 9 UmwG auch Vertragsverhältnisse und somit

---

[140] Siehe oben S. 23 f.

[141] Staudinger[13]-Richardi/Annuß, § 613 a BGB, Rn. 218.

[142] Die Feststellung, daß in den Fällen, in denen die Arbeitsverhältnisse nicht dem übertragenen Betriebsteil angehören, § 613 a Abs. 1 Satz 1 BGB diesbezüglich nicht einschlägig ist, steht auch nicht im Widerspruch zu der vorher vertretenen Auffassung, das Merkmal der eindeutigen Zuordnungsbarkeit gehöre nicht zum Tatbestand des § 613 a Abs. 1 Satz 1 BGB. Gehört das Arbeitsverhältnis nämlich eindeutig nicht zu dem übertragenen Betriebsteil, stellt sich die Frage der Anwendbarkeit des § 613 a Abs. 1 Satz 1 BGB überhaupt nicht, da dieses davon gar nicht betroffen sein kann. Es handelt sich gerade nicht um einen Fall der Zuordnungsschwierigkeit.

auch die hier interessierenden Arbeitsverhältnisse[143]. Deren Übertragung findet jedoch gemäß § 132 Satz 1 UmwG nur insoweit statt, als die jeweilige Zustimmung des betreffenden Arbeitnehmers vorliegt, da diese wegen § 613 Satz 2 BGB in einem solchen Fall erforderlich ist[144].
Die Meinung, die auch in diesem Rahmen davon ausgeht, daß ein umwandlungsrechtlicher Übergang der Arbeitsverhältnisse wegen des Sinns und Zwecks des § 613 a Abs. 1 Satz 1 BGB nicht in Betracht komme, da dieser schließlich eine Bindung der jeweiligen Arbeitsverhältnisse an den jeweiligen Betrieb(steil) regele[145] und die Dispositionsfreiheit der §§ 126, 131, 135 UmwG insoweit durch § 324 UmwG eingeschränkt sei[146], ist abzulehnen. Diese Meinung verkennt, daß es sich hier eben gar nicht um den Anwendungsbereich des § 613 a Abs. 1 Satz 1 BGB handelt, so daß dieser auch keine Sperrwirkung entfalten kann. Der Gesetzgeber wollte gerade durch die Regelung des § 126 Abs. 1 Nr. 9 UmwG bestimmen, daß außerhalb des Anwendungsbereichs des § 613 a Abs. 1 Satz 1 BGB auch Arbeitsverhältnisse der allgemeinen Zuordnungsfreiheit, die das Umwandlungsrecht kennzeichnet, unterliegen. Dies wird insbesondere auch in der Gesetzesbegründung zu § 126 Abs. 1 Nr. 9 UmwG deutlich[147].
Somit ist grundsätzlich bei Zuordnung der Arbeitsverhältnisse im Spaltungsvertrag bei den dafür in Betracht kommenden Fällen[148] von einem spaltungsrechtlichen Übergang der Arbeitsverhältnisse zum Zeitpunkt der Eintragung der Spaltung auszugehen, wenn die erforderliche Zustimmung des Arbeitnehmers vorliegt. Davon bleibt selbstverständlich die daneben bestehende Möglichkeit eines Übergangs der Arbeitsverhältnisse durch dreiseitigen Vertrag unberührt. Dieser unterscheidet sich im Ergebnis nur durch den individuell bestimmbaren Zeitpunkt des Übergangs der Arbeitsverhältnisse von dem spaltungsrechtlichen Übergang.
In allen weiteren Fällen, d.h. insbesondere auch, wenn Zuordnungsschwierigkeiten hinsichtlich einzelner Arbeitsverhältnisse bestehen, scheidet ein spaltungsrechtlicher Übergang der Arbeitsverhältnisse aus, da dann der Übergang

---

[143] Vgl. Habersack, in: Scherrer, Sportkapitalgesellschaften, S. 45, 59; Brinkmann, Spaltung von Rechtsträgern, S. 118; Buchner, GmbHR 1997, 377, 379; Menze, Widerspruchsrecht, S. 34; Sagasser/Bula, Umwandlungen, F, Rn. 6; Großkommentar-Steffan, § 323 UmwG, Rn. 23. A.A. Hennrichs, Gesamtrechtsnachfolge, S. 135; ders., ZIP 1995, 794, 800; Heidenhain, ZIP 1995, 801, 804; Mayer, GmbHR 1996, 403, 407, der stattdessen aber wohl den Anspruch auf Dienstleistung gemäß § 613 S. 2 BGB allein unter § 132 S. 1 UmwG subsumiert, GmbHR 1996, 403, 409.

[144] Vgl. oben Fußnoten 132, 133.

[145] Pfeiffer, Übergang von Arbeitsverhältnissen, S. 139.

[146] Buchner, GmbHR 1997, 377, 380; Goutier/Knopf/Tulloch-Bermel, § 323 UmwG, Rn. 13; Schaub, FS Wlotzke, S. 103, 106 f.

[147] Vgl. Begr. zum RegE, BT-Drucks. 12/6699, S. 118.

[148] Das heißt, wenn entweder gar kein Betriebsteil übergeht oder wenn nicht zu dem übergehenden Betriebsteil gehörende Arbeitsverhältnisse übergehen sollen.

und die Zuordnung der Arbeitsverhältnisse allein nach der Regelung des § 613 a Abs. 1 Satz 1 BGB erfolgen.

2. Zuordnung der Arbeitsverhältnisse in einem Interessenausgleich gemäß § 323 Abs. 2 UmwG

Zu klären ist des weiteren, ob die Zuordnung in einem Interessenausgleich gemäß § 323 Abs. 2 UmwG zu einer von § 613 a Abs. 1 Satz 1 BGB abweichenden Zuordnung der Arbeitsverhältnisse führen kann. § 323 Abs. 2 UmwG bestimmt, daß in dem Fall, in dem bei einer Verschmelzung, Spaltung oder Vermögensübertragung ein Interessenausgleich zustandekommt, in dem die Arbeitnehmer namentlich bezeichnet werden, die nach der Umwandlung einem bestimmten Betrieb oder Betriebsteil zugeordnet werden, die Zuordnung der Arbeitnehmer durch das Arbeitsgericht nur auf grobe Fehlerhaftigkeit überprüft werden kann.

§ 323 Abs. 2 UmwG stellt eine der umstrittensten Regelungen des Umwandlungsgesetzes dar. Man streitet sich über den Anwendungsbereich des § 323 Abs. 2 UmwG, die Bedeutung der einzelnen Tatbestandsmerkmale und die Rechtsfolgen der Vorschrift. Im Rahmen dieser Arbeit kann nur kurz auf all diese Probleme eingegangen werden, wobei es entscheidend darauf ankommt, ob und unter welchen Voraussetzungen eine Zuordnung der Arbeitsverhältnisse abweichend von den Zuordnungskriterien des § 613 a BGB, der den Gleichlauf von Arbeitsverhältnis und Arbeitsplatz sicherstellen will[149], erfolgen kann.

a) Streitpunkte in der Literatur zu § 323 Abs. 2 UmwG

(1) Erfordernis einer Betriebsänderung

Nach herkömmlicher Auffassung ist unter einem Interessenausgleich allein die Einigung zwischen Unternehmer und Betriebsrat über eine geplante Betriebsänderung im Sinne des § 111 BetrVG zu verstehen[150]. Deshalb vertreten viele Autoren die Auffassung, daß nur die Unternehmensumwandlungen unter den Anwendungsbereich des § 323 Abs. 2 UmwG fallen könnten, die mit einer Betriebsänderung einhergingen. Dies sei dann der Fall, wenn die Umwandlungsvorgänge gleichzeitig zu dem Zusammenschluß eines Betriebes mit anderen Betrieben oder zur Spaltung von Betrieben führten, bzw. die mit einer solchen Betriebsänderung verbunden seien[151]. Für sich genommen stelle nämlich die Ver-

---

[149] Vgl. Pietzko, Tatbestand, S. 36; Willemsen/Hohenstatt/Schweibert-Willemsen, Umstrukturierung, S. 47.

[150] FKHES, §§ 112, 112 a BetrVG, Rn. 14; Lutter-Joost, § 323 UmwG Rn. 32.

[151] FKHES, §§ 112, 112 a BetrVG, Rn. 75; Karlsfeld, Widerspruchsrecht, S. 100 f.; Mengel, Umwandlungen, S. 113, 127; Menze, Widerspruchsrecht, S. 35; Kallmeyer-Willemsen, § 324

schmelzung oder die Spaltung eines Unternehmens keine Betriebsänderung im Sinne des § 111 BetrVG dar. Sie führe nur zu einer Rechtsträgernachfolge, ohne daß gleichzeitig zwingend der einzelne Betrieb in seinem Bestand berührt oder geändert werde[152].

Andere wiederum vertreten die Auffassung, daß es sich hierbei um einen besonderen umwandlungsrechtlichen Interessenausgleich „sui generis" handele, d.h. um eine neue, spezielle Form des Interessenausgleichs, der eben gerade keine Betriebsänderung im Sinne des § 111 BetrVG voraussetze[153].

(2) Anwendung nur auf überbetrieblich beschäftigte Arbeitnehmer

Abgesehen von dem eventuell durch die Voraussetzung „Betriebsänderung" beschränkten Anwendungsbereich des § 323 Abs. 2 UmwG ist der Geltungsbereich dieser Norm nach einer weit verbreiteten Ansicht in der Literatur des weiteren dadurch begrenzt, daß nur solche Arbeitsverhältnisse im Interessenausgleich zugeordnet werden können, die überhaupt grundsätzlich zuordnungsfähig sind. Dies treffe aber nicht auf die Arbeitsverhältnisse zu, die gemäß § 613 a Abs. 1 Satz 1 BGB übergingen, da diese Norm den Gleichlauf von Arbeitsplatz und Arbeitsverhältnis bezwecken wolle. Eine zulässige, abweichende Zuordnung würde einen massiven Eingriff in die Rechtsposition eines jeden Arbeitnehmers darstellen[154]. Somit müsse § 613 a Abs. 1 Satz 1 BGB und die darin festgelegte Zuordnung der Arbeitnehmer auch gegenüber dem Interessenausgleich nach § 323 Abs. 2 UmwG „unberührt" bleiben. Die Bestimmungen im Interessenausgleich müßten insoweit als rein deklaratorisch bzw. bei abweichender Zuordnung als unbeachtlich anzusehen sein[155]. Lediglich in den Fällen, in denen die Zuordnung der Arbeitnehmer nach § 613 a Abs. 1 Satz 1 BGB

UmwG, Rn. 24; Dehmer, § 323 UmwG, Rn. 12; Kreßel, BB 1995, 925, 928; Buchner, GmbHR 1997, 434, 441; Balze/Rebel/Schuck, Outsourcing, 1. Kap., Rn. 32; Brinkmann, Spaltung von Rechtsträgern, S. 136; Richardi-Annuß, § 112 BetrVG, Rn. 15; Schalle, Bestandsschutz, S. 75, 124; Spirolke, Betriebsübergang, S. 42; Großkommentar-Steffan, § 323 UmwG, Rn. 19; Schneider, Vertragsrechtliche Zuordnung, S. 123. Dabei fordert letzterer, § 323 Abs. 2 UmwG analog auf die Fälle anzuwenden, in denen „vergleichbare Eingriffe in die Rechte der Arbeitnehmer" zu befürchten seien.

[152] Vgl. FKHES, § 111 BetrVG, Rn. 50 ff.; Schneider, Vertragsrechtliche Zuordnung, S. 117. Vgl. ausführlich zu dem Verhältnis zwischen Betriebsübergang und Betriebsänderung unten S. 165 ff.

[153] MünchArbR-Richardi, § 33, Rn. 15; Warrikoff, BB 1994, 2338, 2341. So wohl auch Joost, in: Preis/Willemsen, Kölner Tage des Arbeitsrechts, S. 61, 86.

[154] Lutter-Joost, § 323 UmwG, Rn. 31, 35.

[155] Boecken, Unternehmensumwandlungen, Rn. 125; Kreßel, BB 1995, 925, 928; Spirolke, Betriebsübergang, S. 46; Lutter-Joost, § 323 UmwG, Rn. 37; Kallmeyer-Willemsen, § 324 UmwG, Rn. 25; Dehmer, § 323 UmwG, Rn. 18; Großkommentar-Steffan, § 323 UmwG, Rn. 21.

zweifelhaft sei, komme auch eine Zuordnung im Rahmen eines Interessenausgleichs gemäß § 323 Abs. 2 UmwG in Betracht[156]. Der Interessenausgleich entfalte dann eine gewisse konstitutive Wirkung[157]. Der Übergang des Arbeitsverhältnisses erfolge weiterhin nach § 613 a BGB; die Rechtsfolgen würden nur durch die Zuordnung im Interessenausgleich konkretisiert[158].
Nach anderer Ansicht ist der Anwendungsbereich der Norm nicht auf die sogenannten „echten" Zweifelsfälle begrenzt, vor allem weil der Arbeitgeber in zweifelhaften Fällen ohnehin aufgrund der ihm zustehenden originären Zuordnungskompetenz eine Zuordnung vornehmen könne. Diese könne dann auch nie „grob fehlerhaft" sein, so daß für § 323 Abs. 2 UmwG überhaupt kein eigenständiger Anwendungsbereich bliebe[159].
Manche Autoren gehen sogar davon aus, daß es sich bei § 323 Abs. 2 UmwG um eine den §§ 324 UmwG, 613 a Abs. 1 Satz 1 BGB gegenüber spezielle Regelung handele. Sie messen § 323 Abs. 2 UmwG somit eine weiterreichende Wirkung in der Hinsicht zu, daß die namentliche Bezeichnung von Arbeitnehmern im Interessenausgleich bei einer geplanten Betriebsänderung deren Versetzung in einen anderen Betrieb oder anderen Betriebsteil unter Zustimmung des Betriebsrats erleichtere[160]. Insoweit könne von der Zuordnung des § 613 a BGB abgewichen werden, da dies durch den Gesetzgeber des UmwG für zulässig erklärt worden sei[161].

(3) Rechtliche Wirkung der Zuordnung im Interessenausgleich

Neben dem umstrittenen Anwendungsbereich des § 323 Abs. 2 UmwG stellt sich die Frage nach der rechtlichen Wirkung eines in diesem Rahmen abgeschlossenen Interessenausgleichs. Der Interessenausgleich wurde nach Rechtsprechung und überaus herrschender Meinung lange Zeit lediglich als Naturalobligation verstanden[162], d.h. er sollte keinen zwingenden Charakter haben.

---

[156] Boecken, Unternehmensumwandlungen, Rn. 123 ff.; Brinkmann, Spaltung von Rechtsträgern, S. 145; Dehmer, § 323 UmwG, Rn. 15 ff.; Düwell, NZA 1996, 393, 398; Freytag, Auswirkungen der Spaltung, S. 72; Karlsfeld, Widerspruchsrecht, S. 105; Wlotzke, DB 1995, 40, 45; Baumann, DStR 1995, 888, 892; MünchArbR-Richardi, § 33, Rn. 15; Pfeiffer, Übergang von Arbeitsverhältnissen, S. 146; Spirolke, Betriebsübergang, S. 46; Widmann-Mayer, § 126 UmwG, Rn. 259 ff., der aber sogar davon ausgeht, daß eine eindeutige Zuordnung ganz allgemein beim Übergang von Betriebsteilen nicht möglich sei.

[157] Joost, in: Preis/Willemsen, Kölner Tage des Arbeitsrechts, S. 61, 87; Wlotzke, DB 1995, 40, 45; Kallmeyer-Willemsen, § 324 UmwG, Rn. 25; KasselerArbR-Hattesen, 6.7, Rn. 108; Großkommentar-Steffan, § 323 UmwG, Rn. 23.

[158] Dehmer, § 323 UmwG, Rn. 19; Pfeiffer, Übergang von Arbeitsverhältnissen, S. 146.

[159] Staudinger[13]-Richardi/Annuß, § 613 a BGB, Rn. 222.

[160] Arens/Spieker, Umwandlungsrecht, Rn. 215; Wlotzke, DB 1995, 40, 45.

[161] Widmann/Mayer, § 131 UmwG, Rn. 56.

[162] BAG AP Nr. 2 zu § 85 ArbGG 1979; Hümmerich/Spirolke, BB 1996, 1986, 1989.

Demgegenüber geht man nun teilweise auch von einem „gewissen Maß an Verbindlichkeit“ des Interessenausgleichs aus[163]. Die Vereinbarung bedürfe aber noch der Umsetzung im Wege der unmittelbar wirkenden individualrechtlichen Zuordnung durch die Arbeitsvertragsparteien oder einseitig durch den Arbeitgeber[164]. Manche Autoren sprechen darüber hinausgehend von einer normativen, „dinglichen“ Wirkung des Interessenausgleichs, die auf die individualrechtliche Stellung des Arbeitnehmers durchschlage[165]. Wieder andere gehen davon aus, daß die Verbindlichkeit sich nicht aus dem Interessenausgleich als solchem ergebe, sondern aus der gesetzlichen Anordnung in § 323 Abs. 2 UmwG. Diese ersetze die objektive Betriebszugehörigkeit des betreffenden Arbeitnehmers durch die Zuordnung der Betriebspartner[166].

(4) Grobe Fehlerhaftigkeit der Zuordnung

„Grob fehlerhaft“ soll die Zuordnung dann sein, wenn es keinen sachlichen Grund gibt, der die Zuordnung zumindest vertretbar erscheinen läßt[167], bzw. nach weitergehender Ansicht, wenn die Zuordnung nicht völlig sachfremd ist[168], sich unter keinem Gesichtspunkt sachlich rechtfertigen läßt[169] oder wenn auf die Interessen der Beteiligten überhaupt keine Rücksicht genommen wird[170]. Insbesondere soll eine Zuordnung dann als grob fehlerhaft anzusehen sein, wenn sie die Ungeeignetheit des Arbeitnehmers für die vorgesehene Tätigkeit völlig außer Acht läßt oder die neue Tätigkeit keinerlei Berührung mehr mit der zuvor entsprechend der vertraglichen Vereinbarung ausgeübten Tätigkeit hat[171].

b) Eigene Auffassung bezüglich des Regelungsbereichs und der Rechtsfolgen des § 323 Abs. 2 UmwG

Auszugehen ist zunächst davon, daß in den Fällen, in denen eine eindeutige Zuordnung der Arbeitnehmer möglich ist, eine von § 613 a BGB abweichende Zuordnung auch in einem Interessenausgleich nicht möglich ist, da es sich inso-

---

[163] Däubler, RdA 1995, 136, 141.

[164] Baumann, DStR 1995, 888, 892; Dehmer, § 323 UmwG, Rn. 22.

[165] Düwell, NZA 1996, 393, 398; Matthes, FS Wlotzke, S. 393, 397; Pfeiffer, Übergang von Arbeitsverhältnissen, S. 146; Soergel-Raab, § 613 a BGB, Rn. 76 a; Schneider, Vertragsrechtliche Zuordnung, S. 142. A.A. Brinkmann, Spaltung von Rechtsträgern, S. 139; Schalle, Bestandsschutz, S. 249.

[166] Soergel-Raab, § 613 a BGB, Rn. 76a.

[167] Kallmeyer-Willemsen, § 324 UmwG, Rn. 26.

[168] Bauer/Lingemann, NZA 1994, 1057, 1061; Wlotzke, DB 1995, 40, 45; Widmann-Mayer, § 126 UmwG, Rn. 261.

[169] Dehmer, § 323 UmwG, Rn. 20.

[170] Däubler, RdA 1995, 136, 141.

[171] Vgl. Boecken, Unternehmensumwandlungen, Rn. 131.

weit um eine zwingende Arbeitnehmerschutzvorschrift handelt[172]. Nach der oben vertretenen Ansicht bezüglich der schwer zuzuordnenden Arbeitsverhältnisse scheint dann jedoch tatsächlich kein eigener sinnvoller Anwendungsbereich der Vorschrift des § 323 Abs. 2 UmwG zu verbleiben. Denn schließlich ist auch in diesen Fällen ein spaltungsrechtlicher Übergang der Arbeitsverhältnisse abzulehnen und statt dessen ein Übergang gemäß § 613 a Abs. 1 Satz 1 BGB zu befürworten, gegebenenfalls unter Ausübung des dem Arbeitgeber originär zustehenden Zuordnungsrechts[173]. Dies würde bedeuten, daß als Anwendungsbereich für § 323 Abs. 2 UmwG nur die Arbeitsverhältnisse in Betracht kämen, die nicht zu dem übergehenden Betriebsteil gehören, oder die übergehen sollen, obwohl gar kein Betriebsteil übergeht. Diese Arbeitsverhältnisse unterliegen jedoch mangels Anwendbarkeit des § 613 a BGB sowieso der spaltungsrechtlichen Zuordnungsfreiheit und können daher – auch wenn ein spaltungsrechtlicher Übergang der Arbeitsverhältnisse letztendlich nur mit Zustimmung der betroffenen Arbeitnehmer erfolgen kann – im Spaltungsvertrag frei zugeordnet werden. Eine Vorschrift, die diese Zuordnung erleichtern soll, scheint nicht recht Sinn zu machen.

Ein Sinn würde sich allein dann ergeben, wenn insoweit auf das grundsätzlich im Rahmen des spaltungsrechtlichen Übergangs bestehende Zustimmungserfordernis verzichtet würde oder wenn unter bestimmten Voraussetzungen die Regelung des § 323 Abs. 2 UmwG eben doch weitere Fälle erfassen würde als nur die der spaltungsrechtlichen Zuordnungsfreiheit unterliegenden Arbeitsverhältnisse.

Da ersteres den Regelungsgehalt der Vorschrift des § 323 Abs. 2 UmwG bei weitem überschreiten würde, kommt als sinnvoller Anwendungsbereich nur der Fall in Betracht, in dem Zweifel bestehen, ob ein „echter Zweifelsfall" vorliegt, in dem dem Arbeitgeber eine originäre Zuordnungskompetenz zukommt. Die Zuordnung eines solchen „doppelten Zweifelsfalls" in einem Interessenausgleich im Sinne des § 323 Abs. 2 UmwG führt dann dazu, daß eine erhöhte Planungssicherheit bezüglich der endgültigen Betriebs(teil)zugehörigkeit dieses Arbeitnehmers besteht. Denn dessen Zuordnung kann aufgrund der bestehenden Zweifel zumindest nicht als „grob fehlerhaft" bezeichnet werden. Somit führt § 323 Abs. 2 UmwG allein dazu, daß der Arbeitgeber in einem größeren Bereich seine originäre Zuordnungskompetenz ausüben kann, in dem dazukommenden Bereich allerdings nur, wenn eben auch der Betriebsrat mit seiner Entscheidung einverstanden ist[174]. Nicht erforderlich kann dabei das gleichzeitige Vorliegen einer Betriebsänderung sein, da keine Gründe dafür ersichtlich sind, warum die Beschränkung der richterlichen Entscheidungsmacht bei Unternehmensumwandlungen auf Fälle begrenzt sein soll, in denen wesentliche Änderungen der

---

[172] Vgl. Boecken, Unternehmensumwandlungen, Rn. 67.
[173] Vgl. oben S. 23 ff.
[174] Ähnlich Willemsen/Hohenstatt/Schweibert-Willemsen, Umstrukturierung, S. 734.

Betriebsorganisation anstehen. Schließlich werden dabei jeweils ganz unterschiedliche Ebenen tangiert.
Folglich kann es nur in vereinzelten, soeben dargestellten Fällen aufgrund der Regelung des § 323 Abs. 2 UmwG zu einer von § 613 a BGB abweichenden Zuordnung kommen[175].

III. Das Widerspruchsrecht der Arbeitnehmer bei einer Unternehmensumwandlung

Steht nun fest, daß sich der Übergang und die Zuordnung der Arbeitsverhältnisse bei Verschmelzungen und Spaltungen grundsätzlich gemäß § 613 a Abs. 1 Satz 1 BGB vollziehen, wobei dem Arbeitgeber bei Spaltungen in letztlich noch bestehenden Zweifelsfällen eine Zuordnungskompetenz zusteht, stellt sich die Frage, ob der vom Übergang seines Arbeitsverhältnisses betroffene Arbeitnehmer diesen Übergang in irgendeiner Weise verhindern kann. Schließlich gibt es gewichtige Gründe, die den Arbeitnehmer dazu veranlassen können, einen Übergang seines Arbeitsverhältnisses auf den neuen Rechtsträger abzulehnen. Zum einen kann er erfahren haben, daß der abzuspaltende Betrieb(steil) alsbald durch den neuen Rechtsträger stillgelegt werden soll. Zum andern können durch die Unternehmensspaltung auch geringere Aufstiegschancen oder eine ungünstigere Altersversorgung für den Arbeitnehmer zu erwarten sein. Ganz allgemein stellt der Wechsel des Arbeitgebers aufgrund der Unsicherheit, welche Veränderungen durch die neue Unternehmensführung eintreten werden und nicht zuletzt wie sich das Arbeitsklima dadurch verändern wird, immer ein gewisses Risiko dar. Daher kann der Arbeitnehmer ein Interesse daran haben, den Übergang seines Arbeitsverhältnisses zu verhindern und statt dessen für seinen alten Arbeitgeber weiterzuarbeiten, zumindest wenn dieser als übertragender Rechtsträger auch nach der Umwandlung noch weiterbesteht[176]. Ob eine solche Möglichkeit besteht, war aufgrund des automatischen Übergangs der Arbeitsverhältnisse gemäß § 613 a Abs. 1 Satz 1 BGB lange Zeit umstritten. Nun könnte jedoch auch bei Betriebsübergängen infolge von Unternehmensumwandlungen von dem Bestehen des mittlerweile in § 613 a Abs. 6 BGB gesetzlich normierten Widerspruchsrecht auszugehen sein, zumal § 324 UmwG auch diesen Absatz für „unberührt" bleibend erklärt.
Die alte Streitfrage über das Bestehen eines Widerspruchsrechts der Arbeitnehmer dürfte zumindest für die Fälle des Betriebsübergangs durch Einzelrechts-

[175] Weitergehend: Staudinger[13]-Richardi/Annuß, § 613 a BGB, Rn. 222.
[176] Dies ist allerdings nur bei der Abspaltung bzw. der entsprechenden Ausgliederung der Fall, da sowohl bei der Verschmelzung als auch bei der Aufspaltung der übertragende Rechtsträger mit der Eintragung der Verschmelzung bzw. der Spaltung erlischt, vgl. §§ 20 Abs. 1 Nr. 2, 131 Abs. 1 Nr. 2 UmwG.

nachfolge aufgrund der gesetzlichen Regelung des § 613 a Abs. 6 BGB ein für allemal geklärt sein. Bezüglich des Betriebsübergangs infolge von Unternehmensumwandlungen scheint es hingegen noch einige Zweifler zu geben, zumindest soweit der oder die übertragenden Rechtsträger mit der Eintragung der Umwandlung untergehen. Zunächst soll daher ein Blick auf die geschichtliche Entwicklung der Diskussion über die jeweils für erforderlich gehaltene Willensbeteiligung der Arbeitnehmer bei dem Übergang ihrer Arbeitsverhältnisse geworfen werden. Diese Diskussion fing zu einer Zeit an, als der Übergang der Arbeitsverhältnisse noch nicht gesetzlich geregelt war, und fand ihren Abschluß letztendlich in der gesetzlichen Regelung des Widerspruchsrechts in § 613 a Abs. 6 BGB. Darauf aufbauend ist zu klären, ob ein solches Widerspruchsrecht nunmehr in allen Fällen einer Unternehmensumwandlung besteht. Anschließend sind bei positivem Ergebnis die Einzelheiten für die Ausübung des Widerspruchsrechts und für dessen Rechtsfolgen zu bestimmen.

A. Das Bedürfnis nach einer Willensbeteiligung der Arbeitnehmer bei dem Übergang ihrer Arbeitsverhältnisse im Wandel der Zeit

Das Schicksal der Arbeitsverhältnisse im Fall des rechtsgeschäftlichen Betriebsinhaberwechsels war bereits lange vor dem Inkrafttreten des § 613 a BGB im Jahre 1972 Gegenstand einer kontroversen Auseinandersetzung im Schrifttum gewesen. Im Gegensatz dazu war man sich bei einem Betriebsinhaberwechsel im Wege der gesellschaftsrechtlichen oder erbrechtlichen Gesamtrechtsnachfolge einig, daß die Arbeitsverhältnisse ohne weiteres auf den jeweiligen Rechtsnachfolger übergingen. Schließlich war die universale Überleitung von Rechten und Pflichten gesetzlich vorgeschrieben und führte somit zu einem „nahtlosen Übergang" der Arbeitsverhältnisse vom bisherigen auf den neuen Betriebsinhaber[177]. Dabei hielt man auch einen eventuell entgegenstehenden Willen der betroffenen Arbeitnehmer für unbeachtlich, da sich der Übergang der Arbeitsverhältnisse von Gesetzes wegen vollzog und es somit auf den Willen der Beteiligten gerade nicht ankam[178].
Interessant und aufschlußreich für die Problematik des Übergangs von Arbeitsverhältnissen wider Willen im allgemeinen bleiben jedoch auch heute noch die Meinungen über die möglichen Konstruktionen des Übergangs von Arbeitsverhältnissen bei einem rechtsgeschäftlichen Betriebsübergang und über die Notwendigkeit der Willensbeteiligung der Arbeitnehmer dabei im Laufe der Zeit.

---

[177] Gaul, Betriebsinhaberwechsel, S. 47.

[178] Nikisch, Arbeitsrecht I, § 46 II 1; Hueck-Nipperdey, Arbeitsrecht I, § 54 I 2 und § 54 III 5. Demgegenüber scheint Galperin sogar von einer erforderlichen Zustimmung des Arbeitnehmers zum Übergang seines Arbeitsverhältnisses im Wege der Gesamtrechtsnachfolge auszugehen, vgl. BB 1952, 322, 324.

1. Die Vorstellungen vor Inkrafttreten des § 613 a BGB

Ausgangspunkt für die Diskussion über den Übergang von Arbeitsverhältnissen bei einem rechtsgeschäftlichen Betriebsübergang in den 20er und 30er Jahren war insbesondere die Tatsache, daß es damals noch keine gesetzliche Regelung diesbezüglich gab. Lediglich die Entwürfe zu einem Allgemeinen Arbeitsvertragsgesetz von 1923 und zu einem Gesetz über das Arbeitsverhältnis von 1938 behandelten jeweils den Übergang der Arbeitsverhältnisse bei Betriebsübergang.

a) Die Gesetzesentwürfe von 1923 und 1938

Weil man eine klare Regelung des Betriebsinhaberwechsels für notwendig erachtete und gleichzeitig eine weitergehende Sicherung des Arbeitsplatzes erreichen wollte, sah schon der im Jahre 1923 vom Arbeitsrechtsausschuß ausgearbeitete Entwurf eines allgemeinen Arbeitsvertragsgesetzes zumindest als Auslegungsregel vor, daß bei einer Unternehmensveräußerung die Ansprüche auf Arbeitsleistung sowie die Verpflichtungen aus dem Arbeitsvertrag im Zweifel übertragbar und übertragen seien[179]. Man ging in diesem Entwurf also zum einen nicht von dem Begriff des Betriebes aus, sondern nahm das „Unternehmen" zum Ansatzpunkt. Zum andern wäre bei Geltung dieser Zweifelsregelung für den neuen Unternehmer auch weiterhin die Möglichkeit bestehen geblieben, die Übernahme einzelner Arbeitnehmer ausdrücklich abzulehnen[180].

Der 1938 vorgelegte neue Entwurf eines „Gesetzes über das Arbeitsverhältnis" wich dadurch von der im früheren Entwurf vorgesehenen Regelung ab, daß bei einer Betriebsnachfolge statt einer Abtretung und Übertragung einzelner Rechte und Pflichten der Eintritt des neuen Unternehmers in die bestehenden Arbeitsverhältnisse erfolgen sollte[181]. Der Eintritt des neuen Betriebsinhabers in die Arbeitsverhältnisse sollte also kraft Gesetzes erfolgen, wobei dessen entgegenstehender Wille unbeachtlich sein sollte. Auch für den Arbeitnehmer selbst war in den Gesetzesentwürfen kein Widerspruchsrecht in irgendeiner Form vorgesehen, so daß davon auszugehen ist, daß ein entgegenstehender Wille des Arbeitnehmers keine Bedeutung haben sollte[182]. Die Notwendigkeit, den Arbeitnehmer vor einem ungewollten, aufgezwungenen Arbeitgeber schützen zu müssen, war also nicht erkannt worden[183].

In dem Entwurf von 1938 spiegelt sich zugleich die damals vorherrschende Vorstellung von der Rolle des Arbeitnehmers im Betrieb wider: Während der Unternehmer als „Führer" des Betriebes angesehen wurde, stellten die Ange-

---

[179] Siehe § 25 des Entwurfs, abgedruckt bei Ramm, Entwürfe, S. 137.
[180] Vgl. Krejci, Betriebsübergang, S. 239.
[181] Siehe § 90 des Entwurfs, abgedruckt bei Ramm, Entwürfe, S. 266.
[182] Vgl. Krejci, Betriebsübergang, S. 240.
[183] Vgl. Ramm, Entwürfe, S. 324 f.

stellten die „Gefolgschaft" dar[184]. Dabei war die Eingliederung in die Betriebsgemeinschaft der Umstand, der herausragende Bedeutung für die Angestellten hatte[185], d.h. man hielt den Bezug des Arbeitnehmers zum Betrieb und zur Betriebsgemeinschaft für größer und wichtiger als dessen Verhältnis zum Betriebsführer, auch wenn der Gebrauch der Begriffe „Führer" und „Gefolgschaft" etwas anderes vermuten läßt. Änderte sich also nur die Person des Betriebsführers, so blieb die Eingliederung des Arbeitnehmers in die Betriebsgemeinschaft weiterhin unverändert bestehen. Der Arbeitnehmer arbeitete als Mitglied der Betriebsgemeinschaft für den neuen Betriebsführer weiter, da der Arbeitsvertrag von vornherein auf den jeweiligen Inhaber des Betriebes abgestellt war[186]. Für ein Widerspruchsrecht des Arbeitnehmers war kein Raum. Man sah auch keinerlei Notwendigkeit dafür, da sich die Situation des Arbeitnehmers, d.h. seine Eingliederung in den Betrieb und die dort zu verrichtende Arbeit, nicht änderte[187].
Weder der Entwurf von 1923 noch der von 1938 mit den dahinterstehenden Vorstellungen sind aber je Gesetz geworden.

b) Literatur und Rechtsprechung

Dennoch vertraten Teile der Literatur die Auffassung, daß die in § 90 Abs.1 EntwArbVG 1938 enthaltene Regelung trotz fehlender Umsetzung geltendes Recht sei[188], auch wenn sich dagegen einige Autoren heftig zur Wehr setzten[189]. Andere Autoren hielten in den Fällen des rechtsgeschäftlichen Betriebsübergangs eine analoge Anwendung des § 571 Abs. 1 BGB a.F. für möglich, was ebenfalls zu einem automatischen Eintritt in die Arbeitsverhältnisse führen sollte[190]. Begründet wurde dies mit einer Vergleichbarkeit der zu regelnden Sachverhalte und mit dem erforderlichen Bestandsschutz der Arbeitsverhältnisse. Wieder andere zogen für einen automatischen Übergang der Arbeitsverhältnisse

---

[184] Siebert, Arbeitsverhältnis, S. 45.
[185] Diese Betriebsgemeinschaft sah man als „lebendige und ganzheitliche Gemeinschaft" an, „gegründet auf die nationalsozialistische Volksgemeinschaft und auf die soziale Ehre der arbeitenden Volksgenossen", s. Siebert, Arbeitsverhältnis, S. 117.
[186] Molitor, Arbeitnehmer, S. 40.
[187] Siehe zur sog. „Eingliederungstheorie": Siebert, Arbeitsverhältnis, S. 117; Nikisch, Arbeitsrecht I, § 21 I 1; ähnlich: Brecher, FS Schmidt-Rimpler, S. 181, 220 ff.; Grell, Betriebsinhaberwechsel, S. 129 ff.
[188] Dietz, AP 1950, Nr. 50 (Anm., S. 262, 264); Nikisch, AP 1952, Nr. 228 (Anm., S. 508, 510); vgl. auch LAG Mannheim, AP 1952, Nr. 228 (S. 502, 507).
[189] Bötticher, FS Nikisch, S. 3, 8; Gaul, Betriebsinhaberwechsel, S. 88.
[190] Nikisch, Arbeitsrecht I, § 46 II 4; Bötticher, FS Nikisch, S. 3, 10.

die Grundsätze der Gesamtrechtsnachfolge bzw. des früheren § 419 BGB[191] analog heran[192].
Bemerkenswert ist, daß im Rahmen aller Begründungsansätze für einen automatischen Übergang der Arbeitsverhältnisse kaum ernsthaft diskutiert wurde, ob dieser Übergang durch einen entgegenstehenden Willen des Arbeitnehmers ausgeschlossen werden könnte[193]. Das Problem des Arbeitnehmers, dem gegen seinen Willen ein Arbeitgeberwechsel aufgezwungen werden sollte, wurde kaum gesehen[194]. Diese fehlende Auseinandersetzung mit einem eventuell bestehenden Widerspruchsrecht des Arbeitnehmers läßt sich daraus erklären, daß man mangels gesetzlicher Regelung allein eine gesicherte Rechtsstellung des Arbeitnehmers vor Augen hatte, die nicht mehr von der Willkür des Erwerbers abhängen sollte. Man dachte, daß man dieses Ziel nur mit einem automatischen Übergang der Arbeitsverhältnisse erreichen könnte, bei dem es auf die Berücksichtigung des Willens – aller - Beteiligten gerade nicht ankam.
Nur teilweise wurden Bedenken laut, ob sich die vorstehend erwähnten Konstruktionen eines automatischen Übergangs der Arbeitsverhältnisse mit den Grundrechten des Arbeitgebers und den Grundsätzen der freien und sozialen Marktwirtschaft einerseits und mit den verfassungsrechtlich verbürgten Persönlichkeitsrechten des Arbeitnehmers (Art. 1, 2 GG) andererseits vereinbaren ließen[195]. Diese Autoren machten deutlich, daß man nicht einfach davon ausgehen könne, daß das Arbeitsverhältnis einmal im Betrieb begründet und dann in ihm verwurzelt sei. Vielmehr sei das Arbeitsverhältnis als Schuldverhältnis eine rechtliche Sonderverbindung zwischen zwei bestimmten Personen[196]. Konsequenz dieser Auffassung war, daß mangels gesetzlicher Regelung ein Übergang der Arbeitsverhältnisse nur durch rechtsgeschäftliche Vereinbarung aller beteiligten Personen erfolgen konnte. Dies konnte zum einen durch eine Kombination von Abtretung aller Einzelrechte und Übernahme aller Einzelpflichten gem. §§ 398 ff., 414 ff. BGB geschehen[197]. Insoweit war jedoch problematisch, daß die individuellen Gestaltungsrechte, wie Kündigungsrechte etc., nicht einzeln übertragen werden können. Zum andern hielt man auch eine Übertragung der Arbeitsverhältnisse als Ganzes für möglich[198], da man eine Vertragsübernahme,

---

191 Am 31.12.1998 außer Kraft getreten.
192 Küchenhoff, AuR 1964, 225, 234 f.; LAG Mannheim AP 1952, Nr. 228; LAG Mannheim, BB 1952, 258, 259. Gegen eine solche Analogie mangels planwidriger Regelungslücke: Krejci, Betriebsübergang, S. 86.
193 Vgl. Borngräber, Betriebsübergang, S. 31, Fn. 25.
194 Vgl. BAG AP Nr. 21 zu § 613 a BGB.
195 Gaul, Betriebsinhaberwechsel, S. 88; Hueck-Nipperdey, Arbeitsrecht I, § 54 II 2.
196 Gaul, Betriebsinhaberwechsel, S. 71.
197 Galperin, DB 1962, 1078; Staudinger-Nipperdey-Mohnen-Neumann, § 613 BGB, Rn. 18; LAG Hamm, AP 50 Nr. 247.
198 Hueck-Nipperdey, Arbeitsrecht I, § 54 I 1; Larenz, Schuldrecht I, § 35 III; Gaul, Betriebsinhaberwechsel, S. 91; BAG AP Nr. 1 zu § 419 BGB Betriebsnachfolge.

die im BGB gerade nicht vorgesehen ist, nach anfänglichen Diskussionen wegen des Grundsatzes der Vertragsfreiheit allgemein anerkannte[199]. Dabei ging man grundsätzlich davon aus, daß die Übernahme der Arbeitsverhältnisse von den Parteien des Veräußerungsvertrages gewollt war, solange nichts anderes vereinbart wurde[200]. Auch die Zustimmung des Arbeitnehmers sollte grundsätzlich als stillschweigend abgegeben vorliegen, da die Auslegungsregel des § 613 Satz 2 BGB für den Fall einer Betriebsveräußerung in Einklang mit der Verkehrssitte stillschweigend abbedungen sei[201]. Teilweise hielt man sogar den Übergang des Arbeitsverhältnisses auch gegen den Willen des Arbeitnehmers für zulässig[202]. Das aus dieser Auffassung folgende Ergebnis, daß eine Willensäußerung der Arbeitnehmer nicht erforderlich war, während der neue Betriebsinhaber das Recht haben sollte, die Weiterbeschäftigung der Arbeitnehmer ohne nähere Begründung zu verweigern, wurde jedoch vielfach auch für unbillig gehalten, da dies eine einseitige Benachteiligung der Arbeitnehmerseite darstellte[203]. Deshalb vertraten einige Autoren mit Hinweis auf die Vertragsfreiheit die Auffassung, daß ein ausdrücklicher Widerspruch des Arbeitnehmers den Übergang des Arbeitsverhältnisses verhindere[204].
Das Bundesarbeitsgericht ging davon aus, daß zumindest in den Fällen eines leitenden Angestellten sowie eines Arbeitnehmers, der Dienste höherer Art zu leisten hatte, ein automatischer Übergang des Arbeitsverhältnisses wegen der besonderen Vertrauensbasis und der daraus resultierenden besonderen Bedeutung des personalen Elements des Arbeitsverhältnisses gegen ein schutzwürdiges Interesse des Arbeitnehmers verstoßen könne[205]. Man dürfe die „personale Würde" des Arbeitnehmers insoweit nicht mißachten[206]. Gleichzeitig hob die Rechtsprechung jedoch ein mindestens gleichwertiges schutzwürdiges Interesse des Arbeitgebers hervor, das durch eine Zwangsübertragung des ganzen Arbeitsverhältnisses verletzt würde und insoweit eine unzulässige Rechtsfortbildung darstellen würde[207].

---

[199] Enneccerus/Lehmann, Schuldrecht, § 87 I; Schwarz, Arbeitsverhältnis, S. 137; Seiter, Betriebsinhaberwechsel, S. 24. A.A. noch Galperin, DB 1962, 1078. Vgl. zur heute weitgehend anerkannten „Einheitstheorie": Voigt, Umwandlung, S. 28 m. w. Nachw.

[200] Hueck-Nipperdey, Arbeitsrecht I, § 54 III 3.

[201] Hueck-Nipperdey, Arbeitsrecht I, § 54 III 1.

[202] LAG Baden, NJW 1950, 560; LAG Heidelberg, BB 1950, 422.

[203] Grell, Betriebsinhaberwechsel, S. 141.

[204] Galperin, BB 1952, 322, 324; Hueck-Nipperdey, Arbeitsrecht I, § 54 III 4; Gaul, Betriebsinhaberwechsel, S. 91. Für eine zumindest ausnahmsweise Berechtigung zur Ablehnung des Übergangs der Dienstpflicht: Galperin, BB 1962, 1113.

[205] BAG AP Nr.1 zu § 419 BGB Betriebsnachfolge; BAG AP Nr. 6 zu § 419 BGB Betriebsnachfolge.

[206] BAG AP Nr. 1 zu § 419 BGB Betriebsnachfolge.

[207] BAG AP Nr. 1 zu § 419 BGB Betriebsnachfolge.

Insgesamt läßt sich feststellen, daß vor Inkrafttreten des § 613 a BGB ein „Widerspruchsrecht" des Arbeitnehmers nur ganz am Rande behandelt wurde. Man bemühte sich vorrangig vielmehr um eine mit dem Gesetz zu vereinbarende Konstruktion des automatischen Übergangs der Arbeitsverhältnisse. Lediglich im Rahmen der sog. „Theorie vom willentlichen Handeln"[208] hielt man die Zustimmung des Arbeitnehmers für erforderlich; diese sollte jedoch regelmäßig konkludent vorliegen.

2. Die Vorstellungen seit Inkrafttreten des § 613 a BGB

a) Die Rechtsprechung des BAG

Bereits in seinem ersten Urteil zu § 613 a BGB[209] hatte das BAG zu der Frage Stellung zu nehmen, ob die Arbeitsverhältnisse der von einem Teilbetriebsübergang betroffenen Arbeitnehmer auch gegen deren Willen auf den Betriebserwerber übergehen könnten. Das BAG verneinte dies und weitete seine Rechtsprechung in späteren Urteilen auch auf Fälle aus, in denen der gesamte Betrieb auf einen neuen Inhaber überging[210].

Das BAG begründete seine Rechtsprechung zum Widerspruchsrecht bei einem Teilbetriebsübergang damit, daß die Auslegung des § 613 a Abs. 1 Satz 1 BGB unter Berücksichtigung der allgemeinen Grundsätze des Arbeitsvertragsrechts ergebe, daß dem Arbeitnehmer nicht gegen seinen Willen ein anderer Arbeitgeber aufgezwungen werden könne. Dies folge schon aus § 613 Satz 2 BGB, nach dem der Anspruch auf Dienste im Zweifel nicht übertragbar sei. Diese Auslegungsregel sei durch § 613 a BGB nicht geändert worden. Schon um der menschlichen Würde willen sei ein „Verkauf" des Arbeitnehmers gegen seinen Willen nicht zulässig. Zudem erhalte der Arbeitnehmer mit dem Eintritt des Betriebserwerbers in das Arbeitsverhältnis einen neuen Schuldner. Ein solcher Schuldnerwechsel setze aber analog § 415 Abs. 1 Satz 1 BGB die Zustimmung des Gläubigers voraus[211].

Das BAG ging bei dieser Begründung davon aus, daß der Wortlaut des § 613 a Abs. 1 Satz 1 BGB nicht eindeutig sei; er enthalte weder im positiven noch im negativen Sinne eine ausdrückliche Regelung darüber, ob die Zustimmung des Arbeitnehmers erforderlich sei. Ein Vergleich mit der Rechtslage vor Inkrafttreten des § 613 a BGB spreche aber dafür, daß zumindest beim Übergang eines Betriebsteils der Widerspruch des Arbeitnehmers beachtlich sei[212]. Die von der

---

[208] Vgl. Borngräber, Betriebsübergang, S. 28 ff.; Gaul, Betriebsinhaberwechsel, S. 49.

[209] BAG AP Nr. 1 zu § 613 a BGB.

[210] BAG AP Nr. 8 zu § 613 a BGB; BAG AP Nr. 10 zu § 613 a BGB; BAG AP Nr. 21 zu § 613 a BGB.

[211] Gesamte Begründung aus BAG AP Nr. 1 zu § 613 a BGB = BAGE 26, 301 ff.

[212] BAGE 26, 301, 305.

früheren Rechtsprechung geäußerten Bedenken gegen einen Übergang des Arbeitsverhältnisses auch gegen den Willen des Arbeitnehmers seien so erheblich, daß das Schweigen des Gesetzgebers zu dieser Frage nicht bedeuten könne, er habe sich ohne jede Begründung darüber hinwegsetzen und den Widerspruch des Arbeitnehmers für unbeachtlich erklären wollen. Bei anderer Auffassung würde § 613 a BGB zu einer Schlechterstellung des Arbeitnehmers bei einem Betriebsübergang führen, was insbesondere im Hinblick auf Art. 12 Abs. 1 GG, der die freie Wahl des Arbeitsplatzes garantiere, bedenklich wäre[213]. Das Recht des Arbeitnehmers, seinen Arbeitsplatz frei wählen zu können, umfasse auch die Entscheidung darüber, mit welchem Arbeitgeber er ein Arbeitsverhältnis begründen wolle. Das personale Element des Arbeitsverhältnisses dürfe nicht außer Acht gelassen werden, da die persönlichen Beziehungen den Arbeitsplatz ebenso prägten wie die räumlich gegenständlichen Merkmale[214].
Auch Sinn und Zweck des § 613 a BGB verlangten kein anderes Auslegungsergebnis. Der allgemein mit § 613 a BGB verfolgte Bestandsschutz der Arbeitsverhältnisse der betroffenen Arbeitnehmer erfordere zwar die Einschränkung der Vertragsfreiheit auf Seiten des Arbeitgebers, so daß dieser keine negative Auswahl mehr treffen könne; dies zwinge jedoch nicht zu der Annahme, daß auch „die Zustimmung" der Arbeitnehmer entbehrlich sei[215]. Nach Auffassung des BAG stellt § 613 a BGB zudem kein Schutzgesetz zugunsten des Erwerbers dar, auch wenn teilweise ein Interesse seinerseits am Übergang sämtlicher Arbeitsverhältnisse bestehen könne[216]. Darüber hinaus komme eine rechtsgeschäftliche Vertragsübernahme nur bei Einverständnis aller Beteiligten in Betracht; die §§ 571 BGB, 69 Abs. 1 und 151 Abs. 2 VVG seien Ausnahmefälle, in denen die persönlichen Beziehungen der Vertragsparteien – anders als im Arbeitsverhältnis mit dessen stark personenrechtlicher Prägung[217] – ohne besondere Bedeutung seien. Dem Zustimmungserfordernis stehe auch nicht entgegen, daß der Arbeitnehmer im Falle der Gesamtrechtsnachfolge keine Einflußmöglichkeit habe. Eine rechtsgeschäftliche Beteiligung des Arbeitnehmers scheide bei einer Universalsukzession von vornherein aus. Zudem falle der bisherige Arbeitgeber dabei ersatzlos fort[218]. Aufgrund all dieser Überlegungen und auch im Hinblick auf das durch Art. 2 Abs. 1 GG gesicherte Grundrecht der Vertragsfreiheit[219] gelangte das BAG zu dem Ergebnis, daß der Widerspruch eines Arbeitnehmers beim Übergang eines Betriebsteils nicht von vornherein für unbeachtlich erklärt werden könne.

---

[213] BAGE 26, 301, 306.
[214] BAGE 26, 301, 306.
[215] BAGE 26, 301, 308.
[216] BAGE 26, 301, 309.
[217] BAGE 26, 301, 310.
[218] BAGE 26, 301, 311.
[219] BAGE 26, 301, 311.

In darauffolgenden Urteilen sah das BAG als wichtigstes Argument für die Begründung des Widerspruchsrechts beim Betriebs- und Betriebsteilübergang zunächst die persönliche Natur der Arbeitsleistung (§ 613 Satz 2 BGB) und die gemäß § 415 BGB geltenden Grundsätze an[220], hegte dann jedoch Zweifel, ob mit einer solchen Argumentation das Widerspruchsrecht begründbar sei. Später stellte es insbesondere auf das Gebot einer verfassungskonformen Auslegung des § 613 a BGB im Hinblick auf die Art. 1 und 12 GG sowie auf den Umstand ab, daß den Arbeitnehmern ein besonderer Bestandsschutz des Arbeitsverhältnisses nicht aufgedrängt werden könne[221].
Die zwischenzeitlich von Seiten der Literatur geäußerten Bedenken, das Widerspruchsrecht sei nicht mit höherrangigem EG-Recht vereinbar, wies das BAG zurück. Das ArbG Bamberg und das ArbG Hamburg[222] stellten in einem Vorlageverfahren an den EuGH gleichlautende Fragen bezüglich des Widerspruchsrechts und dessen Vereinbarkeit mit der Richtlinie 77/187/EWG[223]. Daraufhin beurteilte auch der EuGH nach zuvor unklarer und mißverständlicher Ausdrucksweise[224] die Rechtsprechung des BAG zum Widerspruchsrecht ausdrücklich als europarechtskonform[225]. Art. 3 Abs. 1 der Richtlinie 77/187/EWG[226] verwehre es einem beim Veräußerer beschäftigten Arbeitnehmer nicht, dem Übergang seines Arbeitsverhältnisses auf den Erwerber zu widersprechen. Dies begründete der EuGH sogar mit einem europarechtlich verankerten Grundrecht des Arbeitnehmers auf freie Arbeitsplatzwahl[227].
Das Widerspruchsrecht war so bereits lange vor dessen gesetzlicher Normierung zu einem nicht mehr wegzudenkenden Bestandteil der Rechtsprechung zu § 613 a BGB geworden. Daran hätte sich aufgrund der Beständigkeit dieser Rechtsprechung[228] auch in Zukunft aller Voraussicht nach nichts geändert[229]. Das BAG stellte sich im Laufe der Zeit in seinen Urteilen zu § 613 a BGB sogar

220 BAG AP Nr. 37 zu § 613 a BGB.
221 Erstmals so BAG AP Nr. 55 zu § 613 a BGB.
222 Vgl. ArbG Bamberg, DB 1991, 1382; ArbG Hamburg, EuZW 1992, 31. Das Vorabentscheidungsersuchen des BAG mit ebenfalls gleichlautenden Fragen, vgl. BAG AP Nr. 96 zu § 613 a BGB, wurde wegen der Entscheidung des EuGH zu diesen Fällen als erledigt eingestellt, s. BAG EzA Nr. 30 zu § 1 KSchG Soziale Auswahl, S. 4.
223 Mittlerweile abgelöst durch die RL 2001/23/EG.
224 Vgl. EuGH NZA 1990, 885.
225 EuGH AP Nr. 97 zu § 613 a BGB=EzA Nr. 105 zu § 613 a BGB=DB 1993, 230; EuGH AP Nr. 143 zu § 613 a BGB.
226 Mittlerweile abgelöst durch die Richtlinie 2001/23/EG.
227 EuGH NZA 1993, 170.
228 Vgl. BAG AP Nr. 81 zu § 613 a BGB; BAG AP Nr. 96 zu § 613 a BGB; BAG AP Nr. 102 zu § 613 a BGB; BAG AP Nr. 103 zu § 613 a BGB; BAG AP Nr. 109 zu § 613 a BGB; BAG AP Nr. 134 zu § 613 a BGB; BAG AP Nr. 145 zu § 613 a BGB; BAG AP Nr. 161 zu § 613 a BGB; BAG AP Nr. 177 zu § 613 a BGB; BAG BB 1999, 1712.
229 So schon Birk, Anm. zu BAG AP Nr. 10 zu § 613 a BGB; Bauer, Unternehmensveräußerung, S. 55; Soergel-Raab, § 613 a BGB, Rn. 150.

auf den Standpunkt, daß es einer erneuten Auseinandersetzung mit kritischen Stimmen in der Literatur zum Widerspruchsrecht nicht mehr bedürfe[230].

b) Die Auffassungen in der Literatur

In der Literatur wurde die Rechtsprechung des BAG zum Widerspruchsrecht von Anfang an höchst kontrovers diskutiert. Einige lehnten das Widerspruchsrecht sowohl in der Begründung als auch im Ergebnis entschieden ab. Andere befürworteten die Rechtsprechung des BAG zumindest im Ergebnis, auch wenn man teilweise nach anderen Begründungsmöglichkeiten für das Widerspruchsrecht suchte. Mit der Zeit beschränkten sich viele Autoren aber auch darauf, auf die „gefestigte Rechtsprechung" des BAG hinzuweisen[231] oder die Rechtsprechung des BAG als „gültige Rechtslage" [232] „jedenfalls für die Praxis"[233] in diesem Bereich zu bezeichnen. Man setzte sich mit diesem Problemkreis nicht mehr eingehend auseinander[234] und hielt grundsätzliche Zweifel an der Existenz des Widerspruchsrechts für nicht mehr berechtigt[235].

(1) Befürworter des Widerspruchsrechts

Die Befürworter des Widerspruchsrechts[236] schlossen sich größtenteils der Argumentation des BAG an. Sie wiesen auf den indifferenten Wortlaut des § 613 a BGB hin[237] und gingen im Detail auf die Entstehungsgeschichte des § 613 a BGB ein. Es spielte ihrer Auffassung nach eine besonders große Rolle, daß nach der Rechtsprechung vor Einführung des § 613 a BGB die Arbeitsverhältnisse aufgrund der vertraglichen Konstruktion nur mit Einverständnis des Arbeitnehmers übergehen konnten. Der Gesetzgeber habe durch die Einführung des § 613 a BGB ausdrücklich die Verbesserung des Arbeitnehmerschutzes erreichen wollen, den Arbeitnehmern also nicht diesen „Vorteil" einer Wider-

---

[230] BAG EzA Nr. 163 zu § 613 a BGB, S. 3.
[231] Spirolke, Betriebsübergang, S. 64.
[232] Mengel, Umwandlungen, S. 158.
[233] Boecken, Unternehmensumwandlung, Rn. 80; Ingelfinger, ZfA 1996, 591, 592; Kreitner, Kündigungsrechtliche Probleme, S. 152.
[234] Bauer, Unternehmensveräußerung, S. 55; Hoffmeister, ArbuR 1995, 132, 133; Franzen, Betriebsinhaberwechsel, S. 48; Blank, u.a., Betriebsaufspaltung, S. 250.
[235] Annuß, DB 1999, 798; Henssler, NZA 1994, 913, 921; Moll, Anm. zu BAG Nr. 103 zu § 613 a BGB.
[236] Brox/Rüthers, Arbeitsrecht, Rn. 223 c; Däubler, NZA 1991, 134, 135; Ehrich, NZA 1993, 635, 638; Gentges, Anm. zu BAG AP Nr. 22 zu § 1 KSchG; Hitzfeld, BB 1991, 199, 202; Heither, NZA 1991, 136; Joost, ZIP 1991, 220, 222; Kittner/Trittin, § 613 a BGB, Rn. 120; Löw, DB 1991, 546, 548; Oetker, NZA 1991, 137, 138; Staudinger[12]-Richardi, § 613 a BGB, Rn. 121; MüKo-Schaub, § 613 a BGB, Rn. 41; Schmalenberg, NZA 1989, Beil. 3, 14, 24.
[237] Menze, Widerspruchsrecht, S. 4; Tschöpe, Rechtsfolgen, S. 10.

spruchsmöglichkeit wegnehmen wollen[238]. Ebenso solle der Arbeitnehmer einer Verminderung oder gar einer Zerstörung seiner bisherigen Haftungsgrundlage nicht tatenlos zusehen müssen, ebenfalls aufgrund der Tatsache, daß § 613 a BGB eine reine Arbeitnehmerschutzvorschrift darstelle[239].
Dabei lehnten jedoch manche Befürworter des Widerspruchsrechts dessen Begründung mit der „starken personenrechtlichen Prägung des Arbeitsverhältnisses" als heute so nicht mehr existierendes Bild ab und äußerten Bedenken hinsichtlich des nur schwer mit dem Widerspruchsrecht zu vereinbarenden Wortlauts des § 613 a BGB[240]. Einige Autoren kritisierten insbesondere anfangs auch die verfassungsrechtlichen Überlegungen des BAG, mit denen es das Widerspruchsrecht des Arbeitnehmers zu begründen versuchte. Diese müßten ja schließlich auch beim Betriebsinhaberwechsel durch Gesamtrechtsnachfolge gelten, was jedoch nicht der Fall war und auch nicht sein sollte[241]. Demgegenüber gingen später andere Autoren sogar von einer „doppelten grundrechtlichen Fundierung"[242] des Widerspruchsrechts aus. Das Widerspruchsrecht sei sowohl im Hinblick auf deutsche als auch im Hinblick auf Gemeinschaftsgrundrechte erforderlich. Aus verfassungsrechtlichen Gründen, d.h. insbesondere wegen Art. 12 Abs. 1 GG, Art. 1 Abs. 1 und 2 Abs. 1 GG, könne dem Arbeitnehmer kein anderer Arbeitgeber aufgezwungen werden[243].
Die Befürworter des Widerspruchsrechts boten jedoch auch noch weitere Begründungsansätze für das Bestehen eines Widerspruchsrechts im Falle des Betriebsübergangs. Manche wiesen darauf hin, daß die Notwendigkeit eines Widerspruchsrechts für die Arbeitnehmer schon deshalb bestehe, weil den Arbeitnehmern die sonst erforderliche Eigenkündigung wegen der Arbeitslosengeldsperre gemäß § 144 Abs. 1 Nr. 1 SGB III[244] nicht zumutbar sei[245]. Darüber hinaus laufe eine Kündigung insgesamt auf ein anderes Ziel hinaus als ein Widerspruch. Dem widersprechenden Arbeitnehmer komme es häufig darauf an, das Arbeitsverhältnis mit dem alten Arbeitgeber aufrechtzuerhalten, worauf er auch eine durchaus begründete Aussicht haben könne[246]. Daher sei eine Verweisung

---

[238] Tschöpe, Rechtsfolgen, S. 19, 25; Seiter, Betriebsinhaberwechsel, S. 66; Kraft, FS BAG, S. 299, 308.

[239] Posth, Betriebsinhaberwechsel, S. 53; Tschöpe, Rechtsfolgen, S. 26.

[240] Seiter, Anmerkung zu BAG AP Nr. 1 zu § 613 a BGB.

[241] Tschöpe, Rechtsfolgen, S. 23 f.; demgegenüber bedauert Seiter, daß das BAG bei der Begründung des Widerspruchsrechts nicht eindeutiger auf den verfassungsrechtlichen Hintergrund abstellt, vgl. Anmerkung zu BAG Nr. 1 zu § 613 a BGB

[242] Staudinger[13]-Richardi/Annuß, § 613 a BGB, Rn. 120.

[243] Vgl. Menze, Widerspruchsrecht, S. 24 ff.; Pottmeyer, Überleitung der Arbeitsverhältnisse, S. 154 f.

[244] Vormals § 119 Abs. 1 Nr. 1 AFG.

[245] Brinkmann, Spaltung von Rechtsträgern, S. 112; Simon, ZfA 1987, 311, 333; Pottmeyer, NZA 1988, 521 ff.

[246] Löw, Betriebsveräußerung, S. 109.

des Arbeitnehmers auf sein Kündigungsrecht unzumutbar[247]. Der Betriebsübernehmer stehe hingegen ohne die Gewährung eines Widerpruchsrechts nur unwesentlich besser da. Er müsse sich - andernfalls eben erst nach Ablauf der Kündigungsfrist - in jedem Fall neue Arbeitskräfte suchen, so daß die Gewährung eines Widerspruchsrechts die Veräußerung von Betrieben oder Betriebsteilen nicht ungebührlich erschwere[248]. Andere wiederum betonen, daß der widersprechende Arbeitnehmer, auch wenn der Arbeitgeber ihn nicht weiterbeschäftigen könne und ihm deshalb betriebsbedingt kündigen werde, ein Interesse daran haben könne, daß der bisherige Arbeitgeber ihm als Vertragspartner zunächst erhalten bleibe. Dies sei der Fall, wenn das Arbeitsverhältnis sowieso bald ende, und der Arbeitnehmer als Gläubiger von Versorgungsanwartschaften mehr Vertrauen in den bisherigen Arbeitgeber als Schuldner setze[249].
Viele Autoren wiesen auch schon vor der entsprechenden Entscheidung des EuGH auf die Vereinbarkeit des Widerspruchsrechts mit der Richtlinie 77/187/EWG[250] hin. Die Rechte der Arbeitnehmer würden durch das Widerspruchsrecht nicht beschnitten, sondern im Gegenteil um das Recht zur Wahl einer anderen Rechtsfolge erweitert, was immer als die günstigere Gestaltung anzusehen sei[251]. Es komme nicht darauf an, ob die Widerspruchsausübung im Einzelfall für den Arbeitnehmer günstiger sei, sondern ob das Recht zum Widerspruch als solches günstiger sei[252]. Da dies wegen der zusätzlichen Wahlmöglichkeit für den Arbeitnehmer der Fall sei, sei die deutsche Rechtsprechungspraxis von jeher jedenfalls von Art. 7 der Richtlinie gedeckt gewesen[253].
Zudem betonten einige Autoren, daß das Widerspruchsrecht zwischenzeitlich sogar vom Gesetzgeber anerkannt worden sei[254]. Nach der Gesetzesbegründung des Umwandlungsgesetzes könnten die Arbeitnehmer auch einem Betriebsübergang im Wege der Umwandlung nach dem Umwandlungsgesetz widerspre-

---

247 Liessem, Betriebsverpachtung, S. 63.
248 Dies geben sogar manche Gegner des Widerspruchsrechts zu, vgl. Gitter, FS BAG, S. 133, 149.
249 Bauer, Unternehmensveräußerung, S. 54; Blank, u.a., Betriebsaufspaltung, S. 251.
250 Mittlerweile ersetzt durch die RL 2001/23/EG.
251 Joost, ZIP 1991, 220, 222; Löw, DB 1991, 546, 548; Tschöpe, Rechtsfolgen, S. 23; Oetker/Preis, Betriebsübergang, S. 200 f.; Däubler, NZA 1991, 134, 135; Heither, NZA 1991, 136; Oetker, NZA 1991, 137, 138.
252 Löw, Betriebsveräußerung, S. 114.
253 Staudinger[13]-Richardi/Annuß, § 613 a BGB, Rn. 118; Oetker/Preis, Betriebsübergang, S. 203; v. Alvensleben, Betriebsübergang, S. 267, 302; Joost, ZIP 1991, 220, 222; Däubler, NZA 1991, 134, 135; Heither, NZA 1991, 136, 137; Oetker, NZA 1991, 137, 138; Debong, Betriebsübergang, S. 32.
254 Staudinger[13]-Richardi/Annuß, § 613 a BGB, Rn. 121; Annuß, DB 1999, 798.

chen[255]. Daher sei nunmehr, auch aufgrund der EuGH-Rechtsprechung, allgemein von der Existenz eines Widerspruchsrechts auszugehen[256].

(2) Gegner des Widerspruchsrechts

Schon in den ersten Stellungnahmen zu dem vom BAG entwickelten Widerspruchsrecht wurde dieses jedoch sowohl in der Begründung als auch im Ergebnis von weiten Teilen der Literatur auch abgelehnt. Statt dessen vertrat man die Auffassung, die „alte Streitfrage" sei im Sinne einer Zwangsübertragung „geklärt" worden[257]. Dabei enthielten einige Äußerungen eine sehr detaillierte, kritische Auseinandersetzung mit den einzelnen Gesichtspunkten der zuvor dargestellten Argumentation des BAG. Jeder einzelne Begründungsansatz des BAG wurde beleuchtet, meist genau der gegenteiligen Lösung zugeführt und das Widerspruchsrecht so im Ergebnis als unzulässige Rechtsfortbildung qualifiziert[258].
Zunächst spreche der Wortlaut des § 613 a Abs. 1 Satz 1 BGB selbst („tritt...ein") und auch ein Vergleich mit dem Wortlaut des § 571 Abs. 1 BGB eindeutig für einen automatischen Übergang der Arbeitsverhältnisse, der keinen Platz für die Willensbeteiligung des Arbeitnehmers in Form eines Widerspruchsrechts lasse[259]. Zudem sei der Hinweis des BAG auf § 415 BGB verfehlt. § 613 a BGB normiere eine Ausnahmeregel, die gerade auf die Zustimmung sowohl des „Gläubigers" als auch des „Schuldners" verzichte[260]. Dies ergebe sich schon allein aus der systematischen Stellung des § 613 a BGB[261]. Ebenso stelle § 613 a BGB gegenüber § 613 Satz 2 BGB bereits aufgrund seiner

---

[255] BegrRegEntw, BT-Drucks 12/6699, S. 121. Im einzelnen zum Widerspruchsrecht bei Unternehmensumwandlungen siehe unten S. 52 ff.
[256] Wollenschläger/Pollert, ZfA 1996, 547, 583; Ingelfinger, ZfA 1996, 591, 592.
[257] Birk, Anm. BAG EzA Nr. 1 zu § 613 a BGB; Herschel, ZfA 1977, 219, 231; Roemheld, BB 1976, 845, 846 f.
[258] Pietzko, Tatbestand, S. 234 ff., 270.
[259] Tempelmann, Arbeitsrechtliche Probleme, S. 114; Gaul, Betriebsübergang, S. 213; Gitter, FS BAG, S. 133, 141; Kraft, FS, BAG, S. 299, 308; Borngräber, Betriebsübergang, S. 113; Fischer, Betriebsübergang, S. 127; Stratmann, Anm. zu BAG SAE 1976, 78, 79; Wendling, Rechtsgeschäftlicher Betriebsübergang, S. 138; Bauer, NZA 1990, 881, 883; ders., NZA 1991, 139; Birk, Anm. zu BAG EzA Nr. 1 zu § 613 a BGB, S. 16; Larenz/Canaris, Methodenlehre, S. 161; Lüke, Anm. zu BAG AP Nr. 55 zu § 613 a BGB; MünchArbR[1]-Wank, § 120, Rn. 91; Pietzko, Tatbestand, S. 235.
[260] Gitter, FS BAG, S. 133, 144; Kraft, FS BAG, S. 299, 308; Gaul, Betriebsübergang, S. 216; Herschel, Anm. zu BAG AP Nr. 21 zu § 613 a BGB, S. 4; Gitter, FS BAG, S. 133, 144; Lüke, Anm. zu BAG AP Nr. 55 zu § 613 a BGB.
[261] Pietzko, Tatbestand, S. 248.

systematischen Stellung die speziellere Regelung dar[262]. Manche Autoren kritisierten darüber hinaus die Bezugnahme auf die Rechtsprechung vor Inkrafttreten des § 613 a BGB zur Begründung des Widerspruchsrechts, weil das BAG dadurch die zwischenzeitlich gefallene Entscheidung des Gesetzgebers mißachte[263]. Auch sei eine durch Richterrecht auszufüllende Gesetzeslücke nicht gegeben[264]. Zudem stelle § 613 a BGB nicht allein eine Schutznorm zugunsten der Arbeitnehmer dar[265]. Er verfolge darüber hinaus auch den Zweck, daß der Betriebs(teil)erwerber eine eingearbeitete Belegschaft in einem funktionsfähigen Betrieb bekomme[266]. Dies sei mit der Anerkennung eines Widerspruchsrechts nur schwer zu vereinbaren. Auch der andere Zweck des § 613 a BGB, den Bestand der Arbeitsverhältnisse zu sichern, werde beim neuen Betriebsinhaber besser gewährleistet als bei dem früheren. Letzterer könne nur in Ausnahmefällen einen vergleichbaren Arbeitsplatz anbieten[267] und müsse den widersprechenden Arbeitnehmer regelmäßig aus betriebsbedingten Gründen entlassen[268]. Auch aus den Grundrechten könne ein Widerspruchsrecht nicht hergeleitet werden. Eine Verletzung der Menschenwürde des Arbeitnehmers bei Übergang des Arbeitsverhältnisses gegen seinen Willen sei in heutiger Zeit eine Mythologie[269]. Zudem bezwecke § 613 a BGB gerade den Schutz des Arbeitnehmers, indem er eine isolierte Veräußerung seines Arbeitsplatzes durch dessen automatischen Übergang verhindere. Damit könnten gar nicht gleichzeitig elementare Rechte des Arbeitnehmers und dessen Würde verletzt werden[270]. Zudem bleibe dem Arbeitnehmer in den bestehenden Ausnahmefällen, in denen er nicht für den neuen Betriebsinhaber arbeiten wolle, immer noch die Möglichkeit, das Arbeitsverhältnis durch Eigenkündigung zu beenden[271]. Dies könne gegebenen-

---

[262] Gitter, FS BAG, S. 133, 142; Fischer, Betriebsübergang, S. 118; Kraft, FS BAG, S. 299, 307; Lange, Betriebsaufspaltung, S. 54; Pietzko, Tatbestand, S. 247; Borngräber, Betriebsübergang, S. 109; Tempelmann, Arbeitsrechtliche Probleme, S. 115.

[263] Borngräber, Betriebsübergang, S. 109; Fischer, Betriebsübergang, S. 129; Pietzko, Tatbestand, S. 236.

[264] Gaul, Gemeinsame Anmerkung zu BAG EzA Nr. 44-46, S. 302 j.

[265] Gaul, Betriebsübergang, S. 215.

[266] Bracker, Betriebsübergang, S. 41; Commandeur, Betriebs-, Firmen- und Vermögensübernahme, S. 10; Herschel, Anm. zu BAG AP Nr. 21 zu § 613 a BGB, S. 5, der darüber hinaus auch noch das volkswirtschaftliche Interesse an einem glatten, die Arbeitnehmer einschließenden Betriebsübergang als geschützten Interessekreis erwähnt.

[267] Borngräber, Betriebsübergang, S. 111; Fischer, Betriebsübergang, S. 138.

[268] Lüke, Anm. zu BAG AP Nr. 55 zu § 613 a BGB; Borngräber, Betriebsübergang, S. 109; Gaul, Anm. zu EuGH EzA Nr. 89 zu § 613 a BGB; Herschel, Anm. zu BAG AP Nr. 21 zu § 613 a BGB, S. 5.

[269] Schramm, Willensbeteiligung, S. 155; Birk, Anm. EzA Nr. 1 zu § 613 a BGB, S. 16.

[270] Tempelmann, Arbeitsrechtliche Probleme, S. 118; Pietzko, Tatbestand, S. 262; MünchArbR-Wank[1], § 120, Rn. 93.

[271] Kraft, FS BAG, S. 299 ff.; Fischer, Betriebsübergang, S. 120; Ingelfinger, ZfA 1996, 591, 596; Lange, Betriebsaufspaltung, S. 53; Gaul, Gemeinsame Anmerkung zu BAG EzA Nr. 44-

falls fristlos aus wichtigem Grund gemäß § 626 Abs. 1 BGB geschehen, wobei ein Betriebsübergang immer einen wichtigen Grund in diesem Sinne darstelle[272].
Entgegen der Auffassung des BAG war nach Meinung der Gegner des Widerspruchsrechts bei der Zwangsübertragung der Arbeitsverhältnisse nach § 613 a BGB auch Art. 12 GG nicht tangiert. Schließlich greife § 613 a BGB nicht in das Recht, den Arbeitsplatz frei wählen zu können, ein. Der Arbeitnehmer verbleibe im bisherigen Betrieb und behalte damit seine bisherige Arbeitsstätte[273]. Darüber hinaus erfasse die Vertragsfreiheit des Arbeitnehmers, die sich auf Art. 12 GG gründe, nicht das Recht, daß ihm der bisherige Arbeitgeber als Vertragspartner erhalten bleibe[274]. Der Arbeitnehmer habe nie die Sicherheit, stets seinen Arbeitgeber als Vertragspartner zu behalten[275].
Daneben zeige ein Vergleich zum Betriebsübergang durch Gesamtrechtrechtsnachfolge die Unstimmigkeit der Argumentation des BAG[276]. Schließlich habe es bei der Gesamtrechtsnachfolge ein Widerspruchsrecht immer bereits von vornherein abgelehnt, da bei dieser der Wille der Beteiligten keine Rolle spielen könne, und dabei auch unstreitig keine Verletzung des Persönlichkeitsrechts oder der Menschenwürde vorliege[277]. Für den Arbeitnehmer stelle sich indes die gleiche Situation dar wie bei der Einzelrechtsnachfolge[278].
Zuletzt sei das Widerspruchsrecht unvereinbar mit europarechtlichen Vorgaben. Denn Art. 3 Abs. 1 der mittlerweile durch die Richtlinie 2001/23/EG abgelösten Richtlinie 77/187/EWG sehe den automatischen Übergang der Arbeitsverhältnisse ohne Gewährung eines Widerspruchsrechts vor[279]. Dieses Problem wurde insbesondere zu der Zeit diskutiert, als die Rechtsprechung des EuGH sich ebenfalls eher ablehnend gegenüber einem Widerspruchsrecht äußerte[280]. Man

---

46, S. 302 j; ders., in: Boewer, Aktuelle Aspekte des Arbeitsrechts, S. 140, 157; ders., ZfA 1990, 87, 89; Pietzko, Tatbestand, S. 263; Quander, Gesamtrechtsnachfolge, S. 176.
[272] Soergel-Raab, § 613 a BGB, Rn. 146; Lüke, Anm. zu BAG AP Nr. 55 zu § 613 a BGB. A.A. Gaul, Betriebsübergang, S. 217 f. und ders., in: Boewer, Aktuelle Aspekte des Arbeitsrechts, S. 140, 158, der die Unzumutbarkeit nur im Einzelfall, insbesondere jedoch bei Führungskräften annimmt, nicht aber nach freiem Ermessen.
[273] Fischer, Betriebsübergang, S. 132; Gaul, Betriebsübergang, S. 216.
[274] Kraft, FS BAG, S. 299, 309; Gaul, Betriebsübergang, S. 216.
[275] Fischer, Betriebsübergang, S. 135.
[276] Birk, Anm. zu BAG EzA Nr. 1 zu § 613 a BGB, S. 17; Fischer, Betriebsübergang, S. 143; Gaul, Betriebsübergang, S. 216; Heinze, DB 1980, 205, 206; Herschel, Anm. zu BAG AuR 1975, 382, 383; Lüke, Anm. zu BAG AP Nr. 55 zu § 613 a BGB.
[277] Fischer, Betriebsübergang, S. 121, 123; Gitter, FS BAG, S. 133, 143.
[278] Gaul, Gemeinsame Anmerkung zu BAG EzA Nr. 44-46, S. 302 i; Heinze, DB 1980, 205, 206; Schramm, Willensbeteiligung, S. 156.
[279] Birk, Anm. zu BAG AP Nr. 10 zu § 613 a BGB, S. 4; Schramm, Willensbeteiligung, S. 155.
[280] EuGH NZA 1990, 885; dazu: Bauer, NZA 1990, 881, 883; ders,. NZA 1991, 139; Meilicke, DB 1990, 1770; ders., DB 1991, 1326, 1328; Berger-Delhey, Anm. zu EuGH EzA Nr. 89

war der Auffassung, daß sich das BAG bei seiner Rechtsprechung zum Widerspruchsrecht nicht auf das „Günstigkeitsprinzip" des Art. 7 der Richtlinie stützen könne. Unter „günstigeren Rechts- und Verwaltungsvorschriften" könnten nur ausdrückliche Regelungen des nationalen Gesetzgebers verstanden werden, nicht jedoch die Rechtsprechung[281]. Mittlerweile hat jedoch auch der EuGH, wie bereits erwähnt, vor einiger Zeit ausdrücklich die Vereinbarkeit des Widerspruchsrechts mit dem europäischem Recht festgestellt und sieht ein solches sogar als Gebot der Gemeinschaftsgrundrechte an. Eine Verpflichtung des Arbeitnehmers, sein Arbeitsverhältnis mit dem Erwerber fortzusetzen, verstoße gegen „Grundrechte des Arbeitnehmers, der bei der Wahl seines Arbeitgebers frei sein muß und nicht verpflichtet werden kann, für einen Arbeitgeber zu arbeiten, den er nicht frei gewählt hat"[282]. Folglich müßten die Zweifler zumindest in europarechtlicher Hinsicht beruhigt gewesen sein[283].
Insgesamt brachten aber all die zuvor erwähnten Aspekte die Kritiker des Widerspruchsrechts zu der für sie einzig möglichen Schlußfolgerung, daß es sich bei der Rechtsprechung des BAG um eine „extra legem" erfolgende Rechtsfortbildung handele.

3. Die gesetzliche Normierung des Widerspruchsrechts in § 613 a Abs. 6 BGB

Im Rahmen der Umsetzung der Richtlinie 2001/23/EG des Rates vom 12.3.2001 zur Angleichung der Rechtsvorschriften der Mitgliedstaaten über die Wahrung von Ansprüchen der Arbeitnehmer bei Übergang von Unternehmen, Betrieben oder Unternehmens- und Betriebsteilen wurde durch Art. 4 des Gesetzes zur Änderung des Seemannsgesetzes und anderer Gesetze vom 23.3.2002[284] das Widerspruchsrecht der Arbeitnehmer bei Betriebsübergang nunmehr gesetzlich normiert. Mit Wirkung ab dem 1.4.2002[285] regelt der neue § 613 a Abs. 6 BGB das vom Bundesarbeitsgericht in ständiger Rechtsprechung seit über 25 Jahren und vom Europäischen Gerichtshof seit 1992 anerkannte Recht. Nach der Begründung des Regierungsentwurfs ergibt sich das Widerspruchsrecht vor allem daraus, daß es mit der Würde des Menschen, dem Recht auf freie Entfaltung der

---

zu § 613 a BGB; Gaul, Anm. zu EuGH EzA Nr. 89 zu § 613 a BGB, S. 19 f.; dagegen: Heither, NZA 1991, 136; Däubler, NZA 1991, 134.

[281] Bauer, NZA 1991, 139, 140; Meilicke, DB 1991, 1326, 1327.

[282] EuGH AP Nr. 97 zu § 613 a BGB. So weiterhin EuGH AP Nr. 32 zu EWG-Richtlinie Nr. 77/187.

[283] Dies sieht auch Birk ein, vgl. EuZW 1993, 156 ff. Immer noch eine Verletzung des Sinngehalts der EG-Richtlinie durch das Widerspruchsrecht bzw. insbesondere durch dessen Folgen nahm Heinze, ZfA 1997, 1, 7, an. Ebenfalls weiterhin skeptisch: Tempelmann, Arbeitsrechtliche Probleme, S. 119.

[284] BGBl. I, 1163.

[285] Vgl. Art. 10 des Gesetzes.

Persönlichkeit und dem Recht auf freie Arbeitsplatzwahl (Art. 1, 2 und 12 GG) unvereinbar wäre, wenn ein Arbeitnehmer verpflichtet würde, für einen Arbeitgeber zu arbeiten, den er nicht frei gewählt hat[286]. Darüber hinaus wird angeführt, daß die ausdrückliche gesetzliche Regelung im Interesse von Rechtssicherheit und Rechtsklarheit geboten sei. Somit kann von jetzt an kein Zweifel mehr an einem Widerspruchsrecht der Arbeitnehmer in allen Fällen des rechtsgeschäftlichen Betriebsübergangs nach § 613 a Abs. 1 Satz 1 BGB bestehen.

B. Das Bestehen eines Widerspruchsrechts im Rahmen eines Betriebsübergangs durch (partielle) Gesamtrechtsnachfolge nach dem UmwG

Im Rahmen der gesellschaftsrechtlichen Gesamtrechtsnachfolge veränderte sich das Meinungsbild hinsichtlich des Bestehens eines Widerspruchsrechts im Laufe der Jahre in hohem Maße. Dies lag nicht zuletzt an der Einführung der Regelung des § 324 UmwG zum 1.1.1995, der zunächst auf § 613 a Abs. 1 und 4 BGB verwies und seit dem 1.4.2002 auch auf die gleichzeitig eingeführten Absätze 5 und 6 verweist.

1. Auffassungen vor Inkrafttreten des Umwandlungsgesetzes

Vor Inkrafttreten des Umwandlungsgesetzes war man in Rechtsprechung und Literatur so gut wie einstimmig der Auffassung, daß ein Widerspruchsrecht des Arbeitnehmers bei einem Betriebsübergang im Rahmen einer Gesamtrechtsnachfolge nicht in Betracht komme[287]. Dies begründete man zum einen mit dem bereits erwähnten, damals herrschenden Verständnis von dem Wesen der Gesamtrechtsnachfolge. Dabei sollte es sich nämlich um einen gesetzlichen Übergang aller Rechte und Pflichten, sämtlicher Aktiva und Passiva und auch aller bestehenden Vertragsverhältnisse handeln. Folglich konnte den Willensäußerungen der betroffenen Personen keinerlei Bedeutung zukommen[288]. Darüber hinaus schied ein Widerspruchsrecht nach Auffassung von Rechtsprechung und Literatur bei der Gesamtrechtsnachfolge schon deshalb aus, weil es Charakteristikum aller bis dahin existierenden Formen der Gesamtrechtsnachfolge war, daß der bisherige Rechtsträger – sei es durch Tod, sei es durch Umwandlung – auf-

---

[286] BT-Drucks. 14/7760, S. 20, li. Spalte.

[287] Die vor Einführung des Umwandlungsgesetzes im deutschen Recht existierenden Fälle der Gesamtrechtsnachfolge waren: §§ 1922, 1967 BGB für die Erbfolge, § 339 Abs. 1 S. 2 Nr. 1, Nr. 2 AktG, §§ 354 ff. AktG, § 359 AktG, § 360 AktG, §§ 19 ff. KapErhG, §§ 33 ff. KapErhG, § 93 a GenG und §§ 1-56 UmwG für die gesellschaftsrechtlichen Fälle der Gesamtrechtnachfolge.

[288] V. Alvensleben, Betriebsübergang, S. 305; Commandeur, Betriebs-, Firmen- und Vermögensübernahme, S. 28; Gaul , ZfA 1990, 87, 88.

hörte zu existieren. Rechtsinstitute wie die Abspaltung oder die Ausgliederung im Sinne des neuen Umwandlungsgesetzes, bei der der bisherige Rechtsträger nach Übertragung eines Teils seines Vermögens im Wege der partiellen Gesamtrechtsnachfolge, wenn auch verkleinert, weiterbesteht, waren damals noch nicht gesetzlich normiert. Daher war man der Auffassung, daß ein Widerspruchsrecht bei Gesamtrechtsnachfolge „ohnehin nicht in Betracht" komme oder „gegenstandslos" sei[289]. Schließlich würde ein Widerspruchsrecht in den Fällen der Gesamtrechtsnachfolge die mit dem Schutzzweck des § 613 a BGB kaum zu vereinbarende Konsequenz nach sich ziehen, daß der widersprechende Arbeitnehmer dann ohne rechtliche Anbindung und Absicherung gegenüber irgendeinem Arbeitgeber dastünde[290].
In Bezug auf die Spaltung nach dem SpTrUG vertraten einige Autoren weiterhin den Standpunkt, daß ein Widerspruchsrecht hier nicht in Betracht komme, insbesondere nicht bei der Aufspaltung, weil bei dieser der ursprüngliche Rechtsträger untergehe[291]. Andere Autoren waren hingegen bereits der Auffassung, daß ein Widerspruchsrecht des Arbeitnehmers wegen dessen verfassungsrechtlich geschützter Vertragsfreiheit erforderlich sei[292].
Trotzdem gingen bei der Diskussion zu den Entwürfen des Umwandlungsgesetzes auch weiterhin viele Autoren davon aus, daß bei Betriebsübergängen aufgrund einer Unternehmensumwandlung ein Widerspruchsrecht mangels Anwendbarkeit des § 613 a BGB nicht bestehe[293].

2. Literatur seit Inkrafttreten des Umwandlungsgesetzes

a) Bestehen eines Widerspruchsrechts in allen Umwandlungsfällen

Ein Großteil der Literatur gestand den Arbeitnehmern bei Unternehmensumstrukturierungen nach dem Umwandlungsgesetz schon vor Einführung des § 613 a Abs. 6 BGB grundsätzlich ein Widerspruchsrecht gegen den Übergang ihrer Arbeitsverhältnisse zu[294]. Das Widerspruchsrecht sollte dabei sogar in den

---

[289] Quander, Gesamtrechtsnachfolge, S. 175, 177; Löw, Betriebsveräußerung, S. 110.
[290] Gaul, in: Boewer, Aktuelle Aspekte des Arbeitsrechts, S. 140, 157.
[291] Ising/Thiell, DB 1991, 2082, 2083.
[292] Weimar/Alfes, NZA 1991, 833, 834; Loh, DStR 1992, 1246; Mayer, DB 1991, 1609, 1612.
[293] Vgl. Kallmeyer, DB 1993, 367, 368, der das Fehlen eines Widerspruchsrechts in diesem Fall nicht bedauert, da dieses für die Praxis „ohnehin unglücklich" sei.
[294] Baumann, DStR 1995, 888, 889; Brinkmann, Spaltung von Rechtsträgern, S. 102 ff.; Düwell, NZA 1996, 393, 396; Priester, in: Lutter, Kölner Umwandlungsrechtstage, S. 99, 112; Lutter-Joost, § 324 UmwG, Rn. 34; Mengel, Umwandlungen, S. 166; Sagasser/Bula, Umwandlungen, F, Rn. 9; Schneider, Vertragsrechtliche Zuordnung, S. 83. Zur privatisierenden Umwandlung ebenso: Steuck, NJW 1995, 2887, 2890.

Fällen der Aufspaltung und der Verschmelzung bestehen, d.h. auch in den Fällen, in denen der übertragende Rechtsträger mit Eintragung der Umwandlung erlosch[295]. Einige Autoren begründeten dies mit dem dabei stattfindenden Übergang der Arbeitsverhältnisse nach § 613 a Abs. 1 Satz 1 BGB. Dieser habe zur Folge, daß auch das damals in diesem Rahmen in ständiger Rechtsprechung vertretene und vom EuGH anerkannte Widerspruchsrecht – zumindest entsprechend - gelten müsse[296]. Schließlich habe auch der Gesetzgeber das Widerspruchsrecht bei Unternehmensumwandlungen seinen Überlegungen ohne Einschränkungen zugrunde gelegt[297] und es mit der pauschalen Verweisung in § 324 UmwG auf § 613 a Abs. 1 BGB zugleich mit in das Gesetz „implantiert“[298]. Andere stellten wie beim Betriebsübergang durch Einzelrechtsnachfolge darauf ab, daß das Widerspruchsrecht dem personenbezogenen Element des Arbeitsverhältnisses entspringe. Dem Arbeitnehmer dürfe wegen Art. 12 GG nicht einseitig durch rechtsgeschäftliche Entscheidung von Rechtsvorgänger und Rechtsnachfolger, an der er nicht selbst beteiligt sei, gegen seinen Willen ein neuer Arbeitgeber aufgezwungen werden[299], da dies die verfassungsrechtlich garantierte freie Wahl des Arbeitsplatzes tangiere. Der Schutzzweck des Widerspruchsrechts, den Arbeitnehmer vor dem Aufdrängen eines neuen Arbeitgebers zu bewahren, gebiete eine Geltung des Widerspruchsrechts auch in den Fällen, in denen der übertragende Rechtsträger infolge des Umwandlungsvorgangs erlösche[300]. Schließlich sei das Widerspruchsrecht von seiner Natur her ein Freiheitsrecht, nicht ein Bestandsschutzrecht[301]. Die Interessenlage bei Übertragungen im Wege der Einzelrechtsnachfolge und nach dem Umwandlungsgesetz sei gleich[302]. Insbesondere könnten die in das Umwandlungsgesetz integrierten ar-

---

295 Vgl. Baumann, DStR 1995, 888, 890; Boecken, Unternehmensumwandlungen, Rn. 81; Karlsfeld, Widerspruchsrecht, S. 162 ff.; Menze, Widerspruchsrecht, S. 45; Schneider, Vertragsrechtliche Zuordnung, S. 87. Mertens, Umwandlung, S. 170, bejaht das Widerspruchsrecht bei der Aufspaltung, lehnt es hingegen bei der Verschmelzung ab, da dabei das gesamte Unternehmen im Gegensatz zur Aufspaltung nur einem neuen Träger zugeordnet werde.

296 Boecken, Unternehmensumwandlungen, Rn. 80; ders., ZIP 1994, 1087, 1091 ff; Opitz, Probleme des arbeitnehmerseitigen Widerspruchs, S. 60 ff.; Großkommentar-Steffan, § 324 UmwG, Rn. 9; Willemsen, RdA 1993, 133, 137; Widmann/Mayer, § 131 UmwG, Rn. 57.

297 Staudinger[13]-Richardi/Annuß, § 613 a BGB, Rn. 129; Spirolke, Betriebsübergang, S. 66; Schneider, Vertragsrechtliche Zuordnung, S. 86.

298 Kallmeyer-Willemsen, § 324 UmwG, Rn. 5; Buchner, GmbHR 1997, 434, 441; Joost, in: Lutter, Kölner Umwandlungsrechtstage, S. 297, 323.

299 Spirolke, Betriebsübergang, S. 161.

300 Lutter-Joost, § 324 UmwG, Rn. 34; Widmann/Mayer, § 324 UmwG, Rn. 16; Rieble, ZIP 1997, 301, 306, der das Widerspruchsrecht sogar beim Formwechsel bejaht, da die Identität nur fingiert sei.

301 Brinkmann, Spaltung von Rechtsträgern, S. 102 f.; Ingelfinger, ZfA 1996, 591, 594 ff., die darauf hinweisen, daß es sich bei der bestandsrechtlichen Seite des Widersspruchsrechts nur um einen Reflex im deutschen Recht handele.

302 Hanau, ZGR 1990, 548, 557.

beitsrechtlichen Schutzvorschriften[303] das Widerspruchsrecht nicht ersetzen. Diese könnten den Arbeitnehmer nicht vor dem Aufdrängen eines ihm unliebsamen Arbeitgebers schützen[304]. Zudem könne es auch keinen Unterschied machen, ob sich ein Unternehmen mit den Betrieben A und B in die Unternehmen A und B aufspalte, oder ob es nur Unternehmen B abspalte[305]. Schließlich werde wirtschaftlich dasselbe Ergebnis erreicht[306]. Somit müsse dem Arbeitnehmer auch in beiden Fällen gleichsam ein Widerspruchsrecht zustehen. Eine Rechtfertigung für eine unterschiedliche Behandlung sei nicht ersichtlich.
Auch die mittlerweile durch die Richtlinie 2001/23/EG ersetzte Richtlinie 77/187/EWG regele die Fälle der Einzel- und Gesamtrechtsnachfolge in gleicher Weise. Daher bedeute es einen Systembruch, das Widerspruchsrecht im Falle der Unternehmensumwandlung nicht zu gewähren[307].

b) Ablehnung des Widerspruchsrechts bei Fortfall des ursprünglichen Rechtsträgers

Demgegenüber verlangten andere Autoren für die Zulässigkeit eines Widerspruchsrechts, daß der übertragende Rechtsträger nach der Umwandlung fortbestehen müsse. Den Arbeitnehmern stehe daher nur bei der Abspaltung und der Ausgliederung ein Widerspruchsrecht zu, nicht jedoch bei der Verschmelzung und der Aufspaltung. Der Arbeitnehmer würde andernfalls begehren, bei einer nicht mehr bestehenden Gesellschaft zu bleiben[308]. Dies bedeute notwendigerweise eine Beendigung des Arbeitsverhältnisses des widersprechenden Arbeitnehmers, womit diesem wohl kaum gedient sei. Daher sei ein Widerspruchsrecht in diesen Fällen abzulehnen[309]. Wie auch im Bereich des Betriebsübergangs durch Einzelrechtsnachfolge argumentierte man dabei, daß der Schutz des Arbeitnehmers bei einem Übergang des Arbeitsverhältnisses durch dessen Berechtigung zur Kündigung des Arbeitsverhältnisses mit dem neuen Arbeitgeber ausreichend gewährleistet sei[310]. Andere sprachen lediglich davon, daß das Widerspruchsrecht im Fall der Aufspaltung und der Verschmelzung „leerlaufe“[311], „ins Leere“ gehe[312], unbeachtlich sei oder rechtsfolgenlos bleiben müs-

303 §126 Abs. 1 Nr. 11, Abs. 3 und §§ 134, 321 bis 325 UmwG.
304 Spirolke, Betriebsübergang, S. 67.
305 Mertens, Umwandlung, S. 169f.; Brinkmann, Spaltung von Rechtsträgern, S. 103.
306 Spirolke, Betriebsübergang, S. 161.
307 Schaub, FS Wlotzke, S. 103, 119.
308 Engelmayer, Spaltung von Aktiengesellschaften, S. 352. So bereits für den Fall der Aufspaltung nach dem SpTrUG: Ising/Thiell, DB 1991, 2082, 2084.
309 Dehmer, § 131 UmwG, Rn. 53.
310 Engelmayer, Spaltung von Aktiengesellschaften, S. 354.
311 Schwedhelm, Unternehmensumwandlung, Rn. 795. So bereits für den Fall der Aufspaltung nach dem SpTrUG: Loh, DStR 1992, 1246.

se[313]. Dies war teilweise so zu verstehen, daß in diesen Fällen überhaupt kein Widerspruchsrecht bestehen soll[314], teilweise aber auch dahingehend, daß im Falle der Verschmelzung und der Aufspaltung den vom Betriebsübergang betroffenen Arbeitnehmern ein besonderes „Lösungsrecht"[315] zustehen soll. Denn eine Fortführung des Arbeitsverhältnisses mit dem alten Arbeitgeber, also dem übertragenden Rechtsträger, sei in diesen Fällen inhaltlich-materiell nicht möglich[316]. Auf dieses Lösungsrecht müßten dann jedoch die Grundsätze zum Widerspruchsrecht übernommen werden[317].

c) Ablehnung des Widerspruchsrechts auch bei Fortbestehen des ursprünglichen Rechtsträgers

Nur einige Autoren vertraten sogar in den Fällen, in denen der ursprüngliche Rechtsträger nach der Umwandlung fortbestand, die Auffassung, daß ein Widerspruchsrecht nicht in Betracht komme. Ein solches würde nämlich Abspaltungen und Ausgliederungen entgegen der Zielsetzung des Umwandlungsgesetzes empfindlich erschweren oder sogar unmöglich machen[318]. Die Anerkennung eines Widerspruchsrechts liefe dem Regelungsziel der partiellen Universalsukzession, den Umwandlungsparteien die unternehmerische Reorganisation autark zu ermöglichen, entgegen[319]. Schließlich würden die abgespaltenen neuen Gesellschaften durch den Mangel an eingearbeiteten und erfahrenen Arbeitskräften wirtschaftlich entwertet, die verbleibende Rumpfgesellschaft hingegen aufgrund des Fortbestehens der Arbeitsverhältnisse mit nicht mehr in Betrieben der fortbestehenden Gesellschaft zu beschäftigenden Arbeitnehmern belastet[320]. Ein Widerspruchsrecht entspreche auch deshalb nicht der Konzeption und dem Sinn

---

312 Kreßel, BB 1995, 925, 930; Engelmayer, Spaltung von Aktiengesellschaften, S. 352; Wollenschläger/Pollert, ZfA 1996, 547, 558; Bachner, NJW 1995, 2881, 2882; ders./Köstler/Trittin/Trümner, Arbeitsrecht bei Unternehmensumwandlung, S. 131; Berscheid, FS Stahlhacke, S. 15, 29; KassArbR-Düwell, 6.8, Rn. 124; Großkommentar-Steffan, § 324 UmwG, Rn. 9; so bereits für den Fall der Aufspaltung nach dem SpTrUG: Ising/Thiell, DB 1991, 2082, 2084; Weimar/Alfes, NZA 1991, 833, 835.

313 Kallmeyer-Willemsen, § 324 UmwG, Rn. 9.

314 Bachner/Köstler/Trittin/Trümner, Arbeitsrecht bei Unternehmensumwandlung, S. 131; Kreßel, BB 1995, 925, 930.

315 KassArbR-Düwell, 6.8, Rn. 124; Staudinger[13]-Richardi/Annuß, § 613 a BGB, Rn.

316 Däubler, RdA 1995, 136, 140.

317 Mengel, Umwandlungen, S. 167, 170.

318 Hennrichs, Gesamtrechtsnachfolge, S. 51; ders., ZIP 1995, 794, 800; zustimmend: Palandt[59]-Putzo, § 613 a BGB, Rn. 15; ebenso bereits zum SpTrUG: Ising/Thiell, DB 1991, 2082, 2084. Auch Willemsen bezeichnet das Widerspruchsrecht als „echtes Umwandlungshindernis", vgl. Kallmeyer-Willemsen, § 324 UmwG, Rn. 6.

319 Vgl. Mertens, Umwandlung, S. 161; Kollmar, Spaltungen, S. 69 ff.

320 Hennrichs, ZIP 1995, 794, 800; Engelmayer, Spaltung von Aktiengesellschaften, S. 353; ebenso bereits zum SpTrUG: Mayer, DB 1991, 1609, 1612.

und Zweck des Umwandlungsgesetzes, weil dieses den Übergang von Vertragsverhältnissen im Wege der partiellen Gesamtrechtsnachfolge gerade nicht von der Zustimmung des anderen Teils abhängig machen wolle[321]. Vielmehr habe es der Umstrukturierungsfreiheit den Vorrang vor der Vertragsfreiheit außenstehender Vertragspartner geben wollen[322]. Es sei daher nicht einzusehen, warum eine bestimmte Gruppe der Vertragspartner, nämlich die der Arbeitnehmer, ein Widerspruchsrecht haben solle, während alle anderen Vertragspartner der Überleitung ihrer Arbeitsverhältnisse nicht widersprechen könnten. Schließlich sollten nach dem Willen des Gesetzgebers bei der gesetzlichen Sukzession grundsätzlich alle Gläubiger gleichbehandelt werden[323]. Zwar handele es sich bei den Arbeitnehmern um eine besonders „sensible“ Vertragspartnergruppe; deren Schutzwürdigkeit werde jedoch bereits durch besondere Schutzvorschriften im Spaltungsrecht Rechnung getragen, aus denen sich ein durchaus wirksamer Schutz des Arbeitnehmers vor den Risiken einer Spaltung ergebe[324]. Außerdem verbiete der automatische Übergang der Arbeitsverhältnisse bei (partieller) Gesamtrechtsnachfolge die Anwendung der Rechtsprechung zum Widerspruchsrecht[325].

Manche Autoren wiesen zur Begründung der Ablehnung eines Widerspruchsrechts bei Unternehmensumwandlungen auch darauf hin, daß die Person des Arbeitgebers bei Kapitalgesellschaften belanglos sei, so daß hier kein Bedürfnis für ein Widerspruchsrecht bestehe[326]. Es sei hinsichtlich der Grundrechte der Arbeitnehmer aus Art. 1 Abs. 1 i.V.m. 2 Abs. 1 und 12 GG keine drohende Gefährdung festzustellen[327].

3. Die Auswirkungen der gesetzlichen Normierung des Widerspruchsrechts in § 613 a Abs. 6 BGB

a) Begründung des Regierungsentwurfs

Laut der Begründung des Regierungsentwurfs für das Gesetz zur Änderung des Seemannsgesetzes und anderer Gesetze wird durch den Verweis in § 324 UmwG auf § 613 a Abs. 5 und 6 des Bürgerlichen Gesetzbuchs zunächst bestimmt, daß diese Vorschriften auch im Falle der Umwandlung eines Rechtsträgers durch Verschmelzung, Spaltung oder Vermögensübertragung Anwendung

[321] Heinze, ZfA 1997, 1, 6; Hennrichs, Gesamtrechtsnachfolge, S. 130; Engelmayer, Spaltung von Aktiengesellschaften, S. 353; Kollmar, Spaltungen, S. 70; Schalle, Bestandsschutz, S. 213.

[322] Voigt, Umwandlung, S. 111.

[323] Heinze, ZfA 1997, 1, 6.

[324] Hennrichs, Gesamtrechtsnachfolge, S. 135; ders. ZIP 1995, 794, 800.

[325] MüKo-Schaub, § 613 a BGB, Rn. 214.

[326] MüKo-Schaub, § 613 a BGB, Rn. 199; Berscheid, FS Stahlhacke, S. 15, 37.

[327] Schalle, Bestandsschutz, S. 228, 248.

finden. Der Arbeitnehmer soll dem Übergang seines Arbeitsverhältnisses in Anlehnung an die Rechtsprechung des BAG[328] auch im Falle der Umwandlung widersprechen können[329]. „Keinen Ansatz" für ein Widerspruchsrecht soll es danach jedoch dann geben, wenn das übertragende Unternehmen in Folge der Umwandlung erlischt, also in den Fällen der Verschmelzung, der Aufspaltung und der vollständigen Vermögensübertragung.

b) Die Stellungnahmen in der Literatur

Unter Bezugnahme auf die Begründung des Regierungsentwurfs gehen viele Autoren auch weiterhin davon aus, daß den Arbeitnehmern bei Erlöschen des Rechtsträgers kein Widerspruchsrecht zustehe[330]. Die §§ 324 UmwG, 613 a Abs. 6 BGB träfen für diesen Fall keine Regelung[331]. Insoweit komme allerdings ein außerordentliches Kündigungsrecht in Betracht[332].
Andere Autoren bleiben trotz der entgegenstehenden Gesetzesbegründung auch weiterhin der Auffassung, daß bei Erlöschen des Rechtsträgers infolge der Umwandlung ein Widerspruchsrecht des Arbeitnehmers bestehe[333]. Ein anderes Ergebnis würde dem Zweck des Widerspruchsrechts nicht gerecht, das dem Arbeitnehmer die verfassungsrechtlich gewährleistete Freiheit erhalten solle, selbst zu bestimmen, für welchen Arbeitgeber er arbeite (Art. 12 Abs. 1 Satz 1 GG)[334].

c) Eigene Auffassung

Aufgrund der Einführung des § 613 a Abs. 6 BGB und der damit zusammenhängenden Änderung des § 324 UmwG steht fest, daß dem Arbeitnehmer in den Fällen des Betriebsübergangs infolge einer Unternehmensumwandlung ein Widerspruchsrecht zusteht, soweit der übertragende Rechtsträger fortbesteht. Es bleibt folglich allein zu klären, ob das Widerspruchsrecht entgegen der Begründung des Regierungsentwurfs eventuell auch in den Fällen besteht, in denen der alte Arbeitgeber mit Eintragung der Umwandlung erlischt.
Nach der hier vertretenen Auffassung handelt es sich bei einer Unternehmensumwandlung nach dem UmwG um einen Betriebsübergang „durch Rechtsgeschäft", soweit die übrigen Voraussetzungen eines Betriebsübergangs erfüllt

---

[328] BAG AP Nr. 209 zu § 613 a BGB.
[329] Vgl. BT-Drucks. 14/7760, S. 20, re. Spalte.
[330] Vgl. Willemsen/Lembke, DB 2002, 1159, 1165; Gaul/Otto, DB 2002, 634, 636.
[331] Gaul/Otto, DB 2002, 634, 636
[332] Willemsen/Lembke, DB 2002, 1159, 1165.
[333] Bauer/v. Steinau-Steinrück, ZIP 2002, 457, 465; Grobys, BB 2002, 726, 730.
[334] Grobys, BB 2002, 726, 730.

sind[335]. Folglich ist § 613 a BGB direkt anwendbar. Dies bedeutet, daß zumindest formell kein Grund besteht, die Fälle des Betriebsübergangs durch Einzelrechtsnachfolge und durch gesellschaftsrechtliche Gesamtrechtsnachfolge hinsichtlich des Widerspruchsrechts nach § 613 a Abs. 6 BGB unterschiedlich zu behandeln. Gleiches gilt auch dann, wenn der übertragende Rechtsträger im Zeitpunkt der Eintragung der Umwandlung erlischt. Selbst wenn man jedoch daran zweifeln sollte, daß es sich bei einer Unternehmensumwandlung um einen Betriebsübergang „durch" Rechtsgeschäft handelt, so ist § 613 a Abs. 6 BGB zumindest über die dann konstitutiv zu verstehende Verweisung in § 324 UmwG anwendbar. Dabei macht der Wortlaut des § 324 UmwG keine Einschränkung hinsichtlich des Verweises auf das in § 613 a Abs. 6 BGB gesetzlich normierte Widerspruchsrecht etwa dahingehend, daß dieses bei Erlöschen des übertragenden Rechtsträgers nicht bestehen solle. Eine solche Einschränkung ist auch nicht aus anderen Gründen geboten. Denn daß in der Sache bei der Einzelrechts- und Gesamtrechtsnachfolge die gleiche Interessenlage und das gleiche Schutzbedürfnis der betroffenen Arbeitnehmer vorliegen, wurde schon von jeher sogar von den Gegnern des Widerspruchsrechts vorgebracht[336].
Zudem ist es nicht das Hauptziel des Widerspruchs, das Arbeitsverhältnis mit dem bisherigen Rechtsträger aufrechtzuerhalten, sondern vielmehr, den Arbeitnehmer vor der Aufdrängung einer anderen Person als Arbeitgeber zu bewahren. Folglich geht das Widerspruchsrecht auch dann nicht „ins Leere", wenn der Rechtsträger durch Verschmelzung oder Aufspaltung erlischt. Schließlich bewahrt die Ausübung des Widerspruchsrechts den Arbeitnehmer auch hier vor einem ungewollten Arbeitgeberwechsel. Zudem ist es mittlerweile allgemein – auch durch den Gesetzgeber[337] – anerkannt, daß es mit der Würde des Menschen, dem Recht auf freie Entfaltung der Persönlichkeit und dem Recht auf freie Arbeitsplatzwahl (Artikel 1, 2, 12 GG) unvereinbar wäre, wenn ein Arbeitnehmer dazu verpflichtet würde, für einen Arbeitgeber zu arbeiten, den er nicht frei gewählt hat. Warum dies nun aber deshalb auf einmal nicht mehr gelten soll, weil Rechtsfolge der Ausübung des Widerspruchrechts automatisch ein Verlust des Arbeitsplatzes wäre, ist nicht ersichtlich. Schließlich erfolgt ein solcher Arbeitsplatzverlust häufig auch bei Fortbestehen des übertragenden Rechtsträgers durch eine betriebsbedingte Kündigung im Anschluß an die Ausübung des Widerspruchsrechts[338], ohne daß deshalb jemand auf die Idee käme,

---

[335] Siehe oben S. 4 ff.
[336] Vgl. Gaul, Gemeinsame Anmerkung zu BAG EzA Nr. 44-46, S. 302 i; Heinze, DB 1980, 205, 206; Schramm, Willensbeteiligung, S. 156.
[337] Vgl. BT-Drucks. 14/7760, S. 20, li. Spalte.
[338] Im einzelnen zur betriebsbedingten Kündigung im Anschluß an die Ausübung des Widerspruchsrechts siehe unten S. 129 ff.

dem Arbeitnehmer in diesem Fall sein auf Grundrechten basierendes Widerspruchsrecht abzuerkennen[339].
Daß das Arbeitsverhältnis nicht zwingend nach der Ausübung des Widerspruchsrechts fortbestehen muß, stimmt zudem mit der Rechtsprechung des EuGH zum Widerspruchsrecht überein. Schließlich überläßt er die Regelung der Rechtsfolgen der Ausübung des Widerspruchsrechts dem nationalen Recht und hält insbesondere auch die Beendigung des Arbeitsverhältnisses für eine zulässige Rechstfolge[340].
Somit muß dem Arbeitnehmer in allen hier zu untersuchenden Umwandlungsfällen, d.h. auch in den Fällen, in denen der bisherige Rechtsträger durch Umwandlung erlischt, zum Schutz seiner Grundrechte aus Art. 1 Abs. 1, 2 Abs. 1 und Art. 12 Abs. 1 GG das in § 613 a Abs. 6 BGB gesetzlich normierte Widerspruchsrecht gegen den Übergang seines Arbeitsverhältnisses zustehen. Für dieses gibt es entgegen der Gesetzesbegründung auch im Fall des Erlöschens des Arbeitgebers einen „Ansatzpunkt".

C. Die Ausübung des Widerspruchsrechts

Nachdem festgestellt wurde, daß ein Widerspruchsrecht des Arbeitnehmers gemäß § 613 a Abs. 6 BGB in allen Fällen des Betriebsübergangs infolge von Unternehmensumwandlungen nach dem Umwandlungsgesetz besteht, sind im folgenden die Ausübungsmodalitäten dieses Rechts zu klären.
Es ist zu untersuchen, wie ausgehend von der Rechtsnatur des Widerspruchsrechts die allgemeinen Voraussetzungen, die an die Widerspruchserklärung zu stellen sind, zu bestimmen sind. Teilweise ergeben sich diese mittlerweile auch aus § 613 a Abs. 6 BGB selbst, wie insbesondere der Zeitpunkt und der Adressat der Widerspruchserklärung.
Darüber hinaus ist zu klären, unter welchen Umständen die Widerspruchserklärung im Einzelfall als unbeachtlich anzusehen ist und unter welchen Voraussetzungen ein bereits ausgeübter Widerspruch beseitigt werden kann.

---

[339] Dies gilt selbstverständlich nur für die grundsätzlichen Befürworter des Widerspruchsrechts, da dessen Gegner die drohende betriebsbedingte Kündigung des widersprechenden Arbeitnehmers sehr wohl als Argument gegen die Zulässigkeit des Widerspruchsrechts herangezogen, vgl. Lüke, Anm. zu BAG AP Nr. 55 zu § 613 a BGB; Borngräber, Betriebsübergang, S. 109; Gaul, Anm. zu EuGH EzA Nr. 89 zu § 613 a BGB; Herschel, Anm. zu BAG AP Nr. 21 zu § 613 a BGB, S. 5.
[340] EuGH NZA 1996, 413.

1. Die Rechtsnatur des Widerspruchsrechts

a) Rechtsprechung

Das BAG war zu Beginn seiner Rechtsprechung zum Widerspruchsrecht recht unklar in seinen Äußerungen über dessen Rechtsnatur. Insbesondere in den ersten Urteilen schwankte es zwischen den Möglichkeiten „Zustimmungserfordernis" und „Widerspruchsrecht als Gestaltungsrecht"[341]. Dabei wurde nicht klar, ob damit wirklich unterschiedliche Rechtskonstruktionen gemeint waren, oder ob es sich nur um sprachliche Ungenauigkeiten handelte.

In einem späteren Urteil stellte das BAG ausdrücklich klar, daß der Begriff der fehlenden Zustimmung bisher nur als synonyme Umschreibung für den verlautbarten Widerspruch des Arbeitnehmers verwandt worden sei; eine rechtsgeschäftliche Zustimmung sei mit dem Zweck des § 613 a Abs. 1 Satz 1 BGB und den daraus abgeleiteten Rechtsfolgen unvereinbar[342]. Von nun an gab es in der Rechtsprechung nur noch das als „Gestaltungsrecht" charakterisierte Widerspruchsrecht. Der Arbeitnehmer besaß danach lediglich die Möglichkeit, durch entsprechende Willenserklärung den ansonsten gesetzlich eintretenden Übergang seines Arbeitsverhältnisses zu verhindern oder rückgängig zu machen.

Weitere Konkretisierungen hinsichtlich der Rechtsnatur des Widerspruchsrechts ließen sich der Rechtsprechung des BAG nicht entnehmen.

b) Literatur

(1) Befürworter der Rechtsprechung

Die meisten Stimmen in der Literatur schlossen sich ohne weitere Begründung der Auffassung des BAG an, d.h. sie qualifizierten das Widerspruchsrecht ebenfalls als „Gestaltungsrecht"[343] oder als „Rechtsfolgenverweigerungsrecht"[344], durch das der Arbeitnehmer beim Übergang eines Betriebs oder Betriebsteils den Wechsel seines Vertragspartners und damit den Eintritt der gesetzlich angeordneten Rechtsfolgen verhindern oder rückgängig machen könne. Manche sahen das Widerspruchsrecht auch als negatives Tatbestandsmerkmal des § 613

---

[341] BAG AP Nr. 1 zu § 613 a BGB; BAG AP Nr. 8 zu § 613 a BGB; BAG AP Nr. 10 zu § 613 a BGB.

[342] BAG AP Nr. 55 zu § 613 a BGB.

[343] Soergel-Raab, § 613 a BGB, Rn. 151; Staudinger[12]-Richardi, § 613 a BGB, Rn. 123; Staudinger[13]-Richardi/Annuß, § 613 a BGB, Rn. 122 („Gestaltungs-Abwehrrecht"); Seiter, Betriebsinhaberwechsel, S. 67 f.; Tschöpe, Rechtsfolgen, S. 30; Boecken, Unternehmensumwandlungen, Rn. 91; Lange, Betriebsaufspaltung, S. 56; Niebler/Förschner, Betriebsveräußerung, Rn. 118; RGRK-Ascheid, § 613 a BGB, Rn. 161 (mit dem Zusatz „arteigen"); ebenso: Menze, Widerspruchsrecht, S. 50.

[344] Gaul, Betriebsübergang, S. 228.

a BGB[345]. Dabei wiesen die Autoren jeweils ausdrücklich darauf hin, daß es sich bei der Widerspruchserklärung nicht um die Verweigerung der erforderlichen Zustimmung handele, da keine Einwilligung zum Eintritt der gesetzlich vorgesehenen Rechtsfolge vorliegen müsse[346].

(2) Abweichende Auffassungen

Nur ganz vereinzelt sahen Autoren die Ausübung des Widerspruchsrechts als Verweigerung der erforderlichen Zustimmung an[347], da ihrer Meinung nach nur so das Selbstbestimmungsrecht des Arbeitnehmers ausreichend berücksichtigt wurde[348].

Aber auch andere Autoren, die sich genauer mit der Rechtsnatur des Widerspruchsrechts auseinandersetzten, kamen zu von der Rechtsprechung abweichenden Ergebnissen. So vertrat Birk die Auffassung, die Situation sei mit einem Optionsrecht vergleichbar, durch dessen Ausübung der Arbeitnehmer deutlich mache, daß er die ihm durch § 613 a BGB gesetzlich eingeräumte Option auf einen Arbeitsvertrag mit dem Betriebserwerber nicht in Anspruch nehme. Das Fehlen eines Widerspruchs hingegen bedeute eine (stillschweigende) Ausübung der Option[349]. Andere wiederum verglichen das Widerspruchsrecht beim Betriebsübergang mit dem Recht der Familienangehörigen nach § 569 a BGB beim Übergang des Mietverhältnisses und sahen das Widerspruchsrecht folglich als ein diesem Recht entsprechendes Ablehnungsrecht an[350].

Pietzko kam nach einer kritischen Analyse der vorgenannten Möglichkeiten und deren Ablehnung zu dem Ergebnis, daß nur eine analoge Anwendung des § 626 BGB auf das Widerspruchsrecht in Betracht komme und der Situation am besten entspreche[351]. Zwar bestünden auch gewichtige Unterschiede, so insbesondere der Umstand, daß die fristlose Kündigung das Arbeitsverhältnis auflöse, das Widerspruchsrecht jedoch gerade nicht. Insgesamt überwögen aber die Vergleichbarkeiten, wie die tatbestandlichen Voraussetzungen[352] und die Rechtsfolgen bezüglich des Betriebserwerbers. Deshalb bezeichnete Pietzko das Wi-

---

[345] Bauer, Unternehmensveräußerung, S. 55; Beisel/Klumpp, Unternehmenskauf, Rn. 499

[346] Bauer, Unternehmensveräußerung, S. 55; Seiter, Betriebsinhaberwechsel, S. 67.

[347] Liessem, Betriebsverpachtung, S. 64 f; Pottmeyer, ZfA 1989, 248 f.; ders., Überleitung von Arbeitsverhältnissen, S. 161.

[348] Pottmeyer, ZfA 1989, 249.

[349] Birk, Anm. BAG AP Nr. 10 zu § 613 a BGB.

[350] Kerschner/Köhler, Betriebsveräußerung, S. 31; Tschöpe, Rechtsfolgen, S. 31.

[351] Pietzko, Tatbestand, S. 279 f.

[352] Der kraft Gesetzes aufgezwungene Arbeitgeberwechsel rechtfertige als solches sowohl die Kündigung nach § 626 BGB als auch die Erklärung des Widerspruchs beim Betriebsübergang. Insbesondere weist Pietzko in diesem Zusammenhang auf eine Entscheidung des BAG hin, in der das BAG eine Kündigung im Zusammenhang mit einer Betriebsveräußerung ohne weiteres als Widerspruchserklärung ausgelegt hat, vgl. BAG AP Nr. 8 zu § 613 a BGB.

derspruchsrecht als „außerordentliches Kündigungsrecht mit atypischer Rechtsfolge“[353].

c) Die Regelung des § 613 a Abs. 6 BGB

Nach der neuen Regelung des § 613 a Abs. 6 BGB kann der Arbeitnehmer „dem Übergang des Arbeitsverhältnisses (...) widersprechen.“ Damit ist schon nach dem Gesetzeswortlaut klar, daß für den Übergang des Arbeitsverhältnisses nicht die Zustimmung des Arbeitnehmers erforderlich ist. Die Grundrechte des Arbeitnehmers sind vielmehr ausreichend geschützt, wenn dieser die Möglichkeit hat, den automatischen Eintritt des neuen Rechtsträgers in das Arbeitsverhältnis durch eine entsprechende Willenserklärung zu verhindern. Der Arbeitnehmer wirkt dabei einseitig gestaltend auf die ansonsten kraft Gesetzes eintretende Rechtsfolge ein, d.h. es handelt sich um ein Gestaltungsrecht[354]. Eine nähere Qualifizierung dieses Gestaltungsrechts durch Vergleiche mit anderen gesetzlich geregelten Gestaltungsrechten, wie dies von Teilen der Literatur vor Einführung des § 613 a Abs. 6 BGB angestrebt wurde, ist nun nicht mehr erforderlich, da § 613 a Abs. 6 BGB ein eigenständiges Widerspruchsrecht gesetzlich regelt.

Das Widerspruchsrecht des Arbeitnehmers ist also ein „Gestaltungsrecht“, und zwar mit dem Inhalt, den Eintritt der gesetzlichen Rechtsfolgen, die den Arbeitnehmer ansonsten bei einem Betriebsübergang treffen, zu verhindern.

2. Allgemeine Voraussetzungen der Widerspruchserklärung

Das Widerspruchsrecht als Gestaltungsrecht wird durch eine empfangsbedürftige Willenserklärung ausgeübt, für deren Wirksamkeit die allgemeinen Voraussetzungen sowie die besonderen Voraussetzungen des § 613 a Abs. 6 BGB zu beachten sind. Die Abgabe einer Gestaltungserklärung untersteht in besonderem Maße dem Gebot der Rechtsklarheit, da sie ohne Mitwirkung des Erklärungsgegners auf dessen Rechtsstellung einwirkt[355]. Eine Kündigungserklärung, die auf Beendigung des Arbeitsverhältnisses gerichtet ist, kann daher nicht ohne weiteres gemäß §§ 133, 157 BGB in eine Widerspruchserklärung umgedeutet werden, die auf Aufrechterhaltung des Arbeitsverhältnisses mit dem alten Arbeitgeber gerichtet ist[356]. Dies gilt, auch wenn beiden Erklärungen gemeinsam

---

[353] Pietzko, Tatbestand, S. 281.
[354] Vgl. Larenz/Wolf, BGB AT, § 15, Rn. 78.
[355] Rüthers, BGB AT, Rn. 71.
[356] Eine solche Umdeutung nahm jedoch ohne weitere Begründung das BAG vor, AP Nr. 8 zu § 613 a BGB. Von der Möglichkeit einer solchen Umdeutung geht ebenfalls Bauer, Unternehmensveräußerung, S. 55, aus.

ist, daß der Erklärende jedenfalls nicht das Arbeitsverhältnis mit dem Betriebserwerber bzw. mit dem neuen Rechtsträger fortsetzen will[357].

a) Formbedürftigkeit der Widerspruchserklärung

Die Erklärung des Widerspruchs bedarf gemäß § 613 a Abs. 6 BGB der Schriftform. Folglich kommt ein Widerspruch durch konkludentes Handeln, wie z.B. durch die Weigerung, beim übernehmenden Rechtsträger zu arbeiten[358], zukünftig nicht mehr in Betracht[359]. Denn ein nicht formgerecht ausgeübter Widerspruch ist gemäß § 125 Satz 1 BGB nichtig.
Durch die erforderliche eigenhändige Unterzeichnung der Erklärung (§ 126 Abs. 1 BGB) soll dem Arbeitnehmer die Bedeutung des Widerspruchs bewußt gemacht und er – wie beim Schriftformerfordernis der Kündigung oder des Auflösungsvertrages nach § 623 BGB - vor einer voreiligen Erklärung geschützt werden (Warnfunktion)[360]. Denn der Widerspruch gegen den Übergang des Arbeitsverhältnisses auf den neuen Rechtsträger kann für den Arbeitnehmer zum Verlust des Arbeitsplatzes führen, wenn für ihn beim bisherigen Arbeitgeber keine Beschäftigungsmöglichkeit besteht[361].
Die Schriftform der Widerspruchserklärung erleichtert darüber hinaus für den Arbeitnehmer und die beteiligten Arbeitgeber die Beweisführung darüber, ob der Arbeitnehmer tatsächlich widersprochen hat, wenn nach dem Betriebsübergang Streit darüber besteht, ob das Arbeitsverhältnis auf den neuen Rechtsträger übergegangen ist oder mit dem bisherigen Arbeitgeber weiterbesteht[362].

b) Zugang beim richtigen Adressaten

Gemäß § 613 a Abs. 6 Satz 2 BGB kann der Widerspruch gegenüber dem bisherigen Arbeitgeber oder dem neuen Inhaber erklärt werden. Die Voraussetzungen des Zugangs richten sich nach den allgemeinen Regeln, §§ 130 ff. BGB.
Schon vor der Einführung des § 613 a Abs. 6 BGB vertrat das BAG die Auffassung, daß der Arbeitnehmer „jedenfalls dann" ein Wahlrecht bezüglich des Erklärungsempfängers habe, wenn er weder vom Betriebsveräußerer noch vom Betriebserwerber über den Betriebsübergang unterrichtet worden sei[363]. Schließlich dürfe er nicht mit Unsicherheiten belastet werden, die außerhalb

[357] Vgl. MünchArbR-Wank, § 124, Rn. 98.
[358] Vgl. BAG NZA 1990, 32; Opitz, Probleme des arbeitnehmerseitigen Widerspruchs, S. 43.
[359] Vgl. Gaul/Otto, DB 2002, 634, 637; Worzalla, NZA 2002, 353, 356.
[360] Vgl. BT- Drucks. 14/7760, S. 20, li. Spalte; BT-Drucks. 14/7797.
[361] S. zur Gefahr der betriebsbedingten Kündigung im einzelnen unten S. 129 ff.
[362] Vgl. BT-Drucks. 14/7760, S. 20.
[363] BAG AP Nr. 103 zu § 613 a BGB.

seiner Einflußsphäre lägen. Insbesondere könne der Widersprechende oftmals gar nicht feststellen, ob der Betriebsübergang bereits vollzogen sei oder nicht. Viele Autoren gingen darüber hinaus richtigerweise davon aus, daß der Arbeitnehmer auch in den Fällen, in denen er durch den Arbeitgeber ordnungsgemäß über den Betriebsübergang unterrichtet worden war, sowohl gegenüber dem alten als auch gegenüber dem neuen Arbeitgeber widersprechen könne[364]. Schließlich betrifft der Widerspruch auch beide. Der Arbeitnehmer verhindert dadurch zum einen den Übergang seines Arbeitsverhältnisses auf den neuen Betriebsinhaber und erhält gleichzeitig das Arbeitsverhältnis zum bisherigen Betriebsinhaber – zumindest vorübergehend – aufrecht. Im Unterschied zu einer Kündigung des Arbeitsverhältnisses, die nur das Bestehen des Arbeitsverhältnisses zu dem einen Arbeitgeber beeinflußt, sind hier also zwei Personen, die die Rechtsfolgen des Widerspruchs betreffen, beteiligt. Dies rechtfertigte von je her die Einräumung eines Wahlrechts[365].
Andere Autoren vertraten demgegenüber die Auffassung, daß es je nach Zeitpunkt der Widerspruchserklärung unterschiedliche „richtige" Erklärungsempfänger gebe, nämlich vor Betriebsübergang allein den alten Rechtsträger und nach Betriebsübergang allein den neuen Rechtsträger[366].
Dieser Streit wurde jedoch nun durch § 613 a Abs. 6 Satz 2 BGB eindeutig zugunsten der Meinung entschieden, die sich für ein grundsätzliches Wahlrecht der Arbeitnehmer ausspricht. Dieses Wahlrecht entfällt freilich, wenn der übernehmende Rechtsträger zum Zeitpunkt des Widerspruchs noch nicht besteht oder wenn der übertragende Rechtsträger zu diesem Zeitpunkt bereits erloschen ist[367].
Demgegenüber besteht auch weiterhin keine Pflicht des Arbeitnehmers, den Widerspruch gegenüber beiden Arbeitgebern zu erklären, auch wenn beide davon betroffen sind. Denn dann würde die „Verdoppelung" auf Arbeitgeberseite zu Lasten des Arbeitnehmers gehen, obwohl diese schließlich auf eine Vereinbarung auf der Rechtsträgerseite zurückzuführen ist[368]. Vielmehr besteht zwischen dem alten und dem neuen Rechtsträger - auch ohne eine ausdrückliche dahingehende Vereinbarung – bereits aufgrund ihrer nebenvertraglichen Pflichten eine gegenseitige Informationspflicht über eingehende Widersprüche[369].

[364] So auch Bauer, Unternehmensveräußerung, S. 56; Commandeur, Betriebs-, Firmen- und Vermögensübernahme, S. 11; Karlsfeld, Widerspruchsrecht, S. 191; Pietzko, Tatbestand, S. 282; Seiter, Betriebsinhaberwechsel, S. 69; Tschöpe, Rechtsfolgen, S. 34.
[365] Vgl. Pröpper, DB 2000, 2322; Moll, Anm. zu BAG AP Nr. 103 zu § 613 a BGB.
[366] Gaul, Betriebsübergang, S. 228; Boecken, Unternehmensumwandlungen, Rn. 96, 98; Kasseler ArbR-Düwell, 6.8, Rn. 126; RGRK-Ascheid, § 613 a BGB, Rn. 164, 166.
[367] Vgl. Karlsfeld, Widerspruchsrecht, S. 192 ff.
[368] Vgl. Soergel-Raab, § 613 a BGB, Rn. 153.
[369] So bereits BAG AP Nr. 103 zu § 613 a BGB; zust. Moll, Anm. zu BAG AP Nr. 103 zu § 613 a BGB. Wohl für die Erforderlichkeit einer dahingehenden ausdrücklichen Vereinbarung: Grobys, BB 2002, 726, 730.

Selbst wenn im Einzelfall keine schuldrechtlichen Beziehungen zwischen altem und neuem Betriebsinhaber bestehen sollten[370], so kann dies trotzdem nicht zu einer Pflicht des Arbeitnehmers führen, gegenüber beiden seinen Widerspruch zu erklären. Denn dies würde dem Ziel des § 613 a BGB, das Arbeitsverhältnis so zu behandeln, als habe es keinen Arbeitgeberwechsel gegeben[371], zuwiderlaufen. Die Risiken einer unzureichenden Abstimmung fallen insoweit vielmehr zwingend in den Risikobereich der Betriebsinhaber.

c) Geschäftsfähigkeit

Sollte es sich bei dem Arbeitnehmer, der dem Übergang seines Arbeitsverhältnisses widersprechen will, um einen Geschäftsunfähigen oder um einen in der Geschäftsfähigkeit beschränkten Minderjährigen handeln, muß der gesetzliche Vertreter den Widerspruch erklären oder in den Widerspruch gemäß § 107 BGB einwilligen. Denn die Ausübung des Widerspruchsrechts als Gestaltungsrecht begründet, wie allgemein die Ausübung von Gestaltungsrechten – abgesehen vom Fall der Kündigung eines zinslosen Darlehens -, auch rechtliche Nachteile[372] und erfordert somit eine Einwilligung. Dabei umfaßt jedoch die partielle Geschäftsfähigkeit im Sinne des § 113 Abs. 1 Satz 1 BGB bei Minderjährigen auch das Recht zum Widerspruch[373].

d) Stellvertretung

Darüber hinaus ist zu klären, ob der Arbeitnehmer einen von ihm ausgewählten Vertreter zur Ausübung des Widerspruchsrechts bevollmächtigen kann, oder ob er das Widerspruchsrecht nur selbst ausüben kann. Letzteres wäre grundsätzlich nur dann der Fall, wenn es sich bei der Widerspruchsausübung um ein höchstpersönliches Rechtsgeschäft handeln würde. Ein solches liegt aber grundsätzlich nur im Bereich des Familien- und Erbrechts vor[374], so z.B. bei der Eheschließung (§ 1311 BGB) und bei der Testamentserrichtung (§ 2064 BGB). In diesen Fällen ist eine Vertretung in der Willensbildung ausgeschlossen. Eine vergleichbare Situation könnte hier nur unter dem Gesichtspunkt angenommen

---

[370] Dies ist im Falle einer Unternehmensumwandlung jedoch nicht denkbar, da aufgrund des Spaltungsplanes oder des Verschmelzungsvertrages immer eine schuldrechtliche Sonderverbindung vorhanden ist. In Betracht kommen kann dies aber z.B. bei einem Betriebsübergang infolge der Neuvergabe eines Auftrags oder des Neuabschlusses eines Pachtvertrages, soweit es sich dabei um den Übergang einer „organisatorischen Einheit" im Sinne der Rechtsprechung handelt.

[371] Vgl. Moll, Anm. zu BAG AP Nr. 103 zu § 613 a BGB (unter 2.); Menze, Widerspruchsrecht, S. 74 f.

[372] Vgl. Palandt-Heinrichs, § 107 BGB, Rn. 2.

[373] Vgl. Menze, Widerspruchsrecht, S. 72.

[374] Rüthers, BGB AT, Rn. 503.

werden, daß die Feststellung der Unzumutbarkeit der Fortsetzung des Arbeitsverhältnisses eine individuelle Bewertung durch den betroffenen Arbeitnehmer voraussetzt[375]. Allein das rechtfertigt jedoch nicht die Annahme eines höchstpersönlichen Rechtsgeschäfts, bei dem eine Stellvertretung grundsätzlich ausgeschlossen ist. Denn dann wäre auch bei vielen anderen Rechtsgeschäften die Stellvertretung ausgeschlossen, was nicht im Sinne der modernen Wirtschaft und der Erleichterung des Rechtsverkehrs wäre[376]. Schließlich kommt es z.B. bei sämtlichen außerordentlichen Kündigungen, d.h. im Arbeitsrecht, im Mietrecht und im Gesellschaftsrecht auf die Feststellung des Betroffenen an, ob das Festhalten am Vertrag für ihn unzumutbar ist oder nicht. Trotzdem ist in all diesen Fällen ohne weiteres eine Stellvertretung möglich. Folglich bestehen gegen eine Stellvertretung bei der Widerspruchserklärung zumindest im Hinblick auf den Gesichtspunkt der Höchstpersönlichkeit keine Bedenken[377].

Problematisch erscheint jedoch die Stellvertretung durch den Betriebsrat. Denn würde der Betriebsrat von mehreren Arbeitnehmern bevollmächtigt, für sie über die Ausübung ihres Widerspruchsrechts zu entscheiden, hätte er durch die Drohung, die ihm anvertrauten Widerspruchsrechte auszuüben, zumindest ein Druckmittel gegen den Arbeitgeber in der Hand, um ihm zum Beispiel sozialplanähnliche Zusatzleistungen abzutrotzen[378]. Der Betriebsrat soll aber nach dem Willen des Gesetzgebers in den Fällen des § 613 a BGB gerade kein Mitbestimmungsrecht haben[379]. Da zudem auch das BAG anerkannt hat, daß die Erklärung des Widerspruchs nicht in den Kompetenzbereich des Betriebsrats fällt[380], sind einige Autoren der Auffassung, daß es einem Arbeitnehmer nicht möglich sei, den Betriebsrat zur Ausübung des Widerspruchsrechts zu bevollmächtigen[381].

In diesem Problemkreis ist zu beachten, daß der Betriebsrat keine juristische Person ist und ihm eine Rechtssubjektivität nur insoweit zukommt, als er in seinem Wirkungskreis tätig wird[382]. Da die Entscheidung über die Ausübung des Widerspruchsrechts als individuelles Recht des Arbeitnehmers nach dem Gesetz

---

[375] Vgl. Pietzko, Tatbestand, S. 282.

[376] Zu diesen Funktionen der Stellvertretung siehe Rüthers, BGB AT, Rn. 464.

[377] Ebenso Menze, Widerspruchsrecht, S. 72. A.A. Commandeur, der das Widerspruchsrecht als höchstpersönliches Recht ansieht, bei dem infolgedessen auch keine Stellvertretung in Betracht kommt. Seiner Meinung nach ist lediglich eine Vertretung in der Ausübung, d.h. bei Abgabe der Erklärung möglich, s. Commandeur, Betriebs-, Firmen- und Vermögensübernahme, S. 12.

[378] Diese Gefahr sieht Pietzko, Tatbestand, S. 283, der deshalb eine grundsätzliche Inkompatibilität zwischen der gesetzlich zugewiesenen Aufgabe des Betriebsrates und der Funktion eines gewillkürten Widerspruchsvertreters annimmt. Ähnlich Menze, Widerspruchsrecht, S. 73.

[379] Vgl. BT-Drucks. 6/1786, S. 59.

[380] Vgl. BAG AP Nr. 1 zu § 613 a BGB.

[381] Menze, Widerspruchsrecht, S. 73. A.A. Blank, u.a., Betriebsaufspaltung, S. 254 f.

[382] S. Richardi-Richardi, Einl. BetrVG, Rn. 106.

gerade nicht dem Betriebsrat zusteht, kann dieser auch insoweit nicht dazu bevollmächtigt werden. Denn er ist in diesem Rahmen schon gar nicht als rechtsfähig anzusehen. Folglich scheidet eine Bevollmächtigung des Betriebsrats, das Widerspruchsrecht auszuüben, unabhängig von der Frage, ob damit zusätzliche Forderungen verbunden sind, von vornherein aus.

e) Bedingungsfeindlichkeit der Widerspruchserklärung

In der Literatur geht man größtenteils davon aus, daß die Widerspruchserklärung grundsätzlich bedingungsfeindlich sei, da sowohl der alte als auch der neue Rechtsträger ein besonderes Interesse an Rechtsklarheit hätten[383].
Diese behauptete Bedingungsfeindlichkeit der Widerspruchserklärung resultiert bereits aus deren Rechtsnatur als Gestaltungsrecht[384]. Gestaltungsrechte können prinzipiell nicht unter einer Bedingung abgegeben werden, da der Erklärungsgegner vor der Unsicherheit geschützt werden soll, die durch eine bedingte Gestaltungserklärung entstehen würde[385]. Anders wird die Situation allgemein für Gestaltungsrechte dann beurteilt, wenn der Eintritt der Bedingung nur vom Verhalten und dem Willen des Erklärungsempfängers abhängt, da dieser nicht schutzwürdig sei, wenn er die Unsicherheit selbst beheben könne[386]. In Betracht käme dabei hier z.B. eine Widerspruchserklärung unter der Bedingung, daß der alte Arbeitgeber bestimmte Zugeständnisse macht bzw. nicht macht. Nach allgemeinen Grundsätzen würde die Bedingung in diesem Fall zulässig sein, so daß die Widerspruchserklärung erst mit Eintritt bzw. Nichteintritt der Bedingung wirksam werden würde.
Problematisch ist dabei jedoch der Umstand, daß die Widerspruchserklärung Rechtswirkungen sowohl für den alten als auch für den neuen Rechtsträger hat. Hängt der Eintritt der Bedingung also z.B. von dem Willen des alten Rechtsträgers ab, befindet sich der neue trotzdem in einem unsicheren Schwebezustand. Er weiß nicht, ob er mit dem betreffenden Arbeitnehmer rechnen kann und muß oder nicht. Eine solche unsichere Situation ist ihm oder im umgekehrten Fall dem alten Rechtsträger jedoch nicht zuzumuten. Der Widerspruch kann folglich überhaupt nicht unter einer Bedingung ausgeübt werden.

f) Keine Einschränkung des Widerspruchsrechts durch das Erfordernis eines sachlichen Grundes

Nach dem Gesetzeswortlaut des § 613 a Abs. 6 BGB ist es nicht erforderlich, daß für den Widerspruch ein sachlicher Grund vorliegt. Demgegenüber waren

383 Vgl. Erman-Hanau, § 613 a BGB, Rn. 50; Menze, Widerspruchsrecht, S. 76.
384 Vgl. Worzalla, NZA 2002, 353, 356; Gaul/Otto, DB 2002, 634, 637.
385 Medicus, BGB AT, Rn. 849; Rüthers, BGB AT, Rn. 460.
386 Larenz/Wolf, BGB AT, § 15, Rn. 100; Medicus, BGB AT, Rn. 850.

manche Autoren zumindest vor der Einführung des § 613 a Abs. 6 BGB der Auffassung, daß das Widerspruchsrecht im Hinblick auf einen sonst eventuell auftretenden kündigungsschutzrechtlichen Konflikt allgemein auf einen vernünftigen Grund eingeschränkt werden müsse[387]. Widerspreche nämlich ein Arbeitnehmer dem Übergang seines Arbeitsverhältnisses, so bestehe sein Arbeitsverhältnis zunächst mit dem alten Arbeitgeber weiter. Könne ihm dieser jedoch keinen Arbeitsplatz mehr zur Verfügung stellen, werde er dem widersprechenden Arbeitnehmer möglichst bald betriebsbedingt kündigen. Aufgrund der dann grundsätzlich stattfindenden Sozialauswahl könne es dazu kommen, daß einem anderen, am Betriebsübergang unbeteiligten Arbeitnehmer gekündigt werden müsse, nur weil er sozial weniger schutzwürdig sei als der aus Lust und Laune widersprechende Arbeitnehmer. Um eine solche für unerträglich erachtete Situation schon von vornherein auszuschließen, hielten diese Autoren einen Widerspruch, der nicht durch einen sachlichen Grund gerechtfertigt war, für unbeachtlich[388].

Andere Autoren brachten schon früher gegen das Erfordernis eines „sachlichen" Grundes vor, daß es für den Arbeitnehmer selbst im Endeffekt keinen Unterschied mache, ob er bei dem neuen Arbeitgeber deswegen nicht arbeiten wolle, weil dieser weniger kreditwürdig sei oder ihm weniger Aufstiegschancen biete, also aus sachlichen, objektiven Gründen, oder eben weil ihn rein subjektive, für ihn selbst jedoch genauso einleuchtende Gründe dazu brächten. Deshalb sei nicht ersichtlich, warum er in dem einen Fall widersprechen dürfe, in dem anderen Fall jedoch nicht. Die Ansicht der Beschränkung des Widerspruchsrechts auf einen „vernünftigen Grund" lasse sich kaum mit der – damals vorherrschenden - verfassungsrechtlichen Begründung des Widerspruchsrechts in Einklang bringen[389].

Das BAG stand ebenfalls auf dem Standpunkt, daß es für die Beachtlichkeit des Widerspruchs keine Rolle spiele, ob dieser auf irgendeinem Grund basiere oder

---

387 Preis/Steffan, Anm. zu BAG EzA Nr. 30 zu § 1 KSchG Soziale Auswahl; Großkommentar-Steffan, § 613 a BGB, Rn. 105; Gaul, Betriebsübergang, S. 249; Schlachter, NZA 1995, 705, 709. Peterek, Anm. BAG EzA Nr. 91 zu § 613 a BGB, S. 17, spricht sich allgemein für eine Unbeachtlichkeit des Widerspruchs dann aus, wenn dem Arbeitnehmer beim Übergang ein solventer Übernehmer gegenübersteht, d.h. er fordert im Ergebnis als sachliche Rechtfertigung für den Widerspruch, daß der neue Betriebsinhaber wirtschaftlich nicht vertrauenswürdig ist.

388 Ähnlich auch Commandeur, NJW 1996, 2537, 2541 f., der dieses Ergebnis jedoch damit begründet, daß der widersprechende Arbeitnehmer selbst vor einem Arbeitsplatzverlust geschützt werden müsse, wobei er einen Vergleich zur Rechtsprechung zu Aufhebungsverträgen bezüglich übergegangener Arbeitsverhältnisse zieht, die eben nur bei Vorliegen eines sachlichen Grundes wirksam sein sollen.

389 Ronnenberg, in: FS Stege, S. 165, 173.

nicht[390]. Die in der Rechtsprechung angeführten Gründe für das Erfordernis eines Widerspruchsrechts würden entwertet, wenn der Widerspruch auf sachliche und damit objektivierbare Gründe hin überprüft würde[391].
Dem ist auch weiterhin zuzustimmen, zumal der Wortlaut des § 613 a Abs. 6 BGB eindeutig keinen sachlichen Grund für das Widerspruchsrecht fordert. Eine dahingehende teleologische Reduktion des § 613 a Abs. 6 BGB ist nicht angezeigt, zumal eine solche Beschränkung des Widerspruchsrechts zu dessen qualitativer Änderung führen würde. Dies wäre nicht mit der grundrechtlichen Verankerung des Widerspruchsrechts vereinbar. Schließlich kann ein Recht, das auch weiterhin damit begründet wird, daß ohne seine Existenz mehrere Grundrechte, insbesondere die Würde des Menschen, das Recht auf freie Entfaltung der Persönlichkeit und das Recht auf freie Arbeitsplatzwahl gemäß Art. 1, 2 und 12 des Grundgesetzes, verletzt werden[392], nicht einfach im Hinblick auf Nachteile, die anderen Arbeitnehmern möglicherweise drohen, wieder eingeschränkt werden. Eine allgemeine Einschränkung des Widerspruchsrechts ist zum Schutz der Interessen der anderen Arbeitnehmer nämlich nicht erforderlich, so daß ein solcher Eingriff in die Vertragsfreiheit der widersprechenden Arbeitnehmer nicht gerechtfertigt wäre[393].
Inwieweit eine sachliche Rechtfertigung des Widerspruchsrechts eventuell an anderer Stelle eine Rolle spielt, so z.B. im Rahmen der Sozialauswahl bei betriebsbedingter Kündigung, um nicht die anderen Arbeitnehmer zu den Leidtragenden der Widerspruchsausübung ihres Kollegen zu machen, ist später zu klären.

g) Ergebnis

Somit ergeben sich als allgemeine Voraussetzungen für die Wirksamkeit der Widerspruchserklärung, daß der Erklärende geschäftsfähig sein muß, und daß die eindeutige und unbedingte Erklärung in Schriftform wahlweise dem alten oder dem neuen Arbeitgeber zugehen muß. Der Arbeitnehmer kann sich hinsichtlich der Ausübung seines Widerspruchsrechts von einer anderen Person vertreten lassen, jedoch nicht vom Betriebsrat. Ein sachlicher Grund ist für die Wirksamkeit des Widerspruchs nicht erforderlich.

---

[390] BAG AP Nr. 37 zu § 613 a BGB; BAG AP Nr. 55 zu § 613 a BGB; BAG AP Nr. 102 zu § 613 a BGB; BAG AP Nr. 177 zu § 613 a BGB; BAG BB 1998, 1422.
[391] BAG AP Nr. 177 zu § 613 a BGB.
[392] S. BT-Drucks. 14/7760, S. 20, li. Spalte.
[393] A.A. Schlachter, die eine sachliche Rechtfertigung für einen Eingriff in die Vertragsfreiheit des Arbeitnehmers in den Fällen erhöhter Schutzbedürftigkeit Dritter als gegeben ansieht, wenn offensichtlich ein vernünftiger Grund für den Widerspruch fehlt, vgl. NZA 1995, 705, 709.

3. Zeitpunkt der Widerspruchserklärung

Zu klären bleibt, bis zu welchem Zeitpunkt der Widerspruch ausgeübt werden kann, wobei nunmehr insbesondere die Regelung des § 613 a Abs. 6 i.V.m. Abs. 5 BGB eine entscheidende Rolle spielt.

a) Rechtsprechung und Literatur vor Einführung des § 613 a Abs. 6 BGB

Vor Einführung des § 613 a Abs. 6 BGB ging das BAG davon aus, daß der Arbeitnehmer, der ausreichend über den bevorstehenden Betriebsübergang unterrichtet worden sei, nur bis zu dem Zeitpunkt des Betriebsübergangs widersprechen könne, bis zu diesem Zeitpunkt jedoch grundsätzlich zeitlich unbeschränkt[394]. Dabei ließ es das BAG ausdrücklich dahingestellt, ob der Arbeitgeber durch die Aufforderung an den Arbeitnehmer, innerhalb einer von ihm gesetzten Frist zu widersprechen, einen frühzeitigen Fristablauf herbeiführen könne[395]. Bei fehlender bzw. unzureichender Information des Arbeitnehmers war ein Widerspruch nach der Rechtsprechung des BAG auch noch nach dem Zeitpunkt des Betriebsübergangs möglich, dann jedoch nur „unverzüglich". Darunter wurde im Anschluß an die §§ 4, 7 KSchG eine Erklärungsfrist von höchstens 3 Wochen verstanden[396].

Die Literatur folgte im Grundansatz größtenteils der Rechtsprechung und hielt einen Widerspruch bei ausreichender Information nur bis zum Zeitpunkt des Betriebsübergangs für zulässig, bis zu diesem Zeitpunkt jedoch ebenfalls unbeschränkt[397]. Lediglich die Frist, innerhalb derer der Arbeitnehmer bei unzureichender Information auch noch nach Betriebsübergang widersprechen können sollte, wurde höchst unterschiedlich beurteilt. Während sich einige Autoren auch diesbezüglich der Rechtsprechung anschlossen und in Anlehnung an § 4 S. 1 KSchG eine 3-Wochen-Frist ab Kenntniserlangung befürworteten[398], forder-

---

[394] BAG AP Nr. 10, 37, 55, 103, 177 zu § 613 a BGB.

[395] BAG AP Nr. 177 zu § 613 a BGB.

[396] BAG AP Nr. 177 zu § 613 a BGB.

[397] Boecken, Unternehmensumwandlungen, Rn. 91; MünchArbR-Wank, § 124, Rn. 99. Für eine „grds. Fristgebundenheit" des Widerspruchs, dies aber unter der Voraussetzung, daß dem Arbeitnehmer eine Frist zur Ausübung des Widerspruchsrechts gesetzt worden sei: Menze, Widerspruchsrecht, S. 57.

[398] Bauer, Unternehmensveräußerung, S. 56; Birk, Anm. BAG AP Nr. 10 zu § 613 a BGB; Borngräber, Arbeitsverhältnis, S. 121; Dreher, BB 2000, 2358, 2360; Karlsfeld, Widerspruchsrecht, S. 188 f.; MünchenerArbR-Wank, § 124, Rn. 99; Schaub, ArbRHandb, § 118, Rn. 60; Staudinger[13]-Richardi/Annuß, § 613 a BGB, Rn. 126. Ebenfalls für eine 3-Wochen-Frist, allerdings in Anlehnung an den Vorbehalt bei der Änderungskündigung gemäß § 2 KSchG, da es dem Arbeitnehmer hier wie da nicht um eine Beendigung des Arbeitsverhältnisse gehe: Soergel-Raab, § 613 a BGB, Rn. 154.

ten andere entsprechend § 569 a BGB eine Überlegungsfrist von 4 Wochen[399]. Wieder andere hielten in Analogie zu § 626 Abs. 2 BGB bereits eine Frist von 2 Wochen für ausreichend[400].
Nur ganz vereinzelt gingen Autoren davon aus, daß der Widerspruch auch vor Betriebsübergang ohne Fristsetzung unverzüglich nach Unterrichtung erfolgen müsse, wobei eine Regelfrist von drei Wochen[401] bzw. in Analogie zu § 626 Abs. 2 BGB eine Frist von zwei Wochen[402] als ausreichend angesehen wurde [403].

b) Die Regelung des § 613 a Abs. 6 i.V.m. § 613 a Abs. 5 BGB

Die gesetzliche Regelung des § 613 a Abs. 6 BGB weicht von der bisherigen Rechtsprechung und herrschenden Lehre insoweit ab, als der Arbeitnehmer danach dem Übergang seines Arbeitsverhältnisses innerhalb eines Monats nach Zugang der Unterrichtung nach Absatz 5 widersprechen kann.

(1) Widerspruchsfrist

Dies bedeutet, daß das Widerspruchsrecht nunmehr bereits vor Betriebsübergang fristgebunden ist, wobei diese Frist 1 Monat beträgt. Während die ursprüngliche Fassung des Regierungsentwurfs in Anlehnung an die bisherige Rechtsprechung des BAG noch eine 3-wöchige Erklärungsfrist vorsah[404], wurde

---

[399] Blank u.a., Betriebsaufspaltung, S. 207; Seiter, Betriebsinhaberwechsel, S. 71; Staudinger[12]-Richardi, § 613 a BGB, Rn. 127.

[400] Bossmann, Wettbewerbsverbote, S. 122; Gaul, ZfA 1990, 87, 92; Pietzko, Tatbestand, S. 288. Pottmeyer, ZfA 1989, 239, 256, gelangt ebenfalls zu einer 2-Wochen-Frist, dies jedoch aufgrund einer analogen Anwendung der §§ 108 Abs. 2, 177 Abs. 2, 1366 Abs. 3 BGB, da er die Widerspruchsausübung als Verweigerung der erforderlichen Zustimmung des Arbeitnehmers ansieht.

[401] Moll, Anm. zu BAG AP Nr. 103 zu § 613 a BGB. Dabei bezieht sich Moll zu Unrecht auf die Rechtsprechung des BAG, da diese eine Fristsetzung nur für den Widerspruch nach Betriebsübergang für entbehrlich hält und vor Betriebsübergang von einer unbeschränkten Widerspruchsbefugnis des Arbeitnehmers ausgeht, zumindest solange der Betriebserwerber den Arbeitnehmer nicht ausdrücklich unter Fristsetzung zur Widerspruchserklärung auffordert, vgl. BAG AP Nr. 102 zu § 613 a BGB.

[402] Pietzko, Tatbestand, S. 288. Ebenso vertrat Moll früher in Anlehnung an § 626 Abs. 2 BGB eine 2-Wochen-Frist, vgl. AnwBl. 1991, 282, 297; NJW 1993, 2016.

[403] Nicht ganz klar ist die Aussage von Raab, der in dem Fall, in dem den Arbeitnehmern vor dem Betriebsübergang keine Überlegungsfrist gesetzt worden ist, meint, daß diese ihr Widerspruchsrecht „nur innerhalb eines bestimmten Zeitraums *nach* dem Betriebsübergang geltend machen" könnten. Da er jedoch anschließend von einer 3-Wochenfrist ab ordnungsgemäßer Information spricht, geht er wohl grundsätzlich von einer zeitlich begrenzten Widerspruchsmöglichkeit auch dann aus, wenn den Arbeitnehmern keine Überlegungsfrist gesetzt wurde, vgl. Soergel-Raab, § 613 a BGB, Rn. 155.

[404] S. BT-Drucks. 14/7760, S. 10, li. Spalte.

daraus aufgrund der Beschlußempfehlung des Ausschusses für Arbeit und Sozialordnung eine Monatsfrist[405]. Diese längere Widerspruchsfrist soll dem von einem Betriebsübergang betroffenen Arbeitnehmer ausreichend Zeit geben, die Konsequenzen des Übergangs seines Arbeitsverhältnisses auf den neuen Inhaber oder des Verbleibs beim bisherigen Arbeitgeber abzuwägen und zu entscheiden, ob er von dem Widerspruchsrecht Gebrauch machen will[406].
Gegen diese - „unnötigerweise" erfolgte[407] - Verlängerung der Widerspruchsfrist, die einen „Fremdkörper"[408] im System der bisher gekannten arbeitsrechtlichen Fristen darstellt[409], werden verbreitet Bedenken erhoben. Insbesondere wird nicht klar, warum sich ein Arbeitnehmer im Fall des Betriebsübergangs nicht ebenso rasch entscheiden soll wie bei einer Beendigungs- oder Änderungskündigung[410]. An der ausdrücklichen gesetzlichen Regelung der Monatsfrist läßt sich indes nicht rütteln. Zumindest hat die erfolgte positivrechtliche Normierung der Widerspruchsfrist den Vorteil, daß der neue Rechtsträger bei rechtzeitiger ordnungsgemäßer Unterrichtung frühzeitig weiß, mit welchen Arbeitnehmern er rechnen kann und ob er gegebenenfalls Neueinstellungen vornehmen muß. Ebenso hat der alte Rechtsträger alsbald Klarheit, welche Arbeitnehmer er weiterbeschäftigen oder welche er – bei fehlender Beschäftigungsmöglichkeit – unter Einhaltung der kündigungsrechtlichen Regelungen entlassen muß[411].

(2) Unterrichtungspflicht nach § 613 a Abs. 5 BGB

Problematisch erscheint jedoch in diesem Zusammenhang die weitere Neuerung im Rahmen des § 613 a BGB, die darin besteht, daß der Beginn der Widerspruchsfrist mit der Informationspflicht des Arbeitgebers nach § 613 a Abs. 5 BGB verknüpft wurde. Die einmonatige Widerspruchsfrist beginnt gemäß § 613 a Abs. 6 Satz 1 BGB mit dem „Zugang der Unterrichtung nach Abs. 5". Dabei ist für die Fristberechnung der Tag, an dem die Unterrichtung nach § 613 a Abs. 5 BGB dem Arbeitnehmer zugeht, gemäß § 187 Abs. 1 BGB nicht mitzurechnen, so daß die Frist gemäß § 188 Abs. 2 BGB mit Ablauf desjenigen Tages des Folgemonats endet, der durch seine Benennung dem Zugangstag entspricht. Fraglich ist jedoch, wann überhaupt eine ordnungsgemäße Unterrichtung nach

---

[405] BT-Drucks. 14/8128, S. 3.
[406] BT-Drucks. 14/8128, S. 6.
[407] Vgl. Worzalla, NZA 2002, 353, 357.
[408] Vgl. Gaul/Otto, DB 2002, 634, 637.
[409] Vgl. die Regelfrist von 3 Wochen in §§ 4 Satz 1, 13 Abs. 1 Satz 2 KSchG, 113 Abs. 2 Satz1 InsO für die gerichtliche Geltendmachung der Unwirksamkeit einer Kündigung.
[410] Vgl. insoweit noch die Begründung des Kabinettsentwurfs, BT-Drucks. 14/7760, S. 20, li. Spalte, wonach die 3-Wochen-Frist als „sachgerecht" anzusehen war.
[411] Vgl. Gaul/Otto, DB 2002, 634, 637.

Abs. 5 vorliegt, da erst in diesem Moment der Lauf der Widerspruchsfrist beginnt.

(a) Unterrichtungspflichtige

Zur Unterrichtung der Arbeitnehmer sind der bisherige Arbeitgeber oder der neue Inhaber verpflichtet. Beide sollen sich nach der Gesetzesbegründung untereinander verständigen, in welcher Weise sie ihre Informationspflicht erfüllen[412]. Alter und neuer Rechtsträger sind insoweit als Gesamtschuldner im Sinne der §§ 421 ff. BGB anzusehen, da die Erfüllung der Unterrichtungspflicht durch den einen auch für den anderen wirkt, § 422 Abs. 1 Satz 1 BGB[413]. Im Falle eines Betriebsübergangs infolge einer Unternehmensumwandlung kommt als Unterrichtungspflichtiger jedoch sowieso meist nur der alte Rechtsträger, d.h. der bisherige Arbeitgeber in Betracht, da der neue Rechtsträger in vielen Fällen erst mit der Eintragung der Umwandlung entsteht[414].
Nach der Einführung des § 613 a Abs. 5 und 6 BGB ist es nun auch nicht mehr als ausreichend anzusehen, wenn der Arbeitnehmer auf andere Weise ausreichende Kenntnis von dem bevorstehenden Betriebsübergang erlangt, so z.B. durch Kollegen oder durch einen Zeitungsbericht, wie dies bisher von der Rechtsprechung und weiten Teilen der Literatur vertreten wurde[415]. Denn Voraussetzung für den Fristbeginn ist ausdrücklich allein der Zugang der Unterrichtung nach Abs. 5, d.h. der Unterrichtung in Textform durch den bisherigen Arbeitgeber oder den neuen Inhaber[416].

(b) Adressat der Unterrichtung

Die Unterrichtungspflicht gilt unabhängig von der Betriebsgröße gegenüber jedem von dem Übergang betroffenen Arbeitnehmer[417]. Die Regelung des § 613 a Abs. 5 BGB geht damit über den Inhalt des Art. 7 Abs. 1 der Richtlinie 2001/23/EG des Rates vom 12. März 2001 hinaus, da darin die Mitgliedstaaten

---

[412] BT-Drucks. 14/7760, S. 19.
[413] Vgl. Willemsen/Lembke, NJW 2002, 1159, 1162; Dörner/Luczak/Wildschütz-Baeck/Haußmann, Handbuch Arbeitsrecht, C 3348.
[414] So bei der Verschmelzung und Spaltung, sofern nicht eine Verschmelzung im Wege der Aufnahme, § 2 Nr. 1 UmwG, bzw. eine Spaltung zur Aufnahme, § 123 Abs. 1 Nr. 1 UmwG, vorliegt.
[415] Vgl. BAG AP Nr. 177 zu § 613 a BGB; Moll, Anm. zu BAG AP Nr. 103 zu § 613 a BGB. A.A. waren bereits schon früher Dreher, BB 2000, 2358, 2359, und Menze, Widerspruchsrecht, S. 65, da der Arbeitnehmer die Zuverlässigkeit anderweitig erlangter Informationen meist nicht richtig einschätzen könne, und ihm nicht zugemutet werden könne, auf Mitteilungen Dritter vertrauen zu müssen.
[416] Vgl. Lakies, NJ 2002, 287, 291.
[417] BT-Drucks. 14/7760, S. 19, li. Spalte.

lediglich verpflichtet werden, eine Regelung zur Information der Vertreter der jeweiligen von einem Übergang betroffenen Arbeitnehmer zu treffen. Eine Unterrichtungspflicht der Arbeitnehmer selbst soll nach Art. 7 Abs. 6 der Richtlinie nur dann erforderlich sein, wenn es unabhängig von ihrem Willen in einem Unternehmen oder in einem Betrieb keine Vertreter der Arbeitnehmer gibt.
Dementsprechend wurde im Gesetzgebungsverfahren auch von mehreren Seiten die Forderung erhoben, die Unterrichtungspflicht entsprechend den Vorgaben der Richtlinie auszugestalten, d.h. in erster Linie eine Information des Betriebsrats vorzusehen und nur subsidiär diejenige der Arbeitnehmer. Diese sollte nur dann erforderlich sein, wenn die Arbeitnehmer unabhängig von ihrem Willen keinen Betriebsrat wählen könnten, was in Betrieben mit in der Regel weniger als 5 wahlberechtigten Arbeitnehmern im Sinne des § 1 BetrVG der Fall sei[418]. Schließlich bedeute die Ausweitung der individuellen Informationspflicht auf Arbeitnehmer in Betrieben mit Interessenvertretungen eine zusätzliche Bürokratisierung und eine damit verbundene unnötige Kostenbelastung der Unternehmen und Betriebe[419].
Auch wenn jedoch die in § 613 a Abs. 5 BGB vorgesehene Informationspflicht über die erforderliche Umsetzung des EU-Rechts hinausgeht und einen großen bürokratischen Aufwand der Arbeitgeber hervorruft, führt nunmehr kein Weg an einer individuellen Information eines jeden Arbeitnehmers vorbei. Dies gilt unabhängig von der Betriebsgröße und auch unabhängig davon, ob zusätzlich der Betriebsrat zu informieren ist, etwa weil der Betriebsübergang mit einer Betriebsänderung nach den §§ 111 ff. BetrVG verbunden ist.

Bei Geschäftsunfähigkeit oder bei beschränkter Geschäftsfähigkeit des Arbeitnehmers muß zur Erfüllung der Informationspflicht der gesetzliche Vertreter über die Einzelheiten des Betriebsübergangs unterrichtet werden, da dieser letztendlich eine Entscheidung über den Widerspruch treffen muß. Auch wenn es sich bei der Information durch den Arbeitgeber nicht um eine Willenserklärung, sondern um eine reine Wissenserklärung handelt, muß diese entsprechend § 131 Abs. 1 und 2 BGB dem gesetzlichen Vertreter zugehen, um wirksam zu werden. Denn eine ausreichende Information, die den Fristlauf bezüglich des Widerspruchs in Gang setzt, ist für den Geschäftsunfähigen bzw. beschränkt Geschäftsfähigen nicht als lediglich rechtlich vorteilhaft anzusehen.
Auch insoweit gilt jedoch § 113 BGB, d.h. der Arbeitgeber erfüllt seine Informationspflicht gegenüber dem Minderjährigen durch Zugang allein bei diesem dann, wenn dieser von seinen Eltern dazu ermächtigt wurde, in ein Dienst- oder Arbeitsverhältnis zu treten.

---

[418] Vgl. Stellungnahme Nr. 6/2002 des Deutschen Anwaltvereins, S. 4; Änderungsantrag der CDU/CSU-Fraktion, Ausschußdrucksache 14/2067; Änderungsantrag der FDP-Fraktion, Ausschußdrucksache 14/2068.
[419] S. Änderungsantrag der FDP-Fraktion, Ausschußdrucksache 14/2068.

(c) Form der Unterrichtung

Die Unterrichtung des Arbeitnehmers muß gemäß § 613 a Abs. 5 BGB in Textform, § 126 b BGB, erfolgen, d.h. die Erklärung muß in einer Urkunde oder auf andere zur dauerhaften Wiedergabe in Schriftzeichen geeignete Weise abgegeben werden, die Person des Erklärenden genannt und der Abschluß der Erklärung durch Nachbildung der Namensunterschrift oder anders erkennbar gemacht werden. Diese durch das Gesetz zur Anpassung der Formvorschriften des Privatrechts und anderer Vorschriften an den modernen Rechtsverkehr neu geregelte Form entspricht dem in diesem Rahmen verfolgten Regelungszweck.
Denn die Textform kommt dann in Betracht, wenn der Empfänger der Erklärung über bestimmte Sachverhalte informiert werden soll, die gegebenenfalls eine rechtliche Reaktion erfordern, wobei die eigenhändige Unterschrift des Absenders für ihn keinen Mehrwert bedeutet. Bei der Unterrichtung des Arbeitnehmers über den Betriebsübergang stehen die Informations- und die Dokumentationsfunktion im Vordergrund, nicht aber die Beweis- oder Warnfunktion[420]. Die vom Betriebsübergang betroffenen Arbeitnehmer sollen ein Schriftstück an die Hand bekommen, das sie über den Betriebsübergang und dessen Auswirkungen informiert und auf dessen Grundlage sie darüber befinden können, ob sie dem Übergang ihres Arbeitsverhältnisses widersprechen wollen oder nicht. Somit ist hier die gesetzlich vorgesehene Textform notwendig, aber auch ausreichend. Dabei wird durch die Textform der Verwaltungsaufwand in Grenzen gehalten, weil im Gegensatz zur Schriftform nicht jedem betroffenen Arbeitnehmer ein eigenhändig unterzeichnetes Schriftstück zugeleitet werden muß. Folglich kann die Unterrichtung beispielsweise durch Rundschreiben oder durch Mitteilung im Intranet erfolgen[421].
Demgegenüber ging vor Einführung des § 613 a Abs. 5 BGB ein Großteil der Literatur davon aus, daß der Arbeitgeber in der Wahl seiner Informationsmittel frei sei, d.h. daß eine Information insbesondere auch auf einer Betriebsversammlung, durch Anschlag am schwarzen Brett oder durch Publikation in der Werkszeitung erfolgen könne[422]. In gleicher Weise forderte auch der Arbeitsrechtsausschuß des Deutschen Anwaltvereins im Laufe des Gesetzgebungsverfahrens, bezüglich der Informationspflicht, die gegenüber einzelnen Arbeitnehmern seiner Ansicht nach sowieso nur in nicht betriebsratsfähigen Betrieben zwingend vorgeschrieben sein sollte, von der Statuierung eines besonderen Formerfordernisses abzusehen. Eine Unterrichtung in Textform würde den Arbeitgeber in den hier angesprochenen Kleinstbetrieben mit weniger als 5 Arbeitnehmern überfordern, zumal die Unterrichtung in diesen Betrieben auch in

---

[420] BT-Drucks. 14/7760, S. 19, re. Spalte.
[421] Vgl. Worzalla, NZA 2002, 353, 356; Lakies, NJ 2002, 287, 290.
[422] Bauer, Unternehmensveräußerung, S. 56; Birk, Anm. zu BAG AP Nr. 10 zu § 613 a BGB; Commandeur, Betriebs-, Firmen- und Vermögensübernahme, S. 11; Kerschner/Köhler, Betriebsveräußerung, S. 32; Pietzko, Tatbestand, S. 290 f.; Seiter, Betriebsinhaberwechsel, S. 71.

anderer geeigneter Form, z.B. in einem persönlichen Gespräch, erfolgen könne[423].

Da eine Informationspflicht gegenüber den einzelnen Arbeitnehmern nach der nunmehr vorliegenden gesetzlichen Regelung des § 613 a Abs. 5 BGB jedoch in allen Betrieben besteht, erscheint insbesondere der im Gesetzgebungsverfahren vom Anwaltverein gemachte Vorschlag, die Information durch persönliche Gespräche durchzuführen, völlig unpraktikabel. Zudem ist auch im Hinblick darauf, daß sich der Arbeitnehmer auf der Grundlage der ihm erteilten Informationen gegebenenfalls noch weitere Informationen einholen muß, um zu einer ausreichenden Entscheidungsgrundlage zu gelangen, die nun gesetzlich vorgeschriebene Textform als überaus sinnvoll zu beurteilen.

Zu klären bleibt, ob in diesem Zusammenhang ein Aushang am schwarzen Brett oder die Publikation in der Werkszeitung der erforderlichen Textform genügen. Problematisch erscheint insoweit, daß die Information dem Arbeitnehmer gemäß § 130 Abs. 1 Satz 1 BGB auch in der für die Abgabe vorgeschriebenen Form zugehen muß[424]. Zugegangen ist die Erklärung des Arbeitgebers dann, wenn sie so in den Machtbereich des Arbeitnehmers gelangt ist, daß dieser unter normalen Verhältnissen die Möglichkeit hat, vom Inhalt der Erklärung Kenntnis zu nehmen[425]. Bei einem Aushang am schwarzen Brett oder bei der Publikation in der Werkszeitung gelangt die Information jedoch nicht in der vorgeschriebenen Textform in den Machtbereich des Arbeitnehmers. Selbst wenn der Arbeitnehmer insoweit durchaus die Möglichkeit der Kenntnisnahme hat, gehören weder das schwarze Brett noch die Werkszeitung zum Machtbereich des Arbeitnehmers. Denn diese zählen nicht zu den Empfangseinrichtungen des Arbeitnehmers, die eine schriftliche Erklärung des Arbeitgebers jedoch erreichen müßte[426]. Schließlich bedürfen sonstige Mitteilungen, die zulässiger Weise durch Aushang am schwarzen Brett erfolgen, wie z.B. eine Einladung des Betriebsrats zur Betriebsversammlung, gerade nicht einer besonderen Form[427]. Folglich ist eine Information der Arbeitnehmer durch Aushang am schwarzen Brett oder durch Mitteilung in der Werkszeitung nun nicht mehr ausreichend, da kein Zugang der formwirksamen Erklärung vorliegt[428]. Nur diese Lösung kann auch dem Sinn der Textform, den Arbeitnehmer in zuverlässiger Weise über einen komplexen Sachverhalt zu unterrichten, gerecht werden. Da-

---

[423] Stellungnahme des Deutschen Anwaltvereins Nr. 6/2002, S. 4.
[424] Palandt-Heinrichs, § 130 BGB, Rn. 10.
[425] Vgl. BGH NJW 1993, 1093.
[426] Vgl. MüKo-Förschler, § 130 BGB, Rn. 12.
[427] DKK-Schneider, § 17 BetrVG, Rn. 4.
[428] Etwas anders sehen dies einige Vertreter der Literatur, die davon ausgehen, daß ein Aushang am „Schwarzen Brett" der Textform genüge und nur der Zugang an die betroffenen Arbeitnehmer insoweit nicht bzw. schwierig nachweisbar sei, vgl. Lakies, NJ 2002, 287, 290; Worzalla, NZA 2002, 353, 356.

für ist es eben erforderlich, daß jeder Arbeitnehmer ein eigenes Schriftstück „an die Hand“ bekommt.

(d) Inhalt der Unterrichtung

Früher ging das BAG bezüglich der erforderlichen Information mangels entsprechender gesetzlicher Regelung davon aus, daß die Information des Arbeitnehmers über den Betriebsübergang den Zweck habe, diesen in die Lage zu versetzen, Erkundigungen und Rat einzuholen. Ausdrücklich erwähnte es als notwendigen Punkt nur Angaben über den neuen Arbeitgeber[429]. Gemäß § 613 a Abs. 5 BGB sind die Arbeitnehmer nunmehr über den Zeitpunkt oder den geplanten Zeitpunkt des Übergangs, den Grund für den Übergang, die rechtlichen, wirtschaftlichen und sozialen Folgen des Übergangs für die Arbeitnehmer und die hinsichtlich der Arbeitnehmer in Aussicht genommenen Maßnahmen zu unterrichten. § 613 a Abs. 5 BGB stimmt somit hinsichtlich des Inhalts der Informationspflicht wörtlich mit Art. 7 Abs. 1 und 6 der Richtlinie 2001/23/EG des Rates vom 12. März 2001 überein. Damit scheinen die vorher bestehenden Probleme hinsichtlich des Umfangs der Unterrichtungspflicht, die daraus resultierten, daß es bisher diesbezüglich keine gesetzliche Regelung gab, und weder die Vorgänger-Richtlinie 77/187/EWG in der Fassung der Richtlinie 98/50/EG als unmittelbar geltendes Recht angesehen werden konnte noch die im Umwandlungsgesetz normierten Unterrichtungspflichten entsprechend herangezogen werden konnten[430], zwar im Ansatz gelöst. Es bleiben jedoch auch weiterhin der Umfang der Unterrichtungspflicht im einzelnen zu bestimmen sowie die Fragen zu lösen, inwieweit eine gerichtliche Nachprüfung der ordnungsgemäßen Unterrichtung im Nachhinein erfolgen kann und welche Folgen eine fehlerhafte Unterrichtung hat.

(i) Zeitpunkt oder geplanter Zeitpunkt des Betriebsübergangs

Soweit der Arbeitnehmer über den Zeitpunkt oder den geplanten Zeitpunkt des Betriebsübergangs zu informieren ist, muß ein Stichtag genannt werden, wobei die meisten Autoren in diesem Bereich keine Probleme sehen[431]. Da insbesondere die Nennung des geplanten Übergangs ausreiche, könne die Unterrichtung bereits in einem sehr frühen Stadium erfolgen, wenn sich die beteiligten Unter-

---

[429] BAG AP Nr. 10 zu § 613 a BGB.

[430] Zudem bestanden sämtliche Unterrichtungspflichten nur gegenüber den Arbeitnehmervertretungen, nicht jedoch gegenüber den einzelnen Arbeitnehmern, vgl. §§ 5 Abs. 3, 126 Abs. 3 UmwG.

[431] Gaul/Otto, DB 2002, 634, 635; Dörner/Luczak/Wildschütz-Baeck/Haußmann, Handbuch Arbeitsrecht, C 3352.

nehmen über den endgültigen Zeitpunkt für den Betriebsübergang noch gar nicht geeinigt hätten[432].

Zu beachten ist dabei im Rahmen einer Unternehmensumwandlung, daß es bezüglich des Zeitpunkts des Betriebsübergangs nicht zwingend um den Zeitpunkt des gesellschaftsrechtlichen Übergangs des Betriebs oder Betriebsteils durch Eintragung der Umwandlung geht. Es ist somit im Einzelfall nicht als genügend anzusehen, von einem Übergang „mit Wirksamwerden der Umwandlung" zu sprechen[433]. Schließlich kann der Betriebsübergang, für den es entscheidend darauf ankommt, wann nach rechtsgeschäftlicher Übereinkunft die Möglichkeit besteht, die Leitungsmacht auszuüben, sowohl früher als auch später erfolgen[434]. Folglich ist der Arbeitnehmer über diesen in Aussicht genommenen Zeitpunkt zu unterrichten, auch wenn dieser in der Mehrzahl der Fälle mit dem Zeitpunkt der Eintragung der Umwandlung übereinstimmen wird.

Fraglich ist, ob gegebenenfalls eine erneute Unterrichtung stattzufinden hat, wenn sich herausstellt, daß der zunächst geplante Zeitpunkt nicht eingehalten wird. Vor Einführung des § 613 a Abs. 6 BGB spielte der Zeitpunkt des Betriebsübergangs insoweit eine entscheidende Rolle für den Arbeitnehmer, als dieser dem Übergang seines Arbeitsverhältnisses bis zu diesem Zeitpunkt grundsätzlich zeitlich unbeschränkt widersprechen konnte. Nunmehr knüpft der Lauf der einmonatigen Widerspruchsfrist allein an den Zugang der Unterrichtung an. Da auch der Arbeitgeber selbst den automatischen Übergang der Arbeitsverhältnisse im Zeitpunkt des Betriebsübergangs nicht verhindern kann, ist grundsätzlich kein Grund dafür ersichtlich, daß der Arbeitgeber die Unterrichtung bei einer unbedeutenden Verschiebung des Zeitpunkts des Betriebsübergangs zu wiederholen hat. Unbedeutend in diesem Sinne ist die Verschiebung des Zeitpunkts dann, wenn sich der geplante Betriebsübergang nach Würdigung aller Umstände trotzdem als derselbe Betriebsübergang darstellt. Eine erneute Unterrichtungspflicht ist lediglich dann angezeigt, wenn es sich um eine erhebliche Terminverschiebung handelt, weil es sich dann um einen anderen Betriebsübergang handelt, und der Arbeitnehmer die Gelegenheit haben muß, die Ausübung seines Widerspruchsrechts erneut zu überdenken[435].

(ii) Grund für den Übergang

Zudem ist der Arbeitnehmer gemäß § 613 a Abs. 5 Nr. 2 BGB über den „Grund für den Übergang" zu unterrichten. Darunter ist zunächst der Rechtsgrund für den Betriebsübergang zu verstehen, d.h. die rechtsgeschäftliche Grundlage, wie etwa der Spaltungs-bzw. Verschmelzungsvertrag oder der Spaltungsplan.

---

[432] Grobys, BB 2002, 726, 727.
[433] So aber Gaul/Otto, DB 2002, 634, 635.
[434] Vgl. BAG AP Nr. 209 zu § 613 a BGB.
[435] Vgl. Worzalla, NZA 2002, 353, 354.

Noch nicht geklärt ist, ob darüber hinaus auch die wirtschaftlichen Beweggründe anzugeben sind, die den bisherigen Rechtsträger zu der Unternehmensumstrukturierung, die zu dem Betriebsübergang führt, veranlaßt haben. In Betracht kommen insoweit z.B. eine drohende Insolvenz oder aber auch eine erwünschte Produktionsoptimierung. Teilweise wird vorgeschlagen, -jedenfalls schlagwortartig – auch die wesentlichen tatsächlichen Gründe für den Übergang mitzuteilen[436]. Dem ist aus verschiedenen Gründen zu folgen. Zwar ist der Wortlaut des Gesetzes „Grund für den Übergang" durchaus mehrdeutig[437]. Auch die Gesetzesbegründung gibt insoweit keinen weiteren Aufschluß[438]. Im Hinblick auf den verfolgten Gesetzeszweck, den betroffenen Arbeitnehmern eine Entscheidungsgrundlage für die Ausübung ihres Widerspruchsrechts zu verschaffen[439], ist aber davon auszugehen, daß die Arbeitnehmer auch über die wirtschaftlichen Beweggründe, die zu dem Vorhaben der Verschmelzung oder Spaltung geführt haben, zu informieren sind. Denn die wirtschaftlichen Gründe stellen für den Arbeitnehmer einen sehr wichtigen Faktor für die Ausübung des Widerspruchsrechts dar[440]. Für den einzelnen Arbeitnehmer macht es einen großen Unterschied, ob die Unternehmensumwandlung erfolgt, weil der Rechtsträger kurz vor der Insolvenz steht und nun z.B. der besonders unrentable Betriebsteil, dem er zugeordnet ist, abgespalten wird, oder ob die Umwandlung allein zur Produktionsoptimierung erfolgt. Im ersten Fall ist nämlich davon auszugehen, daß der abgespaltene Betriebsteil allein nicht überlebensfähig sein wird, wohingegen im zweiten Fall der absgespaltene Betriebsteil wirtschaftlich besonders erfolgreich sein wird. Unter Berücksichtigung des Gesetzeszwecks ist folglich eine Information des Arbeitnehmers über den wirtschaftlichen Beweggrund als rechtlich erforderlich anzusehen.

Dabei ist jedoch zu beachten, daß es in diesem Rahmen wirklich nur um eine stichwortartige Beschreibung des wirtschaftlichen Beweggrundes gehen kann. Angesichts der Komplexität einer unternehmerischen Entscheidung stünden einer sehr weitgefaßten Informationspflicht hinsichtlich des „Grundes für den Übergang" nämlich auch praktische Bedenken entgegen. Eine Offenlegung vertraulicher Geschäftsinhalte, wie des Preises für Unternehmensanteile sowie der unternehmensinternen Kalkulation, kommt wegen der unternehmerischen Entscheidungsfreiheit von vornherein nicht in Betracht[441].

---

[436] Grobys, BB 2002, 726, 728.
[437] Vgl. Grobys, BB 2001, 726, 727.
[438] Vgl. BT-Drucks. 14/7760, S. 19, re. Spalte.
[439] Vgl. BT-Drucks. 14/7760, S. 19, li. Spalte.
[440] A.A. Worzalla, NZA 2002, 353, 354.
[441] Vgl. Bauer/v. Steinau-Steinrück, ZIP 2002, 457, 462; Gaul/Otto, DB 2002, 634, 635; Grobys, BB 2002, 726, 728. Vgl. zur Einschränkung der Informationspflicht des Arbeitgebers durch dessen legitime Geheimhaltungsinteressen auch den folgenden Abschnitt.

(iii) Die rechtlichen, wirtschaftlichen und sozialen Folgen des Übergangs für die Arbeitnehmer

Gemäß § 613 a Abs. 5 Nr. 3 BGB sind die Arbeitnehmer über die rechtlichen, wirtschaftlichen und sozialen Folgen des Betriebsübergangs für sie zu unterrichten. Diese ergeben sich nach der Begründung des Regierungsentwurfs vor allem aus der unverändert weitergeltenden Regelung des § 613 a Abs. 1 bis 4 des Bürgerlichen Gesetzbuchs[442]. Sie betreffen die Weitergeltung oder Änderung der bisherigen Rechte und Pflichten aus dem Arbeitsverhältnis gemäß § 613 a Abs. 1 BGB, die Haftung des bisherigen Arbeitgebers und des neuen Inhabers gegenüber dem Arbeitnehmer gemäß § 613 a Abs. 2 und 3 BGB sowie den Kündigungsschutz gemäß § 613 a Abs. 4 BGB. Damit ist jedoch noch nicht die Frage geklärt, wie weit die Unterrichtungspflicht im einzelnen geht. Einig ist man sich insoweit darüber, daß es nicht ausreicht, den Gesetzestext des § 613 a Abs. 1 bis 4 BGB abzuschreiben, auch wenn dieser als Teil der Unterrichtung anzusehen ist[443]. Auf der anderen Seite sind viele Autoren der Auffassung, man könne von dem Arbeitgeber aber auch nicht verlangen, dem Arbeitnehmer ein umfangreiches Rechtsgutachten über die Folgen des Betriebsübergangs im Einzelfall zu erstellen[444]. Vielmehr sollen allgemeine Angaben zu den sich aus dem Übergang des Arbeitsverhältnisses ergebenden Konsequenzen ausreichend sein[445].

Dem ist zuzustimmen, zumal sich die Unterrichtungsverpflichtung an „die Arbeitnehmer" richtet, wodurch deutlich wird, daß – trotz Unterrichtungspflicht gegenüber jedem einzelnen Arbeitnehmer - nicht auch eine auf jeden einzelnen Arbeitnehmer persönlich zugeschnittene Unterrichtung gefordert wird[446]. Darüber hinaus wäre eine solche auf den Einzelfall zugeschnittene Unterrichtung mit einer großen Rechtsunsicherheit verbunden. Denn dann hätte auch die Überprüfung der Frage, ob eine vollständige Information eines jeden Arbeitnehmers stattgefunden hat, die den Lauf der Widerspruchsfrist in Gang setzt, für jeden Arbeitnehmer getrennt zu erfolgen. Dies würde aller Voraussicht nach dazu führen, daß für einige Arbeitnehmer die Widerspruchsfrist mangels vollständiger Information noch läuft, für andere die Frist jedoch bereits abgelaufen ist. Eine solche Rechtsunsicherheit kann jedoch nicht Sinn und Zweck der gesetzlichen Regelung des Widerspruchsrechts und der damit zusammenhängenden Informationspflicht sein, die vielmehr im Interesse von Rechtssicherheit

---

442 BT-Drucks. 14/7760, S. 19, re. Spalte.

443 Gaul/Otto, DB 2002, 634, 635; Worzalla, NZA 2002, 353, 355; Dörner/Luczak/Wildschütz-Baeck/Haußmann, Handbuch Arbeitsrecht, C 3356. Ebenso hinsichtlich der Unterrichtungspflicht gegenüber dem Betriebsrat nach § 5 Abs. 1 Nr. 9 UmwG: OLG Düsseldorf, DB 1998, 1399.

444 Worzalla, NZA 2002, 353, 355.

445 Gaul/Otto, DB 2002, 634, 635.

446 Vgl. Dörner/Luczak/Wildschütz-Baeck/Haußmann, Handbuch Arbeitsrecht, C 3356.

und Rechtsklarheit erfolgte[447]. Da der einzelne Arbeitnehmer darüber hinaus durch die Information nur eine ausreichende Grundlage dafür erhalten soll, sich weitere für ihn speziell erforderliche Erkundigungen einzuholen, sind allgemeine, für die Arbeitnehmer verständliche Angaben über die Konsequenzen des Betriebsübergangs als ausreichend anzusehen. Dabei kann es jedoch erforderlich sein, nach abgrenzbaren Arbeitnehmergruppen zu unterscheiden, sofern sich etwa für tarifgebundene Arbeitnehmer beim Erwerber andere Arbeitsbedingungen ergeben als für nichtorganisierte[448].

Die Arbeitnehmer sind folglich, wie in der Gesetzesbegründung angesprochen, zunächst darauf hinzuweisen, daß der Betriebsübergang zur Folge hat, daß das Arbeitsverhältnis mit den arbeitsvertraglich bestehenden Rechten und Pflichten auf den neuen Rechtsträger übergeht[449]. Ob die Arbeitnehmer dabei gleichzeitig über das ihnen nunmehr gemäß § 613 a Abs. 6 BGB zustehende Widerspruchsrecht zu belehren sind, wird später gesondert untersucht. Weiterhin sind die Arbeitnehmer darauf hinzuweisen, daß Rechte und Pflichten, die sich aus einem Tarifvertrag oder einer Betriebsvereinbarung ergeben, Inhalt der arbeitsvertraglichen Regelungen beim neuen Rechtsträger werden und innerhalb eines Jahres nach dem Zeitpunkt des Übergangs nicht zum Nachteil des Arbeitnehmers geändert werden dürfen. Zudem, daß dies nicht gilt, wenn die Rechte und Pflichten bei dem neuen Inhaber durch Normen eines anderen Tarifvertrages oder durch Betriebsvereinbarung geregelt werden. Denn dann finden diese Anwendung, wobei die im einzelnen bestehenden Regelungen aufzuführen sind. Darüber hinaus sind die Arbeitnehmer darüber zu unterrichten, daß der bisherige Arbeitgeber, soweit er fortbesteht, für Verpflichtungen haftet, die vor dem Zeitpunkt des Übergangs entstanden sind und vor Ablauf von einem Jahr nach diesem Zeitpunkt fällig werden. Zudem darüber, daß die Haftung auf den Umfang beschränkt ist, der dem im Zeitpunkt des Übergangs abgelaufenen Teil ihres Bemessungszeitraums entspricht. Ebenso sind die Arbeitnehmer darauf hinzuweisen, daß eine Kündigung sowohl durch den bisherigen Arbeitgeber als auch den neuen Rechtsträger wegen Übergangs des Betriebs oder Betriebsteils unwirksam ist, demgegenüber eine Kündigung des Arbeitsverhältnisses aus anderen Gründen aber möglich ist.

Fraglich ist, ob über diese unmittelbaren „rechtlichen" Folgen hinaus die „wirtschaftlichen und sozialen" Folgen, über die die Arbeitnehmer gemäß § 613 a Abs. 5 Nr. 3 BGB zu unterrichten sind, eine eigenständige Bedeutung haben. Einige Autoren verneinen dies mit der Begründung, daß unter rechtlichen, wirtschaftlichen und sozialen Folgen insgesamt nur die (rechtlichen) Folgen des § 613 a Abs. 1 bis 4 BGB zu verstehen seien[450]. Andere gehen davon aus, daß un-

---

[447] Vgl. BT-Drucks. 14/7760, S. 20, li. Spalte.
[448] Vgl. Willemsen/Lembke, NJW 2002, 1159, 1163; Lakies, NJ 2002, 287, 289.
[449] Vgl. BT-Drucks. 14/8128, S. 6, li. Spalte.
[450] Vgl. Bauer/ v. Steinau-Steinrück, ZIP 2002, 457, 463.

ter wirtschaflichen und sozialen Folgen darüber hinaus wohl auch mittelbare (Sekundär-)Folgen zu verstehen seien, die nicht direkt aus dem Betriebsübergang resultierten, die aber auf einem einheitlichen unternehmerischen Konzept beruhten, wie z.B. ein Personalabbau oder die Zusammenfassung von Verwaltungs- und Produktionseinheiten zur Nutzung von Synergieeffekten[451].
Die Begründung des Regierungsentwurfs verweist in diesem Zusammenhang tatsächlich nur auf die Regelungen des § 613 a Abs. 1 bis 4 BGB. Trotzdem ist davon auszugehen, daß § 613 a Abs. 5 Nr. 3 BGB insoweit auch eine Informationspflicht über solche Sekundärfolgen erfaßt, als diese bereits konkret geplant sind und legitime Geheimhaltungsinteressen des Betriebserwerbers dadurch nicht beeinträchtigt werden. Denn der Sinn und Zweck der Informationspflicht des § 613 a Abs. 5 BGB besteht, wie bereits mehrfach erwähnt, darin, dem Arbeitnehmer eine ausreichende Entscheidungsgrundlage für die Ausübung seines Widerspruchsrecht zu verschaffen. Diesem Sinn und Zweck würde es geradezu diametral entgegenlaufen, wenn die Arbeitnehmer nicht über solche bereits konkret geplanten, mit dem Betriebsübergang in engem Zusammenhang stehenden Folgen unterrichtet werden würden, die sich, wie bei einer geplanten Betriebsteilstillegung, direkt auf den Fortbestand ihres Arbeitsverhältnisses auswirken und somit eine entscheidende Rolle für die Ausübung ihres Widerspruchsrechts spielen[452]. Dabei müssen einerseits für eine Informationspflicht nicht die Schwellenwerte des § 111 BetrVG für eine mitbestimmungspflichtige Betriebsänderung erreicht sein, da auch schon vorher ein Informationsinteresse der einzelnen Arbeitnehmer besteht. Andererseits entfällt eine Informationspflicht dann, wenn schützenswerte Betriebs- und Geschäftsgeheimnisse des Betriebserwerbers betroffen sind, da diese die Informationspflicht des Arbeitgebers nach § 613 a Abs. 5 BGB einschränken[453]. Zwar obliegt allen Arbeitnehmern im Hinblick auf Betriebs- und Geschäftsgeheimnisse des Arbeitgebers eine Verschwiegenheitspflicht als vertragliche Nebenverpflichtung aus dem Arbeitsvertrag[454]. Trotzdem ist es dem Arbeitgeber nicht zumutbar, den Arbeitnehmern im Rahmen der Unterrichtungspflicht nach § 613 a Abs. 5 BGB Betriebs- und Geschäftsgeheimnisse preiszugeben. Denn während sich der Arbeitgeber in dem Fall, in dem er aufgrund einer entsprechenden Informationspflicht dazu verpflichtet ist, Betriebsratsmitgliedern teilweise auch Betriebs- und Geschäftsgeheimnisse zu offenbaren[455], aufgrund des recht überschaubaren Krei-

---

[451] Willemsen/Lembke, NJW 2002, 1159, 1163.
[452] In diesem Sinne wohl auch Worzalla, NZA 2002, 353, 355.
[453] Vgl. Willemsen/Lembke, NJW 2002, 1159, 1163; Bauer/v.Steinau-Steinrück, ZIP 2002, 457, 461; Grobys, BB 2002, 726, 728.
[454] Vgl. Schaub, ArbRHandb, § 54, Rn. 1; Staudinger-Richardi, § 611 BGB, Rn. 409.
[455] Soweit der Arbeitgeber dem Betriebsrat gegenüber zur Auskunftserteilung verpflichtet ist, kann er die Auskunftserteilung nicht deshalb verweigern, weil es sich um ein Betriebs- oder Geschäftsgeheimnis handelt, vgl. Richardi-Richardi/Thüsing, § 79 BetrVG, Rn. 16.

ses von Informationsempfängern einigermaßen sicher sein kann, daß die Geheimnisse auch gewahrt bleiben[456], stellt sich die Situation bei der Weitergabe vertraulicher Informationen an die gesamte Belegschaft ganz anders dar. Dann hat der Arbeitgeber nämlich praktisch keine Möglichkeit mehr, die unbefugte Weitergabe von Geschäftsgeheimnissen zu unterbinden. Eine Abwägung dieser dem Arbeitgeber drohenden Gefahren mit den Interessen der Arbeitnehmer, eine ausreichende Grundlage für die Entscheidung über ihr Widerspruchsrecht zu erhalten, muß zu dem Ergebnis führen, daß eine Grenze für die Unterrichtungspflicht des Arbeitgebers dort zu ziehen ist, wo dessen Betriebs- und Geschäftsgeheimnisse betroffen sind. Schließlich kann der Arbeitnehmer auch ohne Heranziehung von solchen Geheimnissen in relativ zuverlässiger Weise die auf ihn jeweils zukommenden Entwicklungen einschätzen und so eine vernünftige Entscheidung über die Ausübung seines Widerspruchsrechts treffen.

(iv) Hinsichtlich der Arbeitnehmer in Aussicht genommene Maßnahmen

Zu den hinsichtlich der Arbeitnehmer in Aussicht genommenen Maßnahmen gehören ausweislich der Begründung des Regierungsentwurfs Weiterbildungsmaßnahmen im Zusammenhang mit geplanten Produktionsumstellungen oder Umstrukturierungen und anderen Maßnahmen, die die berufliche Entwicklung der Arbeitnehmer betreffen[457]. Ist mit dem Betriebs(teil)übergang eine Betriebsänderung nach § 111 BetrVG verbunden und wurde bereits ein Interessenausgleich oder Sozialplan abgeschlossen, so sollen nach Auffassung einiger Autoren auch die darin im Hinblick auf die Arbeitnehmer in Aussicht genommenen Maßnahmen unter die Informationspflicht des § 613 a Abs. 5 Nr. 4 BGB fallen[458]. Es soll aber auf den Text der Vereinbarungen verwiesen werden können[459]. Andere Autoren lehnen eine Informationspflicht bezüglich konkret in Aussicht genommener Betriebsänderungen wie Betriebsstillegungen oder –verlegungen ab, da es sich hierbei nicht um „hinsichtlich der Arbeitnehmer in Aussicht genommene" Maßnahmen handele[460]. Dem ist insoweit zuzustimmen, als eine geplante Betriebsänderung gemäß § 111 Satz 1 BetrVG grundsätzlich nur Informationspflichten gegenüber dem Betriebsrat, nicht aber gegenüber den einzelnen Arbeitnehmern auslöst. Es ist auch nicht zu erkennen, daß der Gesetzgeber an dieser Regelung durch die Einführung des § 613 a Abs. 5 BGB etwas hätte ändern wollen. Geht man jedoch davon aus, daß unter die Informa-

---

[456] Den Betriebsratsmitgliedern obliegt insoweit zusätzlich die Geheimhaltungspflicht gemäß § 79 Abs. 1 BetrVG.
[457] BT-Drucks. 14/7760, S. 19, re. Spalte.
[458] Dörner/Luczak/Wildschütz-Baeck/Haußmann, Handbuch Arbeitsrecht, C 3357.
[459] Vgl. Willemsen/Lembke, NJW 2002, 1159, 1163; Gaul/Otto, DB 2002, 634, 635.
[460] Vgl. Bauer/ v. Steinau-Steinrück, ZIP 2002, 457, 463.

tionspflicht über die „wirtschaftlichen und sozialen“ Folgen i.S.d. Nr. 3 auch mittelbare Folgen fallen, die nicht direkt aus dem Betriebsübergang resultieren, sondern auf einem einheitlichen unternehmerischen Konzept beruhen[461], so ist gleichzeitig davon auszugehen, daß die insoweit bereits konkret hinsichtlich der Arbeitnehmer in Aussicht genommenen Maßnahmen unter die Informationspflicht der Nr. 4 fallen. Dies gilt um so mehr, als diese Maßnahmen besonders wichtig für die Entscheidung über die Ausübung des Widerspruchsrechts sind, da dadurch die bei einem Übergang des Arbeitsverhältnisses für dessen Bestand drohende Gefahren evtl. wieder ausgeglichen werden. Folglich sind die Arbeitnehmer auch über solche Maßnahmen zu informieren.

(v) Nicht explizit geregelte, erforderliche Informationen

(a) Die Person des Betriebserwerbers

Erstaunlicherweise ist in § 613 a Abs. 5 Nr. 1 bis 4 BGB nicht explizit geregelt, daß die an dem Betriebsübergang beteiligten Unternehmen zu benennen sind. Insbesondere der Betriebserwerber, d.h. hier der übernehmende Rechtsträger, spielt jedoch für die Entscheidung der betroffenen Arbeitnehmer über die Ausübung ihres Widerspruchsrechts eine überaus wichtige Rolle. Dementsprechend erwähnte auch das BAG vor Einführung des § 613 a Abs. 5 BGB nur die Person des Betriebserwerbers ausdrücklich als notwendigen Inhalt der Unterichtung des Arbeitnehmers[462].

Allein schon wegen der besonderen Bedeutung der Person des zukünftigen Arbeitgebers für die betroffenen Arbeitnehmer ist es als zwingend erforderlich anzusehen, in dem Unterrichtungsschreiben den Betriebserwerber unter Angabe der Rechtsform und der Vertretungsverhältnisse genau zu benennen[463]. Von der Selbstverständlichkeit einer Unterrichtung des Arbeitnehmers über die Person des Betriebserwerbers ging auch die Bundesregierung aus, wobei im Gesetzgebungsverfahren auf diesen Punkt von den Mitgliedern der SPD-Fraktion sogar besonderer Wert gelegt wurde[464].

Für den Fall einer Unternehmensspaltung, bei der nur einzelne Betriebsteile abgespalten werden, sind infolgedessen auch Angaben darüber erforderlich, welche Betriebsteile genau auf
welchen neuen Rechtsträger übergehen, und welche Arbeitnehmer den jeweiligen Betriebsteilen angehören. Hat der Arbeitgeber in Zweifelsfällen sein Zuordnungsrecht im Spaltungsplan ausgeübt, so muß er die Arbeitnehmer auch

[461] S. oben S. 81 ff.
[462] BAG AP Nr. 10 zu § 613 a BGB.
[463] Vgl. Lakies, NJ 2002, 287, 289; Willemsen/Lembke, NJW 2002, 1159, 1162; Bauer/v. Steinau-Steinrück, ZIP 2002, 457, 463.
[464] S. Ausschußberatung der SPD-Fraktion, BT-Drucks. 14/8128, S. 6, li. Spalte.

über diese Entscheidung informieren. Nur dadurch wird sichergestellt, daß die Arbeitnehmer hinreichend über ihren neuen Arbeitgeber und die auf sie zukommenden Entwicklungen aufgeklärt sind.

(b) Information über das Widerspruchsrecht?

Zu klären bleibt, ob der Arbeitgeber den Arbeitnehmer auch über das ihm nunmehr nach § 613 a Abs. 6 BGB zustehende Widerspruchsrecht informieren muß. Soweit ersichtlich, hatten sich vor der gesetzlichen Normierung des Widerspruchsrechts weder die Rechtsprechung noch das Schrifttum eingehend zu dieser Frage geäußert. Seit der Einführung des § 613 a Abs. 6 BGB gehen nun einige Autoren davon aus, daß ein Hinweis an die Arbeitnehmer auf das darin normierte Widerspruchsrecht nicht erforderlich sei. Insoweit gelte die im Rechtsverkehr übliche Prämisse, daß die Beteiligten die einschlägigen Rechtsnormen kennen oder sich zumindest leicht über deren Inhalt erkundigen könnten[465]. Andere vertreten die Auffassung, daß die Arbeitnehmer über die Möglichkeit des Widerspruchs und die Form seiner Ausübung hinzuweisen seien, da dies zu den „Folgen des Übergangs“ im Sinne des § 613 a Abs. 5 Nr. 3 BGB gehöre[466].

Auszugehen ist bei der Lösung dieser Frage zunächst von dem Umstand, daß der Durchschnittsarbeitnehmer nichts von dem ihm zustehenden, mittlerweile gesetzlich geregelten Widerspruchsrecht weiß[467]. Dies kann man ihm insbesondere im Falle einer Unternehmensumwandlung aufgrund der Änderungen der Rechtslage und der Rechtsprechung in den letzten Jahren auch nicht vorwerfen. Fraglich ist jedoch, ob notwendige Folge der grundsätzlichen Unkenntnis des Arbeitnehmers hinsichtlich des Widerspruchsrechts zwingend eine Informationspflicht des Arbeitgebers diesbezüglich ist. Zu berücksichtigen ist insoweit insbesondere der Zweck der Informationspflicht nach § 613 a Abs. 5 BGB. Dieser besteht, wie bereits erwähnt, darin, dem Arbeitnehmer eine umfassende Entscheidungsgrundlage für die Ausübung seines Widerspruchsrechts zu verschaffen. Eine solche Informationspflicht macht deshalb keinen Sinn, wenn der Arbeitnehmer nicht zunächst über das Bestehen dieses Rechts aufgeklärt wird. Der Arbeitnehmer soll nämlich nicht aus Unkenntnis ihm zur Verfügung stehende Möglichkeiten ungenutzt lassen[468]. Gleichzeitig soll der Arbeitgeber nicht auf

---

[465] Vgl. Willemsen/Lembke, NJW 2002, 1159, 1163; Bauer/v. Steinau-Steinrück, ZIP 2002, 457, 463, die jedoch andererseits wiederum vertreten, daß der Arbeitnehmer über die möglichen Folgen der Ausübung des Widerspruchsrechts, wie den möglichen Ausspruch einer betriebsbedingten Kündigung, hinzuweisen sei.

[466] S. Worzalla, NZA 2002, 353, 355; Lakies, NJ 2002, 287, 289.

[467] Ebenso zur früheren Rechtslage Pietzko, Tatbestand, S. 290, Fn. 344; Blank, u.a., Betriebsaufspaltung, S. 204.

[468] Ebenso bereits zur Zusatzversorgung im öffentlichen Dienst BAG AP Nr. 6 zu § 242 BGB Ruhegehalt-VBL.

die Unkenntnis seiner Arbeitnehmer hoffen und so den ihm in den meisten Fällen unliebsamen Widerspruch von diesen verhindern können. Dabei kann „Aufklärung“ in diesem Zusammenhang ausgehend von dem vom BAG genannten Ziel der Selbstinformation jedoch auch nur bedeuten, daß der Arbeitgeber die Arbeitnehmer auf das Bestehen des Widerspruchsrechts und die Widerspruchsfrist an sich hinweisen muß. Darüber hinaus sind die Arbeitnehmer im Hinblick auf § 613 a Abs. 5 Nr. 3 BGB darauf hinzuweisen, welche Folgen sich allgemein aus der Ausübung des Widerspruchsrechts ergeben können. Es ist also insbesondere ein Hinweis auf die Möglichkeit der betriebsbedingten Kündigung erforderlich bzw. im Falle der Auflösung des übertragenden Rechtsträgers darauf, daß das Arbeitsverhältnis im Zeitpunkt der Eintragung der Umwandlung erlischt[469].

(e) Zeitpunkt der Unterrichtung

Nach dem Gesetzeswortlaut des § 613 a Abs. 5 BGB müssen die Arbeitnehmer „vor“ dem Betriebsübergang über die vorstehend erwähnten Punkte informiert werden. Umstritten ist, ob daraus folgt, daß eine Information der Arbeitnehmer erst nach dem Betriebsübergang die Widerspruchsfrist – anders als bisher[470] – künftig nicht mehr in Gang setzt. Während einige Autoren dies mit einem Hinweis auf den Wortlaut des § 613 a Abs. 5 BGB bejahen[471], geht der wohl überwiegende Teil der Literatur davon aus, daß der Zeitpunkt, zu dem die Unterrichtung erfolgt, grundsätzlich gleichgültig sei[472]. Eine Unterrichtung nach dem Betriebsübergang sei nicht etwa unwirksam, sondern könne sehr wohl die Widerspruchsfrist in Gang setzen[473], zumal die Unterrichtungspflicht so lange fortbestehe, bis sie erfüllt werde[474]. Letzterer Auffassung ist zuzustimmen, da die Bedeutung des Wortes „vor“ nicht so weit reicht, daß eine Unterrichtung erst nach Betriebsübergang die Widerspruchsfrist nicht mehr in Gang setzen kann. Die Bedeutung des „vor“ besteht allein darin, daß der Arbeitgeber unter Umständen Schadensersatzansprüchen ausgesetzt ist, wenn er seine Unterrichtungspflicht nicht rechtzeitig vor Betriebsübergang erfüllt, sondern eben erst danach[475]. Soweit § 613 a Abs. 6 BGB für den Fristbeginn auf den Zugang der Unterrichtung „nach Absatz 5“ verweist, bezieht sich dies lediglich auf den Inhalt, nicht aber auf den Zeitpunkt der Unterrichtung[476].

---

[469] Vgl. zu diesen Folgen der Widerspruchsausübung im einzelnen unten S. 110 ff.
[470] S. oben S. 71 ff.
[471] Bauer/v. Steinau-Steinrück, ZIP 2002, 457, 459.
[472] Grobys, BB 2002, 726, 727.
[473] Lakies, NJ 2002, 287, 290; Dörner/Luczak/Wildschütz-Baeck/Haußmann, Handbuch Arbeitsrecht, C 3340.
[474] Vgl. Willemsen/Lembke, NJW 2002, 1159, 1163.
[475] Vgl. dazu sogleich S. 90 f.
[476] Vgl. insoweit auch die Gesetzesbegründung, BT-Drucks. 14/7760, S. 20, li. Spalte.

(f) Folgen unterbliebener oder fehlerhafter Unterrichtung

(i) Kein Fristlauf

Die unterbliebene Unterrichtung der Arbeitnehmer hat zunächst allein zur Folge, daß die Widerspruchsfrist gemäß § 613 a Abs. 6 BGB nicht zu laufen beginnt, da die Informationspflicht des Arbeitgebers und das Widerspruchsrecht des Arbeitnehmers in wechselseitigem Bezug stehen[477]. Die Arbeitnehmer können folglich noch weiterhin widersprechen. Die fehlerhafte Unterrichtung ist der unterbliebenen Unterrichtung gleichzustellen, da es sich dann schon dem Wortlaut nach nicht um eine „Unterrichtung nach Abs. 5 BGB" mit all den dort geforderten Angaben handelt[478].

Die in diesem Rahmen auftretende Frage, ob das Widerspruchsrecht bei fehlender Unterrichtung des Arbeitnehmers zeitlich unbegrenzt ausgeübt werden kann oder ob irgendeine zeitliche Begrenzung besteht, ist weiter unten getrennt zu untersuchen. Denn es geht dabei nicht um den Lauf der Widerspruchsfrist[479], sondern vielmehr um die Möglichkeit der Verwirkung des Widerspruchsrechts.

Fraglich ist jedoch, wann eine Information der Arbeitnehmer überhaupt als fehlerhaft bzw. als nicht vollständig einzustufen ist, und welche Prüfungskompetenz die Gerichte insoweit im Nachhinein haben. „Vollständig" ist die Unterrichtung der Arbeitnehmer durch den Arbeitgeber dann, wenn diese sämtliche oben erwähnten Punkte enthält und den Arbeitnehmern formgerecht zugeleitet wird. Für die Richtigkeit und Vollständigkeit der Information ist allein die Kenntnis der beiden beteiligten Arbeitgeber zum Zeitpunkt der Unterrichtung maßgeblich[480]. Ergeben sich später andere Entwicklungen, die eventuell Auswirkungen auf die Arbeitsbedingungen haben oder gar den Wegfall des Arbeitsplatzes zur Folge haben, kann dies grundsätzlich nicht dazu führen, daß die Unterrichtung als „fehlerhaft" einzustufen ist. Dies gilt um so mehr, als die Arbeitgeber auch nach der Unterrichtung nicht an ihre bis dahin geplanten Maßnahmen gebunden sind, sondern vielmehr weiterhin in vollem Umfang ihre unternehmerische Entscheidungsfreiheit besitzen. Eine erneute Informationspflicht des Arbeitgebers kann ausnahmsweise nur dann bestehen, wenn es sich um solche einschneidenden Veränderungen handelt, daß sich der Betriebsübergang als ein völlig neuer Sachverhalt darstellt. Das ist z.B. der Fall, wenn die Person des Betriebserwerbers wechselt oder der Zeitpunkt des Betriebsübergangs um mehrere Monate verschoben wird[481]. Denn dann liegt bei objektiver Betrachtung der

---

[477] Vgl. BT-Drucks. 14/7760, S. 20, li. Spalte.

[478] Vgl. Gaul/Otto, DB 2002, 634, 638.

[479] Schließlich fängt die Widerspruchsfrist mangels ordnungsgemäßer Unterrichtung überhaupt nicht an zu laufen.

[480] Willemsen/Lembke, NJW 2002, 1159, 1162; Lakies, NJ 2002, 287, 289.

[481] Vgl. dazu bereits oben S. 78 f.

Gesamtumstände eine neue unternehmerische Entscheidung hinsichtlich der Durchführung des Betriebsübergangs vor.
Es ist im übrigen auch nicht erforderlich, daß der Arbeitnehmer etwa Verhandlungen mit dem Betriebsrat über einen Interessenausgleich oder Sozialplan abwartet[482], ehe er seine Arbeitnehmer über den Betriebsübergang informiert. Denn eine Abwägung zwischen den Interessen des Arbeitgebers an einer möglichst frühen Unterrichtung der Arbeitnehmer zur Erreichung einer möglichst hohen Planungssicherheit und den Interessen der Arbeitnehmer an einer umfassenden Unterrichtung über die sich aus dem Betriebsübergang für sie ergebenden Folgen kann nicht zu einer solchen Wartepflicht führen. Nach Auffasung einiger Autoren entspräche eine solche zwar mehr dem Sinn und Zweck der Unterrichtungspflicht[483]. Dem Arbeitgeber kann diese langanhaltende Unsicherheit jedoch nicht zugemutet werden. Zudem resultieren Ansprüche der Arbeitnehmer aus Interessenausgleich und Sozialplan nicht aus dem Vorliegen eines Betriebsübergangs, sondern nur aus einer eventuell damit verbundenen Betriebsänderung. Diese löst selbst jedoch keine Unterrichtungspflicht gegenüber den einzelnen Arbeitnehmern aus, sondern gemäß § 111 Satz 1 BetrVG nur gegenüber dem Betriebsrat.
Den Gerichten ist bezüglich der Frage, ob eine vollständige Unterrichtung der Arbeitnehmer in diesem Sinne vorliegt, nur eine formelle Prüfungskompetenz zuzubilligen[484]. Denn aufgrund der höchst vielfältigen und zudem von äußeren Faktoren beeinflußten Wirkungen, die ein Betriebsübergang mit sich bringt, erscheint es nicht möglich, im Nachhinein den Inhalt der Unterrichtung auf seine materielle Richtigkeit hin zu überprüfen. Dies bedeutet, daß die Unterrichtung grundsätzlich dann als vollständig anzusehen ist, wenn die gemachten Angaben nach objektiver Betrachtung den oben näher ausgeführten Voraussetzungen des Abs. 5 Nr. 1-4 entsprechen. Dann ist der Zweck der Unterrichtung erfüllt, den Arbeitnehmern eine vernünftige Entscheidungsgrundlage für die Ausübung ihres Widerspruchsrechts zu verschaffen. Eine solche Auslegung des Gesetzes ist insbesondere in den hier zu Rede stehenden Fällen des Betriebsübergangs infolge einer Unternehmensumwandlung geboten, da bei diesen dem Registergericht hinsichtlich der arbeitsrechtlichen Angaben im Umwandlungsvertrag[485] nach h.M. ebenfalls kein inhaltliches Prüfungsrecht zusteht[486].

---

[482] Dies kommt sowieso nur für den Fall in Betracht, daß mit dem Betriebsübergang gleichzeitig auch eine Betriebsänderung i.S.d. §§ 111 ff. BetrVG durchgeführt wird.
[483] Vgl. Willemsen/Lembke, NJW 2002, 1158, 1162.
[484] Grobys, BB 2002, 726, 729.
[485] Vgl. §§ 5 Abs. 1 Nr. 9, 126 Abs. 1 Nr. 11, 194 Abs. 1 Nr. 7 UmwG.
[486] Dehmer-Stratz, § 5 UmwG, Rn. 48; Willemsen, NZA 1996, 791, 796; offengelassen von OLG Düsseldorf, DB 1998, 1399, 1400.

(ii) Schadensersatzansprüche?

Fraglich ist, ob bei unterlassener oder fehlerhafter Unterrichtung Schadensersatzansprüche des Arbeitnehmers gegenüber dem alten oder neuen Arbeitgeber entstehen können. Voraussetzung für einen solchen Schadensersatzanspruch wäre zunächst, daß es sich bei der Unterrichtungspflicht nach § 613 a Abs. 5 BGB um eine Pflicht des Arbeitgebers handelt, auf deren Erfüllung der Arbeitnehmer einen Anspruch hat.

Einige Autoren gehen in Übereinstimmung mir der bisherigen Rechtsprechung[487] davon aus, daß es sich bei der Informationspflicht des alten und des neuen Arbeitgebers um eine in deren jeweils eigenem Interesse bestehende Obliegenheit handele. Deren Mißachtung habe allein zur Folge, daß die Widerspruchsfrist nicht in Gang gesetzt werde[488]. Andere sind der Auffassung, daß es sich dabei vielmehr um eine wirkliche Informationspflicht handele, auf deren Erfüllung der Arbeitnehmer einen Anspruch habe[489]. Eine Verletzung dieser Pflicht führe zu einem Schadensersatzanspruch aus §§ 280 ff. BGB. Für einen einklagbaren Unterrichtungsanspruch spreche bereits der Wortlaut des § 613 a Abs. 5 BGB und zudem die richtlinienkonforme Auslegung der Norm, da danach die Unterrichtungspflicht eine über den Fristbeginn des Widerspruchsrechts hinausgehende selbständige Bedeutung habe[490]. Auch könne nur so die Würde des Menschen gesichert werden[491].

Aufgrund der nunmehr eigenständigen Regelung der Informationspflicht des Arbeitgebers auf europarechtlicher Grundlage ist entgegen der früheren Rechtsprechung und herrschenden Meinung davon auszugehen, daß es sich dabei tatsächlich um einen einklagbaren Unterrichtungsanspruch handelt, dessen Mißachtung unter Umständen zu einem Schadensersatzanspruch führen kann. Zwar kann dies nicht, wie von einigen Autoren bisher vertreten, damit begründet werden, daß nur auf diese Weise die Würde des Arbeitnehmers gesichert werden könne. Denn schließlich ist die Beeinträchtigung der Grundrechte des Arbeitnehmers nicht in der Leistung der Arbeitskraft für einen anderen zu sehen, sondern vielmehr in der automatischen Vertragsbindung des Arbeitnehmers an einen anderen, ihm unliebsamen Arbeitgeber. Eine solche tritt jedoch nicht ein, wenn der Arbeitnehmer infolge fehlender Information aus Unkenntnis

---

[487] BAG AP Nr. 103 zu § 613 a BGB.

[488] Bauer/v. Steinau-Steinrück, ZIP 2002, 457, 458; Grobys, BB 2002, 726, 727; ebenfalls so vor Einführung des § 613 a Abs. 5 BGB: Seiter, Betriebsinhaberwechsel, S. 71; Bauer, Unternehmensveräußerung, S. 56; Commandeur, Betriebs-, Firmen- und Vermögensübernahme, S. 12; Kerschner/Köhler, Betriebsveräußerung, S. 32; Liessem. Betriebsverpachtung, S. 65.

[489] Dörner/Luczak/Wildschütz-Baeck/Haußmann, Handbuch Arbeitsrecht, C 3347.

[490] Willemsen/Lembke, NJW 2002, 1159, 1161; Lakies, NJ 2002, 287, 288.

[491] Gaul/Otto, DB 2002, 634, 639; so schon vor Einführung des § 613 a Abs. 5 BGB: Pietzko, Tatbestand, S. 292; Blank u.a., Betriebsaufspaltung, S. 208; Menze, Widerspruchsrecht, S. 202 f.

nicht widerspricht, da er den Widerspruch dann nach der gesetzlichen Regelung mangels Laufs der Widerspruchsfrist noch nachholen kann. Der Übergang des Arbeitsverhältnisses erfolgt in einem solchen Fall nur unter der aufschiebenden Bedingung, daß der Arbeitnehmer sein Widerspruchsrecht nicht innerhalb der ihm zustehenden Widerspruchsfrist ausübt[492]. Das Vorliegen einer echten Unterrichtungspflicht ergibt sich jedoch aus einer richtlinienkonformen Auslegung. Denn die dem § 613 a BGB zugrunde liegende Betriebsübergangsrichtlinie[493] sieht überhaupt kein Widerspruchsrecht vor, dessen Frist etwa bei Nichterfüllung der Informationspflicht nicht zu laufen begänne. Es kann jedoch nicht davon ausgegangen werden, daß in der Richtlinie eine Informationspflicht geregelt werden sollte, deren Erfüllung einerseits keinen Fristbeginn bewirken sollte, deren Nichterfüllung andererseits aber auch keinerlei andere Konsequenzen haben sollte, da dies keinen Sinn machen würde. Folglich ist entgegen der bisherigen Rechtsprechung mit der im Vordringen befindlichen Meinung davon auszugehen, daß es sich bei der Unterrichtungspflicht des § 613 a Abs. 5 BGB um einen einklagbaren Unterrichtungsanspruch handelt. Dessen Nichtbeachtung kann zu einem Schadensersatzanspruch gegen den alten Arbeitgeber aus § 280 Abs. 1 BGB und gegen den neuen Betriebsinhaber aus §§ 280 Abs. 1, 311 Abs. 2 Nr. 3, 241 Abs. 2 BGB als Gesamtschuldner führen[494].
Problematisch erscheint insoweit allerdings das Problem der Darlegung eines ersatzfähigen Schadens[495]. Denn der Arbeitnehmer kann im Fall einer nicht ordnungsgemäßen Unterrichtung sein Widerspruchsrecht noch ausüben bzw. er hätte dies bei rechtmäßigem Alternativverhalten der Arbeitgeber möglicherweise bereits getan, würde dann aber beim alten Arbeitgeber höchstwahrscheinlich einer betriebsbedingten Kündigung ausgesetzt sein[496]. Im umgekehrten Fall, d.h. wenn der Arbeitnehmer aufgrund fehlerhafter Unterrichtung dem Übergang seines Arbeitsverhältnisses widersprochen hat, kommt der Abschluß eines Arbeitsvertrages mit dem neuen Betriebsinhaber als Naturalrestitution im Hinblick auf den damit einhergehenden Eingriff in die Vertragsautonomie nicht in Betracht[497]. Zu ersetzen ist lediglich der entstandene Vermögensschaden in Geld.
Fraglich ist, ob daneben auch ein Schadensersatzanspruch aus § 823 Abs. 2 BGB in Betracht kommt. Dann müßte es sich bei § 613 a Abs. 5 BGB zunächst um ein Schutzgesetz im Sinne des § 823 Abs. 2 BGB handeln. Eine Schutznorm

---

[492] Im einzelnen dazu siehe S. 115 ff.
[493] Richtlinie 2001/23/EG des Rates vom 12.3.2001.
[494] Vgl. ErfK-Preis, § 613 a BGB, Rn. 90; Willemsen/Lembke, NJW 2002, 1159, 1164; Gaul/Otto, DB 2002, 634, 639 f.; Lakies, NJ 2002, 287, 290. A.A. Grobys, BB 2002, 726, 727.
[495] Vgl. Gaul/Otto, DB 2002, 634, 639; Willemsen/Lembke, NJW 2002, 1159, 1164; Lakies, NJ 2002, 287, 290.
[496] Vgl. zur betriebsbedingten Kündigung des widersprechenden Arbeitnehmers im einzelnen unten S. 129 ff.
[497] Vgl. Gaul/Otto, DB 2002, 634, 639.

in diesem Sinne liegt vor, wenn sie, sei es auch neben dem Schutz der Allgemeinheit, gerade dazu dienen soll, den einzelnen oder einzelne Personenkreise gegen die Verletzung eines Rechtsguts zu schützen[498]. Dabei kommt es nicht auf die Wirkung, sondern auf den Inhalt und Zweck des Gesetzes nach der Intention des Gesetzgebers bei seinem Erlaß an[499]. Die Informationspflicht des § 613 a Abs. 5 BGB bezweckt jedoch gerade nicht den Schutz der Vermögensinteressen der Beschäftigten[500]. Vielmehr geht es allein darum, den Arbeitnehmern eine ausreichende Entscheidungsgrundlage für die Ausübung ihres Widerspruchsrechts, insbesondere vor dem Hintergrund einer Änderung der Arbeitsbedingungen und der beruflichen Entwicklungsmöglichkeiten im Zuge des Betriebsübergangs, zu verschaffen[501]. Nur durch eine ausreichende Information wird nämlich auch eine wirklich privatautonome Entscheidung über die Ausübung des Widerspruchsrechts ermöglicht.
Zudem spricht gegen einen deliktischen Schadensersatzanspruch aus § 823 Abs. 2 BGB, daß die Grenzlinie zwischen Vertragsrecht und Deliktsrecht nicht mit Hilfe des § 823 Abs. 2 BGB verwischt werden soll[502]. Es handelt sich dann, wenn die Arbeitgeber ihre Informationspflicht aus § 613 a Abs. 5 BGB nicht einhalten, um eine Verletzung von Rechtspflichten aus einer Sonderverbindung. Es ist jedoch insoweit kein Grund ersichtlich, warum diese Verletzung von schuldrechtlichen Pflichten mit Hilfe des § 823 Abs. 2 BGB zugleich zu einem Delikt gemacht werden sollte.
Somit ist ein Schadensersatzanspruch des Arbeitnehmers aus § 823 Abs. 2 BGB abzulehnen. Ein solcher hätte im übrigen auch keinen eigenständigen Anwendungsbereich, da das Bestehen eines Arbeitsvertrages Voraussetzung für die Informationspflicht des Arbeitgebers nach § 613 a Abs. 5 BGB ist. Dies bedeutet, daß kein Fall denkbar ist, in dem der Arbeitnehmer wegen Verletzung der Informationspflichten des Arbeitgebers auf einen deliktischen Schadensersatzanspruch angewiesen wäre, da er immer bereits einen Schadensersatzanspruch aus § 280 Abs. 1 BGB wegen Verletzung einer arbeitsvertraglichen Nebenpflicht hat.

(3) Fristsetzung vor Betriebsübergang

Höchst umstritten war bisher die Frage, ob der alte Betriebsinhaber oder der Betriebserwerber die Möglichkeit haben, die Unterrichtung der Arbeitnehmer mit der Aufforderung zu verbinden, sich innerhalb einer bestimmten Frist, die vor dem Zeitpunkt des Betriebsübergangs endet, verbindlich über die Ausübung

---

[498] Palandt, § 823 BGB, Rn. 141.
[499] BGH ZIP 1991, 1597, 1598.
[500] So ausdrücklich Grobys, BB 2002, 726, 727.
[501] Vgl. BT-Drucks. 14/7760, S. 19, li. Spalte.
[502] Vgl. Schmiedel, Deliktsobligationen, S. 58.

oder Nichtausübung des Widerspruchsrechts zu äußern, mit der Folge, daß der Arbeitnehmer nur noch innerhalb dieser Frist widersprechen kann[503]. Dieser Streit hat sich nunmehr mit der Einführung des § 613 a Abs. 6 BGB erledigt. Denn danach endet die Widerspruchsfrist in jedem Fall einen Monat nach Zugang der Unterrichtung über den Betriebsübergang, unabhängig davon, ob das Fristende vor oder nach dem Zeitpunkt des Betriebsübergangs liegt. Demgegenüber kommt eine Verkürzung dieser gesetzlich geregelten Widerspruchsfrist auf 2 oder 3 Wochen durch den Arbeitgeber nicht mehr in Betracht, da es sich bei § 613 a Abs. 6 BGB um zwingendes Arbeitnehmerschutzrecht handelt[504].

(4) Schweigen bei Fristablauf als Zustimmung?

Das BAG und große Teile der Literatur gingen vor Einführung des § 613 a Abs. 6 BGB davon aus, daß im Schweigen des Arbeitnehmers bei Betriebsübergang eine konkludente Zustimmung zum Eintritt des neuen Rechtsträgers in das Arbeitsverhältnis zu sehen sei[505].

Dem war von jeher zum einen entgegenzuhalten, daß es ganz allgemein im Zivilrecht umstritten ist, unter welchen Voraussetzungen dem Schweigen überhaupt die Rechtswirkung einer Willenserklärung zukommt. Grundsätzlich wird dies nur in Ausnahmefällen bejaht, nämlich bei einer Fiktion durch gesetzliche Vorschrift, bei einer Pflicht zur Erklärung und beim kaufmännischen Bestätigungsschreiben[506], von welchen Fällen hier keiner einschlägig ist. Zum andern handelt es sich nach der hier vertretenen Auffassung zur Rechtsnatur des Widerspruchsrechts bei diesem gerade nicht um die Verweigerung der erforderlichen Zustimmung, sondern um ein Gestaltungsrecht[507], welches ausdrücklich ausgeübt werden muß, um Rechtswirkungen zu entfalten. Eine Zustimmung des

---

503 Das BAG befürwortete diese Frage ausdrücklich in früheren Urteilen (BAG AP Nr. 10 zu § 613 a BGB), änderte seine Auffassung in späteren Entscheidungen jedoch dahingehend, daß zwar der Übernehmer regelmäßig in der Lage sein dürfte, rechtzeitig eine bindende Erklärung des Arbeitnehmers herbeizuführen; den Interessen des bisherigen Arbeitgebers hingegen werde durch die Möglichkeit zur Kündigung in Zweifelsfällen ausreichend Rechnung getragen (BAG AP Nr. 177 zu § 613 a BGB). In der Literatur wurde die Möglichkeit einer solchen Fristsetzung wegen des Interesses der Arbeitgeber an Klarheit größtenteils befürwortet, vgl. Dreher, BB 2000, 2358, 2360; MünchArbR-Wank, § 124, Rn. 99; Staudinger[13]-Richardi/Annuß, § 613 a BGB, Rn. 125; Moll, Anm. zu BAG AP Nr. 103 zu § 613 a BGB; Moll/Jacobi, Anm. zu BAG AP Nr. 177 zu § 613 a BGB.

504 Vgl. Gaul/Otto, DB 2002, 634, 637; Lakies, NJ 2002, 287, 291.

505 BAG AP Nr. 10 zu § 613 a BGB; Commandeur, Betriebs-, Firmen- und Vermögensübernahme, S. 12; Liessem, Betriebsverpachtung, S. 64; Löwisch, Arbeitsrecht, Rn. 1471; Schiefer, Outsourcing, S. 85; Staudinger[12]-Richardi, § 613 a BGB, Rn. 126; Tschöpe, Rechtsfolgen, S. 40; MünchArbR-Wank, § 124, Rn. 99.

506 Palandt-Heinrichs, Einf. v. § 116 BGB, Rn. 7 ff.; Medicus, BGB AT, Rn. 346 ff.

507 Siehe oben S. 63.

Arbeitnehmers zu dem gesetzlichen Übergang seines Arbeitsverhältnisses ist gerade nicht erforderlich, so daß sich das Problem der Zustimmungserklärung durch Schweigen in diesem Zusammenhang überhaupt nicht stellt. Es handelt sich vielmehr allein um die Nichtausübung eines Gestaltungsrechts[508], wobei dieses im Zeitpunkt des Fristablaufes wie alle Gestaltungsrechte erlischt[509]. Die Auffassung der bisherigen Rechtsprechung und der herrschenden Meinung in der Literatur, daß in Abweichung von allgemeinen zivilrechtlichen Grundsätzen[510] das Schweigen bei Fristablauf als Zustimmung zu werten sei, war folglich von je her abzulehnen[511]. Dies gilt auch weiterhin.

4. Unbeachtlichkeit der Widerspruchserklärung

Das Widerspruchsrecht steht zwar grundsätzlich jedem Arbeitnehmer ohne Vorbehalte oder Einschränkungen zu. In bestimmten Fällen ist jedoch die Widerspruchserklärung als unbeachtlich anzusehen, nämlich wenn das Widerspruchsrecht zuvor wirksam ausgeschlossen wurde, oder die Ausübung des Widerspruchsrechts gegen Treu und Glauben verstoßen würde.

a) Ausschluß im Arbeitsvertrag

Auf Seiten des bisherigen Arbeitgebers besteht regelmäßig ein großes Interesse daran, daß alle Arbeitnehmer auf den Betriebserwerber übergehen[512]. In Betracht kommt zur Erreichung dieses Ziels zunächst ein Ausschluß des Widerspruchsrechts der Arbeitnehmer im jeweiligen Arbeitsvertrag. Ein solcher Ausschluß des Widerspruchsrechts soll nach Auffassung einiger Autoren - teilweise „mit Einschränkungen" - möglich sein[513], wobei jedoch nicht ganz klar wird, welche Einschränkungen damit gemeint sind. Andere gehen davon aus, daß ein solcher Ausschluß des Widerspruchsrechts im Arbeitsvertrag grundsätzlich nicht zulässig sei, da das Widerspruchsrecht, das schon vor dessen gesetzlicher Normierung auf Art. 1 Abs. 1 GG gestützt worden sei, infolgedessen auch

---

[508] Vgl. Pietzko, Tatbestand, S. 285; Blank u.a., Betriebsaufspaltung, S. 207; Herschel, AuR 1975, 382, 383.

[509] Vgl. Larenz-Wolf, BGB AT, § 15, Rn. 102.

[510] So Bauer, Unternehmensveräußerung, S. 58.

[511] Ebenso Staudinger[13]-Richardi/Annuß, § 613 a BGB, Rn. 125, die richtigerweise davon ausgehen, daß es lediglich „zu der in § 613 a BGB vorgesehenen Rechtsfolge" kommt, wenn die Widerspruchsfrist versäumt wird. Ähnlich Blank, der die Formulierung des BAG bezüglich einer Zustimmung des Arbeitnehmers als „mißverständlich" bezeichnet, vgl. Blank, u.a., Betriebsaufspaltung, S. 252.

[512] Vgl. Pröpper, DB 2000, 2322.

[513] Bauer, Unternehmensveräußerung, S. 57; Pottmeyer, ZfA 1989, 239, 250 f. Ebenso Pröpper, DB 2000, 2322, 2325 f., der dem Arbeitnehmer dann aber ein außerordentliches Kündigungsrecht aus wichtigem Grund zubilligen will.

als allseits zwingend angesehen werden müsse[514]. Zumindest ohne konkreten Anlaßfall sei eine Vereinbarung über die Abbedingung des Widerspruchsrechts unwirksam[515].
Dem ist zuzugeben, daß sich der Arbeitnehmer durch einen solch „blinden Verzicht“[516] in eine Objektstellung begeben würde, die zu verhindern gerade Ziel des Widerspruchsrechts ist. Der Arbeitnehmer muß in Kenntnis insbesondere der Person des Betriebserwerbers die Möglichkeit haben, den automatischen Übergang seines Arbeitsverhältnisses auf diesen zu verhindern. Ein genereller Ausschluß des Widerspruchsrechts im Arbeitsvertrag ohne Kenntnis der näheren Umstände des Betriebübergangs steht somit im Widerspruch zu der grundrechtlichen Begründung dieses Rechts sowie zu dem zwingenden Charakter von § 613 a BGB[517] und ist deshalb abzulehnen[518].

b) Verzichtserklärung oder bereits erfolgte Einigung

Bereits nach der bisherigen Rechtsprechung und Literatur konnte sich ein Arbeitnehmer aber im Hinblick auf einen konkreten Betriebsübergang ohne weiteres dazu verpflichten, keinen Widerspruch zu erklären[519]. Dann sollte der gleichwohl ausgesprochene Widerspruch unwirksam und unbeachtlich sein[520]. Darüber hinaus soll nach der Rechtsprechung ein Widerspruch des Arbeitnehmers dann vertragswidrig und unbeachtlich sein, wenn der Arbeitnehmer vorher mit dem bisherigen Arbeitgeber oder mit dem neuen Arbeitgeber den Übergang des Arbeitsverhältnisses vereinbart hat[521]. Dabei soll im ersten Fall kein Vertrag

---

[514] Schiefer, Outsourcing, S. 83; MünchArbR-Wank, § 124, Rn. 102; Großkommentar-Steffan, § 613 a BGB, Rn. 110.
[515] Vgl. Willemsen/Hohenstatt/Schweibert-Willemsen, Umstrukturierung, S. 760.
[516] Vgl. Pietzko, Tatbestand, S. 295; Staudinger[13]-Richardi/Annuß, § 613 a BGB, Rn. 141.
[517] Vgl. BAG AP Nr. 2 zu § 613 a BGB.
[518] Im Ergebnis ebenso, aber mit der Begründung, daß sich ansonsten für den Arbeitnehmer die Gefahr einer Zwangslage bei Abschluß des Arbeitsvertrags ergebe: Menze, Widerspruchsrecht, S. 80.
[519] BAG AP Nr. 177 zu § 613 a BGB; Schaub, ArbRHandb, § 118, Rn. 60; Staudinger[13]-Richardi/Annuß, § 613 a BGB, Rn. 141. In früheren Urteilen sah das BAG sogar eine einseitige Zusage des Arbeitnehmers als ausreichend an, vgl. BAG AP Nr. 37 zu § 613 a BGB, mit abl. Anm. Herschel.
[520] BAG AP Nr. 177 zu § 613 a BGB. Früher schätzte das BAG einen solchen späteren Widerspruch als Verstoß gegen Treu und Glauben ein, wenn sich der Arbeitgeber auf die vorausgegangene zustimmende Erklärung des Arbeitnehmers verlassen durfte und sich darauf eingerichtet hatte (§ 242 BGB), vgl. BAG AP Nr. 37 zu § 613 a BGB.
[521] BAG AP Nr. 177 zu § 613 a BGB; BAG AP Nr. 37 zu § 613 a BGB.

zu Lasten Dritter vorliegen[522], da der Betriebserwerber ohnehin an § 613 a BGB gebunden sei[523].

Der Auffassung der Rechtsprechung, daß sich der Arbeitnehmer in Kenntnis der Umstände vertraglich dazu verpflichten kann, dem Übergang seines Arbeitsverhältnisses nicht zu widersprechen, ist grundsätzlich zuzustimmen. Der Arbeitnehmer entscheidet sich dann schließlich „sehenden Auges“ dafür, das ihm aus verfassungsrechtlichen Gründen zustehende und mittlerweile gesetzlich normierte Widerspruchsrecht nicht in Anspruch zu nehmen, wogegen keinerlei Bedenken bestehen. Dies gilt jedoch im Hinblick auf die Neuregelung der umfassenden Informationspflichten des Arbeitgebers in § 613 a Abs. 5 BGB nur dann, wenn der Arbeitnehmer bereits umfassend über alle dort genannten Punkte informiert wurde. Nur dann handelt es sich um den Fall, daß der Arbeitnehmer aufgrund einer ausreichenden Entscheidungsgrundlage wirklich „sehenden Auges“ auf sein Widerspruchsrecht verzichtet[524], da Grundlage einer wirklich privatautonomen Entscheidung die entsprechende Information ist[525]. Ein Verzicht auf die Unterrichtung durch den Arbeitgeber nach § 613 a Abs. 5 BGB, auf die der Arbeitnehmer einen Anspruch hat, kommt nicht in Betracht, da es sich insoweit um zwingendes Arbeitnehmerschutzrecht handelt[526]. Zudem ist wegen des nunmehr bestehenden Schriftformerfordernisses der Widerspruchserklärung in entsprechender Anwendung des § 613 a Abs. 6 BGB auch hinsichtlich der Verzichtsvereinbarung zu fordern, daß diese schriftlich erfolgt[527]. Auch insoweit muß der Arbeitnehmer vor voreiligen Handlungen geschützt werden[528]. Folglich kommt ein konkludenter Verzicht auf das Widerspruchsrecht, etwa durch Weiterarbeit nach Betriebsübergang innerhalb der Monatsfrist, nicht mehr in Betracht[529].

Hat der Arbeitnehmer sich aber zu einer schriftlichen Verzichtsvereinbarung entschlossen, so ist ein gleichwohl erhobener Widerspruch als unbeachtlich anzusehen, und zwar auch dann, wenn die Widerspruchsfrist noch nicht abgelaufen ist. Eine solche vertragliche Vereinbarung stellt somit nach ordnungsgemäßer Unterrichtung gemäß § 613 a Abs. 5 BGB eine zulässige, geeignete Mög-

---

[522] So aber Herschel, Anm. zu BAG AP Nr. 37 zu § 613 a BGB, der deshalb immer auch die Zustimmung des Übernehmers für erforderlich hält.

[523] BAG AP Nr. 177 zu § 613 a BGB.

[524] Vgl. Grobys, BB 2002, 726, 730, der die Möglichkeit eines Verzichts ohne vorherige Unterrichtung als „fragwürdig“ bezeichnet. Demgegenüber gehen Bauer/ v. Steinau-Steinrück davon aus, daß ein Verzicht bereits vor vollständiger Information möglich sei, s. ZIP 2002, 457, 464.

[525] Vgl. Weber, ZfA 2001, 451, 563. A.A. ErfK-Preis, § 613 a BGB, Rn. 98.

[526] A.A. Bauer/ v. Steinau-Steinrück, ZIP 2002, 457, 464.

[527] ErfK-Preis, § 613 a BGB, Rn. 98.

[528] Vgl. Gaul/Otto, DB 2002, 634, 638.

[529] So aber noch BAG AP Nr. 10 zu § 613 a BGB; Seiter, Betriebsinhaberwechsel, S. 73; Karlsfeld, Widerspruchsrecht, S. 194.

lichkeit dar, dem Betriebsveräußerer und dem Betriebserwerber frühzeitig Klarheit über die Zahl der nach dem Betriebs(teil)übergang jeweils zu beschäftigenden Arbeitnehmer zu verschaffen.
Gleiches gilt für die weiterhin bestehende Möglichkeit, eine Vereinbarung zwischen dem betroffenen Arbeitnehmer und seinem bisherigen Arbeitgeber sowie dem neuen Inhaber zur Überleitung des Arbeitsverhältnisses auf den Betriebserwerber zu schließen. Dabei kommt es insoweit sogar nicht auf eine wirksame und vollständige Unterrichtung nach Abs. 5 an, da in diesem Fall die Fortführung des Arbeitsverhältnisses auf einem eigenständigen, vom Betriebsübergang unabhängigen Rechtsgrund beruht[530].

c) Ausschluß in einer Betriebsvereinbarung oder in einem Tarifvertrag

Bereits in seinem ersten Urteil zu § 613 a BGB hat das BAG ausdrücklich Betriebsvereinbarungen für unwirksam erklärt, in denen die „Zustimmung" der Arbeitnehmer zum Übergang ihrer Arbeitsverhältnisse ersetzt wird. Arbeitgeber und Betriebsrat könnten zu Lasten der betroffenen Arbeitnehmer keine Auflösung bestehender Arbeitsverhältnisse aus Anlaß eines Betriebs- oder Betriebsteilübergangs vereinbaren[531]. Weil solche Vereinbarungen weder der betriebsverfassungsrechtlichen Gestaltung des Betriebes dienten noch als einheitliche, den Inhalt des Arbeitsverhältnisses betreffende Regelung des betrieblichen Geschehens notwendig seien, unterlägen sie nicht der Zuständigkeit des Betriebsrats[532]. Damit schützt das BAG die Vertragsfreiheit des Arbeitnehmers auch gegen kollektivrechtliche Eingriffe[533]. Ebenso lehnen viele Vertreter der Literatur den Ausschluß des Widerspruchsrechts durch Betriebsvereinbarung schon wegen dessen grundrechtlicher Fundierung ab[534].
Das Widerspruchsrecht ist ein Recht, das wie das Recht zum Abschluß des Arbeitsvertrages oder zur Beendigung des Arbeitsvertrages durch Kündigung rein individualrechtlichen Charakter hat, so daß es schon deshalb nicht der Zuständigkeit des Betriebsrats unterliegen kann[535]. Gleiches muß auch hinsichtlich der (Un-)Zuständigkeit der Tarifvertragsparteien gelten, d.h. die Vereinbarung des Ausschlusses des Widerspruchsrechts aller Arbeitnehmer in einem Tarifvertrag

[530] Vgl. Grobys, BB 2002, 726, 730.
[531] BAG AP Nr. 1 zu § 613 a BGB.
[532] BAG AP Nr. 1 zu § 613 a BGB.
[533] Vgl. Bauer, Unternehmensveräußerung, S. 57; Seiter, Anm. zu BAG AP Nr. 1 zu § 613 a BGB.
[534] Commandeur, Betriebs-, Firmen- und Vermögensübernahme, S. 12.
[535] So schon vor Einführung des § 613 a Abs. 5 und 6: Pröpper, DB 2000, 2322; Staudinger[13]-Richardi/Annuß, § 613 a BGB, Rn. 140; FKHES, § 77 BetrVG, Rn. 55; Richardi-Richardi, § 77 BetrVG, Rn. 50, 72. Seitdem: Gaul/Otto, DB 2002, 634, 638.

ist ebenso unwirksam wie dessen Ausschluß in einer Betriebsvereinbarung[536]. Nur diese Lösung stimmt mit der bereits oben getroffenen Feststellung überein, daß es sich bei dem nunmehr gesetzlich geregelten Widerspruchsrecht um zwingendes Arbeitnehmerschutzrecht handelt. Dies bedeutet, daß § 613 a Abs. 6 BGB weder durch Betriebsvereinbarung noch durch Tarifvertrag abbedungen werden kann.

d) Unbeachtlichkeit der Widerspruchserklärung nach § 242 BGB

(1) Verwirkung wegen Zeitablaufs

Fraglich ist, ob eine Verwirkung des Widerspruchsrechts einige Monate nach dem Zeitpunkt des Betriebsübergangs für den Fall in Betracht kommt, daß die Widerspruchsfrist mangels ordnungsgemäßer Unterrichtung durch den alten oder den neuen Arbeitgeber immer noch nicht zu laufen begonnen hat. Eine maximale Fristobergrenze für den Widerspruch von drei bzw. sechs Monaten ist – entgegen entsprechender Vorschläge im Gesetzgebungsverfahren[537] - nicht Gesetz geworden. Dennoch gehen einige Autoren davon aus, daß insoweit eine analoge Anwendung des § 5 Abs. 3 Satz 2 KSchG in Betracht komme. Fristbeginn soll dann der Zeitpunkt des Betriebsübergangs zuzüglich der Monatsfrist des § 613 a Abs. 6 BGB sein, so daß man für die Ausübung des Widerspruchsrechts insgesamt zu einer Höchstfrist von 7 Monaten ab Betriebsübergang kommt[538]. Andere gehen zumindest ausnahmsweise von der Möglichkeit der Verwirkung des Widerspruchsrechts gemäß § 242 BGB aus, wobei es insoweit aber keine starre Höchstfrist geben soll, sondern es vielmehr auf die Umstände des Einzelfalls ankommen soll[539].
Eine Analogie zu anderen gesetzlich geregelten Höchstfristen kommt im vorliegenden Fall nicht in Betracht, da es der Gesetzgeber trotz mehrerer dahingehender Anträge der Opposition unterlassen hat, eine derartige Höchstfrist für die Ausübung des Widerspruchsrechts gesetzlich zu normieren. Folglich ist schon das Vorliegen einer planwidrigen Regelungslücke zu verneinen[540]. Dies gilt, auch wenn die Gesetzesbegründung mit keinem Wort darauf eingeht, warum man von der beantragten Festsetzung einer 6-monatigen Höchstfrist abgesehen hat[541]. Dennoch erschiene es im Hinblick auf die Rechtssicherheit unerträglich,

---

[536] Vgl. Großkommentar-Steffan, § 613 a BGB, Rn. 111 m. w. Nachw.
[537] Vgl. die Empfehlungen, BR-Drucks. 831/1/01, S. 2, sowie die abgelehnten Änderungsanträge der CDU/CSU-Fraktion und der FDP-Fraktion, BT-Drucks. 14/8128, S. 4 ff.
[538] Worzalla, NZA 2002, 353, 357.
[539] Vgl. Willemsen/Lembke, NJW 2002, 1159, 1160; Lakies, NJ 2002, 287, 291; ErfK-Preis, § 613 a BGB, Rn. 97. Bauer/ v. Steinau-Steinrück scheinen demgegenüber insoweit von einer „Regelfrist" von 3 Monaten auszugehen, s. ZIP 2002, 457, 464.
[540] Vgl. Lakies NJ 2002, 287, 291.
[541] Vgl. BT-Drucks. 14/8128, S. 4 ff.

wenn insbesondere bei nur unvollständiger Unterrichtung die Ausübung des Widerspruchsrechts auch noch Jahre nach dem Betriebsübergang möglich wäre. Gemäß § 242 BGB ist nach allgemeinen Grundsätzen eine zeitliche Grenze für die Ausübung eines Rechts dann zu ziehen, wenn der Berechtigte dieses über längere Zeit hinweg nicht geltend gemacht hat (Zeitmoment) und der Verpflichtete sich nach dem gesamten Verhalten des Berechtigten darauf einrichten durfte und auch eingerichtet hat, daß dieser das Recht auch in Zukunft nicht geltend machen werde (Umstands-/Vertrauensmoment)[542]. Übertragen auf den Fall des Widerspruchsrechts heißt das, daß dieses dann verwirkt ist, wenn der Arbeitnehmer längere Zeit nach Kenntnis von dem Betriebsübergang und den damit zusammenhängenden Veränderungen der Arbeitsbedingungen widerspruchslos in dem übergegangenen Betrieb weiterarbeitet. Dies gilt aber im Hinblick auf das erforderliche „Vertrauensmoment" nur dann, wenn überhaupt eine – wenn auch unvollständige - Unterrichtung des Arbeitnehmers erfolgte, in der der Arbeitnehmer gleichzeitig dazu aufgefordert wurde, etwaige Unklarheiten oder Informationsdefizite innerhalb der einmonatigen Widerspruchsfrist gegenüber dem unterrichtenden Arbeitgeber geltend zu machen[543]. Der Arbeitgeber darf sich ohne eine solche Aufforderung oder gar ohne eine Unterrichtung nach § 613 a Abs. 5 BGB insgesamt nicht darauf einrichten, daß der Arbeitnehmer sein Widerspruchsrecht nun nicht mehr ausüben wird. Eine genaue zeitliche Höchstgrenze für die Ausübung des Widerspruchsrechts läßt sich in dem Fall, in dem eine Unterrichtung grundsätzlich stattgefunden hat, nicht bestimmen; in Anlehnung an § 5 Abs. 3 Satz 2 KSchG dürfte jedoch regelmäßig von einer Frist von 6 Monaten ab dem Zeitpunkt des Betriebsübergangs auszugehen zu sein.

(2) Individuelle, rechtsmißbräuchliche Ausübung des Widerspruchsrechts

Sowohl Rechtsprechung als auch Literatur gingen bereits vor der gesetzlichen Normierung des Widerspruchsrechts davon aus, daß der Widerspruch eines Arbeitnehmers im konkreten Einzelfall rechtsmißbräuchlich sein könne. Das BAG betonte dabei, daß ein Ausschluß des Widerspruchsrechts gemäß § 242 BGB aufgrund widersprüchlichen Verhaltens in Betracht komme. Dieses liege jedoch nicht bereits dann vor, wenn der Arbeitnehmer widerspreche, nachdem er mit dem Betriebserwerber über Arbeitsbedingungen verhandelt habe. Da solche Verhandlungen keinerlei rechtlichen Erklärungswert hätten und auch kein berechtigtes Vertrauen des Erwerbers begründeten, sei ein in diesem Fall erhobener Widerspruch zwar als überraschend anzusehen, nicht jedoch als widersprüchliches Verhalten im Rechtssinne[544]. In der Literatur war man sich einig,

[542] Vgl. BGH NJW 1982, 1999.
[543] Vgl. Willemsen/Lembke, NJW 2002, 1159, 1160.
[544] BAG AP Nr. 177 zu § 613 a BGB.

daß Nachteile des Veräußerers oder des Erwerbers allein jedenfalls nicht für die Annahme eines rechtsmißbräuchlichen Widerspruchs genügten[545]. Eine mißbräuchliche Ausübung soll demgegenüber nach Auffassung vieler Autoren etwa im Hinblick auf eine Wettbewerbsbeschränkung erfolgen können[546]. Darunter soll der Fall zu verstehen sein, daß ein Know-how-Träger durch die Ausübung seines Widerspruchsrechts und die gesetzliche Folgewirkung des § 74 a HGB die Wirksamkeit der Wettbewerbsklausel beseitigt und nach einer Eigenkündigung somit seinen Wissensstand ohne Einhaltung eines vertraglich nachwirkenden Wettbewerbsverbots beim Mitbewerber des Betriebserwerbers und zu dessen Nachteil nutzbar machen kann[547]. Ebenso sei dann, wenn der Arbeitnehmer einseitig zugesagt habe, dem Übergang seines Arbeitsverhältnisses nicht zu widersprechen, und der Arbeitgeber auf diese Erklärung vertraut habe, ein dennoch erhobener Widerspruch wegen Verstoßes gegen den Grundsatz von Treu und Glauben als unbeachtlich anzusehen[548].

Bezüglich der Annahme des Rechtsmißbrauches durch die individuelle Ausübung des Widerspruchsrechts sind strenge Maßstäbe anzusetzen, um nicht den durch dieses Recht gewährten Grundrechtsschutz leerlaufen zu lassen. Während eine „Verwirkung" des Widerspruchsrechts infolge Zeitablaufs aufgrund der recht kurzen Widerspruchsfrist - abgesehen von dem oben bereits dargestellten Fall, in dem die Widerspruchsfrist mangels ordnungsgemäßer Unterrichtung überhaupt nicht läuft[549] – praktisch nicht in Betracht kommt[550], kann eine Unbeachtlichkeit des Widerspruchs aufgrund widersprüchlichen Verhaltens nur im Einzelfall zu bejahen sein. Dabei sind aber insbesondere Motive des widersprechenden Arbeitnehmers, wie das erstrebte Nebenziel, sich im Ergebnis durch die Ausübung des Widerspruchsrechts von einem Wettbewerbsverbot lösen zu können, nicht ausreichend für einen Verstoß des Widerspruchs gegen Treu und Glauben. Gleiches gilt für durch einen überraschenden Widerspruch verursachte anderweitige Schwierigkeiten des Betriebsveräußerers oder des Betriebserwerbers. Will der Arbeitgeber diese vermeiden, muß er frühzeitig eine rechtlich bindende Erklärung des Arbeitnehmers herbeiführen[551]. Tut er dies nicht, kann eine vorherige – grundsätzlich unverbindliche – Erklärung des Arbeitnehmers, nicht widersprechen zu wollen, nur dann zu einer Unbeachtlichkeit des später doch ausgeübten Widerspruchs führen, wenn die Umstände des Einzelfalls dazu

---

[545] Bauer, Unternehmensveräußerung, S. 58; Seiter, Betriebsinhaberwechsel, S. 73.

[546] Menze, Widerspruchsrecht, S. 97; MünchArbR-Wank, § 124, Rn. 103.

[547] Gaul, Betriebsübergang, S. 225 f.

[548] Vgl. BAG AP Nr. 37 zu § 613 a BGB; zust. Großkommentar-Preis, § 613 a BGB, Rn. 110.

[549] S. oben S. 98 f.

[550] Ebenso zur Verwirkung neben der Ausschlußfrist des § 626 Abs. 2 BGB s. MüKo-Roth, § 242 BGB, Rn. 363. A.A. wegen der von ihr aufgestellten Voraussetzung der Fristsetzung durch den Arbeitgeber: Menze, Widerspruchsrecht, S. 97.

[551] Und zwar durch frühzeitige Unterrichtung der Arbeitnehmer und darüber hinaus evtl. durch Vereinbarung eines Verzichts auf das Widerspruchsrecht, vgl. dazu oben S. 95 ff.

führen, daß das Verhalten des Arbeitnehmers die Grenzen des widersprüchlichen Verhaltens erreicht, d.h. wenn der Arbeitnehmer das Vertrauen darauf erweckt hat, daß er sein Widerspruchsrecht nicht ausüben werde[552].

(3) Kollektive Ausübung des Widerspruchsrechts

Verbreitet wird die Auffassung vertreten, daß ein nach § 242 BGB beachtlicher Mißbrauch des Widerspruchsrechts dann vorliegen könne, wenn zahlreiche Arbeitnehmer aufgrund gemeinsamer Absprache das Widerspruchsrecht gemeinschaftlich ausübten, um den Betriebsübergang zu verhindern oder von bestimmten Bedingungen abhängig zu machen[553], wobei jedoch die Einzelheiten nicht abschließend geklärt sind.

(a) Zulässigkeit der kollektiven Widerspruchsausübung

(i) Literatur

Manche Autoren vertreten die Auffassung, daß die kollektive Widerspruchsausübung unbeschränkt zulässig sein müsse. Das Widerspruchsrecht verliere seinen individualrechtlichen Charakter nicht dadurch, daß mehrere Arbeitnehmer davon gemeinsam, d.h. im bewußten und gewollten Zusammenwirken, Gebrauch machten. Es handele sich dabei auch nicht um eine „Kampfmaßnahme", weil das Widerspruchsrecht mit seinem defensiven Charakter nur die Erhaltung des Status quo bezwecke[554]. Zudem sei das Widerspruchsrecht kein zweckgebundenes Recht, so daß es auf die Motive des Ausübenden regelmäßig nicht ankomme[555].

Andere Autoren gehen demgegenüber davon aus, daß zwar grundsätzlich das, was individualrechtlich erlaubt sei, nicht dadurch unzulässig werde, daß es kollektivrechtlich ausgeübt werde. Die Schranke des Rechtsmißbrauchs gemäß § 242 BGB müsse aber dann greifen, wenn eine solche Aktivität erkennbar darauf gerichtet sei, wirtschaftliche Leistungsverpflichtungen des Betriebsveräußerers zu begründen, die nur durch einen solchen kollektiven Widerspruch auslösbar seien[556].

---

[552] Vgl. MüKo-Roth, § 242 BGB, Rn. 329.

[553] Vgl. Commandeur, Betriebs-, Firmen- und Vermögensübernahme, S. 13; Karlsfeld, Widerspruchsrecht, S. 199; MünchArbR-Wank, § 124, Rn. 103.

[554] So Blank, u.a., Betriebsaufspaltung, S. 208 ff.; Simon, ZfA 1987, 311, 333 f.; Liessem, Betriebsverpachtung, S. 119 f.

[555] Soergel-Raab, § 613 a BGB, Rn. 163. Auch Tschöpe, Rechtsfolgen, S. 81 ff., scheint z.B. in der kollektiven Ausübung des Widerspruchsrechts zur Verhinderung des Betriebsübergangs kein Problem zu sehen.

[556] Gaul, Betriebsübergang, S. 226; ders., ZfA 1990, 87, 91. Menze, Widerspruchsrecht, S. 221 ff.; Seiter, Betriebsinhaberwechsel, S. 75, weist lediglich ganz allgemein darauf hin, daß

Pietzko[557] beschäftigt sich mit diesem Problemkreis im Rahmen der Einzelrechtsnachfolge eingehend und stellt den darüber hinausgehenden Grundsatz auf, daß das kollektivrechtlich unzulässig bleibe, was bereits individualrechtlich unrechtmäßig sei. Ausgehend von dieser Prämisse kommt er zu dem Ergebnis, daß der kollektive Widerspruch mit dem Ziel, materielle Vergünstigungen durchzusetzen oder den Betriebsübergang als solchen zu verhindern, rechtsmißbräuchlich sei[558]. Zum einen stelle der Betriebsinhaberwechsel nach dem Willen des Gesetzgebers gerade keinen sozialplanpflichtigen Vorgang dar und zum andern unterfalle die Entscheidung über den Betriebsinhaberwechsel selbst allein der durch Art. 14 GG geschützten Dispositionfreiheit des Betriebsinhabers. Gegen die gemeinschaftliche Ausübung des Widerspruchsrechts zur Vermeidung eines konkreten Arbeitgeberwechsels bestünden hingegen grundsätzlich keine Bedenken. Lediglich wenn der Betriebsübergang an dem kollektiven Widerspruch scheitere, müßten die Arbeitnehmer wegen des Grundsatzes der Verhältnismäßigkeit ein legitimes Interesse an der Widerspruchserklärung glaubhaft machen können. Resultiere aus dem gemeinschaftlichen Widerspruch nachweislich die Notwendigkeit zur Betriebsstillegung, so sei das Vorgehen der Belegschaft sogar in jedem Fall als rechtsmißbräuchlich zu qualifizieren, da ansonsten der Schutzgedanke des § 613 a BGB aufgrund der Vernichtung aller Arbeitsplätze unterlaufen würde.

(ii) Stellungnahme

Bezüglich der Beurteilung der Zulässigkeit des kollektiven Widerspruchs ist zunächst festzuhalten, daß es sich rein begrifflich nur dann um eine „kollektive" Ausübung des Widerspruchsrechts handelt, wenn sich die Arbeitnehmer bewußt zur Durchsetzung eines gemeinsamen Ziels zusammentun und vor diesem Hintergrund von ihrem Widerspruchsrecht Gebrauch machen, nicht jedoch, wenn mehrere Widersprüche mehr oder weniger zufällig zusammentreffen[559]. Fraglich ist, inwieweit diese verfolgte gemeinsame Zielsetzung bei der Beurteilung der Zulässigkeit des kollektiven Widerspruchs Berücksichtigung finden muß.
Ausgangspunkt sollen dabei die in der Literatur aufgestellten Grundsätze sein, daß das, was individualrechtlich zulässig ist, nicht dadurch unzulässig wird, daß es kollektivrechtlich ausgeübt wird, daß aber auch das kollektivrechtlich unzulässig bleibt, was bereits individualrechtlich unzulässig ist. Soweit es den Arbeitnehmern also allein darum geht, die freie Wahl ihres Arbeitgebers zu verteidigen und Zwecke zu verfolgen, die sich in der Sicherung des vertragsrechtli-

---

die kollektive Ausübung von Individualrechten zum Zweck der Druckausübung den „allgemeinen Kampfgrenzen" unterliege.

[557] Pietzko, Tatbestand, S. 321 ff.

[558] Ebenso Moll, AnwBl. 1991, 282, 297.

[559] Vgl. Menze, Widerspruchsrecht, S. 218.

chen Status quo erschöpfen, so muß dies grundsätzlich auch durch gemeinschaftliche Ausübung des Widerspruchsrechts möglich sein[560]. Demgegenüber ist das Bestreben der Arbeitnehmer, durch die Androhung der gemeinsamen Widerspruchsausübung materielle Vergünstigungen zu erreichen, als rechtsmißbräuchlich anzusehen. Eine solche Verknüpfung ist auch bei einem individuellen Widerspruch nicht zulässig, insbesondere löst ein Betriebsübergang für sich gesehen keine Sozialplanansprüche nach §§ 111 ff. BGB aus[561].
Problematisch erscheint der Fall, in dem die Arbeitnehmer durch gemeinsame Widerspruchsausübung das Ziel verfolgen, den Betriebsübergang zu verhindern. Schließlich können die Arbeitnehmer im Fall des kollektiven Widerspruchs die nicht unberechtigte Hoffnung hegen, daß der potentielle Betriebserwerber, d.h. hier der übernehmende Rechtsträger, von seinen Übernahmeplänen Abstand nimmt, wenn ihm klar wird, daß er aufgrund zahlreicher Widersprüche einen nicht funktionsfähigen Betrieb erhalten wird. Auch mit dieser Zielsetzung ist jedoch die kollektive Widerspruchsausübung als zulässig anzusehen. Der potentielle übertragende und übernehmende Rechtsträger werden im Gegensatz zu einer weit verbreiteten Auffassung dadurch gerade nicht in den allein ihrer Entscheidungsmacht unterliegenden Verschmelzungs- und Spaltungsplänen gehindert, sondern sie können vielmehr weiterhin frei darüber entscheiden. Sie werden also nicht in dem Kernbereich ihrer unternehmerischen Entscheidungsfreiheit beeinträchtigt. Daß das geplante Vorhaben bei einer entsprechenden Zahl von Widersprüchen eventuell wirtschaftlich keinen Sinn mehr für sie macht, ist eine ganz andere Frage, die nicht zu einer rechtsmißbräuchlichen Beurteilung des kollektiven Widerspruchs führen kann. Dies könnte schließlich genauso in dem Fall passieren, in dem eine Vielzahl von Arbeitnehmern unabhängig voneinander widerspricht, wobei eine solche Folge jedoch von dem Gesetzgeber bei Einführung des § 613 a Abs. 6 BGB bewußt in Kauf genommen wurde.
Auch die von mehreren Autoren vorgenommene Unterscheidung zwischen einem zulässigen kollektiven Widerspruch als Mittel zur Abwehr eines bestimmten Arbeitgebers und einem unzulässigen kollektiven Widerspruch als Mittel zur Vereitelung des Betriebsübergangs[562] ist abzulehnen. Denn insoweit ist nicht ersichtlich, worin der entscheidende Unterschied zwischen den beiden Konstellationen liegen soll. Schließlich geht es den Arbeitnehmern jeweils allein darum, nicht arbeitsvertraglich an einen neuen Betriebsinhaber gebunden zu werden. Ob man das „Ziel" der Arbeitnehmer dabei als die Abwehr eines be-

---

560 Ebenso: Erman-Hanau, § 613 a BGB, Rn. 55; MünchArbR-Wank, § 124, Rn. 103; Staudinger[13]-Richardi/Annuß, § 613 a BGB, Rn. 142.
561 Zum gleichen Ergebnis, jedoch mit der Begründung, daß ein unter einer Bedingung erklärter Widerspruch schon individualrechtlich und somit auch kollektivrechtlich unzulässig sei, kommt Menze, Widerspruchsrecht, S. 221.
562 So Menze, Widerspruchsrecht, S. 223 f.; Pietzko, Tatbestand, S. 323.

stimmten Arbeitgebers oder als die Vereitelung des Betriebsübergangs bezeichnet, macht keinen Unterschied, da die Abwehr eines bestimmten Arbeitgebers notwendigerweise gleichzeitig die Vereitelung dieses konkret geplanten Betriebsübergangs zur Folge hat.
Gleichzeitig kann der von Pietzko vorgeschlagene Lösungsweg, die Zulässigkeit des kollektiven Widerspruchs mit dem Ziel der Ablehnung eines konkreten Arbeitgebers danach zu beurteilen, ob der Betriebsinhaberwechsel im Endeffekt scheitert oder nicht, bzw. ob der Betrieb letztendlich stillgelegt wird oder nicht, nicht überzeugen. Schließlich sind solche Folgen für den einzelnen Arbeitnehmer nur schwer vorhersehbar, da er keinerlei Einblick in die wahre wirtschaftliche Situation des Unternehmens oder gar in die Vorhaben des übernehmenden Rechtsträgers hat. Ein gleichwohl an diesen unvorhersehbaren Auswirkungen orientiertes „Umschlagen" der zulässigen, kollektiven Widerspruchsausübung in eine unzulässige ist somit abzulehnen[563].
Daraus folgt, daß eine kollektive Widerspruchsausübung so lange als zulässig anzusehen ist, wie damit ein Arbeitgeberwechsel verhindert werden soll, wobei dies auch dann gilt, wenn der Betriebsübergang im Endeffekt daran scheitert oder gar der Betrieb stillgelegt werden muß. Als rechtsmißbräuchlich ist ein kollektiver Widerspruch hingegen dann anzusehen, wenn die Arbeitnehmer darüber hinausgehende Ziele verfolgen, da dies nicht mehr vom Sinn und Zweck des Widerspruchsrechts gedeckt ist.

(b) Rechtsfolgen der kollektiven Widerspruchsausübung

Ebenso wie die Zulässigkeit der kollektiven Widerspruchsausübung in der Literatur umstritten ist, gibt es auch über deren Rechtsfolgen verschiedene Auffassungen.
Die Autoren, die einen kollektiven Widerspruch grundsätzlich für zulässig erachten, gehen davon aus, daß ein im Einzellfall mißbräuchlicher kollektiver Widerspruch gemäß § 134 BGB unwirksam sei, und sich die Beteiligten nach §§ 823 oder 826 BGB schadensersatzpflichtig machten[564]. Der Arbeitgeber soll danach auch die Möglichkeit haben, sich einseitig von den Zusatzverpflichtungen zu lösen, die er unter dem Druck des angekündigten, dann aber nicht ausgeübten kollektiven Widerspruchs eingegangen ist[565]. Die Arbeitnehmer könnten im Fall eines mißbräuchlichen kollektiven Widerspruchs das Widerspruchsrecht nicht mehr nachträglich, individuell ausüben; sie hätten dieses vielmehr

[563] Dieses „Umschlagen" des Widerspruchsrechts in eine unzulässige, kollektivrechtlich zu beurteilende Kampfmaßnahme kritisiert auch Simon, ZfA 1987, 311, 334.
[564] Bauer, Unternehmensveräußerung, S. 59; Seiter, Betriebsinhaberwechsel, S. 75.
[565] Dies folge aus § 826, 823 Abs. 2 BGB i.V.m. § 240 StGB, § 249 StGB, s. Commandeur, Betriebs-, Firmen- und Vermögensübernahme, S. 13.

verwirkt[566]. Handele es sich jedoch um einen zulässigen kollektiven Widerspruch, bleibe der Betriebsveräußerer weiterhin Arbeitgeber, wobei er aber die Möglichkeit zur betriebsbedingten Kündigung habe und unter Umständen nach Betriebsrisikogrundsätzen von der Lohnzahlungspflicht bis zum Ablauf der Kündigungsfrist befreit sei[567].
Nach der hier vertretenen Auffassung ist der im Einzelfall mißbräuchliche kollektive Widerspruch der Arbeitnehmer gemäß § 242 BGB unbeachtlich, so daß ein Übergang der Arbeitsverhältnisse gemäß § 613 a Abs. 1 Satz 1 BGB stattfindet. Dem Arbeitnehmer ist dann auch nicht im Hinblick auf sein Grundrecht aus Art. 12 Abs. 1 GG die Möglichkeit zu gewähren, sein Widerspruchsrecht nachträglich individuell auszuüben, da er dieses Recht durch die mißbräuchliche Ausübung verwirkt hat. Dabei wird es jedoch in den hier als mißbräuchlich bezeichneten Fällen im Endeffekt meist gar nicht zu einer Widerspruchsausübung kommen, da es den Arbeitnehmern in diesen Fällen primär um das Erlangen materieller Vergünstigungen geht. Dann muß aber der Arbeitgeber, der diese Vergünstigungen unter dem Druck des drohenden, letztendlich aber nicht ausgeübten kollektiven Widerspruchs versprochen hat, die Möglichkeit haben, sich von diesem Vertrag durch Anfechtung nach § 123 Abs. 1, 2. Alt. BGB wegen widerrechtlicher Drohung zu lösen[568]. Eventuell bereits ausgezahlte Leistungen kann er nach Bereicherungsrecht zurückfordern.
Demgegenüber kommen Schadensersatzansprüche des bisherigen Arbeitgebers gegenüber den in mißbräuchlicher Weise widersprechenden Arbeitnehmern nicht in Betracht, auch wenn der Betriebsübergang aufgrund der angedrohten Widersprüche scheitert, und der Arbeitgeber dadurch eine Vermögenseinbuße erleidet. Denn zum einen ist der Widerspruch eines einzelnen Arbeitnehmers gerade nicht kausal für die Vereitelung des Betriebsübergangs, so daß ein Anspruch aus §§ 280 ff. BGB ausscheidet, wobei überhaupt fraglich erscheint, ob ein mißbräuchlicher Widerspruch eine Pflichtverletzung gegenüber dem Arbeitgeber in diesem Sinne darstellt[569]. Zum andern fehlt es für einen Anspruch aus unerlaubter Handlung an einem betriebsbezogenen Eingriff. Wie oben bereits erwähnt, wird die unternehmerische Entscheidungsfreiheit durch den kollektiven Widerspruch oder dessen Androhung selbst nicht beeinträchtigt, sondern es werden nur die wirtschaftlichen Voraussetzungen, die der bisherigen unternehmerischen Entscheidung zugrunde lagen, verändert.
Handelt es sich jedoch um einen zulässigen kollektiven Widerspruch, so bleiben die Arbeitsverhältnisse der Arbeitnehmer mit dem bisherigen Arbeitgeber bestehen, wobei sich die weiteren Folgen des Widerspruchs aus den allgemeinen

566 Commandeur, Betriebs-, Firmen- und Vermögensübernahme, S. 13.
567 Seiter, Betriebsinhaberwechsel, S. 75.
568 Vgl. Menze, Widerspruchsrecht, S. 231.
569 So aber Menze, Widerspruchsrecht, S. 231.

Grundsätzen ergeben[570]. Der Arbeitgeber ist nicht etwa von der Lohnzahlungspflicht bis zum Ablauf der Kündigungsfrist berfreit. Denn es ist kein Grund ersichtlich, einen zulässigerweise kollektiv widersprechenden Arbeitnehmer anders zu behandeln als einen individuell widersprechenden Arbeitnehmer.

5. Beseitigung eines bereits ausgeübten Widerspruchs

In bestimmten Fällen kann der Arbeitnehmer ein Interesse daran haben, sich von seiner bereits geäußerten Widerspruchserklärung wieder zu lösen, insbesondere wenn ihm durch den Widerspruch nachteilige, vorher nicht bedachte Folgen drohen. Eine solche Loslösung ist jedoch nur in begrenztem Umfang möglich.

a) Widerruf

Ein Widerruf der Widerspruchserklärung kommt grundsätzlich nicht in Betracht, da diese als empfangsbedürftige Willenserklärung gemäß § 130 Abs. 1, S. 2 BGB nur bis zum Zeitpunkt ihres Zugangs widerrufen werden kann[571]. Ebenso ist ein Widerruf aufgrund eines einseitig erklärten Widerrufsvorbehalts nicht möglich, da ein solcher Widerrufsvorbehalt einem Widerspruch entsprechen würde, der unter der auflösenden Bedingung steht, später nicht widerrufen zu werden. Ein bedingter Widerspruch ist jedoch aufgrund der Bedingungsfeindlichkeit des Widerspruchs als Gestaltungserklärung, wie oben bereits festgestellt, unwirksam[572]. Folglich muß gleiches auch für einen einseitig erklärten Widerrufsvorbehalt gelten[573].

b) Anfechtung

Die Widerspruchserklärung ist wie jede andere Willenserklärung nach den §§ 119 ff. BGB anfechtbar[574].
Dabei ist jedoch zu prüfen, ob im Einzelfall ein Anfechtungsgrund vorliegt, wobei bekanntlich ein Motivirrtum unbeachtlich ist[575]. Eine betriebsbedingte

---

570 S. dazu unten S. 129 ff.

571 Anderer Auffassung ist Pottmeyer, ZfA 1989, 239, 252, der aufgrund seiner (Zustimmungs-) Konstruktion vom Widerspruchsrecht davon ausgeht, daß der Widerspruch vor Abschluß des Veräußerungsvertrages in entsprechender Anwendung des § 183 Satz 1 BGB grundsätzlich jederzeit frei widerruflich sei.

572 Vgl. oben S. 68 f.

573 Vgl. Bauer, Unternehmensveräußerung, S. 59; Commandeur, Betriebs-, Firmen- und Vermögensübernahme, S. 13; Kerschner/Köhler, Betriebsveräußerung, S. 33; Menze, Widerspruchsrecht, S. 93; Seiter, Betriebsinhaberwechsel, S. 74.

574 Vgl. Erman-Hanau, § 613 a BGB, Rn. 52.

575 Larenz/Wolf, BGB AT, § 36, Rn. 9.

Kündigung durch den alten Arbeitgeber stellt somit ebensowenig einen ausreichenden Anfechtungsgrund dar wie ein Irrtum über die sich als gut herausstellenden Vermögensverhältnisse des neuen Rechtsträgers[576].
Eine Anfechtung gemäß § 123 Abs. 1 BGB kommt demgegenüber zum einen dann in Betracht, wenn der Arbeitnehmer über die Finanzkraft, die Liquidität oder andere wesentliche Eigenschaften des alten oder des übernehmenden Rechtsträgers arglistig getäuscht wurde[577], und zum andern dann, wenn der Arbeitnehmer durch den alten oder neuen Arbeitgeber mit Drohungen zur Erklärung des Widerspruchs gedrängt wurde. Dabei macht es keinen Unterschied, ob jemand aus dem Bereich des alten oder des neuen Rechtsträgers die Täuschung verübt hat. Beide können aufgrund ihrer gesamtschuldnerischen Unterrichtungspflicht aus § 613 a Abs. 5 BGB nicht als „anderer" im Sinne des § 123 Abs. 2 Satz 2 BGB angesehen werden, d.h. es kommt auch nicht auf ein Kennen oder Kennenmüssen der Täuschung durch den jeweils anderen Rechtsträger an[578].
Die Anfechtung erfolgt gemäß § 143 Abs. 1 BGB durch Erklärung gegenüber dem Anfechtungsgegner. Dies ist gemäß § 143 Abs. 3 Satz 1 BGB derjenige, gegenüber dem der Widerspruch zu erklären war. Gemäß § 613 a Abs. 6 Satz 2 BGB sind sowohl der alte als auch der neue Rechtsträger die richtigen Erklärungsempfänger der Widerspruchserklärung. Folglich stellt sich die Frage, ob auch beide als die richtigen Anfechtungsgegner anzusehen sind, oder ob die Person des richtigen Anfechtungsgegners vielmehr davon abhängt, gegenüber wem der Widerspruch tatsächlich erklärt wurde.
Teilweise geht man in der Literatur davon aus, daß in einem solchen Fall die Anfechtung gegenüber demjenigen zu erfolgen habe, gegenüber dem die anfechtbare Erklärung, also der Widerspruch, tatsächlich abgegeben worden sei[579]. Teilweise wird aber auch der mögliche andere Adressat als Anfechtungsgegner in Betracht gezogen, unabhängig davon, wem gegenüber im Einzelfall die anfechtbare Erklärung abgegeben wurde[580]. Flume wiederum geht davon aus, daß die Einwilligung zu einem noch nicht abgeschlossenen Geschäft nur gegenüber dem wirklichen Adressaten der Zustimmungserklärung angefochten werden könne, nach Abschluß des Hauptgeschäfts die Anfechtung der Einwilligung oder Zustimmung aber nur noch gegenüber dem dritten Geschäftspartner erklärt

576 Im letzteren Fall scheint Pottmeyer von einer Anfechtungsmöglichkeit auszugehen, vgl. ZfA 1989, 239, 253.
577 Vgl. zu weiteren Fallkonstellationen der Anfechtung gemäß § 123 Abs. 1 BGB: Menze, Widerspruchsrecht, S. 94.
578 Vgl. Willemsen/Lembke, NJW 2002, 1159, 1164.
579 Karlsfeld, Widerspruchsrecht, S. 200; Staudinger[11]-Coing, § 143 BGB, Rn. 10; MüKo-Schramm, § 182 BGB, Rn. 4.
580 Palandt-Heinrichs, § 143 BGB, Rn. 6; Soergel-Hefermehl, § 143 BGB, Rn. 10.

werden könne[581]. Übertragen auf den Fall der Anfechtung der Widerspruchserklärung hieße dies, daß vor Betriebsübergang zwingend der bisherige Arbeitgeber, danach jedoch der neue Rechtsträger der richtige Anfechtungsgegner wäre. In dem Fall, in dem eine Vertragsübernahme von der Zustimmung eines Dritten abhängt, geht der BGH sogar davon aus, daß die Anfechtung der Zustimmungserklärung gegenüber allen Beteiligten erfolgen müsse, da sie auch alle Beteiligten berühre[582].

Fraglich ist, wie die Frage des Anfechtungsgegners im Hinblick auf die Anfechtung der Widerspruchserklärung des Arbeitnehmers zu beurteilen ist. Der Wortlaut des § 143 Abs. 3 Satz 1 BGB ist insoweit offen, da die Widerspruchserklärung als einseitige, empfangsbedürftige Willenserklärung wahlweise gegenüber dem alten oder dem neuen Rechtsträger vorzunehmen ist. Für den vorliegenden Fall eine Pflicht des Arbeitnehmers anzunehmen, gegenüber beiden beteiligten Rechtsträgern die Anfechtung zu erklären, erscheint indes nicht angemessen, da dies im Vergleich zur gesetzlichen Regelung des –wahlweisen - Widerspruchsempfängers eine nicht zu erklärende Überbelastung des Arbeitnehmers darstellen würde. Zudem wäre dies aufgrund der zwischen dem Veräußerer und dem Erwerber bestehenden Informationsaustauschspflicht[583] auch gar nicht als erforderlich anzusehen.

Für die Lösung, daß man gegenüber demjenigen die Widerspruchserklärung anfechten muß, gegenüber dem man sie erklärt hat, spricht, daß zunächst kein Grund dafür ersichtlich ist, einen weiteren Anfechtungsgegner zu haben, wenn man sich den einen Rechtsträger bereits als Erklärungsempfänger ausgesucht hat. Auf der anderen Seite ist jedoch auch kein Grund dafür ersichtlich, warum der Arbeitnehmer nicht das Recht haben soll, wahlweise gegenüber beiden Rechtsträgern anfechten zu können, wenn man doch auch die Möglichkeit hat, gegenüber beiden zu widersprechen. Gegen die Übertragung der Lösung von Flume auf den hier zu betrachtenden Fall spricht, daß der Widerspruch anders als die Zustimmung zu einem Hauptgeschäft nicht die Wirksamkeit des „Hauptgeschäfts", d.h. hier des Betriebsübergangs, beeinträchtigt und daß es für den übernehmenden Rechtsträger auch schon vor dem Zeitpunkt des Betriebsübergangs von Interesse ist, welcher der Arbeitnehmer dem Übergang seines Arbeitsverhältnisses wirksam widerspricht. Somit ist die von Flume vorgenommene Differenzierung je nach Zeitpunkt der Widerspruchserklärung hier fehl am Platz.

Daß jedoch der Anfechtungsempfänger nicht zwingend mit dem realen Empfänger der angefochtenen Erklärung identisch sein muß, zeigt § 143 Abs. 3 Satz 2 BGB. Zudem wird ein Informationsaustausch zwischen dem alten und dem neuen Arbeitgeber hinsichtlich der Ausübung des Widerspruchsrechts durch die

---

[581] Flume, AT II, § 31, 5 b.
[582] BGHZ 96, 302, 310; BGH NJW 1998, 531, 532.
[583] Vgl. BT-Drucks. 14/7760, S. 20, re. Spalte.

Arbeitnehmer - und somit auch hinsichtlich der Anfechtung ihrer Widerspruchserklärung - vom Gesetzgeber als selbstverständlich vorausgesetzt. Folglich erscheint es insoweit auch hinsichtlich der Interessen der beteiligten Rechtsträger nicht erforderlich, das Wahlrecht der Arbeitnehmer hinsichtlich des Empfängers der Anfechtung der Widerspruchserklärung einzuschränken. Somit sind sowohl der alte als auch der neue Rechtsträger die richtigen Anfechtungsgegner, unabhängig davon, gegenüber wem der Widerspruch tatsächlich erklärt wurde.
Rechtsfolge einer wirksamen Anfechtung ist gemäß § 142 Abs. 1 BGB die Nichtigkeit der Widerspruchserklärung ex tunc, so daß ein Übergang des Arbeitsverhältnisses gemäß § 613 a Abs. 1 Satz 1 BGB auf den neuen Rechtsträger zum Zeitpunkt des Betriebsübergangs anzunehmen ist. Für die Zeit zwischen Betriebsübergang und Anfechtungserklärung gelten zwischen dem Arbeitnehmer und dem alten Rechtsträger die Grundsätze des fehlerhaften Arbeitsverhältnisses[584].

c) Nachträgliche Zustimmung

Hat der Arbeitnehmer bereits wirksam widersprochen, so kann die nachträgliche „Zustimmung" für sich allein keinerlei Wirkungen entfalten. Sie kann nur als Angebot zu einer dreiseitigen rechtsgeschäftlichen Vereinbarung zwischen dem Arbeitnehmer und den beiden Arbeitgebern zu deuten sein[585]. Sind beide damit einverstanden, so liegt ein vertraglicher, von § 613 a Abs. 1 Satz 1 BGB unabhängiger Übergang des Arbeitsverhältnisses auf den neuen Rechtsträger vor[586].

d) Rechtslage bei Unterlassen des Widerspruchs

Manche Autoren gehen davon aus, daß eine Anfechtung auch dann in Betracht komme, wenn der Arbeitnehmer keinen Widerspruch erklärt habe, weil er z.B. irrig angenommen habe, bei widerspruchsloser Weiterarbeit im Betrieb bleibe sein Arbeitsverhältnis mit dem Betriebserwerber bestehen[587].
Wie aber bereits erwähnt, ist ein nach Fristablauf ausgeübter Widerspruch aufgrund seiner Rechtsnatur als Gestaltungsrecht unbeachtlich, so wie auch eine nach Ablauf der Anfechtungsfrist erklärte Anfechtung keine Rechtswirkungen entfalten kann. Somit kann es hier auch nicht um das von einigen Autoren in diesem Zusammenhang erwähnte, ohnehin höchst umstrittene Problem der Anfechtung des Schweigens gehen[588]. Schließlich ist, wie oben bereits festgestellt,

---

[584] Vgl. im einzelnen dazu Staudinger-Richardi, § 611 BGB, Rn. 180 f.
[585] Vgl. Seiter, Betriebsinhaberwechsel, S. 74.
[586] Vgl. Staudinger[13]-Richardi/Annuß, § 613 a BGB, Rn. 143.
[587] Pottmeyer, ZfA 1989, 239, 253.
[588] Einige Autoren vertreten diesbezüglich die Auffassung, daß derjenige, der das Schweigen als Zustimmung auslegen dürfe, auch auf diese Rechtsfolge vertrauen dürfe, so daß allgemein

überhaupt keine Zustimmung des Arbeitnehmers zum Betriebsübergang erforderlich. Wurde der Arbeitnehmer aber zum Beispiel vom Betriebsveräußerer arglistig über widerspruchserhebliche Tatsachen getäuscht oder auch nur auf sein Widerspruchsrecht nicht hingewiesen, so hat der Arbeitgeber seine Informationspflicht nicht ordentlich erfüllt und die Widerspruchsfrist läuft noch. Somit kann der Arbeitnehmer weiterhin widersprechen[589]. Eine Anfechtung ist dann grundsätzlich nicht erforderlich. Erfolgte die Unterrichtung des Arbeitnehmers ordnungsgemäß, so ist kein Grund ersichtlich, der eine „Anfechtung" des Unterlassens des Widerspruchs rechtfertigen würde. Denn dabei handelt es sich nicht um eine Willenserklärung[590], sondern lediglich um ein rein tatsächliches Verstreichenlassen der Widerspruchsfrist[591].

D. Rechtsfolgen der Ausübung des Widerspruchsrechts

Die Ausübung des Widerspruchsrechts kann weitreichende, vom Arbeitnehmer vernünftigerweise vorher in seine Entscheidung einzukalkulierende Folgen haben. Zu unterscheiden ist dabei zwischen den unmittelbaren Rechtsfolgen der Widerspruchsrechtsausübung, den sich daran anschließenden Folgen bezüglich einer eventuell notwendigen betriebsbedingten Kündigung und den Auswirkungen auf Sozialplan-, Nachteilsausgleichs- und Arbeitslosengeldansprüche des widersprechenden Arbeitnehmers.

1. Unmittelbare Rechtsfolgen der Widerspruchserklärung für den einzelnen Arbeitnehmer

Der EuGH überläßt die Regelung der Rechtsfolgen der Ausübung des Widerspruchsrechts den einzelnen Mitgliedstaaten[592]. Als in Betracht kommende Re-

---

die Anfechtung nach § 119 BGB ausgeschlossen sein soll. Andere hingegen lassen die Anfechtung grundsätzlich bei Fiktionen mit zustimmendem Inhalt zu, vgl. Medicus, BGB AT, Rn. 352 . Einig ist man sich aber, daß das Schweigen nicht aufgrund der Unkenntnis seiner Bedeutung angefochten werden könne.

[589] Dies muß nach dem Grundsatz von Treu und Glauben auch dann gelten, wenn es sich nicht um eine arglistige Täuschung hinsichtlich der Informationen handelt, die zu der zwingend erforderlichen Information gehört, um die Widerspruchsfrist in Gang zu setzen, sondern um eine arglistige Täuschung hinsichtlich solcher Informationen, die sich der Arbeitnehmer selbst einholen muß.

[590] Vgl. Erman-Hanau, § 613 a BGB, Rn. 52.

[591] Im Ergebnis ebenso: Moll, AnwBl. 1991, 282, 297, der lediglich feststellt, daß das Unterlassen eines Widerspruchs keine Grundlage für ein Anfechtungsrecht darstelle. Vgl. auch Menze, Widerspruchsrecht, S. 95.

[592] EuGH NZA 1993, 169; EuGH AP Nr. 26 zu EWG-Richtlinie Nr. 77/187; EuGH BB 2002, 464, 467.

gelungen erwähnt er jedoch neben der Möglichkeit, daß der Arbeitsvertrag mit dem Veräußerer bestehen bleibe, insbesondere die Möglichkeit, daß der Arbeitsvertrag entweder als vom Arbeitnehmer oder als vom Arbeitgeber gekündigt gelte[593] bzw. von einem der beiden gekündigt werden könne[594]. Demgegenüber geht das BAG im Rahmen seiner Rechtsprechung zum rechtsgeschäftlichen Betriebsübergang und im Anschluß daran fast die gesamte Literatur grundsätzlich davon aus, daß durch die Ausübung des Widerspruchsrechts das Arbeitsverhältnis zum Betriebsveräußerer bestehen bleibe[595].
Die Rechtsfolgen der Widerspruchserklärung bei einer Unternehmensumwandlung bedürfen einer detaillierteren Untersuchung; sie sind insbesondere davon abhängig, ob der ursprüngliche Rechtsträger weiterbesteht oder ob er mit der Eintragung der Umwandlung untergeht.

a) Rechtsfolgen bei Weiterbestehen des ursprünglichen Rechtsträgers

Die größte Ähnlichkeit mit dem klassischen rechtsgeschäftlichen Betriebsübergang haben die Abspaltung (§ 123 Abs. 2 UmwG) und die Ausgliederung (§ 123 Abs. 3 UmwG), da bei diesen der ursprüngliche Rechtsträger nach Durchführung der Unternehmensumwandlung weiterhin fortbesteht. In diesen Fällen sind die Rechtsfolgen je nach Zeitpunkt der Ausübung des Widerspruchsrechts zu beurteilen.

(1) Widerspruch vor Betriebsübergang

(a) Fortbestand des Arbeitsverhältnisses

Unmittelbare Rechtsfolge des wirksam erklärten Widerspruchs bei Abspaltung und Ausgliederung ist der Fortbestand des Arbeitsverhältnisses zum bisherigen Arbeitgeber, d.h. zum übertragenden Rechtsträger. Die in § 613 a Abs. 1 Satz 1 BGB angeordnete Rechtsfolge, daß der übernehmende Rechtsträger in die Rechte und Pflichten aus den im Zeitpunkt des Betriebsübergangs bestehenden Arbeitsverhältnissen eintritt, findet hier nicht statt[596]. Eine solche Rechtsfolge

---

593 EuGH AP Nr. 26 zu EWG-Richtlinie Nr. 77/187.

594 EuGH BB 2002, 464, 467.

595 So schon BAG AP Nr. 1 zu § 613 a BGB; BAG AP Nr. 177 zu § 613 a BGB; MüKo-Schaub, § 613 a BGB, Rn. 78; Wollenschläger/Pollert, ZfA 1996, 547, 563. Lediglich vereinzelt wird, insbesondere von Kritikern des Widerspruchsrechts, die Auffassung vertreten, daß eine Ausübung des Widerspruchsrechts allenfalls die Beendigung des Arbeitsverhältnisses zum Betriebsübernehmer zur Folge haben, nicht jedoch den Fortbestand des Arbeitsverhältnisses zum Betriebsveräußerer bewirken könne, vgl. Commandeur, NJW 1996, 2537, 2539.

596 Vgl. Staudinger[13]-Richardi/Annuß, § 613 a BGB, Rn. 127; Dörner/Luczak/Wildschütz-Baeck/Haußmann, Handbuch Arbeitsrecht, C 3358.

ist zwar insbesondere nach dem Gemeinschaftsrecht nicht zwingend erforderlich, da der EuGH schließlich auch anderweitige Regelungen durch das nationale Recht, wie etwa die Beendigung der Arbeitsverhältnisse, zuläßt[597]. Europäisches Recht steht ihr jedoch zumindest nicht entgegen. Es handelt sich hierbei, wenn man das Widerspruchsrecht richtigerweise lediglich als Gestaltungsrecht betrachtet, durch dessen Ausübung der Eintritt der Rechtsfolgen des § 613 a Abs. 1 Satz 1 BGB verhindert wird, um die einzig richtige Lösung: Geht das Arbeitsverhältnis nicht auf den neuen Rechtsträger über, so bleibt es notwendigerweise mit dem alten Rechtsträger bestehen, sofern nicht anderweitige Willenserklärungen der Beteiligten vorhanden sind.

(b) Gehaltszahlung

Da das Arbeitsverhältnis mit dem widersprechenden Arbeitnehmer somit – zumindest zunächst – fortbesteht, ist der übertragende Rechtsträger grundsätzlich verpflichtet, dem Arbeitnehmer sein Gehalt weiterzuzahlen. Dies gilt auch, wenn er keine Beschäftigungsmöglichkeit für den Arbeitnehmer hat, da er sich dann gemäß §§ 615, 293 ff. BGB in Annahmeverzug befindet. Der Arbeitnehmer muß sich jedoch gemäß § 615 Satz 2 BGB den Wert desjenigen anrechnen lassen, was er anderweitig erwirbt oder zu erwerben böswillig unterläßt. Der Arbeitnehmer unterläßt nach der Rechtsprechung dann böswillig einen anderweitigen Erwerb, wenn ihm der Vorwurf gemacht werden kann, daß er während des Annahmeverzugs trotz Kenntnis aller objektiven Umstände, d.h. der Arbeitsmöglichkeit, der Zumutbarkeit der Arbeit und der nachteiligen Folgen für den Arbeitgeber, vorsätzlich untätig bleibt oder die Aufnahme der Arbeit bewußt verhindert[598]. Fraglich ist, ob auch eine unterlassene Erwerbstätigkeit beim Betriebserwerber als böswilliges Unterlassen im Sinne des § 615 Satz 2 BGB anzusehen ist. Problematisch erscheint dabei insbesondere, ob die Verpflichtung zur Weiterarbeit beim Betriebserwerber trotz Widerspruchs zumutbar für den Arbeitnehmer ist oder nicht.

§ 615 Satz 2 BGB erklärt die Aufnahme der Arbeit bei einem anderen Arbeitgeber gerade nicht für unzumutbar. Das BAG folgert daraus, daß es auch im Falle des Widerspruchs bei Betriebsübergang grundsätzlich zumutbar für den Arbeitnehmer sei, vorübergehend bei dem Erwerber die Arbeit aufzunehmen. Dies gelte, so lange nicht konkrete Umstände, z.B. die Person des Arbeitgebers, die Art der Arbeit oder sonstige Arbeitsbedingungen, die Unzumutbarkeit der anderweitigen Arbeit ergäben[599]. Ein böswilliges Unterlassen des anderweitigen Erwerbs durch die Weigerung, beim Betriebserwerber zu arbeiten, scheidet nach dieser Rechtsprechung im Fall des widersprechenden Arbeitnehmers dann

---

597 EuGH AP Nr. 97 zu § 613 a BGB; EuGH AP Nr. 26 zu EWG-Richtlinie Nr. 77/187.

598 BAG AP Nr. 177 zu § 613 a BGB.

599 BAG AP Nr. 177 zu § 613 a BGB.

aus, wenn sich der Betriebserwerber nach Kenntniserlangung von dem Widerspruch nicht bereit erklärt, den Arbeitnehmer vorübergehend zu beschäftigen, oder wenn er dessen Beschäftigung gar ausdrücklich ablehnt[600]. Der Arbeitnehmer verliere darüber hinaus seine Ansprüche wegen Annahmeverzugs des Arbeitgebers in dem Fall nicht, in dem es sich bei der angebotenen Beschäftigungsmöglichkeit nicht um eine gleichwertige Tätigkeit handele. Als Maßstab gelte, ob die Zuweisung der Arbeit die Grenzen des Direktionsrechts beim alten Arbeitgeber überschreiten würde oder nicht[601]. Dabei ist in diesem Zusammenhang die Besonderheit zu beachten, daß der widersprechende Arbeitnehmer seine Arbeitskraft häufig gerade in seinem alten, meist unmodifizierten Tätigkeitsbereich erbringen kann[602], so daß insoweit gleichwertige Arbeitsbedingungen zu bejahen sind. Dies muß sogar dann gelten, wenn bei inhaltlich-sachlich zumutbarer Beschäftigung die Vergütung hinter dem bisherigen Niveau zurückbleibt, da der Arbeitnehmer den Differenzbetrag ohne weiteres von seinem bisherigen Arbeitgeber gemäß § 615 Satz 1 i.V.m. Satz 2 BGB verlangen kann[603].
Teilweise wird gegenüber der Rechtsprechung die Kritik geäußert, daß der Arbeitnehmer während des Laufs der Kündigungsfrist aufgrund des in diesem Zeitraum vom Arbeitgeber zu tragenden wirtschaftlichen Risikos[604] nicht auf eine anderweitige Tätigkeit bei einem anderen Arbeitgeber verwiesen werden könne[605]. Dem ist zu entgegnen, daß die Regelung des § 615 Satz 2, 3. Fall BGB gerade auch vor Ablauf der Kündigungsfrist dazu führen kann, daß der Arbeitnehmer vorübergehend bei einem anderen Arbeitgeber zu arbeiten verpflichtet ist.
Problematisch erscheint vielmehr der Umstand, daß der widersprechende Arbeitnehmer durch die Regelung des § 615 Satz 2 BGB praktisch doch dazu gezwungen wird, - zumindest kurzfristig - arbeitsvertragliche Bindungen mit dem Betriebserwerber einzugehen. Im Ergebnis tritt also genau das ein, was er durch die Ausübung seines grundrechtlich fundierten Widerspruchsrechts verhindern wollte[606]. Der Schutz, der durch das Widerspruchsrecht gewährt werden soll und der darin besteht, nicht - auch nicht vorübergehend - an einen anderen, dem Arbeitnehmer unliebsamen Arbeitgeber gebunden zu sein, wird durch die Regelung des § 615 Satz 2 BGB scheinbar wieder aufgehoben.

---

600 BAG AP Nr. 10 zu § 613 a BGB.
601 Vgl. Schirge, DB 2000, 1278.
602 Vgl. BAG AP Nr. 2 zu § 613 BGB; Bauer, Unternehmensveräußerung, S. 87.
603 So auch Moll/Jacobi, Anm. zu BAG AP Nr. 177 zu § 613 a BGB.
604 BAG DB 1981, 321.
605 So Schirge, DB 2000, 1278, 1280.
606 Dieses Problem tritt natürlich nicht auf, wenn der alte Rechtsträger verlangt, die ihm geschuldete Arbeitsleistung in Form von Leiharbeit dem neuen Rechtsträger zur Verfügung zu stellen, weil dann keine arbeitsvertraglichen Bindungen zu dem neuen Rechtsträger entstehen, vgl. Tschöpe, Rechtsfolgen, S. 33.

Hierbei ist jedoch zu beachten, daß die Verpflichtung, vorübergehend doch mit dem neuen Betriebsinhaber arbeitsvertragliche Bindungen einzugehen, bei genauer Betrachtung gerade nicht die Rechtswirkungen des Widerspruchs beseitigt: Der automatische Übergang des Arbeitsverhältnisses, den es zu verhindern gilt, wird schließlich auch weiterhin vereitelt. Die vorübergehende Beschäftigung bei einem anderen Arbeitgeber muß aber unter den Voraussetzungen des § 615 Satz 2 BGB von dem widersprechenden Arbeitnehmer ebenso wie von jedem anderen Arbeitnehmer verlangt werden können. Es ist kein Grund dafür ersichtlich, davon eine Ausnahme zu machen, nur weil es sich hier bei dem Betriebsinhaber um den Erwerber des Betriebs handelt, in dem der Arbeitnehmer schon vorher gearbeitet hat. § 615 Satz 2 BGB geht davon aus, daß dem Arbeitnehmer grundsätzlich die vorübergehende Beschäftigung unter gleichwertigen Arbeitsbedingungen bei jedem beliebigen fremden Arbeitgeber zumutbar ist. Dem Arbeitnehmer muß demnach erst recht eine vorübergehende Beschäftigung in seinem alten Betrieb an seinem alten Arbeitsplatz zu unveränderten Arbeitsbedingungen zumutbar sein, falls sich nicht aus konkreten Umständen bezüglich der Person des Arbeitgebers die Unzumutbarkeit der anderweitigen Arbeit ergibt[607].
In der Praxis wird ein Entfallen des Anspruchs auf Annahmeverzugsentgelt des widersprechenden Arbeitnehmers häufig an den strengen Voraussetzungen des § 615 Satz 2, 3. Fall BGB scheitern, insbesondere an der Weigerung des neuen Rechtsträgers, den Arbeitnehmer vorübergehend zu beschäftigen[608]. Zudem bleibt in dem Fall, in dem sich der anderweitige Verdienst für die während des Laufs der Kündigungsfrist erbrachte Arbeitsleistung beim Betriebserwerber z.B. wegen Insolvenz nicht realisieren läßt, der Zahlungsanspruch gegen den früheren Betriebsinhaber ungemindert bestehen. Denn dann gibt es nichts, was gemäß § 615 Satz 2 BGB angerechnet werden könnte[609].

(2) Widerspruch nach Betriebsübergang

Wurde der Arbeitnehmer nicht rechtzeitig und umfassend über den Betriebsübergang unterrichtet, so kann er, wie oben bereits dargestellt, sein Widerspruchsrecht auch noch nach Betriebsübergang wirksam ausüben[610]. Problematisch erscheint bei dieser Konstellation jedoch, daß dann ein Übergang der Arbeitsverhältnisse eigentlich bereits stattgefunden hat, obwohl der Arbeitnehmer durch sein Widerspruchsrecht vor einem solchen Aufdrängen eines neuen Vertragspartners gerade geschützt werden sollte.

---

607 Moll/Jacobi, Anm. zu BAG AP Nr. 177 zu § 613 a BGB; Weber, SAE 1998, 322, 324 f.
608 Vgl. Moll/Jacobi, Anm. zu BAG AP Nr. 177 zu § 613 a BGB.
609 Vgl. Weber, SAE 1998, 322, 325; Fenn/Klose, JuS 2000, 531, 537.
610 Im einzelnen dazu siehe oben S. 72 ff.

(a) Aufschiebend bedingter Übergang der Arbeitsverhältnisse

Erfolgt der Widerspruch zulässigerweise erst nach Betriebsübergang, so entfällt nach Auffassung der meisten Autoren der zunächst erfolgte Eintritt des Erwerbers in das Arbeitsverhältnis mit Wirkung ex tunc. Das Gestaltungsrecht mache den bereits erfolgten Übergang der Arbeitsverhältnisse „rückgängig"[611], d.h. die Rechtslage werde rückwirkend umgestaltet[612]. Ein Arbeitsverhältnis habe somit rechtlich im Nachhinein während der ganzen Zeit nur mit dem früheren Inhaber bestanden[613].

Die von der Literatur vorgeschlagene ex tunc–Wirkung des Widerspruchs ändert jedoch nichts daran, daß der Erwerber zwischenzeitlich wegen der Erfüllung der tatbestandlichen Voraussetzungen des § 613 a Abs. 1 Satz 1 BGB kraft Gesetzes in das Arbeitsverhältnis eingetreten ist[614], was im Hinblick auf die Wahrung der Grundrechte des Arbeitnehmers auf jeden Fall vermieden werden sollte. Dies kann nur dadurch geschehen, daß die Arbeitsverhältnisse, solange die Widerspruchsfrist läuft, nur aufschiebend bedingt auf den neuen Betriebsinhaber übergehen, und zwar unter der Bedingung, daß der jeweilige Arbeitnehmer sein Widerspruchsrecht nicht innerhalb der ihm zustehenden Erklärungsfrist ausübt. Nur so kann eine – wenn auch nur vorübergehende – vertragliche Bindung des Arbeitnehmers an einen ihm unliebsamen Arbeitgeber und eine daraus resultierende Grundrechtsbeeinträchtigung verhindert werden[615].

Dies bedeutet, daß in der Übergangszeit der ursprüngliche Rechtsträger Arbeitgeber bleibt, und der Arbeitnehmer im Falle der rechtzeitigen Widerspruchsausübung den Übergang des Arbeitsverhältnisses endgültig verhindert. Läßt der Arbeitnehmer aber die Frist verstreichen, tritt der übernehmende Rechtsträger rückwirkend auf den Zeitpunkt des Betriebsübergangs in das Arbeitsverhältnis ein.

(b) Gehaltszahlung

Probleme können sich aus einem solchen nach Betriebsübergang erhobenen Widerspruch für die dem Arbeitnehmer zustehenden Lohnansprüche ergeben, da er mit dem neuen Rechtsträger, gegenüber dem er die Arbeitsleistung zwischenzeitlich tatsächlich erbracht hat, keinen Arbeitsvertrag geschlossen hatte. Ein Arbeitsvertrag bestand zwar in dieser Zeit mit dem alten Rechtsträger; ge-

[611] BAG DB 1994, 941, 943; Boecken, Unternehmensumwandlungen, Rn. 92; Henssler, NZA 1994, 913, 921; Kerschner/Köhler, Betriebsveräußerung, S. 31.

[612] Lakies, NJ 2002, 287, 292; KR-Pfeiffer, § 613 a BGB, Rn. 65; Menze, Widerspruchsrecht, S. 197.

[613] Gaul/Otto, DB 2002, 634, 638; Soergel-Raab, § 613 a BGB Rn. 157; Großkommentar-Steffan, § 613 a BGB, Rn. 100.

[614] Vgl. Gaul, NZA 1989, 697, 700; Bossmann, Wettbewerbsverbote, S. 125.

[615] Vgl. Staudinger[13]-Richardi/Annuß, § 613 a BGB, Rn. 128.

gen diesen kann der Arbeitnehmer jedoch keine Lohnansprüche geltend machen, da er diesem keine Arbeitsleistung erbracht hat. Ein Anspruch aus §§ 611, 615, 293 ff. BGB kommt insoweit nicht in Betracht, weil ein Angebot im Sinne des § 293 BGB gegenüber dem Veräußerer nicht vorliegt[616].
Dem Arbeitnehmer verbleiben gegen den neuen Rechtsträger jedoch Ansprüche nach den Grundsätzen des fehlerhaften Arbeitsvertrages[617]. Darauf muß er sich aber nur so lange verweisen lassen, wie dieser zahlungswillig und insbesondere zahlungsfähig ist. Ist dies nicht der Fall, hat der Arbeitnehmer aufgrund des ihm sonst drohenden Vermögensschadens einen Schadensersatzanspruch gegen den alten Arbeitgeber aus § 280 Abs. 1 BGB, weil dieser seine Informationspflicht nach § 613 a Abs. 5 BGB nicht rechtzeitig und ordnungsgemäß erfüllt hat[618]. Schließlich darf es dem Arbeitnehmer nicht zum Nachteil gereichen, daß er aufgrund fehlender oder unvollständiger Information erst nach Betriebsübergang widerspricht.

b) Rechtsfolgen bei Fortfall des ursprünglichen Rechtsträgers

Eine andere Situation stellt sich in den Fällen dar, in denen der ursprüngliche Rechtsträger durch die Eintragung der Umwandlung erlischt, d.h. bei der Verschmelzung (§§ 2, 20 Abs. 1 UmwG) oder bei der Aufspaltung (§§ 123 Abs. 1, 131 Abs. 1 Nr. 2 UmwG).
Zwar erfüllt das Widerspruchsrecht auch in diesen Fällen seinen „Sinn", den Arbeitnehmer vor der Aufdrängung eines ihm unliebsamen Arbeitgebers zu bewahren, indem es den Übergang des Arbeitsverhältnisses vereitelt. Hierbei kann der ehemalige Rechtsträger mangels Fortbestehens aus rein tatsächlichen Gründen aber nicht weiterhin Vertragspartner des Arbeitsvertrages sein. Darüber hinaus stellt sich die Frage, was mit eventuell noch gegenüber dem übertragenden Rechtsträger bestehenden Ansprüchen und Verpflichtungen des widersprechenden Arbeitnehmers geschieht.

(1) Schicksal des Arbeitsverhältnisses

Zur Lösung der Problematik, welches Schicksal das Arbeitsverhältnis im Falle des Widerspruchs bei Erlöschen des ehemaligen Rechtsträgers ereilt, werden in

[616] Vgl. Soergel-Raab, § 613 a BGB, Rn. 157. Anders als im Falle der Kündigung des Arbeitsverhältnisses ist hier auch nicht eine Konstruktion des Angebots über § 296 BGB möglich, da für den Veräußerer bis zur Erklärung des Widerspruchs kein Anlaß besteht, dem Arbeitnehmer einen Arbeitsplatz zur Verfügung zu stellen. A.A. Großkommentar-Steffan, § 613 a BGB, Rn. 100.
[617] Vgl. Kasseler ArbR-Hattesen, 6.7, Rn. 127; Opitz, Probleme des arbeitnehmerseitigen Widerspruchs, S. 50 f.; Tschöpe, Rechtsfolgen, S. 40; Großkommentar-Steffan, § 613 a BGB, Rn. 100. A.A. Menze, Widerspruchsrecht, S. 200.
[618] So schon vor Einführung des § 613 a Abs. 5 BGB: Menze, Widerspruchsrecht, S. 204 f.

der Literatur verschiedene Möglichkeiten vorgeschlagen. Auf die Meinung, die annimmt, daß das Widerspruchsrecht insoweit entfalle, und dem betroffenen Arbeitnehmer statt dessen ein Recht auf außerordentliche Kündigung zustehe[619], soll hier nicht erneut eingegangen werden[620].

(a) Automatisches Erlöschen des Arbeitsverhältnisses

Der Großteil der Literatur geht davon aus, daß das Arbeitsverhältnis in den Fällen der Aufspaltung und der Verschmelzung mit der Ausübung des Widerspruchsrechts erlöschen müsse[621]. Einer Kündigung des nicht übergehenden Arbeitsverhältnisses durch den – ohnehin nicht mehr bestehenden - übertragenden Rechtsträger bedürfe es nicht, da das Arbeitsverhältnis schon von allein gleichzeitig mit dem Erlöschen des Rechtsträgers durch die Eintragung der Spaltung oder Verschmelzung beendet werde[622].

(b) Wahlrecht des Arbeitnehmers

Manche Autoren gehen im Fall der Aufspaltung nicht von einem automatischen Erlöschen des Arbeitsverhältnisses aus, sondern vielmehr von einem Wahlrecht des Arbeitnehmers. Er soll sich aussuchen können, welches der Spaltungsprodukte in die Arbeitgeberstellung einrücken soll[623].
Einige Autoren lehnen ein solches Wahlrecht zwar grundsätzlich ab, halten es aber ausnahmsweise dann für zulässig, wenn die Aufspaltung wegen der Art der getroffenen Aufteilung als „abspaltungsgleich" einzuordnen sei[624].

(c) Arbeitgeberpluralität

Andere Autoren schlagen demgegenüber für die Aufspaltung eine entsprechende Anwendung des § 131 Abs. 3 UmwG vor, nach dem alle nicht im Umwand-

---

619 Vgl. Bachner, NJW 1995, 2881, 2882; Mertens, Umwandlung, S. 170 f.; Großkommentar-Steffan, § 324 UmwG, Rn. 10; Kallmeyer-Willemsen, § 324 UmwG, Rn. 9; Willemsen/Hohenstatt/Schweibert-Willemsen, Umstrukturierung, S. 746; Wlotzke, DB 1995, 40, 43.
620 Diese Auffassung widerspricht der Wertung des Art. 12 GG und ist deshalb abzulehnen, vgl. oben S. 58 ff.
621 Bauer/Diller, Wettbewerbsverbote, Rn. 687 b; Boecken, Unternehmensumwandlungen, Rn. 84; Dörner/Luczak/Wildschütz-Baeck/Haußmann, Handbuch Arbeitsrecht, C 3234; Kasseler ArbR-Düwell, 6.8, Rn. 124; Kittner/Däubler/Zwanziger-Zwanziger, § 324 UmwG, Rn. 4; Joost, in: Preis/Willemsen, Kölner Tage des Arbeitsrechts, S. 61, 69; Lutter-Joost, § 324 UmwG, Rn. 36; Spirolke, Betriebsübergang, S. 74; Voigt, Umwandlung, S. 111.
622 Vgl. Bauer/Lingemann, NZA 1994, 1057, 1061; Boecken, Unternehmensumwandlungen, Rn. 84; Tauchert-Nosko, Verschmelzung und Spaltung, S. 216.
623 Vgl. Mertens, AG 1994, 66, 73.
624 Vgl. KR-Pfeiffer, § 613 a BGB, Rn. 64.

lungsplan zugeordneten Gegenstände anteilig allen übernehmenden Rechtsträgern zugeordnet werden. Nach diesem Lösungsansatz würde das Arbeitsverhältnis bei einer Aufspaltung auf alle übernehmenden Rechtsträger übergehen, d.h. eine Mehrheit von Arbeitgebern entstehen[625].

(d) Stellungnahme

Alle vertretenen Lösungsansätze weisen Schwächen auf. Geht man von einem Wahlrecht des Arbeitnehmers aus, würde man diesem Rechte zugestehen, die weit über die Anforderungen der Art. 1 Abs. 1, 2 Abs. 1, 12 Abs. 1 GG hinausgehen, aus denen das Widerspruchsrecht abgeleitet wird. Dafür ist es nämlich ausreichend, daß dem Arbeitnehmer nicht gegen seinen Willen ein anderer Arbeitgeber aufgezwungen wird[626]. Es ist jedoch nicht etwa erforderlich, daß der Arbeitnehmer durch eine einseitige Gestaltungserklärung sein Arbeitsverhältnis auf einen von ihm gewählten Rechtsträger übertragen kann. Für die Überleitung des Arbeitsverhältnisses durch einseitige Erklärung fehlt auch jegliche Rechtsgrundlage[627]. Ein Übergang des Arbeitsverhältnisses außerhalb der gesetzlichen Vorschriften kann nach allgemeiner Meinung nur durch dreiseitige Vereinbarung erfolgen.

An der Lösung, die sich für eine Arbeitgeberpluralität ausspricht, ist zum einen zu kritisieren, daß dadurch dem Arbeitnehmer letztendlich doch von ihm nicht ausgewählte, ihm eventuell unliebsame Arbeitgeber aufgedrängt werden, wenn sein Arbeitsverhältnis nach der Spaltung mit den einzelnen Spaltungsprodukten fortbesteht[628]. Zum andern erscheint dieser Lösungsvorschlag praktisch fast nicht durchführbar und zu dem Spaltungsziel gegenläufig. Schließlich wird durch die Spaltung gerade eine Trennung aller Vermögensgegenstände bezweckt[629], was auch die einzelnen Arbeitsverhältnisse beinhaltet.

Darüber hinaus können durch diese beiden Ansätze die Fälle, in denen der Rechtsträger wegen Verschmelzung untergeht, nicht gelöst werden. Bei der Verschmelzung entsteht nämlich nur ein einziger neuer Rechtsträger, gegen den sich der Widerspruch gerade richtet.

Das Erlöschen eines Rechtsverhältnisses durch Wegfall eines der Vertragspartner, wie es die herrschende Meinung für die Widerspruchsausübung bei Verschmelzung und Aufspaltung annimmt, ist für das deutsche Recht zwar recht unüblich. Schließlich ist es genau Sinn und Zweck der Universalsukzession z.B. im Erbrecht, das Auftreten subjektloser Rechte zu verhindern und insbesondere

---

[625] Zu dieser vorgeschlagenen Arbeitgeberpluralität vgl. Däubler, RdA 1995, 136, 142.

[626] So auch Boecken, Unternehmensumwandlungen, Rn. 85.

[627] Vgl. Schalle, Bestandsschutz, S. 217 f.

[628] Ähnlich Kittner/Däubler/Zwanziger-Zwanziger, § 324 UmwG, Rn. 4.

[629] Vgl. Priester, in: Lutter, Kölner Umwandlungsrechtstage, S. 99, 108; Schalle, Bestandsschutz, S. 219 f.

die Kontinuität der Rechtsverhältnisse durch Eintritt des Erben in die Rechte und Pflichten des Erblassers zu sichern. Dadurch sollen nicht zuletzt dessen Vertragspartner und Gläubiger geschützt werden[630]. Gleiches gilt bezüglich der Anordnung der Gesamtrechtsnachfolge bei einer Unternehmensumwandlung. Grundsätzlich kann eine juristische Person nicht ohne weiteres als Vertragspartner wegfallen. Vielmehr sind, wenn nicht für das Schicksal des Vermögens durch Gesamtrechtsnachfolge gesorgt ist, nach Auflösung einer Gesellschaft im Rahmen der Abwicklung, Liquidation oder Auseinandersetzung, die nach den jeweiligen Vorschriften stattzufinden hat[631], die noch bestehenden Rechtsverhältnisse nach den gesetzlichen Vorschriften zu beenden und die daraus entstehenden Verpflichtungen zu erfüllen. Eine Gesellschaft soll nicht einfach durch Auflösung ihre Schulden abschütteln oder einen laufenden Prozeß beenden können[632].

Hier ist nun die eigentlich vorgesehene Fortführung des Arbeitsverhältnisses mit dem übernehmenden Rechtsträger aufgrund der grundrechtlich geschützten Entscheidung des Arbeitnehmers, dem Übergang seines Arbeitsverhältnisses zu widersprechen, ausgeschlossen. Gleichzeitig ist aber eine Fortführung des Arbeitsverhältnisses mit dem alten Rechtsträger mangels dessen Fortbestehens nicht möglich. Somit verbleibt als Lösung dieses Problems – wenn man nicht von einem „heimlichen Weiterbestehen“ des Rechtsträgers ausgehen will - allein ein Erlöschen des Arbeitsverhältnisses. Der Arbeitnehmer hat durch die Ausübung seines Widerspruchsrechts die Rechte und Pflichten aus dem Arbeitsverhältnis zu „unübertragbaren“ Rechten und Pflichten gemacht. Ähnlich wie unvererbliche Rechte und Pflichten[633] oder auch das Dienstverhältnis über besondere, auf den Erblasser zugeschnittene Dienste[634] beim Tode des Inhabers erlöschen, müssen auch hier die unübertragbaren Rechte und Pflichten aus dem Arbeitsverhältnis mit der Eintragung der Umwandlung, dem „Tod“ des Rechtsträgers, erlöschen.

---

[630] Vgl. Mertens, Umwandlung, S. 70 f.

[631] §§ 264 ff. AktG für die Aktiengesellschaft; §§ 66 ff. GmbHG für die GmbH; 730 ff. BGB für die BGB-Gesellschaft; 145 ff. HGB für die OHG und KG.

[632] Vgl. K. Schmidt, Gesellschaftsrecht, § 11 V 3. Menze, Widerspruchsrecht, S. 208 ff., kam unter der alten Rechtslage von diesem Ausgangspunkt aus zu der Schlußfolgerung, daß eine Pflicht des übertragenden Rechtsträgers bestehe, den Arbeitnehmern rechtzeitig eine Frist zur Widerspruchserklärung zu setzen und ihnen nach Widerspruch betriebsbedingt zu kündigen, wobei dann der Rechtsnachfolger den Anspruch auf Entgeltzahlung bis zum Ablauf der Kündigungsfrist erfüllen müsse.

[633] Vgl. Staudinger-Marotzke, § 1922 BGB, Rn. 116.

[634] So z.B. bei einem Krankenpfleger oder Privatlehrer, vgl. Brox/Rüthers, Arbeitsrecht, Rn. 223.

Dabei handelt es sich aber nicht, wie von vielen Autoren angenommen, um ein „einseitiges Lösungsrecht“[635]. Ein solches Recht, das an keinerlei kündigungsrechtliche Bestimmungen gebunden ist, wäre dem deutschen Arbeitsrecht tatsächlich fremd[636]. Auch hier hat der Widerspruch lediglich zur Folge, daß das Arbeitsverhältnis nicht auf den neuen Rechtsträger übergeht. Die Aussage mancher Autoren, das Arbeitsverhältnis erlösche „mit der Ausübung des Widerspruchsrechts“[637], ist demnach so nicht richtig. Das Erlöschen des Arbeitsverhältnisses erfolgt vielmehr erst durch das Erlöschen des Rechtsträgers[638]. Indem der bisherige Arbeitgeber seine rechtliche Existenz einseitig beendet, setzt er selbst die Ursache für das Erlöschen des Arbeitsverhältnisses und dafür, daß es dem Arbeitnehmer auch tatsächlich unmöglich ist, die Arbeitsleistung ihm gegenüber zu erbringen[639].
Somit ist in allen Fällen, in denen der Arbeitnehmer dem Übergang seines Arbeitsverhältnisses widerspricht, obwohl der ursprüngliche Rechtsträger durch die Eintragung der Umwandlung erlischt, auch von einem Erlöschen des Arbeitsverhältnisses im Zeitpunkt der Eintragung auszugehen.

(2) Besonderheiten beim Widerspruch nach Betriebsübergang

Dem Arbeitnehmer steht bei unvollständiger Unterrichtung gemäß § 613 a Abs. 5 BGB auch dann, wenn der Rechtsträger durch die Umwandlung erlischt, die Befugnis zu, sein Widerspruchsrecht noch nach Betriebsübergang auszuüben[640]. Der Übergang des Arbeitsverhältnisses erfolgt in diesem Fall bis zum Ablauf der Widerspruchsfrist ebenfalls nur aufschiebend bedingt[641], um den Arbeitnehmer nicht vorübergehend an einen ihm unliebsamen Arbeitgeber vertraglich zu binden. Da jedoch das Arbeitsverhältnis mit dem ursprünglichen Arbeitgeber mit der Eintragung der Umwandlung erlischt, kann hier in der Zwischenzeit auch kein Arbeitsverhältnis mit diesem fortbestehen. Es ist vielmehr bis zur Ausübung des Widerspruchsrechts ausschließlich von einem fehlerhaften Arbeitsverhältnis des Arbeitnehmers mit dem neuen Rechtsträger auszugehen, auf

---

635 So aber Staudinger[13]-Richardi/Annuß, § 613 a BGB, Rn. 129; Däubler, RdA 1995, 136, 140; Kasseler ArbR-Düwell, 6.8, Rn. 124; Tauchert-Nosko, Verschmelzung und Spaltung, S. 216.
636 Vgl. die Kritik von Willemsen in Kallmeyer, § 324 UmwG, Rn. 9.
637 Bauer/Lingemann, NZA 1994, 1057, 1061; Bauer/Diller, Wettbewerbsverbote, Rn. 687 b; Karlsfeld, Widerspruchsrecht, S. 178.
638 So Lutter-Joost, § 324 UmwG, Rn. 28.
639 Vgl. KR-Pfeiffer, § 613 a BGB, Rn. 115.
640 Vgl. ArbG Münster, DB 2000, 1182, 1183.
641 Und zwar unter der Bedingung, daß der Arbeitnehmer sein Widerspruchsrecht nicht bis zum Ablauf der Widerspruchsfrist ausübt.

das die allgemeinen Grundsätze Anwendung finden[642]. Mit Ausübung des Widerspruchsrechts entzieht der Arbeitnehmer zum einen dem fehlerhaften Arbeitsverhältnis die Grundlage, zum andern verhindert er endgültig den Eintritt der Bedingung, die für den Übergang seines Arbeitsverhältnisses erfüllt werden müßte. Das Arbeitsverhältnis ist somit seit Eintragung der Umwandlung als erloschen anzusehen.

(3) Folgen des Erlöschens des Arbeitsverhältnisses

Auch wenn das Schicksal des Arbeitsverhältnisses durch den Wegfall des Vertragspartners besiegelt wird, bleibt die Frage, wer nun für rückständige Forderungen aus dem Arbeitsverhältnis oder für unverfallbare Versorgungsanwartschaften, die unter den Voraussetzungen des § 1 BetrAVG nach Beendigung des Arbeitsvertrages bestehen, einsteht. Dabei geht es hier nicht um das teilweise als problematisch angesehene Verhältnis zwischen der arbeitsrechtlichen Haftung des bisherigen Arbeitgebers gemäß § 613 a Abs. 2 BGB und seiner umwandlungsrechtlichen Haftung gemäß §§ 133, 134 UmwG[643]. Denn § 613 a Abs. 2 BGB kann mangels Übergangs des Arbeitsverhältnisses sowie aufgrund des Erlöschens des Rechtsträgers schon von vornherein keine Anwendung finden[644]. Vielmehr geht es hier allein darum, an welchen der neuen Rechtsträger sich der Arbeitnehmer aufgrund welcher Rechtsgrundlage für die Erfüllung seiner noch bestehenden Ansprüche halten kann.
Darüber hinaus stellt sich die Frage, ob der Arbeitnehmer gegenüber diesen neuen Rechtsträgern nachwirkende Vertragspflichten zu erfüllen hat, insbesondere ob er an ein eventuell bestehendes nachvertragliches Wettbewerbsverbot gebunden ist.

(a) Rückständige Forderungen aus dem Arbeitsvertrag

Bei der Verschmelzung ergeben sich bezüglich noch gegenüber dem alten Arbeitgeber bestehender Ansprüche keine Probleme. Gemäß § 20 Abs. 1 Nr. 1 UmwG geht mit der Eintragung der Verschmelzung das gesamte Vermögen der übertragenden Rechtsträger einschließlich aller Verbindlichkeiten auf den über-

---

[642] Staudinger[13]-Richardi/Annuß, § 613 a BGB, Rn. 130; Willemsen/Hohenstatt/Schweibert-Willemsen, Umstrukturierung, S. 745.
[643] Vgl. dazu Willemsen, NZA 1996, 791, 800; für einen Vorrang des § 613 a Abs. 2 BGB gegenüber § 133 UmwG: Boecken, Unternehmensumwandlungen, Rn. 227 ff.; für einen Vorrang der §§ 133, 134 UmwG: Staudinger[13]-Richardi/Annuß, § 613 a BGB, Rn. 217; Kallmeyer-Kallmeyer, § 133 UmwG, Rn. 11; Tempelmann, Arbeitsrechtliche Probleme, S. 147 ff.; für eine Anwendung beider Vorschriften noch Kallmeyer, ZIP 1995, 550, 552.
[644] Siehe § 613 a Abs. 3 BGB.

nehmenden Rechtsträger über. Dies umfaßt auch die Ansprüche der widersprechenden Arbeitnehmer.
Bei der Aufspaltung des ursprünglichen Rechtsträgers kommt ein Übergang der betreffenden Verbindlichkeiten auf einen der übernehmenden Rechtsträger gemäß § 131 Abs. 1 Nr. 1 UmwG zunächst nur dann in Betracht, wenn sie diesem im Spaltungsvertrag ausdrücklich zugeteilt sind. Ist dies nicht der Fall, kommt nach dem Gesetzeswortlaut nur eine „Mithaftung" aller übernehmenden Rechtsträger gemäß § 133 Abs. 1 UmwG als Gesamtschuldner in Betracht, da die Regelung des § 131 Abs. 3 UmwG nur für vergessene „Gegenstände" gilt, nicht jedoch für vergessene „Verbindlichkeiten"[645]. Das erscheint insofern problematisch, als es dann keinen „Hauptschuldner" gäbe, und die „Mithafter" gemäß § 133 Abs. 3 UmwG nach fünf Jahren von ihren Verpflichtungen frei würden. Schon allein vor dem Hintergrund, daß die an der Spaltung beteiligten Rechtsträger ansonsten den Anreiz hätten, sich auf dem Weg über das „Vergessen" langfristigen Verbindlichkeiten möglichst zu entziehen, ist hier von einer planwidrigen Gesetzeslücke auszugehen[646].
Zur Schließung dieser Lücke ist zunächst durch Auslegung des Spaltungsvertrages festzustellen, ob eine konkludente Zuweisung der „vergessenen" Verbindlichkeit vorliegt. Hier wird man zu dem Ergebnis gelangen, daß der übernehmende Rechtsträger Schuldner der noch offenstehenden Ansprüche aus dem Arbeitsvertrag sein soll, auf den das Arbeitsverhältnis des widersprechenden Arbeitnehmers normalerweise übergegangen wäre. Folglich ist dieser als „Hauptschuldner" anzusehen[647].
Ist eine solche Zuweisung im Einzelfall nicht zu ermitteln, so sind nach dem Grundgedanken des § 133 Abs. 1 UmwG[648], der im optimalen Gläubigerschutz durch Gesamtschuld zu sehen ist, alle an der Spaltung beteiligten Rechtsträger als Hauptschuldner anzusehen[649]. Bei diesen kommt eine Enthaftung nach fünf

---

645 Vgl. BT-Drucks. 12/6699, S. 120, 121; Kallmeyer-Kallmeyer, § 131 UmwG, Rn. 17; Lutter-Teichmann, § 131 UmwG, Rn. 23. Für eine Erstreckung des § 131 Abs. 3 UmwG auch auf Verbindlichkeiten: Schäfer, in: Habersack, Spaltung im neuen Umwandlungsrecht, S. 114, 120, 141.

646 Vgl. Lutter-Hommelhoff, § 133 UmwG, Rn. 36; Tauchert-Nosko, Verschmelzung und Spaltung, S. 50.

647 Vgl. Kallmeyer-Kallmeyer, § 126 UmwG, Rn. 67.

648 Lutter[1]-Teichmann, § 131 UmwG, Rn. 19, sprach sich in „derartigen Fällen" für eine „entsprechende Anwendung" des § 133 Abs. 1 UmwG aus, hält dies jedoch, wie sich aus der Neuauflage des Kommentars ergibt, nun nicht mehr für notwendig, vgl. Lutter-Teichmann, § 131 UmwG, Rn. 23.

649 Ihrig, in: Habersack, Spaltung im neuen Umwandlungsrecht, S. 80, 84; Lutter-Hommelhoff, § 133 UmwG, Rn. 37; Tauchert-Nosko, Verschmelzung und Spaltung, S. 50. Ebenso sogar für angelegte, aber noch nicht begründete Verbindlichkeiten: Hommelhoff, in: Lutter, Kölner Umwandlungsrechtstage, S. 117, 125.

Jahren gemäß § 133 Abs. 3 UmwG nicht in Betracht[650]. Im Innenverhältnis zueinander sind diese „Hauptschuldner" Gesamtschuldner nach § 426 BGB[651].

(b) Auswirkungen auf die betriebliche Altersversorgung

Auch die gemäß § 1 Abs. 1 BetrAVG unverfallbaren Versorgungsanwartschaften des widersprechenden Arbeitnehmers, die auf einer unmittelbaren Versorgungszusage seitens des Arbeitgebers beruhen, können mangels Übergangs des Arbeitsverhältnisses gemäß § 613 a Abs. 1 Satz 1 BGB weder bei der Verschmelzung noch bei der Aufspaltung zusammen mit diesem auf den oder die übernehmenden Rechtsträger übergehen[652]. Sie sind daher wie die unverfallbaren Versorgungsanwartschaften der anderen, schon vorher aus dem Arbeitsverhältnis ausgeschiedenen Personen zu behandeln[653]. Es kommt somit nur ein umwandlungsrechtlicher Übergang der Versorgungsansprüche im Wege der (partiellen) Gesamtrechtsnachfolge in Betracht[654]. Aus der Vorschrift des § 324 UmwG und der darin enthaltenen Erklärung des „Unberührtbleibens" des § 613 a Abs. 1 Satz 1 BGB läßt sich insoweit nicht etwa ableiten, daß der umwandlungsrechtliche Übergang von Verbindlichkeiten solche aus früheren Arbeitsverhältnissen nicht einschließt[655].

Das bedeutet, daß die bis dahin erdienten, unverfallbar gewordenen Versorgungsanwartschaften im Falle der Verschmelzung wie die sonstigen offenstehenden Forderungen ohne weiteres gemäß § 20 Abs. 1 Nr. 1 UmwG auf den übernehmenden Rechtsträger übergehen. Dabei haben die widersprechenden Arbeitnehmer als Inhaber der Versorgungsanwartschaften aufgrund der Regelung des § 22 Abs. 2 UmwG kein Recht, gemäß § 22 Abs. 1 UmwG eine Sicherheitsleistung zu verlangen. Denn nach Eintritt der Unverfallbarkeit sind sie gemäß § 7 BetrAVG durch den Pensionssicherungsverein insolvenzgeschützt[656].

---

650 So schon zum Referentenentwurf: K. Schmidt, ZGR 1993, 366, 387. Manche Autoren gehen auch davon aus, daß die Verbindlichkeiten den beteiligten Rechtsträgern insoweit im Sinne des § 133 Abs. 3 UmwG „zugewiesen" seien, vgl. Kallmeyer-Kallmeyer, § 133 UmwG, Rn. 18.

651 Vgl. Lutter-Hommelhoff, § 133 UmwG, Rn. 21.

652 Schließlich setzt § 1 BetrAVG ja gerade die Beendigung des Arbeitsverhältnisses voraus, wobei darunter grundsätzlich jede Form der Vertragsbeendigung zu verstehen ist, vgl. Höfer, § 1 BetrAVG, Rn. 1544 ff., somit auch die Beendigung durch Erlöschen des Arbeitgebers.

653 Ebenso Tschöpe, Rechtsfolgen, S. 73.

654 Vgl. Bachner/Köstler/Trittin/Trümner, Arbeitsrecht bei Unternehmensumwandlung, S. 135; Kasseler ArbR-Düwell, 6.8, Rn. 212; Mengel, Umwandlungen, S. 225..

655 So ausdrücklich BVerwG NZA 1999, 1217, 1219.

656 Vgl. BT-Drucks. 12/6699, S. 92; Andresen/Förster/Rößler/Rühmann, Betriebliche Altersversorgung, 14 C, Rn. 201; Höfer, BetrAVG, ART, Rn. 873.13; Lutter-Joost, § 324 UmwG,

Bei der Aufspaltung ist ohne anderweitige ausdrückliche oder konkludente Zuweisung im Spaltungsvertrag wie bei den übrigen offenstehenden Forderungen nach dem Gedanken des optimalen Gläubigerschutzes des § 133 Abs. 1 UmwG eine gesamtschuldnerische, zeitlich unbegrenzte Haftung aller an der Spaltung beteiligten Rechtsträger als Hauptschuldner angezeigt[657]. Schließlich würden die übernehmenden Rechtsträger bei einer „normalen" Anwendung des § 133 Abs. 3 UmwG nach fünf Jahren von ihrer gesamtschuldnerischen Haftung frei. Dies würde im Falle von unverfallbaren Versorgungsanwartschaften um so mehr zu unerträglichen Ergebnissen führen, als der Anspruch auf die Versorgungsleistung erst an dem Tag entsteht, an dem das in der Versorgungsregelung bezeichnete Ereignis eintritt[658], d.h. insbesondere mit dem Erreichen der Versorgungsaltersgrenze[659]. Diese kann jedoch von dem widersprechenden Arbeitnehmer auch erst lange Zeit nach Ablauf der 5-Jahresfrist erreicht werden, so daß er bei einer nur zeitlich begrenzten Mithaftung der übernehmenden Rechtsträger seine Ansprüche verlieren würde.
Daneben kann aber auch durchaus eine ausdrückliche Regelung im Spaltungsvertrag dahingehend vorliegen, daß sämtliche Versorgungsverpflichtungen gegenüber ehemaligen Mitarbeitern einem einzigen der übernehmenden Rechtsträger zugeordnet werden. Schließlich findet § 613 a BGB in Ermangelung eines aktiven Arbeitsverhältnisses gerade keine Anwendung. Für die Zuweisung von Pensionsverpflichtungen im Rahmen der Spaltung ist nach herrschender Meinung darüber hinaus auch trotz der möglichen Erhöhung des Insolvenzrisikos nicht etwa die Zustimmung des ehemaligen Arbeitnehmers oder des Pensionssicherungsvereins erforderlich, da das Konzept der partiellen Gesamtrechtsnachfolge mit dem besonderen Haftungssystem der §§ 133, 134 UmwG gegenüber § 4 BetrAVG vorrangig sei[660]. Dem ist im Ergebnis zuzustimmen. Denn § 4 Abs. 1 BetrAVG stellt nur bestimmte Voraussetzungen an den Übertragungs-

---

Rn. 46; Mengel, Umwandlungen, S. 230. Ebenso zur Sicherheitsleistung nach dem früheren § 374 AktG: BAG DB 1996, 1731. A.A.: Freitag, Einfluß von § 4 BetrAVG, S. 169.

657 Vgl. Habersack, FS Bezzenberger, S. 93, 104.

658 Blomeyer/Otto, § 2 BetrAVG, Rn. 24. „Begründet" im Sinne des § 133 Abs. 1 UmwG werden die Versorgungsanwartschaften –wie erforderlich- schon vor dem Wirksamwerden der Spaltung, nämlich bereits durch die Abgabe (und Annahme) der Versorgungszusage, vgl. Andresen/Förster/Rößler/Rühmann, Betriebliche Altersversorgung, 7A, Rn. 36; 10 A, Rn. 146.

659 Blomeyer/Otto, Einleitung BetrAVG, Rn. 297.

660 Andresen/Förster/Rößler/Rühmann, Betriebliche Altersversorgung, 14 C, Rn. 157; Blomeyer/Otto, § 4 BetrAVG, Rn. 33 f.; Freytag, Auswirkungen der Spaltung, S. 74; Höfer, BetrAVG, ART, Rn. 873.9; Mengel, Umwandlungen, S. 225 f.; Tempelmann, Arbeitsrechtliche Probleme, S. 151; Willemsen, NZA 1996, 791, 801; Willemsen/Hohenstatt/Schweibert-Doetsch/Rühmann, Umstrukturierung, S. 914. Vgl. auch Freitag, Einfluß von § 4 BetrAVG, S. 103. A.A. zumindest für Abspaltungen und Ausgliederungen: Großkommentar-Steffan, § 126 UmwG, Rn. 32.

tatbestand, schließt jedoch nicht die Übertragbarkeit von Versorgungsverpflichtungen selbst im Sinne des § 132 Satz 1, 1. und 2. Alt. UmwG aus oder knüpft diese an bestimmte Voraussetzungen[661]. Genauso wenig stellt die Zustimmung des Pensionssicherungsvereins eine staatliche Genehmigung im Sinne des § 132 Satz 1, 3. Alt. UmwG dar. Es handelt sich dabei vielmehr um das Einverständnis des materiell von der Übernahme der Versorgungsverbindlichkeit Betroffenen im Sinne des § 415 BGB[662]. Somit sind keine Vorschriften ersichtlich, die der grundsätzlichen Zuordnungsfreiheit von Versorgungsverpflichtungen bei einer Spaltung entgegenstehen.
Da mit Eintragung der Spaltung auch die widersprechenden Arbeitnehmer aufgrund der Auflösung ihres Arbeitsverhältnisses zu den „ehemaligen Mitarbeitern" zu zählen sind, gehen ihre Versorgungsansprüche bei Vorliegen einer dementsprechenden Regelung auf den im Spaltungsvertrag bezeichneten Rechtsträger über, § 131 Abs. 1 Nr. 1 UmwG. Die übrigen Rechtsträger „haften" dann gemäß § 133 Abs. 1, Abs. 3 UmwG nur „mit", und zwar zeitlich beschränkt auf fünf Jahre[663].

(c) Nachwirkende Vertragspflichten des Arbeitnehmers

Hat ein widersprechender Arbeitnehmer mit dem bisherigen Arbeitgeber eine Wettbewerbsabrede für den Fall des Ausscheidens aus dem Arbeitsverhältnis (§§ 74 ff. HGB, §§ 133 f. GewO, § 5 BBiG) getroffen, so stellt sich die Frage, ob der Arbeitnehmer Verpflichtungen daraus nun auch gegenüber dem oder den neuen Rechtsträgern zu erfüllen hat.
Dabei ist zunächst davon auszugehen, daß mit dem Erlöschen des Arbeitsverhältnisses im Zeitpunkt der Eintragung der Umwandlung nicht auch ein vereinbartes Wettberwerbsverbot erlischt[664]. Zwar kann man dies nicht allein damit begründen, daß sich der Arbeitnehmer ansonsten ohne weiteres vom vereinbarten Wettbewerbsverbot befreien könnte. Schließlich ist auch im Falle der Widerspruchsausübung bei Betriebsübergang durch Einzelrechtsnachfolge ein Lösen des Arbeitnehmers von dem vereinbarten Wettbewerbsverbot ohne weiteres möglich, wenn der bisherige Arbeitgeber nun kein berechtigtes geschäftliches Interesse an der Einhaltung des Wettbewerbsverbots im Sinne des § 74 a HGB mehr geltend machen kann. Dem automatischen Übergang des Wettbewerbs-

---

661 Wichtig in diesem Zusammenhang ist die Unterscheidung zwischen der „Übertragbarkeit" und den „Voraussetzungen der Übertragung", vgl. Wiesner, in: Habersack, Spaltung im neuen Umwandlungsrecht, S. 168, 171.

662 Wiesner, in: Habersack, Spaltung im neuen Umwandlungsrecht, S. 168, 181 f. Vgl. auch BAG DB 1988, 122, 123.

663 Vgl. allgemein zu der Spaltungshaftung nach § 133 Abs. 1 UmwG: Habersack, FS Bezzenberger, S. 93 ff.

664 Vgl. Bauer/Diller, Wettbewerbsverbote, Rn. 687 b.

verbots auf einen neuen Rechtsträger ohne Beachtung des eventuell entgegenstehenden Willens des ehemaligen Arbeitnehmers können aber nicht dieselben Bedenken entgegengehalten werden wie dem Übergang des Arbeitsverhältnisses eines aktiven Arbeitnehmers. Denn hier kann es schon von vornherein nicht um einen „Verkauf" des Arbeitnehmers gehen[665].
Bauer/Diller vertreten deshalb die Auffassung, daß der Arbeitnehmer sich im Falle eines Widerspruchs so behandeln lassen müsse, als habe er ordentlich gekündigt. Da dann das gekündigte Arbeitsverhältnis einschließlich des Wettbewerbsverbots gemäß §§ 324 UmwG, 613 a BGB auf den neuen Arbeitgeber übergegangen wäre, sei dieser als Vertragspartner des Wettbewerbsverbots anzusehen[666].
Dem ist zwar im Ergebnis durchaus zuzustimmen. Ein widersprechender Arbeitnehmer kann jedoch gerade nicht mit einem ordentlich kündigenden Arbeitnehmer verglichen werden. Insbesondere erscheint es widersprüchlich, das Arbeitsverhältnis des widersprechenden Arbeitnehmers wie ein gekündigtes, aber noch nicht beendetes Arbeitsverhältnis anzusehen, gleichzeitig aber von einem Inkrafttreten des nachvertraglichen Wettbewerbsverbots in diesem Moment auszugehen, wofür gerade ein beendetes Arbeitsverhältnis Voraussetzung wäre. Um diese Widersprüchlichkeit zu vermeiden, ist der widersprechende Arbeitnehmer aufgrund des Erlöschens seines Arbeitsverhältnisses im Zeitpunkt der Eintragung der Umwandlung vielmehr wie ein vor Betriebsübergang ausgeschiedener Arbeitnehmer zu behandeln.
Im Bereich der Einzelrechtsnachfolge geht man hinsichtlich der Wettbewerbsabreden ausgeschiedener Arbeitnehmer teilweise von einer analogen Anwendung des § 613 a BGB aus. Dies gilt zumindest dann, wenn der Veräußerer seine unternehmerische Tätigkeit einstellt und der Erwerber denselben Betriebszweck verfolgt wie früher der Veräußerer[667]. Dann ist nach Betriebsübergang der ausgeschiedene Arbeitnehmer gegenüber dem Erwerber aus dem Wettbewerbsverbot verpflichtet.
Eine solche analoge Anwendung des § 613 a BGB ist zwar abzulehnen, da dieser Fall nicht mit der Interessenlage im Rahmen des § 613 a BGB übereinstimmt, der insbesondere den Fortbestand der beim Veräußerer im Zeitpunkt des Übergangs vorhandenen Arbeitsverhältnisse sichern will[668]. Hier kommt

---

665 Vgl. Grunsky, Wettbewerbsverbote, S. 145 f. A.A. wohl Wertheimer, Wettbewerbsverbote, S. 209 f.

666 Bauer/Diller, Wettbewerbsverbote, Rn. 687 b.

667 Grunsky, Wettbewerbsverbote, S. 144; MünchArbR-Wank, § 124, Rn. 144; Seiter, Betriebsinhaberwechsel, S. 80 f. Sogar für eine direkte Anwendung des § 613 a BGB: Buchner, Wettbewerbsverbote, Rn. C 462.

668 Staudinger[13]-Richardi/Annuß, § 613 a BGB, Rn. 161; Wertheimer, Wettbewerbsverbote, S. 206, unter Hinweis auf den Normzweck des § 613 a BGB. Ebenso, aber ohne Begründung: GK-Etzel, §§ 74-75 d HGB, Rn. 66; Gaul, NZA 1989, 697, 699; MüKo-v. Hoyningen-Huene, § 74 HGB, Rn. 77.

jedoch trotzdem ein Übergang der Wettbewerbsabreden als „Rechtsverhältnisse eigener Art“[669] aufgrund der gemäß § 20 Abs. 1 Nr. 1 UmwG bzw. 131 Abs. 1 Nr. 1 UmwG stattfindenden (partiellen) Gesamtrechtsnachfolge in Betracht.
Schließlich ist in dem Fall, in dem der ursprüngliche Rechtsträger erlischt, ein Übergang der Verpflichtung, die ihn nach Beendigung des Arbeitsverhältnisses in seiner gewerblichen Tätigkeit beschränkt, schon aus eigenem Interesse des Arbeitnehmers notwendig. Nur so behält er auch den Anspruch auf eine entsprechende Karenzentschädigungszahlung für die Einhaltung dieser Verpflichtung gemäß § 74 Abs. 2 HGB. Während beim Betriebsübergang durch Einzelrechtsnachfolge nach der hier vertretenen Auffassung der Betriebsveräußerer hinsichtlich des Wettbewerbsverbots ausgeschiedener Arbeitnehmer berechtigt und verpflichtet bleibt[670], hätte der widersprechende Arbeitnehmer bei der Verschmelzung und der Aufspaltung ohne Übergang der Rechte und Pflichten aus dem Wettbewerbsverbot auf den neuen Rechtsträger keinen Schuldner für seine Entschädigungsansprüche. Auf der anderen Seite hat auch der übernehmende Rechtsträger meist ein Interesse an der Einhaltung des Wettbewerbsverbots durch den Arbeitnehmer.
Zudem gehen auch im Bereich des Erbrechts – soweit ersichtlich - alle Autoren davon aus, daß die durch den Erbfall ausgelöste erbrechtliche Gesamtrechtsnachfolge das nachvertragliche Wettbewerbsverbot auch dann erfaßt, wenn das Arbeitsverhältnis im Zeitpunkt des Erbfalls bereits beendet ist[671]. In ähnlicher Weise ist bei der Aufspaltung und der Verschmelzung davon auszugehen, daß das Wettbewerbsverbot der widersprechenden und somit ausgeschiedenen Arbeitnehmer wie alle übrigen Aktiva und Passiva des übertragenden Rechtsträgers im Wege der (partiellen) Gesamtrechtsnachfolge auf den übernehmenden Rechtsträger übergeht, §§ 20 Abs. 1 Nr. 1, 131 Abs. 1 Nr. 1 UmwG . Die Regelung des § 399 BGB, die nach Auffassung einiger Autoren einer Übertragung des Wettbewerbsverbots im Wege der Einzelrechtsnachfolge nach Beendigung des Arbeitsverhältnisses entgegenstehen würde[672], bereitet hier keine Probleme. Denn sie ist im Rahmen der Verschmelzung und der Aufspaltung gar nicht anwendbar[673].

---

[669] Bauer/Diller, Wettbewerbsverbote, Rn. 684.

[670] Dabei kann sich der Arbeitgeber auch nicht dadurch von einer Zahlungspflicht befreien, daß er sich auf die Einstellung seines Geschäftsbetriebs beruft. Demgegenüber könnte sich der Arbeitnehmer in diesem Fall bei Bedarf gemäß § 74 a Abs. 1 HGB oder § 75 Abs. 2 HGB von dem Wettbewerbsverbot lösen, vgl. Bauer/Diller, Wettbewerbsverbote, Rn. 682 f.; GK-Etzel, §§ 74-75 d HGB, Rn. 50 a.

[671] Vgl. Bauer/Diller, Wettbewerbsverbote, Rn. 688; Schaub, ArbRHandb, § 58, Rn. 32; Wertheimer, Wettbewerbsverbote, S. 211.

[672] Wertheimer, Wettbewerbsverbote, S. 211. A. A. wohl Grunsky, Wettbewerbsverbote, S. 143.

[673] Für die Aufspaltung ergibt sich dies aus § 132 Satz 2 UmwG, für die Verschmelzung bereits daraus, daß ein völliger Untergang der Forderung meist nicht im Interesse der betroffenen

Bei der Verschmelzung ist jedoch zu beachten, daß sich das Wettbewerbsverbot des Arbeitnehmers nun nicht auf neue, „dazugeschmolzene" Bereiche ausdehnt. Dies würde dem Grundsatz widersprechen, daß ein Wettbewerbsverbot nach dem Ausscheiden des Arbeitnehmers statisch ist[674].
Bei der Aufspaltung ist davon auszugehen, daß der neue Rechtsträger Vertragspartner der Wettbewerbsabrede wird, auf den das Arbeitsverhältnis des widersprechenden Arbeitnehmers übergegangen wäre, bzw. – bei Zuordnungsschwierigkeiten – im Falle fehlender ausdrücklicher oder konkludenter Zuordnung des Arbeitsvertrags im Spaltungsvertrag alle neuen Rechtsträger[675]. Die Wettbewerbsabrede ist wie ein sonstiges Schuldverhältnis als einheitlicher Gegenstand im Sinne des § 131 Abs. 1 Nr. 1 Satz 1, Abs. 3 UmwG anzusehen[676]. Schließlich ist ein nachvertragliches Wettbewerbsverbot nach herrschender Meinung ein gegenseitig verpflichtender Vertrag im Sinne der §§ 320 ff. BGB[677]. Dabei darf sich das Wettbewerbsverbot wiederum inhaltlich nicht erweitern, und es ist für den Arbeitnehmer auch nur insoweit zwingend, als der jeweilige Rechtsträger ein berechtigtes Interesse an der Einhaltung des Wettbewerbsverbots im Sinne des § 74 a Abs. 1 HGB hat.
Somit verlieren die widersprechenden Arbeitnehmer zwar nicht ihren Anspruch auf Karenzentschädigung aus dem nachvertraglichen Wettbewerbsverbot[678]; gleichzeitig können sie sich aber auch nicht – wie sonst meist im Fall des Widerspruchs bei Weiterbestehen des ursprünglichen Rechtsträgers[679] – gemäß § 74 a Abs. 1 HGB oder § 75 Abs. 2 HGB insgesamt von dem Wettbewerbsverbot lösen.

Vertragspartner liegt, vgl. Lutter-Grunewald, § 20 UmwG, Rn. 31; Erman-Westermann, § 412 BGB, Rn. 2.

674 Vgl. Bauer/Diller, Wettbewerbsverbote, Rn. 215, 687.

675 Daß bei Zuordnungsschwierigkeiten alle neuen Rechtsträger aus der Wettbewerbsabrede berechtigt werden, ist auch interessengerecht, da es sich dabei schließlich um die Fälle handelt, in denen kein Tätigkeitsschwerpunkt feststellbar ist, d.h. der Arbeitnehmer wird in den meisten Bereichen Erfahrungen gesammelt haben, die er nun nicht zum Nachteil der neuen, davon betroffenen Rechtsträger verwenden können soll.

676 Vgl. allgemein zu den vergessenen Schuldverhältnissen bei der Aufspaltung: Wiesner, in: Habersack, Spaltung im neuen Umwandlungsrecht, S. 168, 173 ff.

677 Bossmann, Wettbewerbsverbote, S. 162; Grunsky, Wettbewerbsverbote, S. 118; Wertheimer, Wettbewerbsverbote, S. 151; Schaub, ArbRHandb, § 58, Rn. 37.

678 Wird nur einer der beteiligten Rechtsträger Vertragspartner der Wettbewerbsabrede, so wird er damit allein Schuldner der Karenzentschädigungszahlungsansprüche, wobei die anderen gemäß § 133 Abs. 1 UmwG mithaften. Werden hingegen alle gemeinschaftlich Vertragspartner, sind auch alle „echte" Gesamtschuldner, wobei es eines Rückgriffs auf die Regelung des § 133 Abs. 1 UmwG nicht bedarf, vgl. Rieble, ZIP 1997, 301, 311.

679 Vgl. Bauer/Diller, Wettbewerbsverbote, Rn. 682.

2. Betriebsbedingte Kündigung

Die betriebsbedingte Kündigung eines Arbeitnehmers ist im Anwendungsbereich des Kündigungsschutzgesetzes neben anderen Voraussetzungen grundsätzlich nur dann zulässig, wenn für ihn keine sonstige Weiterbeschäftigungsmöglichkeit vorhanden ist und eine ordnungsgemäße Sozialauswahl stattgefunden hat. Zu klären ist dabei im Rahmen der hier vorliegenden Arbeit insbesondere, in welchem Umfang allgemeine kündigungsrechtliche Grundsätze durch die Ausübung des Widerspruchsrechts modifiziert werden.

a) Anderweitige Beschäftigungsmöglichkeit

Soweit für den widersprechenden Arbeitnehmer im Unternehmen des ursprünglichen Arbeitgebers eine anderweitige Beschäftigungsmöglichkeit zur Verfügung steht, ist ihm diese Beschäftigung vorrangig vor einer Kündigung anzubieten[680]. In Betracht kommt eine solche Möglichkeit freilich sowieso nur bei Weiterbestehen des ursprünglichen Rechtsträgers, d.h. bei Abspaltung und Ausgliederung[681].

Früher wurde darüber hinaus verbreitet die Meinung vertreten, der Arbeitgeber wäre nur zum Anbieten einer anderweitigen Beschäftigungsmöglichkeit im selben Betrieb verpflichtet, d.h. unternehmensweite Beschäftigungsmöglichkeiten sollten unbeachtlich bleiben. Danach war eine betriebsbedingte Kündigung des widersprechenden Arbeitnehmers überhaupt nur bei einer Betriebsteilveräußerung vermeidbar[682]. Seit dem Urteil des BAG vom 17.5.1984[683], in dem es sich im Falle der betriebsbedingten Kündigung ganz allgemein für eine unternehmensweite Prüfung der Weiterbeschäftigungsmöglichkeit ausgesprochen hat, wird die Unternehmensbezogenheit des Kündigungsschutzes in dieser Hinsicht jedoch kaum noch bezweifelt[684]. Darüber hinaus ist kein Grund dafür ersicht-

---

[680] Dies gilt bereits nach dem in § 1 Abs. 2 Satz 2 KSchG zum Ausdruck gelangenden allgemeinen Grundsatz „Versetzung vor Beendigungskündigung“, vgl. Staudinger[13]-Richardi/Annuß, § 613 a BGB, Rn. 133; MünchArbR-Wank, § 124, Rn. 105.

[681] Bei Verschmelzung und Aufspaltung ist eine anderweitige Beschäftigungsmöglichkeit aufgrund des Fortfalls des ursprünglichen Rechtsträgers von vornherein undenkbar, eine Kündigung aufgrund des daraus resultierenden Erlöschens des Arbeitsverhältnisses aber sowieso entbehrlich, s. oben S. 118 ff.

[682] Vgl. BAG AP Nr. 1 zu § 613 a BGB; Seiter, Betriebsinhaberwechsel, S. 115.

[683] BAG DB 1985, 1190 ff.

[684] Kreitner, Kündigungsrechtliche Probleme, S. 156 f.; Backmeister/Trittin-Backmeister, § 1 KSchG, Rn. 276; KR-Becker, § 1 KSchG, Rn. 555; Ingelfinger, ZfA 1996, 591, 601; Ingenfeld, Betriebsausgliederung, S. 350 f.; Wollenschläger/Pollert, ZfA 1996, 547, 563; wohl einschränkend auf die Fälle, in denen der Betriebsrat der Kündigung nach § 1 Abs. 2 S. 2 Nr. 2b KSchG widersprochen hat: MüKo-Schaub, § 613 a BGB, Rn. 80. Zu den unterschiedlichen Begründungsmöglichkeiten der unternehmensbezogenen Weiterbeschäftigungsmöglichkeit vgl. MünchArbR-Berkowsky, § 140 , Rn. 4 ff. Weiterhin gegen einen unternehmensbezoge-

lich, warum der Arbeitgeber beispielsweise im Fall eines sachlich unbegründeten Widerspruchs von der Prüfung einer Weiterbeschäftigungsmöglichkeit in einem anderen Betrieb des Unternehmens entbunden sein soll[685]. Nach der in § 1 Abs. 2 Satz 2 KSchG normierten Pflicht, vorrangig als milderes Mittel die Versetzung zu ergreifen, kommt es nicht auf die individuelle Schutzbedürftigkeit des Arbeitnehmers an[686]. Folglich sind die allgemeinen kündigungsrechtlichen Grundsätze bezüglich der Prüfung einer anderweitigen Beschäftigungsmöglichkeit für den widersprechenden Arbeitnehmer nicht zu modifizieren, zumal den Beschäftigten des Restbetriebes und der weiteren Betriebe des Unternehmens keinerlei Nachteile drohen.
Eine konzernbezogene Versetzungspflicht ist demgegenüber, abgesehen von den Fällen, in denen besondere Umstände hinzutreten, wie z.B. entsprechende vertragliche Vereinbarungen, grundsätzlich abzulehnen[687]. Der Arbeitnehmer kann von demjenigen, der nicht Arbeitgeber ist, nicht ohne weiteres die „Weiterbeschäftigung" verlangen.

b) Grundsätzliche Zulässigkeit der betriebsbedingten Kündigung

Nach § 613 a Abs. 4 Satz 1 BGB ist die Kündigung des Arbeitsverhältnisses eines Arbeitnehmers durch den bisherigen Arbeitgeber oder durch den neuen Inhaber wegen des Übergangs eines Betriebs oder Betriebsteils selbst unwirksam. Das Recht zur Kündigung des Arbeitsverhältnisses aus anderen Gründen bleibt jedoch gemäß § 613 a Abs. 4 Satz 2 BGB unberührt.
Die betriebsbedingte Kündigung des Arbeitnehmers, der dem Übergang seines Arbeitsverhältnisses widersprochen hat und für den nun im Unternehmen des ursprünglichen Arbeitgebers kein Arbeitsplatz vorhanden ist, fällt nicht unter das Kündigungsverbot des § 613 a Abs. 4 Satz 1 BGB[688]. Es handelt sich dabei nämlich nach allgemeiner Meinung[689] nicht um eine Kündigung „wegen Betriebsübergangs", sondern vielmehr um eine Kündigung „aus anderen Gründen" im Sinne des § 613 a Abs. 4 Satz 2 BGB, auch wenn die Kündigung im direkten Anschluß an den Betriebsübergang erfolgt. Es handelt sich aber ebenso nicht, wie manche Autoren behaupten, um eine Kündigung „wegen Widerspruchs"[690],

---

nen Kündigungsschutz, jedoch nur im Hinblick auf den widersprechenden Arbeitnehmer: Pietzko, Tatbestand, S. 304; Opitz, Probleme des arbeitnehmerseitigen Widerspruchs, S.68 ff.
685 Dies bezeichnet jedoch Düwell als „offene Frage", vgl. FS Dieterich, S. 102, 107.
686 Vgl. Oetker, DZWiR 1993, 136, 142.
687 BAG AP Nr. 1, 4, 6, 8 zu § 1 KSchG 1969 Konzern; v. Hoyningen-Huene/Linck, § 1 KSchG, Rn. 151; Ingenfeld, Betriebsausgliederung, S. 353 f.
688 BAG DB 2000, 1966, 1968.
689 Kreitner, Kündigungsrechtliche Probleme, S. 153; Schiefer, Outsourcing, S. 88; Willemsen/Hohenstatt/Schweibert-Willemsen, Umstrukturierung, S. 747; Staudinger[13]-Richardi/Annuß, § 613 a BGB, Rn. 132 m.w.Nachw.
690 So aber MünchArbR-Wank, § 124, Rn. 105.

was aufgrund der grundrechtlichen Fundierung und der mittlerweile gesetzlichen Normierung des Widerspruchsrechts nicht unproblematisch wäre. Schließlich kann die Rechtsordnung nicht einerseits der einen Vertragspartei ein Gestaltungsrecht zur Verfügung stellen, andererseits aber die andere Vertragspartei diesbezüglich zu Sanktionen berechtigen. Der Umstand, daß die Kündigung in weiterem Sinne Folge des Widerspruchs ist, ändert nichts an der Tatsache, daß diese direkt allein auf betriebsbedingten Gründen beruht. Für den betreffenden Arbeitnehmer ist der Arbeitsplatz weggefallen und für ihn ist keine anderweitige Beschäftigungsmöglichkeit ersichtlich[691].

c) Sozialauswahl

Nach § 1 Abs. 3 Satz 1 KSchG ist eine betriebsbedingte Kündigung auch bei fehlender Weiterbeschäftigungsmöglichkeit dann sozialwidrig, wenn der Arbeitgeber bei der Auswahl des zu kündigenden Arbeitnehmers unter mehreren vergleichbaren, für die Kündigung in Frage kommenden Arbeitnehmern die Dauer der Betriebszugehörigkeit, das Lebensalter, die Unterhaltspflichten und die Schwerbehinderung des Arbeitnehmers nicht ausreichend berücksichtigt hat[692]. Hinsichtlich der Vergleichbarkeit wird dabei darauf abgestellt, daß es sich um Arbeitnehmer handeln muß, deren Arbeitsplätze der Arbeitgeber dem betroffenen Arbeitnehmer im Wege des Direktionsrechts ohne Änderungskündigung zuweisen kann[693], d.h. die Arbeitnehmer müssen austauschbar sein[694]. Die Austauschbarkeit liegt nicht nur bei vollkommener Identität der Arbeitsplätze vor, sondern auch dann, wenn der Arbeitnehmer, dessen Arbeitsplatz weggefallen ist, aufgrund seiner bisherigen Aufgaben im Betrieb und angesichts seiner beruflichen Qualifikation in der Lage ist, die andersartige, aber gleichwertige Arbeit eines Kollegen zu übernehmen[695].

Die Pflicht zur sozialen Auswahl ist grundsätzlich betriebsbezogen ausgestaltet[696], so daß Arbeitnehmer anderer Betriebe desselben Unternehmens nicht in

---

[691] Das heißt, es fehlt hinsichtlich der Kündigung „wegen Widerspruchs" an der erforderlichen Unmittelbarkeit, vgl. Kreitner, Kündigungsrechtliche Probleme, S. 154; Seiter, Betriebsinhaberwechsel, S. 114.

[692] Seit dem Inkrafttreten des Gesetzes zu Reformen am Arbeitsmarkt vom 24. Dezember 2003 (vgl. Bundesgesetzblatt Jahrgang 2003 Teil I Nr. 67) am 1. Januar 2004 sind nicht mehr "soziale Gesichtspunkte" zu berücksichtigen sondern grundsätzlich ausschließlich die vier genannten Kriterien.

[693] Vgl. BAG NZA 2000, 822, 823; BAG AP Nr. 36 zu § 1 KSchG Soziale Auswahl. A.A. wohl Löwisch, in: Preis/Willemsen, Kölner Tage des Arbeitsrechts, S. 248, 252.

[694] MünchArbR-Berkowsky, § 140, Rn. 18; v.Hoyningen-Huene/Linck, § 1 KSchG, Rn. 444; Bauer/Klein, BB 1999, 1162; Ingelfinger, ZfA 1996, 591, 601.

[695] BAG BB 2000, 2525; BAG BB 1999, 961; Bauer/Klein, BB 1999, 1162.

[696] St. Rspr., vgl. BAG NZA 2000, 822, 823.

die Auswahl einzubeziehen sind[697]. Aus diesem Grund kann sich ein Problem bezüglich der durchzuführenden Sozialauswahl nur dann ergeben, wenn es sich um eine Betriebsteilübertragung, d.h. um die Abspaltung oder Ausgliederung eines Betriebsteils, handelt. Anderenfalls, also wenn der gesamte Betrieb abgespalten oder ausgegliedert wird, findet eine Sozialauswahl entweder gar nicht oder nur innerhalb der Gruppe der widersprechenden Arbeitnehmer selbst statt. Folglich können die Arbeitnehmer der anderen Betriebe des Unternehmens, die nicht in die Sozialauswahl einbezogen werden, gar keine Nachteile erleiden.
Auch die spezielle Regelung des § 323 Abs. 1 UmwG, nach dem sich im Fall der Spaltung oder Teilübertragung die kündigungsrechtliche Stellung der Arbeitnehmer für die Dauer von zwei Jahren nicht verschlechtern soll, führt hier nicht ausnahmsweise zu einer unternehmensübergreifenden Sozialauswahl. Manche Autoren verstehen diese Regelung zwar durchaus in dem Sinne, daß für die Dauer von 2 Jahren bei einer betriebsbedingten Kündigung auch die vergleichbaren Arbeitnehmer des früheren Betriebs des Arbeitnehmers unternehmenübergreifend (fiktiv) in die Sozialauswahl einzubeziehen seien[698]. Dies kann jedoch sowieso nur für die Arbeitnehmer gelten, deren Arbeitsverhältnisse durch die Abspaltung auf einen anderen Rechtsträger übergegangen sind, weil diese vor allzu großen Nachteilen durch die Abspaltung ihres Betriebsteils geschützt werden sollen, nicht aber für die Arbeitnehmer, die durch die Ausübung ihres Widerspruchsrechts bei ihrem alten Arbeitgeber verblieben sind.
Es fragt sich jedoch, ob und in welcher Form sich der Widerspruch des Arbeitnehmers bei einem Betriebsteilübergang auf die Pflicht zur Sozialauswahl nach § 1 Abs. 3 Satz 1 KSchG auswirkt. Dabei erscheint es insbesondere ungerecht, daß im Falle einer „normalen" Sozialauswahl eventuell ein Arbeitnehmer aufgrund seiner im Vergleich zu dem widersprechenden Arbeitnehmer schlechteren Sozialdaten seinen Arbeitsplatz verliert, obwohl er selbst gar nicht in den Betriebsteilübergang involviert war. Dann würde nämlich der widersprechende Arbeitnehmer sein Widerspruchsrecht auf Kosten anderer Arbeitnehmer ausüben. Denn im Grunde müßte gar kein Arbeitnehmer seinen Arbeitsplatz verlieren.
In Rechtsprechung und Literatur werden zu dieser Frage verschiedene Auffassungen vertreten.

---

697 Bauer, Unternehmensveräußerung, S. 86; Gaul/Gajewski, Betriebsänderung, S. 243; v.Hoyningen-Huene/Linck, § 1 KSchG, Rn. 434; KR-Etzel, § 1 KSchG, Rn. 608; Pietzko, Tatbestand, S. 304 f.; Ronnenberg, FS Stege, S. 165, 181; Schiefer, Outsourcing, S. 88; Tschöpe, Rechtsfolgen, S. 61. Zu den Voraussetzungen für eine nach der Rechtsprechung des BAG ausnahmsweise stattfindende konzerndimensionale Sozialauswahl siehe Kukat, BB 2000, 1242, 1243 f.
698 KR-Etzel, § 1 KSchG, Rn. 610; v.Hoyningen-Huene/Linck, § 1 KSchG, Rn. 435 a. A.A. Willemsen/Hohenstatt/Schweibert-Willemsen, Umstrukturierung, S. 845 ff.

(1) Uneingeschränkte Sozialauswahl

Manche Stimmen in der Literatur befürworteten bereits vor Einführung des § 613 a Abs. 6 BGB die Durchführung einer uneingeschränkten Sozialauswahl zugunsten des widersprechenden Arbeitnehmers[699]. Schließlich verfolge der Arbeitnehmer, der von seinem Widerspruchsrecht Gebrauch mache, nur ein ihm aus verfassungsrechtlichen Gründen zustehendes Recht. Eine Motivkontrolle der Ausübung des Widerspruchsrechts widerspreche dem Zweck des Widerspruchsrechts, die rechtsgeschäftliche Abschlußfreiheit des Arbeitnehmers zu schützen. Denn eine wirkliche Wahlfreiheit werde nur gesichert, wenn die Entscheidung des Arbeitnehmers gegen den neuen Arbeitgeber nicht mit einem verminderten Bestandsschutz erkauft werden müsse[700]. Würde man dieses Verhalten mit einer Sanktion, nämlich der Einschränkung der Sozialauswahl, belegen, würde dies einen Verstoß gegen das Maßregelungsverbot des § 612 a BGB darstellen[701].

Diese Auffassung ist abzulehnen, da sie den möglichen Arbeitsplatzverlust eines am Betriebsteilübergang unbeteiligten, jedoch sozial weniger schutzwürdigen Arbeitnehmers in Kauf nimmt, obwohl der „Verursacher" der Situation nicht von einer Kündigung, sondern nur von einem Wechsel seines Vertragspartners bedroht war. Auch das „Eintrittsrecht" des anderen Arbeitnehmers, das teilweise als Ausgleich für dieses als ungerecht empfundene Ergebnis vorgeschlagen wird[702], ist mit der bestehenden gesetzlichen Regelung nicht vereinbar und somit abzulehnen[703].

(2) Wegfall der Sozialauswahl/ Sozialauswahl nur zwischen den widersprechenden Arbeitnehmern

Die extreme Gegenposition schließt eine Rügemöglichkeit des widersprechenden Arbeitnehmers hinsichtlich einer Sozialauswahl, die nicht auch die Arbeit-

---

[699] KR-Pfeiffer, § 613 a BGB, Rn. 118; MüKo-Schaub, § 613 a BGB, Rn. 49; v.Hoyningen-Huene/Linck, § 1 KSchG, Rn. 441 b; HK-Dorndorf, § 1 KSchG, Rn. 1039; Linck, Soziale Auswahl, S. 36.

[700] KR-Pfeiffer, § 613 a BGB, Rn. 118; ähnlich Boecken, Unternehmensumwandlungen, Rn. 89.

[701] Helpertz, DB 1990, 1562, 1563.

[702] Der gekündigte Arbeitnehmer erhält die Möglichkeit, durch Ausübung dieses sogenannten Eintrittsrechts an der Stelle des widersprechenden Arbeitnehmers, d.h. im übergegangenen Betriebsteil, weiterbeschäftigt zu werden, vgl. Helpertz, DB 1990, 1562, 1564 f.

[703] Es ist insbesondere keinerlei gesetzliche Rechtsgrundlage ersichtlich, auf die eine derartige Rechtsfolge gestützt werden könnte, vgl. auch LAG Hamm, NZA 1995, 473. Dies sieht auch Henssler so, der die Anerkennung eines solchen Weiterbeschäftigungsanspruchs jedoch durchaus als „sachlich vertretbar und systemgerecht" bezeichnet, vgl. NZA 1994, 913, 922.

nehmer des Restbetriebes umfaßt, grundsätzlich aus[704]. Nach dieser Auffassung soll durch eine Modifizierung des § 1 Abs. 3 KSchG eine Sozialauswahl nur unter den widersprechenden Arbeitnehmern selbst stattfinden. Nur so könne der kündigungsrechtliche Schutz der vom Betriebsübergang nicht betroffenen Arbeitnehmer sichergestellt werden[705]. Einer Einbeziehung der von der Betriebsteilveräußerung nicht erfaßten Arbeitnehmer in die Sozialauswahl mit den widersprechenden Arbeitnehmern stehe die ratio legis des § 613 a BGB entgegen, da § 613 a BGB keinesfalls Nachteile für die Restbelegschaft hervorrufen wolle[706].

Teilweise begründet man die Ablehnung der Einbeziehung der Arbeitnehmer des Restbetriebes in die Sozialauswahl auch damit, daß die betriebsbedingte Kündigung hier ihren Grund nicht in der alleinigen Verantwortungssphäre des Arbeitgebers, sondern insbesondere in der des widersprechenden Arbeitnehmers habe. Darüber hinaus würde es ohne den Widerspruch gar nicht zu einem Wegfall der Beschäftigungsmöglichkeit kommen, so daß es eigentlich auch an der Notwendigkeit zur Kündigung eines Arbeitsverhältnisses, einer weiteren Voraussetzung der Sozialauswahl gemäß § 1 Abs. 3 KSchG, fehle[707].

Diese Auffassung übersieht, daß der widersprechende Arbeitnehmer eventuell gerade deshalb widersprochen hat, weil er ansonsten wegen einer bevorstehenden Stillegung des abgespaltenen Betriebsteils seinen Arbeitsplatz auf jeden Fall verlieren würde. Den widersprechenden Arbeitnehmern also von vornherein und ohne Berücksichtigung der konkreten Umstände von der Sozialauswahl auszuschließen, benachteiligt diesen unangemessen und ist deshalb abzulehnen. Zudem könnte ein solcher grundsätzlicher Ausschluß der Sozialauswahl auch nicht mit der zwingenden gesetzlichen Regelung des § 1 Abs. 3 Satz 1 KSchG in Einklang gebracht werden.

Soweit die Begründung des Wegfalls einer Sozialauswahl bei der betriebsbedingten Kündigung darauf gestützt wird, daß der widersprechende Arbeitnehmer durch den Übergang seines Betriebsteils nicht mehr dem beim Veräußerer verbleibenden Restbetrieb angehöre und er sich diesem durch die Ausübung seines Widerspruchsrechts auch nicht selbst zuordnen könne[708], so ist dies ebenfalls abzulehnen. Der Arbeitnehmer, der dem Übergang seines Arbeitsverhältnisses beim Übergang seines Betriebsteils widersprochen hat, ist nämlich bereits aufgrund seiner bisherigen Zugehörigkeit zu dem Betrieb insgesamt und dem bestehenbleibenden Arbeitsverhältnis zum Betriebsinhaber auch weiterhin

[704] Vgl. Ingelfinger, ZfA 1996, 591, 608 ff.; Pietzko, Tatbestand, S. 307; Lipinski, Sonderkündigungsschutz, S. 93.
[705] Lipinski, Sonderkündigungsschutz, S. 92.
[706] Pietzko, Tatbestand, S. 307.
[707] Ingelfinger, ZfA 1996, 591, 610; Lipinski, Sonderkündigungsschutz, S. 91; ders., DB 2002, 1214, 1217.
[708] So Lipinski, Sonderkündigungsschutz, S. 90; ders., DB 2002, 1214, 1217.

als zu diesem Betrieb gehörig anzusehen, auch wenn er bisher nicht organisatorisch in den Restbetrieb eingegliedert war.

(3) Widerspruch als nachteiliger Faktor bei der Sozialauswahl

Einige Autoren gehen zwar davon aus, daß auch zwischen widersprechenden und eigentlich nicht vom Betriebsteilübergang berührten Arbeitnehmern eine Sozialauswahl stattfinden müsse. Der Widerspruch sei dann aber wie ein „normaler" Faktor im Rahmen der Sozialauswahl zu berücksichtigen[709]. Dabei vertreten manche die Auffassung, daß im Rahmen der zu treffenden Sozialauswahl das Kriterium der Vermittelbarkeit die größte Bedeutung habe. Der widersprechende Arbeitnehmer solle dann so behandelt werden, als sei er auf dem Arbeitsmarkt problemlos vermittelbar, da er schließlich freiwillig auf die Möglichkeit des Erhalts seines Arbeitsverhältnisses verzichtet habe[710].
Aufgrund der Beschränkung der zu kontrollierenden Sozialdaten seit dem 1. Januar 2004 auf vier Kriterien, ist eine Einbeziehung des Faktors „Widerspruch" in die Sozialauswahl nun grundsätzlich nicht mehr möglich. Problematisch wäre bei dieser Ansicht darüber hinaus der Umstand, daß der Widerspruch gerade kein soziales Kriterium wie Betriebszugehörigkeit, Lebensalter oder Unterhaltspflichten darstellt. Da auch schon vor der Gesetzesänderung zum 1. Januar 2004 eine Reduzierung der Sozialauswahl auf die Frage der Vermittelbarkeit am Arbeitsmarkt abzulehnen war[711], weil es sich dabei eben nur um ein Kriterium unter vielen handelte[712], erscheint eine „gerechte" Abwägung zwischen diesen grundsätzlich verschiedenen Kriterien weder theoretisch noch praktisch möglich[713].
Seit einem Urteil aus dem Jahre 1999[714] vertritt nun auch das BAG die Auffassung, daß sich der Arbeitnehmer auf eine mangelhafte Sozialauswahl nach § 1 Abs. 3 KSchG auch dann berufen könne, wenn der Verlust seines Arbeitsplatzes darauf beruhe, daß er dem Übergang seines Arbeitsverhältnisses auf einen Teilbetrieberwerber widersprochen habe. Dabei seien aber die Gründe für den Wi-

[709] Tschöpe, Rechtsfolgen, S. 55; Bauer, Unternehmensveräußerung, S. 86; ders., DB 1983, 713, 714 f.
[710] Tschöpe, Rechtsfolgen, S. 57 f.
[711] Nach dieser Ansicht wäre die soziale Schutzbedürftigkeit eines widersprechenden Arbeitnehmers grds. gleich Null, vgl. Tschöpe, Rechtsfolgen, S. 58 f., der jedoch in „begründeten" Fällen eine „Korrektur des Prinzips" befürwortet.
[712] Vgl. Stahlhacke/Preis/Vossen, Kündigung, Rn. 667 b f.; HK-Dorndorf, § 1 KSchG, Rn. 1065.
[713] Ebenso Lipinski, Sonderkündigungsschutz, S. 88; Lunk, NZA 1995, 711, 714; Ronnenberg, FS Stege, S. 165, 177. Auch Moll weist darauf hin, daß die Entwicklung geeigneter Kriterien dabei „gewiß nicht einfach" sei, vgl. NJW 1993, 2016, 2017.
[714] BAG Urteil vom 18.3.1999, AP Nr. 41 zu § 1 KSchG 1969 Soziale Auswahl; BAG DB 2000, 1420, 1421.

derspruch bei der Prüfung der sozialen Gesichtspunkte zu berücksichtigen. Das BAG schließt sich somit mit dieser Rechtsprechung der oben dargestellten, schon vorher von Teilen der Literatur vertretenen Auffassung an, die sachliche Rechtfertigung des Widerspruchs sei als ein „normaler“ Faktor im Rahmen der Sozialauswahl zu behandeln. Ein solches Vorgehen ist jedoch, wie oben bereits festgestellt, aufgrund der Beschränkung der bei der Sozialauswahl zu beachtenden Kriterien sowie mangels Vorhandenseins geeigneter Abwägungskriterien weder theoretisch noch praktisch möglich. Diese Schwierigkeiten zeigen sich auch in den sehr vagen Formulierungen des BAG: Danach müssen die Gründe des widersprechenden Arbeitnehmers „um so gewichtiger“ sein, „je geringer“ die Unterschiede in der sozialen Schutzbedürftigkeit unter den vergleichbaren Arbeitnehmern im übrigen sind, wenn er dadurch einen vom Betriebsübergang nicht betrofffenen Arbeitnehmer verdrängt. Nur bei Vorliegen entsprechend gewichtiger Gründe könne er einen Arbeitskollegen, der nicht „ganz erheblich weniger schutzbedürftig“ sei, verdrängen[715].
Die Berücksichtigung der Gründe des Widerspruchs im Rahmen der normalen Sozialauswahl ist somit auch weiterhin abzulehnen.

(4) Sozialauswahl nur bei sachlich begründetem Widerspruch

Seit seinem Urteil aus dem Jahre 1999 geht das BAG zwar, wie soeben bereits erwähnt, davon aus, daß das Gesetz keine Handhabe gebe, „etwa im Fall eines Widerspruchs ohne vernünftigen Grund von einer Sozialauswahl ganz abzusehen“[716]. Vor dieser Rechtsprechungsänderung vertrat es jedoch seit einem Urteil aus dem Jahre 1993[717] in ständiger Rechtsprechung die entgegengesetzte Auffassung, nämlich daß der widersprechende Arbeitnehmer sich bei einem Teilbetriebsübergang nur dann auf eine fehlerhafte Sozialauswahl berufen könne, wenn für den Widerspruch ein sachlicher Grund vorliege. Dieser Meinung hatte sich ein Großteil der Literatur angeschlossen[718], insbesondere weil man es als unbillig ansah, seinen alten, sicheren Arbeitsplatz aufzugeben, gleichzeitig aber auf einem anderen Arbeitsplatz weiterbeschäftigt werden zu wollen und auf diese Weise den Arbeitgeber zur Kündigung eines unbeteiligten Dritten zu zwingen.
Auch wenn diese Auffassung vom Grundgedanken her durchaus zustimmungswürdig erscheint, so ergibt sich doch – insbesondere nach der oben erwähnten Äußerung des BAG, daß das Gesetz keine Handhabe gebe, von einer Sozialauswahl ganz abzusehen - zum einen das Problem, wie man konstruktiv zu einer

---

[715] BAG AP Nr. 41 zu § 1 KSchG 1969 Soziale Auswahl; BAG DB 2000, 1420, 1422.
[716] BAG DB 2000, 1420, 1421.
[717] BAG vom 7.4.1993, NJW 1993, 3156.
[718] Vgl. MüKo-Schaub, § 613 a BGB, Rn. 79; Schiefer, Outsourcing, S. 89; Staudinger[13]-Richardi/Annuß, § 613 a BGB, Rn. 135.

Beschränkung der normalen Sozialauswahl auf Fälle eines sachlich begründeten Widerspruchs gelangt. Zum andern stellt sich die Frage, wann ein Widerspruch überhaupt als „sachlich begründet" anzusehen ist.

(a) Rechtstechnische Gestaltung der Beschränkung von § 1 Abs. 3 Satz 1 KSchG

Lange Zeit verstand man die frühere Rechtsprechung dahingehend, daß der widersprechende Arbeitnehmer rechtsmißbräuchlich im Sinne des § 242 BGB handele, wenn er ohne objektive Veranlassung seinen vorhandenen Arbeitsplatz aufs Spiel setze[719]. Man ging davon aus, daß das BAG die Entbehrlichkeit der Sozialauswahl in diesen Fällen durch eben diesen angeblichen Rechtsmißbrauch begründen wollte. Zu beachten ist dabei jedoch, daß der Widerspruch selbst keiner Begründung bedarf, und daß ein wirklich rechtsmißbräuchlicher Widerspruch grundsätzlich unbeachtlich ist[720]. Deshalb ist ein solcher Begründungsansatz abzulehnen[721]. Er übersieht insbesondere, daß die ordnungsgemäße Sozialauswahl gemäß § 1 Abs. 3 Satz 1 KSchG eine gesetzliche Vorgabe darstellt, die unabhängig davon zu erfüllen ist, ob die Geltendmachung einer fehlerhaften Sozialauswahl möglicherweise rechtsmißbräuchlich wäre oder nicht[722].
Oetker schlägt diesbezüglich eine teleologische Reduktion des Gebotes der sozialen Auswahl im Rahmen des § 1 Abs. 3 KSchG vor[723]. Um die teleologische Symmetrie zu den Wertungen der §§ 112 Abs. 5 Satz 2 Nr. 2 Satz 2 BetrVG, 103 Abs. 1, 119 AFG[724] zu wahren, erstrecke sich das Gebot der sozialen Auswahl nicht auf solche Arbeitnehmer, die ihre Betriebszugehörigkeit durch den Verzicht auf eine zumutbare Beschäftigungsmöglichkeit außerhalb des Betriebes herbeigeführt hätten bzw. aufrechterhielten[725].
Der Vergleich mit der in § 112 Abs. 5 Satz 2 Nr. 2 Satz 2 BetrVG und auch in den §§ 103 Abs. 1, 119 AFG zum Ausdruck gelangenden Grundwertung, daß derjenige keinen sozialen Schutz verdient, der seine Schutzbedürftigkeit vorwerfbar selbst herbeigeführt hat, erscheint zwar durchaus zutreffend. Eine teleo-

[719] LAG Hamm, NZA 1995, 473 in Anlehnung an Kreitner, Kündigungsrechtliche Probleme, S. 163 ff. So wohl auch BAG NZA 1993, 795.
[720] Siehe oben S. 104.
[721] So auch Lunk, NZA 1995, 711, 714; Moll, NJW 1993, 2016, 2017; Busche, DZWir 1994, 115, 117.
[722] Vgl. Oetker, DZWir 1993, 136, 143; Lunk, NZA 1995, 711, 714.
[723] Oetker, DZWir 1993, 136, 143; zust. Opitz, Probleme des arbeitnehmerseitigen Widerspruchs, S. 131; Hoffmeister, ArbuR 1995, 132, 135; Busche, DZWir 1994, 115, 118; Menze, Widerspruchsrecht, S. 129; Müller-Ehlen, Übergang von Arbeitsverhältnissen, S. 98.
[724] Jetzt § 144 SGB III.
[725] Oetker, DZWir 1993, 136, 144.

logische Reduktion einer gesetzlichen Regelung ist dennoch nur dann erforderlich, wenn diese nicht bereits selbst die Lösung des Problems bieten kann[726].
In Betracht kommt hier bereits eine Lösung auf der normativen Grundlage des § 1 Abs. 3 Satz 2 KSchG[727]. Nach dieser Regelung sind solche Arbeitnehmer nicht mit in die Sozialauswahl einzubeziehen, deren Weiterbeschäftigung insbesondere wegen ihrer Kenntnisse, Fähigkeiten oder Leistungen oder zur Sicherung einer ausgewogenen Personalstruktur im betrieblichen Interesse liegt. Da aufgrund dieser Regelung also die „normale" Sozialauswahl durchbrochen werden kann, nehmen einige Autoren sie zum Ansatzpunkt, auch bei den hier zur Frage stehenden Fallgestaltungen zu angemessenen Ergebnissen zu gelangen. Das Problem, daß § 1 Abs. 3 Satz 2 KSchG im Ergebnis vorwiegend unternehmerische, d.h. arbeitgeberseitige Interessen berücksichtigen will[728], wird mit einem Hinweis auf die Formulierung „insbesondere" abgeschwächt. Daraus schließt man, daß es sich nicht um eine abschließende Liste von Gründen handele, und daß somit auch Gründe einbezogen werden könnten, die das Verhältnis der Arbeitnehmer untereinander beträfen[729].
Zwischen dem 1.1.1999 und dem 31.12.2003 hatte § 1 Abs. 3 Satz 2 KSchG die vor dem 1.10.1996 geltenden Fassung[730]. Im Vergleich zu der jetzt wieder geltenden Fassung hätte man zwar unter dem Begriff „sonstige" berechtigte betriebliche Bedürfnisse auch die Konstellation verstehen können, daß ein Arbeitnehmer, der nicht von dem Betriebsteilübergang betroffen war, nun grundsätzlich nicht aufgrund seiner schlechteren Sozialdaten im Vergleich zu dem Arbeitnehmer, der ohne objektiv vertretbaren Grund dem Übergang seines Arbeitsverhältnisses widersprochen hat, gekündigt werden muß. Dabei erscheint es jedoch zunächst schon recht gekünstelt, den Ausschluß der Arbeitnehmer von der Sozialauswahl, die ohne Sachgrund widersprochen haben, als „durch sonstige betriebliche Interessen bedingt" zu bezeichnen[731].

---

726 Lunk, NZA 1995, 711, 714; Ronnenberg, FS Stege, S. 165, 177. Auch § 1 Abs. 3 Satz2 KSchG wurde durch das Gesetz zu Reformen am Arbeitsmarkt zum 1. Januar 2004 geändert, und zwar genau in die Fassung zurück, die bereits schon einmal zwischen dem 1.10.1996 und dem 31.12.1998 galt.
727 Vgl. Ronnenberg, FS Stege, S. 165, 179.
728 v.Hoyningen-Huene/Linck, § 1 KSchG, Rn. 476; Linck, Soziale Auswahl, S. 116.
729 Lunk, NZA 1995, 711, 714. Auch Beisel/Klump gehen davon aus, daß es sich in diesem Rahmen um „berechtigte betriebliche Bedürfnisse" im Sinne von § 1 Abs. 3 Satz 2 KSchG handeln könne, vgl. Unternehmenskauf, Rn. 524.
730 Vgl. das Gesetz vom 19.12.1998 zu Korrekturen in der Sozialversicherung und zur Sicherung der Arbeitnehmerrechte, BGBl. I S. 3843.
731 Man könnte nämlich ein berechtigtes betriebliches Interesse nur so begründen, daß die Folgen des grundlos ausgeübten Widerspruchsrechts zu einer übermäßigen Belastung der anderen Arbeitnehmer, zu einer Störung des Betriebsfriedens durch eigentlich überflüssige Entlassungen nicht vom Betriebsteilübergang betroffener Arbeitnehmer oder gar zu einer dadurch

Darüber hinaus würde ein solches Vorgehen die jetzige Regelung des § 1 Abs. 3 Satz 2 KSchG um so mehr in ihr Gegenteil verkehren. Schließlich soll der Arbeitgeber durch diese Vorschrift nur die Möglichkeit haben, einzelne „bestimmte" Arbeitnehmer, insbesondere Leistungsträger[732], von der normalen Sozialauswahl auszunehmen. Er soll jedoch nicht alle übrigen Arbeitnehmer des Restbetriebes zum Nachteil der widersprechenden Arbeitnehmer nicht in die Sozialauswahl einbeziehen können. Somit scheidet eine Lösung auf der Grundlage des § 1 Abs. 3 Satz 2 KSchG selbst aus, was den Lösungsweg über eine teleologische Reduktion des § 1 Abs. 3 Satz 1 KSchG eröffnet.
Anscheinend als Alternative zu der oben erwähnten Möglichkeit, durch eine teleologische Reduktion des § 1 Abs. 3 Satz 1 KSchG zu angemessenen Ergebnissen zu gelangen, vertreten manche Autoren auch die Auffassung, daß sich der widersprechende Arbeitnehmer deshalb nicht auf die Einbeziehung der im Restbetrieb verbliebenen Arbeitnehmer in die Sozialauswahl berufen könne, weil er wegen der freiwilligen Aufgabe eines sicheren, anderen Arbeitsplatzes nicht sozial schutzbedürftig sei[733].
Genau dies entspricht jedoch bei näherer Betrachtung einer teleologischen Reduktion des § 1 Abs. 3 Satz 1 KSchG: Dieser soll nämlich aufgrund seines Sinns und Zwecks, unter mehreren möglicherweise zu kündigenden Arbeitnehmern denjenigen auszuwählen, den die Kündigung am wenigsten hart trifft, dann nicht eingreifen, wenn der Arbeitnehmer gar nicht sozial schutzbedürftig ist. Seine fehlende Schutzbedürftigkeit macht der Arbeitnehmer im Fall des sachlich unbegründeten Widerspruchs durch die freiwillige Aufgabe eines sicheren anderen Arbeitsplatzes deutlich. Sofern der Widersprechende nicht von einem Verlust seines Arbeitsplatzes bei seinem potentiellen neuen Arbeitgeber bedroht war, besteht keine Veranlassung, das mit dem Widerspruch entstandene Risiko auf nicht beteiligte Arbeitnehmer auszudehnen, denen nicht die Chance geboten wurde, mit Hilfe des Betriebsübergangs der zu erwartenden betriebsbedingten Kündigung zu entgehen[734].

(b) Kriterien eines „sachlichen Grundes"

Die Feststellung, wann eine teleologische Reduktion des § 1 Abs. 3 Satz 1 KSchG angezeigt ist, gibt gleichzeitig Aufschluß im Hinblick auf die Beantwortung der Frage, wann ein „sachlicher Grund" für den Widerspruch vorliegt. Dieser führt dann dazu, daß der Arbeitnehmer trotz seines Widerspruchs als sozial

---

verursachten Schädigung der Arbeitsmotivation und der Produktivität führe, was jedoch eine rein auf Hypothesen basierende Begründung darstellt.

[732] Stahlhacke/Preis/Vossen, Kündigung, Rn. 675 d.

[733] Staudinger[13]-Richardi/Annuß, § 613 a BGB, Rn. 134.

[734] So Müller-Ehlen, Übergang von Arbeitsverhältnissen, S. 98.

schutzbedürftig anzusehen ist, so daß eine umfassende Sozialauswahl stattfinden muß.
Das BAG hat im Rahmen seiner alten Rechtsprechung keine Definition des Begriffes „sachlicher Grund“ für die Ausübung des Widerspruchsrechts gegeben. Es hat auch keine allgemein gültigen Kriterien dafür entwickelt, wann die vorgetragenen Widerspruchsgründe „objektiv gerechtfertigt“ sein sollten, so daß die in einem Urteil des LAG Hamm[735] aufgestellten Kriterien die einzigen Äußerungen der Rechtsprechung diesbezüglich waren.
Seit seinem Urteil aus dem Jahre 1999 vertritt das BAG nun im Rahmen seiner neuen Rechtsprechung jedoch die Auffassung, daß im Gegensatz zu einer in der Literatur weit verbreiteten Meinung[736] bei der Prüfung der Widerspruchsgründe kein großzügiger Maßstab zugunsten des widersprechenden Arbeitnehmers geboten sei[737]. Die rechtsgeschäftliche Abschlußfreiheit des Arbeitnehmers sei mit den berechtigten und schutzwürdigen Belangen der von dem Widerspruch betroffenen Arbeitskollegen in Einklang zu bringen. Schließlich schütze das KSchG auch diese vor einem ungerechtfertigten Verlust des Arbeitsplatzes. Dabei ergebe sich eine „Ranggleichheit“[738] der Arbeitnehmer nur dann, wenn dem Widerspruch die „berechtigte Befürchtung eines baldigen Arbeitsplatzverlustes“ oder einer „baldigen wesentlichen Verschlechterung der Arbeitsbedingungen“ zugrundeliege[739].
Nach diesem vom BAG aufgestellten Grundsatz ist jedenfalls in den sogenannten „Extremfällen“ das Vorliegen eines sachlichen Grundes für den Widerspruch auch weiterhin ohne weiteres zu bejahen, so z.B. wenn die Stillegung des Betriebsteils bei dessen Übergang bereits feststeht[740], wenn der Erwerber wegen mehrerer früherer Konkurse bekannt ist[741], oder wenn der Erwerber allgemein als gewerberechtlich unzuverlässig, illiquide oder konkursgefährdet gilt[742]. In diesen Fällen ist es nämlich als sicher anzusehen, daß der betreffende Arbeitnehmer ohne Ausübung seines Widerspruchsrechts seinen Arbeitsplatz verlieren wird, bzw. es liegt zumindest eine hinreichend konkrete Gefährdung seines Arbeitsplatzes vor.

---

[735] LAG Hamm, NZA 1995, 473. Näheres zu diesem Urteil sogleich.
[736] KR-Pfeiffer, § 613 a BGB, Rn. 118 f.
[737] BAG AP Nr. 41 zu § 1 KSchG 1969 Soziale Auswahl; BAG DB 2000, 1420, 1421.
[738] Diese Terminologie des BAG beruht auf dessen grundsätzlich abzulehnender Konstruktion, den Widerspruch als Faktor im Rahmen der sozialen Auswahl zu berücksichtigen.
[739] BAG AP Nr. 41 zu § 1 KSchG 1969 Soziale Auswahl; BAG DB 2000, 1420, 1422. Ähnlich schon früher Hoffmeister, ArbuR 1995, 132, 135 f.
[740] Vgl. bereits LAG Hamm, NZA 1995, 473; Helpertz, DB 1990, 1563; Moll, NJW 1993, 2016, 2017; Menze, Widerspruchsrecht, S. 132.
[741] Vgl. bereits LAG Hamm, NZA 1995, 473; Helpertz, DB 1990, 1563; Moll, NJW 1993, 2016, 2017.
[742] Vgl. bereits Kreitner, Kündigungsrechtliche Probleme, S. 164; Menze, Widerspruchsrecht, S.132.

Genauso eindeutig ist danach ein sachlicher Grund in anderen Fällen zu verneinen, so z.B. wenn sich der Arbeitnehmer auf die rein subjektiven Erwägungen beruft, daß es ihm bei dem anderen Arbeitgeber besser gefalle oder es sonst irgendwie für ihn bequemer sei[743].
Problematisch erschien die Lage jedoch bisher, wenn der Arbeitnehmer aufgrund des Teilbetriebsübergangs nun in einem kleineren Betrieb arbeiten mußte, in dem bei einer möglichen betriebsbedingten Kündigung viel weniger vergleichbare Arbeitnehmer bezüglich einer Sozialauswahl vorhanden wären. Gleiches galt für den Fall, in dem der Arbeitnehmer nach dem Teilbetriebsübergang in einem Betrieb beschäftigt war, der im Gegensatz zum alten Betrieb nicht mehr sozialplanpflichtig war, der gar nicht mehr in den Geltungsbereich des Kündigungsschutzgesetzes fiel, oder in dem lediglich kein Betriebsrat bestand.
Während das LAG Hamm den letztgenannten Aspekt als unbeachtlich ansah[744], ging es beispielsweise bei einem Wechsel des Arbeitnehmers in einen Kleinbetrieb oder in einen Betrieb, in dem die §§ 111 ff. BetrVG nicht zur Anwendung kamen[745], davon aus, daß dies unzumutbar sei und daß deshalb auch der Widerspruch dagegen als objektiv gerechtfertigt angesehen werden müsse[746].
Diese Beurteilung erscheint jedoch ebenso fraglich wie die Auffassung des BAG, daß die Befürchtung einer „baldigen wesentlichen Verschlechterung der Arbeitsbedingungen" bei dem Erwerber als ausreichende sachliche Rechtfertigung des Widerspruchs in diesem Zusammenhang angesehen werden könne, insbesondere weil im Interesse der Arbeitskollegen ein strenger Maßstab angelegt werden muß. In letzterem Fall stehen sich nämlich nicht jeweils ein drohender Arbeitsplatzverlust gegenüber, sondern auf der Seite des widersprechenden Arbeitnehmers sind lediglich Verschlechterungen der Arbeitsbedingungen zu befürchten, etwa weil in dem neuen Betrieb gemäß § 613 a Abs. 1 Satz 3 BGB andere tarifvertragliche Regelungen oder eine andere Betriebsvereinbarung gelten. Zu beachten ist dabei, daß nur solche Verschlechterungen der Arbeitsbedingungen durch den Betriebsübergang oder im Anschluß an diesen eintreten können, die gesetzlich in diesem Rahmen für zulässig erklärt worden sind. Darüber hinaus hat der Arbeitnehmer auch ohne Vorliegen eines Betriebsübergangs nicht für immer einen Anspruch auf Weitergeltung der tarifvertraglichen Regeln, da der Arbeitgeber ohne weiteres durch Verbandsaustritt seine

---

743 Lunk, NZA 1995, 711, 716; Ronnenberg, FS Stege, S. 165, 182.
744 LAG Hamm, NZA 1995, 474.
745 Bezugspunkt in § 111 BetrVG war damals noch der „Betrieb", nicht das „Unternehmen", wie seit dem BetrVerfReformG vom 23.7.2001, BGBl. I, 1852.
746 LAG Hamm, NZA 1995, 474. Zustimmend insoweit: Bachner/Köstler/Trittin/Trümner, Arbeitsrecht bei Unternehmensumwandlung, S. 130; Staudinger[13]-Richardi/Annuß, § 613 a BGB, Rn. 135.

Tarifgebundenheit beseitigen kann[747]. Änderungen der individualarbeitsvertraglichen Regelungen durch den Betriebsübergang selbst sind gerade nicht zulässig; der neue Betriebsinhaber tritt vielmehr gemäß § 613 a Abs. 1 Satz 1 BGB in die Rechte und Pflichten aus dem Arbeitsverhältnis so, wie sie bestehen, ein.
Setzt man also die dem Arbeitnehmer drohenden schlechteren Arbeitsbedingungen, die sich im gesetzlichen Rahmen halten müssen, ins Verhältnis zu der dem anderen Arbeitnehmer nun drohenden betriebsbedingten Kündigung, muß diese Abwägung im Gegensatz zur Auffassung des BAG zugunsten des letzteren ausfallen.
Dies bedeutet gleichfalls, daß nach der hier vertretenen Auffassung nur dann eine Sozialauswahl mit den Arbeitnehmern des Restbetriebes stattzufinden hat, wenn der Arbeitnehmer ohne Ausübung seines Widerspruchsrechts seinen Arbeitsplatz mit Sicherheit verlieren wird, bzw. wenn eine hinreichend konkrete Gefährdung bezüglich eines Arbeitsplatzverlustes vorliegt[748]. Nur dann kann nämlich nicht von der Aufgabe eines „sicheren" anderen Arbeitsplatzes, welche die soziale Schutzbedürftigkeit des Arbeitnehmers beseitigt und zu der teleologischen Reduktion des § 1 Abs. 3 Satz 1 KSchG führt, gesprochen werden.
In allen übrigen Fällen überwiegen die schutzwürdigen Interessen des eigentlich unbeteiligten Arbeitnehmers, dem ansonsten ohne Wahlmöglichkeit gekündigt werden müßte. Folglich ist auch in den Fällen, in denen der Arbeitnehmer wegen Betriebsteilübergangs in einem kleineren Betrieb oder Unternehmen oder in einem betriebsratslosen Betrieb weiterarbeiten müßte, oder wenn es sich nur um den Verlust der Sozialplanpflichtigkeit des Betriebes handelt, ein sachlicher Grund für den Widerspruch abzulehnen. Anders ist dies nur zu beurteilen, wenn noch weitere Umstände hinzutreten, die bereits eine konkrete Gefährdung des Arbeitsplatzes des widersprechenden Arbeitnehmers darstellen[749].
Mit der Rechtsprechung ist dabei davon auszugehen, daß die Gründe, die einen Widerspruch sachlich rechtfertigen, zwar im Zeitpunkt der Widerspruchserklä-

---

[747] Die Tarifgebundenheit endet dann freilich gemäß § 3 Abs. 3 TVG nicht bereits mit dem Austritt selbst, sondern erst mit dem Ende des Tarifvertrages.

[748] Ähnlich Opitz, Probleme des arbeitnehmerseitigen Widerspruchs, S. 118 ff.; Soergel-Raab, § 613 a BGB Rn. 159; Oetker, DZWir 1993, 136, 143; Henssler, NZA 1994, 913, 922; Staudinger[13]-Richardi/Annuß, § 613 a BGB, Rn. 135; Tschöpe, Rechtsfolgen, S. 59; Neef, NZA 1994, 97, 102; Menze, Widerspruchsrecht, S. 138. A.A. Lipinski, Sonderkündigungsschutz, S. 90 ff., für den auch ein drohender Arbeitsplatzverlust beim Betriebserwerber nicht zu einer Einbeziehung des widersprechenden Arbeitnehmers in die Sozialauswahl fürhen kann.

[749] Ebenso: Lunk, NZA 1995, 711, 717; teilweise auch Ronnenberg, FS Stege, S. 165, 184, der allerdings im Gegensatz zu der hier vertretenen Auffassung eine sachliche Rechtfertigung auch dann annimmt, wenn der Arbeitnehmer ansonsten in einem Betrieb weiterarbeiten müsse, in dem wegen zu geringer Zahl der Arbeitnehmer das Kündigungsschutzgesetz keine Anwendung finde, auch wenn keine weiteren Umstände hinzuträten, die zu einer konkreten Gefährdung des Arbeitsplatzes führten.

rung bereits objektiv vorgelegen haben müssen. Es ist jedoch nicht erforderlich, daß der Arbeitnehmer unter Angabe dieser Gründe widerspricht[750].

d) Mitwirkung des Betriebsrats

Gemäß § 102 Abs. 1 Satz 1 BetrVG ist vor jeder Kündigung der Betriebsrat zu hören, falls ein solcher existiert. Dies gilt grundsätzlich auch für die Fälle, in denen einem widersprechenden Arbeitnehmer nach Betriebs(teil)übergang betriebsbedingt gekündigt werden muß.

Eine Anhörung ist jedoch zum einen dann entbehrlich, wenn der betreffende Arbeitnehmer, wie im Falle des Übergangs des ganzen Betriebes auf einen anderen Rechtsträger, durch den Widerspruch keinem bestimmten Betrieb mehr zuzuordnen ist[751]. Dann ist auch nicht ein eventuell bestehender Gesamtbetriebsrat anzuhören[752]. Genauso kann eine Anhörungspflicht des ehemals für den Arbeitnehmer zuständigen Einzelbetriebsrats nicht aufgrund eines irgendwie gearteten „Restmandats“ angenommen werden. Ein solches kann nur für Betriebsteile und diesen zugehörigen Arbeitnehmern bestehen, nicht jedoch für Arbeitnehmer, die im „luftleeren“ Raum schweben[753].

Eine Anhörung schien zum andern bisher dann nicht erforderlich zu sein, wenn der Betrieb durch eine mit einem Betriebsteilübergang im Einzelfall einhergehende Betriebsspaltung seine Identität verlor und es dadurch zum Entfall des Betriebsrats kam[754]. Durch die Einführung des § 21 a BetrVG durch das BetrVerf-Reformgesetz vom 23.7.2001 ist jedoch nunmehr für alle Fälle der Betriebsspaltung gesetzlich klargestellt worden, daß der Betriebsrat im Amt bleibt und die Geschäfte für die ihm bislang zugeordneten Betriebsteile weiterführt, soweit die Betriebsteile über die für eine Betriebsratswahl erforderliche Arbeitnehmerzahl (§ 1 Abs. 1 Satz 1 BetrVG) verfügen und nicht in einen Betrieb eingegliedert werden, in dem bereits ein Betriebsrat besteht. Der Betriebsrat besitzt insoweit also ein sog. „Übergangsmandat“[755].

Zu klären bleibt, welche Kompetenzen dem Betriebsrat im Rahmen eines solchen Übergangsmandats zustehen. Der überwiegende Teil der Literatur geht

---

[750] Vgl. BAG AP Nr. 177 zu § 613 a BGB.

[751] Vgl. BAG DB 2000, 1966, 1967.

[752] Schließlich besteht die Zuständigkeit des Gesamtbetriebsrats nach der zwingenden gesetzlichen Regelung des § 50 Abs. 1 Satz 1 BetrVG nur dann, wenn die Angelegenheit das Gesamtunternehmen betrifft und nicht durch die einzelnen Betriebsräte geregelt werden kann, also bezüglich personellen Einzelmaßnahmen nur dann, wenn ein Arbeitsverhältnis mehreren Betrieben des Unternehmens gleichzeitig zugeordnet ist, vgl. BAG NJW 1997, 410, 411; Schiefer, Outsourcing, S. 92; Lipinski, Sonderkündigungsschutz, S. 80 f.

[753] Vgl. BAG NJW 1997, 410, 412; Lipinski, Sonderkündigungsschutz, S. 76.

[754] Vgl. Annuß, DB 1999, 798, 800.

[755] Ebenso bisher für Betriebsaufspaltungen infolge von Unternehmensumstrukturierungen nach dem Umwandlungsgesetz der mittlerweile weggefallene § 321 Abs. 1 UmwG.

davon aus, daß das Übergangsmandat ein Vollmandat darstelle, einzig beschränkt durch die Verpflichtung, unverzüglich die Schritte einzuleiten, um von einem durch die Belegschaft des neu entstandenen Betriebs gewählten Betriebsrats abgelöst zu werden[756]. Der Betriebsrat hat danach grundsätzlich alle Kompetenzen, die er vor der Betriebsspaltung hatte und ist dementsprechend gemäß § 102 Abs. 1 BetrVG vor Ausspruch der Kündigungen anzuhören. Andere sind hingegen der Auffassung, daß der Gesetzgeber das Übergangsmandat nicht als „quasireguläres" Mandat ausgestalten habe wollen. Es seien dadurch vielmehr eben nur solche Tätigkeiten abgedeckt, die mit der Abwicklung der Betriebsspaltung in engerem Zusammenhang stünden[757].
Da Sinn und Zweck der Vorschrift des § 21 a BetrVG jedoch darin besteht, die Schutzlücken zu füllen, die bei betrieblichen Organisationsänderungen in der Übergangsphase entstehen können[758], ist im Rahmen des Übergangsmandats nach § 21 a BetrVG von einem umfassenden Mandat des Betriebsrats auszugehen. Schließlich wurde mittlerweile sogar ein ausdrücklich auf Abwicklungsangelegenheiten beschränktes, sogenanntes „Restmandat" in einer eigenen Vorschrift, nämlich § 21 b BetrVG, geregelt. Eine solche Beschränkung läßt sich demgegenüber dem Wortlaut des § 21 a BetrVG nicht entnehmen, so daß sich auch daraus ergibt, daß das Übergangsmandat über das Restmandat hinausgeht und vielmehr einem –zeitlich begrenzten – Vollmandat entspricht[759].
Im Ergebnis ist der Betriebsrat also bei einem Übergang des gesamten Betriebes nicht, bei Übergang nur eines Betriebsteils jedoch grundsätzlich immer vor der Kündigung des widersprechenden Arbeitnehmers anzuhören, mit Ausnahme des Falls, daß der Restbetrieb nach der Spaltung des Betriebes keine betriebsratsfähige Einheit mehr darstellt. Andernfalls ist die Kündigung gemäß § 102 Abs. 1 Satz 3 BetrVG unwirksam.

---

[756] Richardi-Thüsing, § 21 a BetrVG, Rn. 16; ebenso bereits zu § 321 Abs. 1 UmwG: Boecken, Unternehmensumwandlungen, Rn. 378; Joost, in: Preis/Willemsen, Kölner Tage des Arbeitsrechts, S. 61, 72; ders., in: Lutter, Kölner Umwandlungsrechtstage, S. 297, 301 f.; Kasseler ArbR-Düwell, 6.8, Rn. 275; Lutter-Joost, § 321 UmwG, Rn. 30; Mengel, Umwandlungen, S. 298; Großkommentar-Steffan, § 324 UmwG, Rn. 22.
[757] So zu § 321 Abs. 1 UmwG: Sagasser/Bula, Umwandlungen, F, Rn. 59.
[758] BT-Drucks. 14/5741, S. 39; ebenso bereits zu § 321 UmwG BT-Drucks. 12/6699, S. 174.
[759] Ob bereits vor Einführung des § 21 a BetrVG auch außerhalb des Umwandlungsgesetzes (§ 321 Abs. 1 UmwG) von einem allgemeinen, vollumfänglichen Übergangsmandat für das Betriebsverfassungsrecht auszugehen war, war sehr umstritten. Dafür: Lutter-Joost, § 321 UmwG, Rn. 4; Mengel, Umwandlungen, S. 442 ff.; ebenfalls für die Annahme eines Übergangsmandats im Wege der Rechtsanalogie: BAG DB 2000, 2482, 2483 f.; dagegen: Bauer/Lingemann, NZA 1994, 1057, 1058 f.; Berscheid, FS Stahlhacke, S. 15, 52; Boecken, Unternehmensumwandlungen, Rn. 312, 358; Staudinger[13]-Richardi/Annuß, § 613 a BGB, Rn. 238; MünchArbR-Wank, § 124, Rn. 218; Willemsen, NZA 1996, 791, 802.

e) Arbeitnehmer mit besonderem Kündigungsschutz

Nachdem die grundsätzlichen Regelungen dargelegt wurden, die für die betriebsbedingte Kündigung „normaler" widersprechender Arbeitnehmer gelten, ist im folgenden zu untersuchen, welche Besonderheiten sich für die Arbeitnehmer ergeben, die besonders gegen Kündigungen geschützt sind. Zu diesen besonders geschützten Personengruppen gehören - neben schwerbehinderten Menschen[760] und werdenden Müttern[761] - insbesondere ältere Arbeitnehmer bei entsprechender tarifvertraglicher Absicherung und gewählte Arbeitnehmervertreter.

Bei den beiden letztgenannten Gruppen stellt sich die Frage, ob ihnen im Falle des Widerspruchs bei einem Betriebs(teil)übergang bei fehlender Weiterbeschäftigungsmöglichkeit trotzdem betriebsbedingt gekündigt werden kann, und welche Besonderheiten dabei im Vergleich zu „normalen" Arbeitnehmern bestehen.

(1) Tariflich unkündbare Arbeitnehmer

(a) Außerordentliche betriebsbedingte Kündigung

Arbeitnehmer, bei denen aufgrund tarifvertraglicher Regelung bei entsprechend langer Betriebszugehörigkeit die ordentliche Kündigung ausgeschlossen ist, sind nach Überschreiten dieser Grenze allein außerordentlich kündbar. Nach ständiger Rechtsprechung kann aber auch eine außerordentliche Kündigung gemäß § 626 Abs. 1 BGB aus betrieblichen Gründen ausnahmsweise zulässig sein. Dies soll dann der Fall sein, wenn die Weiterbeschäftigung des ordentlich unkündbaren Arbeitnehmers unzumutbar ist, weil der Arbeitgeber dem Arbeitnehmer über einen längeren Zeitraum hinweg sein Gehalt weiterzahlen müßte, obwohl er für diesen keine Verwendung mehr hat, so wie z.B. bei einer Betriebsstillegung[762].

---

[760] Für die ordentliche oder außerordentliche Kündigung schwerbehinderter Menschen muß gemäß §§ 85, 91 SGB IX die vorherige Zustimmung des Integrationsamtes eingeholt werden. Diese ist aber gemäß § 89 Abs. 2 SGB IX im Fall des „unbegründeten" Widerspruchs grundsätzlich zu erteilen, vgl. Kreitner, Kündigungsrechtliche Probleme, S. 170; Menze, Widerspruchsrecht, S. 165.

[761] Für werdende Mütter besteht gemäß § 9 Abs. 1 KSchG ein absoluter Kündigungsschutz, wobei gemäß § 9 Abs. 3 KSchG „in besonderen Fällen" eine Ausnahmeerlaubnis der obersten Landesbehörde eingeholt werden kann. Ein solch besonderer Fall ist beim Widerspruch gegen den Übergang des Arbeitsverhältnisses grundsätzlich anzunehmen, soweit nicht ein sachlicher Grund für den Widerspruch im oben beschriebenen Sinne vorhanden ist, vgl. Kreitner, Kündigungsrechtliche Probleme, S. 170 f.; Menze, Widerspruchsrecht, S. 166 ff.

[762] BAG NJW 1985, 2606, 2607; BAG EWiR § 103 BetrVG 1/98, 245; BAG AP Nr. 148 zu § 626 BGB; BAG AP Nr. 143 zu § 626 BGB; BAG DB 2003, 210. Früher erwog das BAG in

Auch in dem Fall, in dem nach Betriebs(teil)übergang keine Weiterbeschäftigungsmöglichkeit für den widersprechenden Arbeitnehmer besteht, ist nach weitverbreiteter Ansicht aufgrund der ähnlichen Interessenlage eine außerordentliche betriebsbedingte Kündigung des betreffenden Arbeitnehmers möglich[763]. Demgegenüber wenden manche Autoren ein, daß es sich hier eben nicht um den Fall einer Betriebsstillegung handele, und daß durch die tarifliche Alterssicherung dem altersgesicherten Arbeitnehmer gerade auch der Arbeitgeber als Vertragspartner erhalten bleiben solle. Dies solle ihm nicht auf dem Umweg über die außerordentliche Kündigung genommen werden[764]. Es ist jedoch nicht zumutbar für den Arbeitgeber, einen Arbeitnehmer auf Dauer weiterzubezahlen, obwohl er keinerlei Beschäftigungsmöglichkeit für ihn hat. Da der Arbeitgeber nicht zum Festhalten an einer für ihn unzumutbaren Situation gezwungen werden darf[765], muß er auch hier grundsätzlich die Möglichkeit zur außerordentlichen Kündigung gemäß § 626 Abs. 1 BGB haben.
Bei Ausspruch dieser außerordentlichen betriebsbedingten Kündigung hat der Arbeitgeber eine der ordentlichen Kündigungsfrist entsprechende Auslauffrist einzuhalten. Schließlich dürfen die Arbeitnehmer mit besonderem Kündigungsschutz nicht schlechter gestellt werden als die Arbeitnehmer, denen aus demselben Kündigungsgrund ordentlich gekündigt werden kann[766].

(b) Freikündigungspflicht

Einzige Ausweichmöglichkeit wäre es, zumindest im Fall des Betriebsteilübergangs eine Pflicht des Arbeitgebers dahingehend anzunehmen, daß er vorrangig anderen, ordentlich kündbaren, im Restbetrieb verbliebenen Arbeitnehmern kündigen müsse[767].
Das BAG hat zu dieser Frage die Auffassung vertreten, daß grundsätzlich für den „unkündbaren" Arbeitnehmer ein Arbeitsplatz, den er nach einer dem Arbeitgeber zumutbaren Einarbeitungszeit wahrnehmen könne, freizumachen sei[768]. Dabei dürfe es ihm wegen seiner „Unkündbarkeit" gerade nicht zum Nachteil gereichen, daß er durch seinen Widerspruch einen Arbeitgeberwechsel

---

solchen Fällen eine Rechtsanalogie zu § 15 Abs. 4 KSchG, vgl. BAG, NZA 1985, 121; zust. Buchner, Anm. zu BAG EzA Nr. 96 zu § 626 BGB n.F.

763 Vgl. Kreitner, Kündigungsrechtliche Probleme, S. 172; Staudinger[13]-Richardi/Annuß, § 613 a BGB, Rn. 136.

764 So zur Betriebsaufspaltung: Blank, u.a., Betriebsaufspaltung, S. 258.

765 Genau diesem Grundsatz, daß die Rechtsordnung nichts Unzumutbares fordern darf, trägt § 626 BGB Rechnung, vgl. KR-Fischermeier, § 626 BGB, Rn. 158.

766 BAG AP Nr. 143 zu § 626 BGB; KR-Fischermeier, § 626 BGB, Rn. 304; Staudinger-Preis, § 626 BGB, Rn. 232; Großkommentar-Steffan, § 613 a BGB, Rn. 102.

767 Vgl. zur sog. „Freikündigungspflicht" zugunsten von widersprechenden Betriebsratsmitgliedern unten S. 152 f.

768 BAG DB 2003, 210, 211.

abgelehnt habe[769]. Insbesondere komme es insoweit auch nicht auf die jeweilige soziale Schutzbedürftigkeit der betroffenen Arbeitnehmer an, da es sich hier zunächst nicht um eine echte Sozialauswahl handele. Eine solche müsse in entsprechender Anwendung des § 1 Abs. 3 KSchG nur dann stattfinden, wenn alle anderen vergleichbaren Arbeitnehmer ebenfalls unkündbar seien[770]. Nur dieser „echten" Sozialauswahl könne dann der Widerspruch des Arbeitnehmers gegen den Übergang seines Arbeitsverhältnisses entgegenstehen[771], nämlich bei fehlender sachlicher Rechtfertigung des Widerspruchs[772].

Diese Auffassung übersieht jedoch, daß hier der Arbeitnehmer seinen Arbeitsplatz durch den Widerspruch selbst aufs Spiel gesetzt hat, wobei er auch bei dem neuen Arbeitgeber – zumindest zunächst - weiterhin nicht ordentlich kündbar wäre. Der Arbeitsplatz eines anderen Arbeitnehmers darf deshalb auch in diesem Rahmen nur dann „freigekündigt" werden, wenn der besonders geschützte Arbeitnehmer einen sachlichen Grund für den Widerspruch hatte, d.h. wenn für ihn ohne diesen die konkrete Gefahr eines Arbeitsplatzverlustes bestand[773]. Ist dies der Fall, kommt es nicht darauf an, ob der widersprechende Arbeitnehmer sozial schutzwürdiger ist oder nicht. Denn tariflich unkündbare Arbeitnehmer sind grundsätzlich nicht mit den übrigen Arbeitnehmern des Betriebes vergleichbar[774], so daß geeignete gleichwertige Arbeitsplätze für sie freigemacht werden müssen.

Hat der tariflich unkündbare Arbeitnehmer aber keinen sachlichen Grund für den Widerspruch, ist ihm sogar ohne Durchführung einer Sozialauswahl mit „vergleichbaren", im Restbetrieb verbliebenen Arbeitnehmern außerordentlich betriebsbedingt zu kündigen. Nur so kann vermieden werden, daß andere ihren Arbeitsplatz allein aufgrund der Widerspruchsausübung eines Kollegen verlieren, obwohl im Grunde überhaupt kein Arbeitsplatz wegfällt[775]. Dies gilt, auch wenn § 1 Abs. 3 KSchG in diesem Rahmen grundsätzlich entsprechende Anwendung findet[776], da nach der hier vertretenen Auffassung eine normale Sozi-

---

[769] BAG AP Nr. 148 zu §626 BGB.
[770] BAG AP Nr. 143 zu § 626 BGB.
[771] BAG AP Nr. 148 zu § 626 BGB.
[772] Vgl. BAG DB 1993, 1877.
[773] Ebenso Opitz, Probleme des arbeitnehmerseitigen Widerspruchs, S. 148 f.
[774] KR-Etzel, § 1 KSchG, Rn. 679; HK-Dorndorf, § 1 KSchG, Rn. 1055; Gaul/Gajewski, Betriebsänderung, S. 245, 250; Schwerdtner, FS Kissel, S. 1077, 1093; Stahlhacke/Preis/Vossen, Kündigung, Rn. 662; a. A. wegen der ansonsten drohenden Umgehung der zwingenden gesetzlichen Regelung des § 1 Abs. 3 KSchG: Hueck/v. Hoyningen-Huene, § 1 KSchG, Rn. 456, 458; MünchArbR-Berkowsky, § 139, Rn. 106; Linck, Soziale Auswahl, S. 42; Löwisch, in: Preis/Willemsen, Kölner Tage des Arbeitsrechts, S. 248, 253. So jüngst auch das ArbG Cottbus, DB 2000, 1817 ff.
[775] Im Ergebnis ebsenso Menze, Widerspruchsrecht, S. 157.
[776] Vgl. BAG AP Nr. 143 zu § 626 BGB; Kittner/Däubler/Zwanziger-Däubler, § 626 BGB, Rn. 161; HK-Dorndorf, § 1 KSchG, Rn. 1019; KR-Etzel, § 1 KSchG, Rn. 623.

alauswahl bei mangelnder sachlicher Rechtfertigung des Widerspruchs aufgrund einer teleologischen Reduktion dieser Vorschrift ausscheidet[777].

(c) Ausschlußfrist

Im Rahmen dieser außerordentlichen betriebsbedingten Kündigung ist zu vermeiden, daß z.B. aufgrund fehlerhafter Betriebsratsanhörung die zweiwöchige Ausschlußfrist des § 626 Abs. 2 BGB abläuft. Denn dann könnte sich der Arbeitgeber nie mehr von dem betreffenden Arbeitnehmer lösen. Folglich ist der hier vorliegende Sachverhalt nach der Rechtsprechung als „Dauertatbestand" einzuschätzen[778], so daß die Ausschlußfrist praktisch nie versäumt werden kann. Zum gleichen Ergebnis kommen einige Vertreter der Literatur mit der Begründung, daß die Regelung des § 626 Abs. 2 BGB im Fall der betriebsbedingten außerordentlichen Kündigung nicht richtig passe. Sie sei vielmehr auf den Fall arbeitsvertraglicher Pflichtverletzungen zugeschnitten, weil der Arbeitnehmer dabei möglichst bald Klarheit darüber haben solle, welche Auswirkungen sein Verhalten haben werde. Hier gehe es jedoch darum, das Arbeitsverhältnis so lange weiterzuführen, wie eine Beschäftigung noch irgend möglich sei[779]. Dabei könne der Arbeitnehmer nicht darauf vertrauen, daß eine Kündigung nach Ablauf der 2-Wochenfrist nicht mehr erfolge[780].
Da es tatsächlich nicht sinnvoll erscheint, den Arbeitgeber zu einer frühzeitigen Kündigung zu zwingen, ist für die Anwendung der Ausschlußfrist des § 626 Abs. 2 BGB im Ergebnis in einem solchen Fall der außerordentlichen betriebsbedingten Kündigung kein Raum[781].

(d) Ergebnis

Im Gegensatz zur Auffassung der Rechtsprechung besteht hinsichtlich einer betriebsbedingten Kündigung bei mangelnder sachlicher Rechtfertigung des Widerspruchs im Endeffekt kein Unterschied zwischen der Behandlung normaler und tariflich unkündbarer Arbeitnehmer. Lediglich in dem Fall, in dem die tariflich unkündbaren Arbeitnehmer einen sachlichen Grund für die Ausübung ihres Widerspruchsrechts im oben dargestellten Sinne vorweisen können, sind andere Arbeitsplätze im Betrieb für sie freizumachen, ohne daß sie sozial

[777] Staudinger[13]-Richardi/Annuß, § 613 a BGB Rn. 136 gehen davon aus, daß dem Arbeitgeber in diesem Fall die Kündigung nicht besonders geschützter Arbeitnehmer „unzumutbar" wäre.

[778] BAG AP Nr. 143 zu § 626 BGB; für den Fall der Betriebsstillegung ebenso Schwerdtner, FS Kissel, S. 1077, 1088.

[779] Buchner, Anm. zu BAG EzA Nr. 96 zu § 626 BGB n.F.

[780] S. zu diesem Vertrauensschutzgesichtspunkt des § 626 Abs. 2 BGB: BVerfG EzA Nr. 32 zu Art. 20 Einigungsvertrag; Buchner, Anm. zu BAG EzA Nr. 96 zu § 626 BGB n.F.

[781] Insoweit zutreffend der Leitsatz von BAG AP Nr. 143 zu § 626 BGB.

schutzwürdiger sein müßten als die dann von einer Kündigung betroffenen Arbeitnehmer des Restbetriebs.

(2) Betriebsratsmitglieder

(a) Übergang eines ganzen Betriebs

Geht ein Betrieb im Wege der Abspaltung oder Ausgliederung vollständig auf einen anderen Rechtsträger über, kann der Arbeitgeber dem widersprechenden Betriebsratsmitglied nach weit verbreiteter Meinung ohne weiteres gemäß § 15 Abs. 4 KSchG kündigen[782], wobei die Kündigung nach § 15 Abs. 4 KSchG eine ordentliche Kündigung darstellt[783]. Auch hier entfällt jedoch die in diesem Rahmen grundsätzlich gemäß § 102 BetrVG erforderliche Anhörung des Betriebsrates[784], da Vertretungsorgane von Betrieben, bei denen der Arbeitgeber nicht (mehr) wenigstens Mitinhaber ist, nicht bei der Kündigung eines Arbeitnehmers zu beteiligen sind[785]. Die für die Anwendung des § 15 Abs. 4 KSchG erforderliche Betriebsstillegung ist im vorliegenden Fall deshalb zu bejahen, weil dieser Begriff im Rahmen des Kündigungsschutzgesetzes nur unter Einbeziehung des jeweiligen Betriebsinhabers bestimmt werden kann[786]. Das bedeutet, daß in diesem Zusammenhang eine Betriebsstillegung immer dann anzu-

---

782 Annuß, DB 1999, 798; Schiefer, Outsourcing, S. 91; v. Hoyningen-Huene/Linck, § 15 KSchG, Rn. 152. Für eine entsprechende Anwendung des § 15 Abs. 4 KSchG: BAG DB 2000, 1966, 1967. Dabei ist es jedenfalls unschädlich, daß das Betriebsratsmitglied aufgrund seines Widerspruchs bei Betriebsübergang sein Betriebsratsamt verliert, weil der Betrieb einschließlich des amtierenden Betriebsrats auf den neuen Rechtsträger übergeht (vgl. KR-Etzel, § 15 KSchG, Rn. 60a), da auch ehemalige Betriebsratsmitglieder noch 1 Jahr lang den besonderen Kündigungsschutz des § 15 KSchG genießen, und der Verlust der Mitgliedschaft vor Beendigung der Amtszeit des Gremiums, wie es hier der Fall ist, grundsätzlich nicht zum Verlust des nachwirkenden Kündigungsschutzes im Sinne des § 15 Abs. 1 Satz 2 KSchG führt, vgl. v. Hoyningen-Huene/Linck, § 15 KSchG, Rn. 44 f.; KR-Etzel, § 15 KSchG, Rn. 64. Gegen einen nachwirkenden Sonderkündigungsschutz im hier vorliegenden Fall, wenn der ursprüngliche Rechtsträger nur einen Betrieb hat: Kreitner, Kündigungsrechtliche Probleme, S. 168.

783 BAG AP Nr. 35 zu § 103 BetrVG 1972; Hassenpflug, Kündigung von Betriebsratsmitgliedern, S. 71; v. Hoyningen-Huene/Linck, § 15 KSchG, Rn. 155; Annuß, DB 1999, 798, 799; Bernstein, NZA 1993, 728, 729; HK-Kriebel, Anh. § 15 KSchG, Rn. 5.

784 Nicht erforderlich ist die Zustimmung des Betriebsrats gemäß § 103 Abs. 1 BetrVG, vgl. BAG EWir, § 103 BetrVG, 1/98, 245; KR-Etzel, § 15 KSchG, Rn. 95; Bernstein, NZA 1993, 728, 729; Gaul/Gajewski, Betriebsänderung, S. 245.

785 Vgl. BAG DB 2000, 1966, 1967.

786 Annuß, DB 1999, 798. Andere Autoren vertreten demgegenüber die Auffassung, der hier verwendete Begriff der Betriebsstillegung entspreche grundsätzlich dem der Betriebsstillegung in § 111 Satz 2 Nr. 1 BetrVG, vgl. v. Hoyningen-Huene/Linck, § 15 KSchG, Rn. 145; Kittner/Däubler/Zwanziger-Kittner, § 15 KSchG, Rn. 61; Menze, Widerspruchsrecht, S. 143 f.

nehmen ist, wenn sich der konkrete Arbeitgeber der Herrschaft über die betriebliche Organisation entledigt und die Betriebszwecke tatsächlich nicht weiterverfolgt, so daß bei ihm kein Beschäftigungsbedarf mehr besteht[787].
Wenn der übertragende Rechtsträger noch über weitere Betriebe verfügt, was bei der Abspaltung und der Ausgliederung regelmäßig der Fall sein wird, muß nach allgemeinen Grundsätzen (§ 1 Abs. 2 Satz 2 KSchG sowie § 102 Abs. 3 Nr. 3 BetrVG) auch eine Weiterbeschäftigungsmöglichkeit des Betriebsratsmitglieds in den anderen Betrieben geprüft werden. Vom Zweck des § 15 KSchG her ist es nicht beabsichtigt, den in § 15 Abs. 1 KSchG aufgeführten Personen einen schwächeren Schutz zu gewährleisten als den sonst von § 1 KSchG erfaßten Arbeitnehmern[788]. Dabei kommt jedoch keine sogenannte „Freikündigungspflicht" in Betracht, nach der der Arbeitgeber verpflichtet wäre, in den übrigen Betrieben eine schon besetzte Stelle zugunsten des Betriebsratsmitglieds freizukündigen[789]. Denn die Notwendigkeit einer anderweitigen Kündigung würde ja bedeuten, daß gerade keine „Möglichkeit einer Weiterbeschäftigung" in den übrigen Betrieben des Unternehmens besteht. Folglich ließe sich der durch § 15 KSchG intendierte Schutzzweck, die Kontinuität und Funktionsfähigkeit des Betriebsrats zu sichern, so nicht verwirklichen[790].
Im Endeffekt ergeben sich folglich bezüglich der Kündigung eines Betriebsratsmitglieds im Falle des Widerspruchs bei einem Übergang des gesamten Betriebes infolge einer Abspaltung oder Ausgliederung keine Besonderheiten gegenüber „normalen" Arbeitnehmern. Eine ordentliche Kündigung gemäß § 15 Abs. 4 KSchG ist ohne weiteres möglich, soweit in den anderen Betrieben des Unternehmens nicht eine Weiterbeschäftigungsmöglichkeit besteht[791].

---

[787] Annuß, DB 1999, 798. Andere gehen in diesem Rahmen von einer nur analogen Anwendbarkeit des § 15 Abs. 4 KSchG aus, da sich Betriebsübergang und Betriebsstillegung gegenseitig ausschlössen, vgl. LAG Düsseldorf, LAGE Nr. 16 zu § 15 KSchG; Gerauer, BB 1990, 1127; Kraft, Anm. zu BAG EzA Nr. 46 zu § 15 KSchG. Ebenfalls gegen eine Ähnlichkeit mit der Betriebsstillegung: Blank, u.a., Betriebsaufspaltung, S. 257.

[788] BAG AP Nr. 32 zu § 15 KSchG; v. Hoyningen-Huene/Linck, § 15 KSchG, Rn. 156 a; Nerreter, NZA 1995, 54, 56; Stahlhacke/Preis/Vossen, Kündigung, Rn. 993 a; Hassenpflug, Kündigung von Betriebsratsmitgliedern, S. 140; HK-Dorndorf, § 15 KSchG, Rn. 145; Backmeister/Trittin-Backmeister, § 15 KSchG, Rn. 143.

[789] Zur Freikündigungspflicht beim Betriebsteilübergang siehe sogleich S. 152 ff.

[790] Vgl. Bernstein, NZA 1993, 728, 733; Gaul/Gajewski, Betriebsänderung, S. 246; HK-Dorndorf, § 15 KSchG, Rn. 13.

[791] Diese Lösung stimmt auch mit dem Sinn und Zweck des § 15 KSchG überein, da der besondere Kündigungsschutz der Betriebsratsmitglieder dann nicht erforderlich ist, wenn sie lediglich als Mitglied einer nach allgemeinen Merkmalen bestimmten Gruppe betroffen werden, vgl. Annuß, DB 1999, 798, 799.

(b) Übergang eines Betriebsteils

(i) Analoge Anwendung des § 15 Abs. 5 KSchG

Bei einem Betriebsteilübergang im Sinne von § 613 a BGB infolge einer Unternehmensspaltung, bei dem das Betriebsratsmitglied dem Übergang seines Arbeitsverhältnisses auf den neuen Rechtsträger widerspricht, besteht aus kündigungsrechtlicher Sicht eine vergleichbare Situation wie bei einer Betriebsteilstillegung[792]. Auch hier kommt es allein darauf an, ob der Betriebsteilzweck von dem konkreten Arbeitgeber weiterverfolgt wird, und ob bei diesem weiterhin Beschäftigungsbedarf besteht.

Dabei ist jedoch zu beachten, daß für das Eingreifen der besonderen Kündigungsschutzregelung des § 15 Abs. 5 Satz 1 KSchG nicht die Stillegung eines Betriebsteils ausreicht, sondern vielmehr die Stillegung einer „Betriebsabteilung" erforderlich ist. Eine Betriebsabteilung im Sinne von § 15 Abs. 5 KSchG ist ein organisatorisch abgegrenzter Teil eines Betriebes, der eine personelle Einheit erfordert, dem eigene technische Betriebsmittel zur Verfügung stehen und der einen eigenen Betriebszweck verfolgt, der auch in einem bloßen Hilfszweck bestehen kann[793]. Der Zweck des besonderen Kündigungsschutzes verbietet dabei eine betriebsteilbezogene Anknüpfung des Begriffs der Betriebsabteilung, sondern gebietet vielmehr dessen Betriebsbezogenheit. Andernfalls würde es zu einer „Atomisierung" der kündigungsschutzrechtlich relevanten Betriebsstruktur und somit zu einer erhöhten Bestands- und Inhaltsschutzgefährdung der Arbeitsverhältnisse der betreffenden Mandatsträger kommen[794].

Auch wenn der Begriff der Betriebsabteilung somit aufgrund des höheren Grades an organisatorischer Eigenständigkeit und aufgrund der arbeitstechnischen Abgrenzbarkeit nicht mit dem Betriebsteilbegriff des § 613 a BGB übereinstimmt, kommt aber zumindest im Fall des Widerspruchs von Betriebsratsmitgliedern bei einem Betriebsteilübergang eine analoge Anwendung des § 15 Abs. 5 KSchG in Betracht[795].

---

[792] BAG DB 1998, 210, 212.

[793] BAG AP Nr. 16 zu § 15 KSchG; Richardi-Richardi/Thüsing, Anhang zu § 103 BetrVG, Rn. 32; MünchArbR-Berkowsky, § 157, Rn. 73.

[794] BAG AP Nr. 16 zu § 15 KSchG; HK-Dorndorf, § 15 KSchG, Rn. 151. A.A. KR-Etzel, § 15 KSchG, Rn. 121.

[795] Vgl. Großkommentar-Steffan, § 613 a BGB, Rn. 154. Im Fall der Veräußerung einer echten Betriebsabteilung findet § 15 Abs. 5 KSchG durch die Veräußerung selbst direkte Anwendung, vgl. Annuß, DB 1999, 798, 799. Demgegenüber geht Etzel davon aus, daß mit den widersprechenden Arbeitnehmern zunächst eine Rumpfbetriebsabteilung verbleibt, die der Arbeitnehmer stillegen und damit bezüglich der Betriebsratsmitglieder die Voraussetzungen für eine direkte Anwendung des § 15 Abs. 5 KSchG schaffen könne, vgl. KR-Etzel, § 15 KSchG, Rn. 125 a. Auch dabei für eine analoge Anwendung des § 15 Abs. 5 KSchG: BAG DB 2000, 1966, 1967; Erman-Hanau, § 613 a BGB, Rn. 57; Stahlhacke/Preis/Vossen, Kündigung, Rn. 994 d.

Während eine entsprechende Anwendung des § 15 Abs. 5 KSchG bei der normalen Schließung eines Betriebsteils grundsätzlich ausgeschlossen ist, da ansonsten eine Umgehung des Sonderkündigungsschutzes der Betriebsratsmitglieder zu befürchten wäre, befürworten diese viele im Falle des Widerspruchs eines Betriebsratsmitglieds bei Betriebsteilübergang[796]. Der Betriebsteil werde durch die Abspaltung oder die Ausgliederung formal so verselbständigt, daß er zu einer Betriebsabteilung im Sinne des § 15 Abs. 5 KSchG erstarke. Diese werde jedenfalls aus Sicht der widersprechenden Betriebsratsmitglieder im kündigungsrechtlichen Sinne stillgelegt[797]. Darüber hinaus entspreche die Interessenlage hier im wesentlichen der Interessenlage bei einer Betriebsstillegungskündigung, weil in beiden Fällen keine Beschäftigungsmöglichkeit des Amtsträgers mehr bestehe[798].
Dieser Argumentation ist zu folgen, so daß eine Kündigung des widersprechenden Betriebsratsmitglieds bei Betriebsteilübergang grundsätzlich analog § 15 Abs. 5 KSchG nur dann zulässig ist, sofern seine Übernahme in eine andere Betriebsabteilung aus betrieblichen Gründen nicht möglich ist.
Darüber hinaus darf das betreffende Betriebsratsmitglied auch in diesem Fall aufgrund einer teleologischen Reduktion des § 15 Abs. 5 Satz 1 KSchG[799] bzw. aufgrund des durch diese Vorschrift geprägten ultima-ratio-Prinzips[800] dann nicht entlassen werden, wenn in einem anderen Betrieb des Unternehmens ein anderer Arbeitsplatz frei ist.

(ii) Freikündigungspflicht

Fraglich ist jedoch, ob dabei die Freikündigungspflicht, die im Falle der „normalen" Stillegung einer Betriebsabteilung nach nahezu allgemeiner Meinung besteht[801], um das besonders zu schützende Betriebsratsmitglied weiterbeschäftigen zu können, auch hier in vollem Umfang eingreift.

---

[796] LAG Düsseldorf, BB 1998, 1317; Gerauer, BB 1990, 1127; Kraft, Anm. zu BAG EzA Nr. 46 zu § 15 KSchG. A.A. Feudner, DB 1994, 1570, 1571 f.; v.Hoyningen-Huene/Linck, § 15 KSchG, Rn. 71.

[797] Annuß, DB 1999, 798, 799.

[798] Gerauer, BB 1990, 1127, 1128.

[799] So v.Hoyningen-Huene/Linck, § 15 KSchG, Rn. 171.

[800] So Stahlhacke/Preis/Vossen, Kündigung, Rn. 994 b; für eine Anwendung des § 1 KSchG: HK-Dorndorf, § 15 KSchG, Rn. 158.

[801] BAG DB 2003, 210, 211; BAG AP Nr. 49 zu § 15 KSchG; FKHES, § 103 BetrVG, Rn. 21; Kittner/Däubler/Zwanziger-Kittner, § 15 KSchG, Rn. 77a; KR-Etzel, § 15 KSchG, Rn. 126; Hassenpflug, Kündigung von Betriebsratsmitgliedern, S. 244 f.; v. Hoyningen-Huene/Linck, § 15 KSchG, Rn. 170a; HK-Dorndorf, § 15 KSchG, Rn. 142; MünchArbR-Berkowsky, § 157, Rn. 78; Annuß, DB 1999, 798, 799. A.A. Schleusener, DB 1998, 2368, 2371.

Manche Autoren und Teile der Rechtsprechung bejahen dies. Da die Weiterführung des Betriebsratsamtes einen sachlichen Grund für den Widerspruch gegen den Übergang des Arbeitsverhältnisses auf den neuen Rechtsträger darstelle[802], soll nach dieser Auffassung eine Freikündigungspflicht nur dann ausscheiden, wenn im Rahmen einer Interessenabwägung die sozialen Belange des davon betroffenen Arbeitnehmers „in erheblichem Maße" die des durch § 15 KSchG geschützten Arbeitnehmers überwiegen[803].
Problematisch ist jedoch, daß im vorliegenden Fall bei Anerkennung einer Freikündigungspflicht des Arbeitgebers wiederum ein anderer Arbeitnehmer seinen Arbeitsplatz räumen müßte. Und dies nur, um einem Betriebsratsmitglied, das in dem abgespaltenen Unternehmen eigentlich einen sicheren Arbeitsplatz hätte, Platz zu machen, was gerade nicht der Konfliktlage bei der allein vom Betriebsinhaber beschlossenen Abteilungsstillegung entspricht[804].
Dies sehen einige Autoren als Anlaß, in einem solchen Fall den betreffenden Betriebsratsmitgliedern den besonderen Kündigungsschutz in Analogie zu § 15 Abs. 5 KSchG überhaupt nicht zu gewähren[805]. Andere gehen zwar grundsätzlich von einer zumindest analogen Anwendung des § 15 Abs. 5 KSchG aus, sehen jedoch einen Widerspruch allein zur Erhaltung des Betriebsratsmandats nicht als sachlich gerechtfertigt an. Das Erlöschen des Betriebsratsamtes allein könne auch auf einer Änderung auf der Organisationsebene beruhen, wogegen sich die betroffenen Betriebsratsmitglieder auch bei fortbestehender Rechtsträgeridentität nicht wehren könnten[806]. Das einzelne Betriebsratsmitglied unterscheide sich bei der Ausübung des Widerspruchsrechts in nichts von anderen widersprechenden Arbeitnehmern, so daß die in § 15 Abs. 5 Satz 1 KSchG enthaltene Begünstigung durch die Wertung des § 78 Satz 2 BetrVG verdrängt werde, wenn der Widerspruch nicht aus anderen Gründen als sachlich begründet anzusehen sei[807]. Somit sei insoweit eine Freikündigungspflicht des Arbeitgebers zugunsten des Betriebsratsmitglieds abzulehnen[808].
Bezüglich der Lösung dieses Problems ist zunächst festzustellen, daß zwar eine Freikündigungspflicht des Arbeitgebers zugunsten der Betriebsratsmitglieder

[802] Vgl. Großkommentar-Steffan, § 613 a BGB, Rn. 104.
[803] LAG Düsseldorf, BB 1998, 1317, 1318; zust. Otto, EWiR, § 15 KSchG, 1/98, 707, 708. Für einen grundsätzlichen Verdrängungsanspruch aufgrund des absoluten Vorrangs des Betriebsratsmitglieds: Kittner/Däubler/Zwanziger-Kittner, § 15 KSchG, Rn. 65, 77a.
[804] Vgl. Otto, EWiR, § 15 KSchG, 1/98, 707; Feudner, DB 1994, 1570, 1572.
[805] Feudner, DB 1994, 1570, 1571 f.; v. Hoyningen-Huene/Linck, § 15 KSchG, Rn. 71.
[806] Annuß, DB 1999, 798, 800. Davon, daß der Widerspruch allein zum Erhalt des Betriebsratsmandats nicht als „objektiv vertretbar" angesehen werden könne, weil nicht das Amt des einzelnen Betriebsratsmitglieds gesetzlich geschützt sei, geht auch Feudner aus, vgl. DB 1994, 1570, 1572.
[807] Annuß, DB 1999, 798, 800.
[808] Auch Schiefer bezeichnet die vom LAG Düsseldorf vertretene Auffassung bezüglich der Freikündigungspflicht als „problematisch", s. Outsourcing, S. 91.

auch bei einer „normalen" Stillegung einer Betriebsabteilung nicht ganz unproblematisch ist[809], diese aber dabei aufgrund der Besonderheit des § 15 Abs. 5 KSchG mit der überaus herrschenden Meinung zu befürworten ist[810]. Es erscheint aber im Fall der entsprechenden Anwendung des § 15 Abs. 5 KSchG beim Widerspruch eines Betriebsratsmitglieds gegen den Übergang seines Arbeitsverhältnisses höchst fraglich, ob dies ebenfalls uneingeschränkt gelten kann. Zu prüfen ist insbesondere, ob hier nicht die Tatsache, daß ohne den Widerspruch eigentlich gar kein Arbeitnehmer seinen Arbeitsplatz verloren hätte, in eine Interessenabwägung einzubeziehen ist, die eventuell im Ergebnis einen „Verdrängungsanspruch" des Betriebsratsmitglieds ausscheiden läßt.
Im Fall der „normalen" Stillegung einer Betriebsabteilung vertreten manche Autoren hinsichtlich einer Interessenabwägung die Auffassung, daß im Rahmen der grundsätzlich bestehenden Freikündigungspflicht auch die sozialen Belange des unter Umständen betroffenen Arbeitnehmers zu berücksichtigen seien, da ansonsten auch die Existenz des § 15 Abs. 5 Satz 2 KSchG keinen Sinn machen würde[811]. Daher seien die sozialen Belange des betreffenden Arbeitnehmers und die berechtigten betrieblichen Interessen an seiner Weiterbeschäftigung gegen die Interessen der Belegschaft und des durch § 15 KSchG geschützten Arbeitnehmers an seiner Weiterbeschäftigung abzuwägen[812]. Andere gehen demgegenüber davon aus, daß ein absoluter Vorrang der durch § 15 KSchG besonders geschützten Betriebsratsmitglieder bestehe, da Bestandsinteressen anderer Arbeitnehmer gerade keine „betrieblichen Interessen" im Sinne des § 15 Abs. 5 Satz 2 KSchG seien[813]. Der Zweck des § 15 KSchG würde darüber hinaus verfehlt, wenn er im Einzelfall gegen die „berechtigten betrieblichen Interessen" des Arbeitgebers an der Weiterbeschäftigung bestimmter Arbeitnehmer abgewogen werden müßte[814]. Umstritten ist dabei nur, ob der absolute Vorrang auch gegenüber anderen Arbeitnehmern mit besonderem Kündigungsschutz besteht oder nicht[815].
Letzterer Meinung ist für den Fall der normalen Stillegung einer Betriebsabteilung zuzugeben, daß in § 15 Abs. 5 Satz 2 KSchG nicht von einer Interessenabwägung mit den sozialen Belangen der anderen Arbeitnehmer die Rede ist,

---

809 Vgl. die Bedenken von Schleusener, DB 1998, 2368 ff.

810 Vgl. Bernstein, NZA 1993, 728, 732, Fn. 47; Hassenpflug, Kündigung von Betriebsratsmitgliedern, S. 244 f.

811 v. Hoyningen-Huene/Linck, § 15 KSchG, Rn. 170 a; FKHES, § 103 BetrVG, Rn. 21; KR-Etzel, § 15 KSchG, Rn. 126; Stahlhacke/Preis/Vossen, Kündigung, Rn. 994 a.

812 Gaul/Gajewski, Betriebsänderung, S. 247; KR-Etzel, § 15 KSchG, Rn. 126; Stahlhacke/Preis/Vossen, Kündigung, Rn. 994 a.

813 Hassenpflug, Kündigung von Betriebsratsmitgliedern, S. 248 ff.; Kittner/Däubler/Zwanziger-Kittner, § 15 KSchG, Rn. 77a; HK-Dorndorf, § 15 KSchG, Rn. 156.

814 HK-Dorndorf, § 15 KSchG, Rn. 157.

815 Dafür: Kittner/Däubler/Zwanziger-Kittner, § 15 KSchG, Rn. 77a; Backmeister/Trittin-Backmeister, § 15 KSchG, Rn. 155; a. A. HK-Dorndorf, § 15 KSchG, Rn. 156.

was grundsätzlich für einen absoluten Vorrang der Betriebsratsmitglieder sprechen würde[816]. Dies bedeutet jedoch nicht, daß für den hier zu untersuchenden Fall des Widerspruchs eines Betriebsratsmitglieds gegen den Übergang seines Arbeitsverhältnisses bei Betriebsteilübergang der gleiche Maßstab zu gelten hat[817]. Schließlich beruht die Notwendigkeit der Kündigung auch hier letztendlich auf dem Widerspruch des betreffenden Betriebsratsmitglieds, so daß – wie in den anderen, oben erwähnten Fällen – der vollumfängliche (besondere) Kündigungsschutz nur dann zu gewähren ist, wenn ein sachlicher Grund für den Widerspruch vorhanden ist[818].

Dabei ist das Interesse an der Erhaltung des individuellen Betriebsratsmandats gerade nicht als sachlicher Grund für den Widerspruch anzusehen[819]. Dies ergibt sich zum einen schon aus den allgemeinen Kriterien, die oben für das Erfordernis der sachlichen Rechtfertigung des Widerspruchs aufgestellt wurden[820]. Zum andern würde dies auch eine Begünstigung der Betriebsratsmitglieder im Falle des Betriebsteilübergangs darstellen, weil diese ohne Rechtsträgerwechsel keine Handhabe gegen den Verlust ihres Betriebsratsmandats durch entsprechende Umorganisation auf Betriebsebene hätten. Eine solche Begünstigung wird durch die Vorschrift des § 613 a BGB jedoch gerade nicht bezweckt[821].

Ist der Widerspruch des Betriebsratsmitglieds demgegenüber im oben dargestellten Sinne als sachlich begründet anzusehen, ist kein Grund dafür ersicht-

---

[816] Vgl. die Kritik von HK-Dorndorf, § 15 KSchG, Rn. 157.

[817] Vgl. Otto, EWiR, § 15 KSchG, 1/98, 707, 708.

[818] Im Ergebnis ebenso wohl Henssler, der davon ausgeht, daß dem widersprechenden Betriebsratsmitglied der Sonderkündigungsschutz gem. § 15 KSchG jedenfalls dann nicht zustehe, wenn ein sachlicher Grund für den Widerspruch *nicht* vorliege, vgl. NZA 1994, 913, 921. Ähnlich Menze, Widerspruchsrecht, S. 151.

[819] Grundsätzlich erlischt gem. § 24 Abs. 1 Nr. 3 BetrVG die Mitgliedschaft im Betriebsrat, wenn das Arbeitsverhältnis zum Inhaber des Betriebes, für den der Betriebsrat gewählt wurde, beendet wird, wie dies beim Betriebsteilübergang der Fall ist. Gemäß § 21 a BetrVG hat der Betriebsrat mittlerweile jedoch bei einer Betriebsspaltung ein Übergangsmandat für die ihm bislang zugeordneten Betriebsteile, und zwar in derselben personalen Zusammensetzung wie vorher, vgl. Richardi-Thüsing, § 21 a BetrVG, Rn. 22; DKK-Buschmann, § 21 a BetrVG, Rn. 32, d.h. es kommt dabei zumindest für die höchstens sechsmonatige Übergangszeit trotz des Übergangs des Arbeitsverhältnisses schon gar nicht zu einem Verlust der Mitgliedschaft im Betriebsrat; a.A. noch Oetker/Busche, NZA 1991, Beil. 1, 18, 24; Kasseler ArbR-Düwell, 6.8, Rn. 272.

[820] Danach muß grundsätzlich ohne Ausübung des Widerspruchsrechts die konkrete Gefahr des Verlustes des Arbeitsplatzes bestehen, vgl. oben S. 139 ff.

[821] Vgl. Menze, Widerspruchsrecht, S. 150, und Annuß, DB 1999, 798, 800, der insbesondere auf die hier wiederum notwendige Trennung von Betriebs- und Unternehmensebene hinweist. Für eine sachliche Rechtfertigung des Widerspruchs mit dem Zweck, das Betriebsratsmandat beizubehalten: BAG AP Nr. 22 zu § 1 KSchG; FKHES, § 103 BetrVG, Rn. 17.

lich, den ihm zustehenden Kündigungsschutz zu verkürzen[822]. Dies führt dann dazu, daß die Regelung des § 15 Abs. 5 Satz 1 KSchG in vollem Umfang Anwendung finden muß, d.h. es muß notfalls auch ein anderer Arbeitsplatz für ihn freigekündigt werden.

(iii) Ergebnis

Auch das widersprechende Betriebsratsmitglied kann nur dann Vorteile aus seinem Sonderkündigungsschutz gemäß § 15 Abs. 1, 4 und 5 KSchG (analog) im Vergleich zu den Arbeitnehmern mit normalem Kündigungsschutz ziehen, wenn es einen sachlichen Grund für den Widerspruch gegen den Übergang seines Arbeitsverhältnisses hat. Dieser kann jedoch nicht in dem Wunsch, sein Betriebsratsmandat beizubehalten, gesehen werden.

f) Problem des gemeinsamen Betriebs

Fraglich ist, ob der widersprechende Arbeitnehmer Vorteile daraus ziehen kann, wenn die an der Spaltung beteiligten Rechtsträger den Betrieb im Einzelfall nach der Betriebsteilabspaltung als „gemeinsamen Betrieb" weiterführen.

(1) Vorliegen eines gemeinsamen Betriebs

Führen die an einer Spaltung oder Teilübertragung nach dem Umwandlungsgesetz beteiligten Rechtsträger einen Betrieb gemeinsam weiter, gilt dieser gemäß § 322 UmwG als Betrieb im Sinne des Kündigungsschutzrechts.
Dabei genügt jedoch nach bisheriger Rechtsprechung und h.M. die tatsächliche einheitliche Führung eines Betriebes durch mehrere Arbeitgeber grundsätzlich noch nicht für die Annahme einer Betriebseinheit. Vielmehr sei für das Vorliegen eines gemeinsamen Betriebes erforderlich, daß sich die beteiligten Arbeitgeber zu der gemeinsamen Führung in einer dahingehenden Vereinbarung, die auch stillschweigend geschlossen werden könne, rechtlich verbunden hätten. Entscheidend soll insoweit sein, daß die Arbeitgeberfunktionen im sozialen und personellen Bereich im wesentlichen einheitlich ausgeübt werden[823].
Nach dem Wortlaut des § 322 UmwG gibt es im Gegensatz zur Regelung des früheren, gemäß Art. 3 BetrVerfReformgesetz vom 23.7.2001[824] durch § 1 Abs.

---

[822] Gleiches gilt schließlich auch für Arbeitnehmer mit normalem Kündigungsschutz, bei denen im Falle der sachlichen Rechtfertigung des Widerspruchs eine normale Sozialauswahl stattzufinden hat.

[823] BAG AP Nr. 10 zu § 1 KSchG; BAGE 55, 117, 128; BAG DB 1999, 965; Däubler, FS Zeuner, S. 19, 21; v. Hoyningen-Huene/Linck, § 23 KSchG, Rn. 11; MünchArbR-Richardi, § 30, Rn. 39; Großkommentar-Steffan, § 324 UmwG, Rn. 31; a.A. Lutter-Joost, § 322 UmwG, Rn. 9.

[824] BGBl. I, S. 1852.

2 Nr. 2 BetrVG im wesentlichen ersetzten § 322 Abs. 1 UmwG gerade keine Vermutung für das Bestehen eines gemeinsamen Betriebes für das Kündigungsschutzrecht. Es handelt sich dabei vielmehr um eine Klarstellung, daß entsprechend der bisherigen Rechtsprechung mehrere selbständige Unternehmen einen einheitlichen Betrieb auch im Sinne des Kündigungsschutzrechts bilden können[825]. Manche Autoren sind dennoch der Auffassung, daß es nicht ganz unproblematisch sei, für den gemeinsamen Betrieb im betriebsverfassungsrechtlichen Sinn und im kündigungsschutzrechtlichen Sinn verschiedene Voraussetzungen anzunehmen[826]. Außerdem sei die Regelung des § 322 UmwG so in gewisser Weise überflüssig, weil die Rechtsfigur des gemeinsamen Betriebes in Rechtsprechung und Literatur allgemein anerkannt sei. Dies kann jedoch nicht dazu führen, in Analogie zu dem früheren § 322 Abs. 1 UmwG bzw. dem heutigen § 1 Abs. 2 Nr. 2 BetrVG eine widerlegbare Vermutung für die gemeinsame Führung des Betriebes auch im Rahmen des Kündigungsschutzrechtes anzunehmen[827]. Schließlich hat der Gesetzgeber gerade unterschiedliche Anforderungen an das Vorliegen eines gemeinsamen Betriebes für die Anwendung des Betriebsverfassungsrechts auf der einen Seite und für die des Kündigungsschutzrechts auf der anderen Seite gestellt. Dies ist mittlerweile sogar in zwei getrennten Gesetzen geregelt, nämlich dem BetrVG einerseits und dem UmwG andererseits[828]. Über den ausdrücklichen Wortlaut der Vorschrift des § 322 UmwG[829], der Ausdruck der Intention des Gesetzgebers ist, von einer Gleichbehandlung der beiden Fälle abzusehen[830], darf man sich nicht durch die Annahme einer Analogie hinwegsetzen. Zudem würde es hierzu auch an der erforderlichen planwidrigen Regelungslücke fehlen[831].

---

825 Bachner, NJW 1995, 2881, 2884; ders., AuA 1996, 217, 220; ders./Köstler/Trittin/Trümner, Arbeitsrecht bei Unternehmensumwandlung, S. 140; Bauer/Lingemann, NZA 1994, 1057, 1060; Boecken, Unternehmensumwandlungen, Rn. 286, 290; Heinze, ZfA 1997, 1, 12; v. Hoyningen-Huene/Linck, § 23 KSchG, Rn. 10; Mengel, Umwandlungen, S. 314 f.; Rieble, in: FS Wiese, S. 453, 454; Sagasser/Bula, Umwandlungen, F, Rn. 41; Schaub, FS Wlotzke, S. 103, 109; ders., ArbRHandb, § 117, Rn. 58; Tauchert-Nosko, Verschmelzung und Spaltung, S. 222; Wlotzke, DB 1995, 40, 44.

826 Vgl. Schneider, Vertragsrechtliche Zuordnung, S. 147.

827 So aber Brinkmann, Spaltung von Rechtsträgern, S. 283 ff.; Lutter-Joost, § 322 UmwG, Rn. 22; Joost, in: Lutter, Kölner Umwandlungsrechtstage, S. 297, 328; ders., in: Preis/Willemsen, Kölner Tage des Arbeitsrechts, S. 61, 91.

828 Dies bedeutet, daß ein gemeinsamer Betrieb im Sinne des BetrVG nicht notwendig auch ein gemeinsamer Betrieb im kündigungsschutzrechtlichen Sinne ist, vgl. Rieble, FS Wiese, S. 453, 457.

829 Vgl. v. Hoyningen-Huene/Linck, § 23 KSchG, Rn. 13 b.

830 Vgl. Mengel, Umwandlungen, S. 314.

831 A.A. ErfK[1]-Ascheid, § 322 UmwG, Rn. 5. Auch Schalle, Bestandsschutz, S. 297, geht davon aus, daß die Rechtsvermutung nach Absatz 1 auch für das KSchG gelte, wobei der Wortlaut einer Erweiterung der Rechtsvermutung nicht entgegenstehe.

Somit setzt die Annahme eines gemeinsamen Betriebes auch hier eine tatsächliche gemeinsame Betriebsführung[832] einschließlich einer rechtlichen Führungsvereinbarung voraus.

(2) Rechtsfolgen des Vorliegens eines gemeinsamen Betriebs

(a) Allgemeine Rechtsfolgen

(i) Anwendbarkeit des Kündigungsschutzgesetzes

Bei Vorliegen eines gemeinsamen Betriebes ergibt sich für die Arbeitnehmer zunächst der Vorteil, daß es für die Frage, ob die gemäß § 23 Abs. 1 Satz 2 KSchG erforderliche Zahl an Arbeitnehmern für die Anwendbarkeit des Kündigungsschutzgesetzes erreicht ist, auf die Arbeitnehmer des gesamten Betriebes ankommt[833]. Fraglich ist, welche Rolle in diesem Zusammenhang die Entscheidung des Bundesverfassungsgerichts vom 27.1.1998[834] spielt. In diesem Beschluß hat das BVerfG § 23 Abs. 1 Satz 2 KSchG sowohl hinsichtlich der Größe des Kleinbetriebes als auch hinsichtlich der Anknüpfung an den Begriff „Betrieb" grundsätzlich unbeanstandet gelassen. Der Gesetzgeber habe einen verfassungsgemäßen Ausgleich zwischen dem Interesse des Arbeitnehmers an der Erhaltung des Arbeitsplatzes aus Art. 12 Abs. 1 GG und der Berufsfreiheit des Arbeitgebers ebenfalls aus Art. 12 Abs. 1 GG geschaffen. Das BVerfG verlangt jedoch im Wege einer verfassungskonformen Auslegung eine Beschränkung auf solche Einheiten, für deren Schutz die Kleinbetriebsklausel allein bestimmt sei. Durch eine am Sinn und Zweck der Kleinbetriebsklausel orientierte Interpretation des Betriebsbegriffs lasse sich vermeiden, daß Einheiten darunter fielen, für die der Schutzgedanke des § 23 Abs. 1 Satz 2 KSchG nicht zutreffe.
Im Anschluß an den Beschluß des BVerfG hat sich auch das BAG in zwei Entscheidungen[835] mit dem Betriebsbegriff im Sinne des Kündigungsschutzgesetzes befaßt. Das BAG weist darauf hin, daß der Gesetzgeber am Betriebsbegriff festgehalten habe, obwohl im Gesetzgebungsverfahren ein Abstellen auf das Unternehmen diskutiert worden sei. Deshalb sei weiterhin für die Berechnung der Beschäftigtenzahl nach § 23 Abs. 1 Satz 2 KSchG auf den Betrieb abzustel-

---

[832] Rieble, in: FS Wiese, S. 453, 454.
[833] BAG AP Nr. 4, 9, 16 zu § 23 KSchG 1969; Bachner/Köstler/Trittin/Trümner, Arbeitsrecht bei Unternehmensumwandlung, S. 141; Boecken, Unternehmensumwandlungen, Rn. 293; DKK-Trümner, § 1 BetrVG, Rn. 148; ErfK[1]-Ascheid, § 322 UmwG, Rn. 6; Joost, in: Preis/Willemsen, Kölner Tage des Arbeitsrechts, S. 61, 91; Kasseler ArbR-Düwell, 6.8, Rn. 245; Kittner/Däubler/Zwanziger-Kittner, § 23 KSchG, Rn. 13; Lutter-Joost, § 323 UmwG, Rn. 23; so auch schon BAG AP Nr. 1 zu § 21 KSchG 1951.
[834] BVerfG AP Nr. 17 zu § 23 KSchG 1969.
[835] BAG AP Nr. 20 zu § 23 KSchG 1969; BAG NZA 1999, 932 ff.

len[836]. Gleichzeitig vertritt das BAG die Auffassung, daß ein arbeitgeberübergreifender Kündigungsschutz weiterhin ausnahmsweise für den gemeinsamen Betrieb anzuerkennen sei, d.h. wenn die Arbeitgeber nicht nur unternehmerisch zusammenarbeiteten, sondern wenn das arbeitgeberseitige Direktionsrecht als Kern der Arbeitgeberbefugnisse einheitlich angesiedelt sei. Die Grenzziehung, die eine unternehmensübergreifende Berechnung der für den Kündigungsschutz maßgeblichen Beschäftigtenzahl von einer einheitlichen Leitung auch im sozialen und personellen Bereich abhängig mache, verletze Art. 12 Abs. 1 GG und den Gleichheitssatz, Art. 3 Abs. 1 GG, nicht. Der Gesetzgeber habe vielmehr den Interessengegensatz zwischen den Belangen der Arbeitsvertragsparteien in verfassungsrechtlich nicht zu beanstandender Weise zu einem Ausgleich gebracht[837].

Ob aus der Rechtsprechung des BVerfG aber nicht vielmehr folgt, daß unter „Betrieb" im Sinne des § 23 Abs. 1 Satz 2 KSchG nunmehr der „Arbeitgeber" zu verstehen ist, d.h. daß in Zukunft für die Anwendbarkeit des Kündigungsschutzgesetzes allein auf die Zahl der Arbeitnehmer des Unternehmens abzustellen ist, ist umstritten[838]. Wenn dem so wäre, würde sich bei Vorliegen eines gemeinsamen Betriebs unter Umständen dann ein Problem ergeben, wenn eines der beteiligten Unternehmen nicht mehr als fünf Arbeitnehmer beschäftigen würde, da dies zu einer Nichtanwendbarkeit des KSchG führen könnte[839].

Eine verfassungskonforme Auslegung des Betriebsbegriffs in dem Sinne, daß auf die Arbeitnehmer des Unternehmens abzustellen ist, wird vom BVerfG jedoch nur für den Fall gefordert, in dem es sich um selbständige Teile größerer Unternehmen handelt, die aus numerischen Gründen von dem Ausnahmetatbestand gemäß § 23 Abs. 1 Satz 2 KSchG erfaßt würden. Im übrigen hält das BVerfG ausdrücklich am Begriff des „Betriebes" als Unterscheidungsmerkmal fest[840]. Dem ist zu folgen. Der Wortlaut des § 23 Abs. 1 Satz 2 KSchG ist eindeutig und wurde trotz entsprechender Diskussionen im Gesetzgebungsverfahren für das Arbeitsrechtliche Beschäftigungsförderungsgesetz[841] nicht geändert. Folglich kann, da insoweit auch eine verfassungskonforme Auslegung nicht erforderlich ist, bereits vom Wortlaut des § 23 Abs.1 Satz 2 KSchG her, der auf den Betrieb an sich abstellt, eine Berechnung nach der Arbeitnehmerzahl des

836 BAG AP Nr. 20 zu § 23 KSchG 1969, mit zust. Anm. Gragert/Kreutzfeldt.

837 BAG AP Nr. 20 zu § 23 KSchG 1969.

838 Dafür: Kittner, NZA 1998, 731, 732; Kittner/Däubler/Zwanziger-Kittner, § 23 KSchG, Rn. 11; KR-Weigand, § 23 KSchG, Rn. 26. Ebenso bereits vor der Entscheidung des BVerfG: ArbG Hamburg AiB 1998, 120. Dagegen: Gragert, NZA 2000, 961, 963; Falder, NZA 1998, 1254, 1257; v. Hoyningen-Huene-Linck, § 23 KSchG, Rn. 7 a; 19 b; Großkommentar-Moll, § 23 KSchG, Rn. 41.

839 Vgl. Bepler, AuR 1997, 54.

840 BVerfG AP Nr. 17 zu § 23 KSchG 1969; vgl. auch Falder, NZA 1998, 1254, 1257.

841 Vgl. 60. Sitzung des Ausschusses für Arbeits- und Sozialordnung des Deutschen Bundestages vom 10.6.1996, stenographischer Bericht, S. 36.

gesamten gemeinsamen Betriebes erfolgen[842]. Dies gilt unabhängig davon, ob dieser Betrieb von einem oder mehreren Unternehmen geführt wird. Dieses Ergebnis ergibt sich auch aus der Regelung des § 322 UmwG. Denn darin wird ausdrücklich der Wille des Gesetzgebers bestätigt, daß der Gemeinschaftsbetrieb mehrerer Unternehmen, wenn in ihm nur insgesamt mehr als fünf Arbeitnehmer beschäftigt werden, für jeden dieser Arbeitnehmer zur Geltung des allgemeinen Kündigungsschutzes führt[843]. Es spielt somit keine Rolle, ob eines der an dem gemeinsamen Betrieb beteiligten Unternehmen die erforderliche Beschäftigtenzahl nicht erreicht, da auch weiterhin auf die Zahl der Arbeitnehmer des gesamten gemeinsamen Betriebs abzustellen ist.

(ii) Weiterbeschäftigungsmöglichkeit und Sozialauswahl

Darüber hinaus soll es auch für die Prüfung der Weiterbeschäftigungsmöglichkeit nach § 1 Abs. 2 KSchG auf den gemeinsamen Betrieb im ganzen ankommen[844], wobei manche Autoren bei dieser Frage sogar auf die Unternehmen beider an der Führung des Gemeinschaftsbetriebes beteiligten Rechtsträger abstellen[845]. Eine Kündigung soll somit nur dann möglich sein, wenn sowohl in dem gesamten gemeinsamen Betrieb als auch in den anderen Betrieben des Unternehmens eines der beteiligten Rechtsträger keine anderweitige Beschäftigungsmöglichkeit besteht, d.h. also auch in den anderen Betrieben des Rechtsträgers, dem der betreffende Arbeitnehmer vertraglich nicht zugeordnet ist[846]. Andere Autoren lehnen eine Pflicht zur Weiterbeschäftigung in einem weiteren Betrieb eines an dem gemeinsamen Betrieb beteiligten anderen Rechtsträgers ab[847]. Eine solche Pflicht könne weder auf § 1 Abs. 2 Satz 2 Nr. 1b KSchG noch auf § 322 UmwG gestützt werden. Insbesondere letztere Vorschrift fingiere

---

842 Vgl. Gragert/Kreutzfeldt, Anm. BAG AP Nr. 20 zu § 23 KSchG 1969; Gragert, NZA 2000, 961, 963. Davon gehen sogar die Autoren aus, die nunmehr grundsätzlich für die im Rahmen des § 23 KSchG erforderliche Arbeitnehmerzahl auf das Unternehmen abstellen, vgl. Kittner-Däubler-Zwanziger, § 23 KSchG, Rn. 11, 13.

843 Vgl. Bepler, AuR 1997, 54, 59.

844 BAG AP Nr. 10 zu § 1 KSchG; Bachner/Köstler/Trittin/Trümner, Arbeitsrecht bei Unternehmensumwandlung, S. 141; DKK-Trümner, § 1 BetrVG, Rn. 148; ErfK[1]-Ascheid, § 322 UmwG, Rn. 6; Joost, in: Preis/Willemsen, Kölner Tage des Arbeitsrechts, S. 91; Gaul/Kühnreich, BB 2003, 254, 255.

845 Däubler, FS Zeuner, S. 19, 36; DKK-Trümner, § 1 BetrVG, Rn. 152; HSG-Hess, § 1 BetrVG, Rn. 7; Mengel, Umwandlungen, S. 276.

846 Bachner, NJW 1995, 2881, 2884; ders., AuA 1996, 217, 220; Lutter-Joost, § 322 UmwG, Rn. 23; Mengel, Umwandlungen, S. 276; Zöllner, FS Semler, S. 995, 1009.

847 Gaul/Kühnreich, BB 2003, 254, 256.

zwar einen einheitlichen Betrieb im Sinne des Kündigungsschutzrechts, nicht jedoch das Vorliegen eines einheitlichen Unternehmens[848].
Bei der gemäß § 1 Abs. 3 KSchG vorzunehmenden Sozialauswahl soll bei Vorliegen eines Gemeinschaftsbetriebes auf alle Arbeitnehmer des Betriebes ungeachtet ihrer Zuordnung zu einem bestimmten Arbeitgeber abzustellen sein[849].

Für den, der es für das Vorliegen eines gemeinsamen Betriebes nicht für erforderlich hält, daß eine rechtliche Vereinbarung über das gemeinsame Leitungsrecht bezüglich aller Arbeitnehmer vorliegt, ergeben sich aufgrund dieser Rechtsfolgen jedoch nur schwer überwindbare praktische Probleme, insbesondere wenn die „Zuständigkeit" des anderen Vertragsarbeitgebers berührt wird[850]. Schließlich könnte sich dann die Situation ergeben, daß der Arbeitgeber den Arbeitnehmer ohne tatsächliche Beschäftigungsmöglichkeit weiterbeschäftigen müßte, da der zur Verfügung stehende freie Arbeitsplatz allein von dem anderen Unternehmen dirigiert wird. Oder eine Kündigung wäre aufgrund fehlerhafter Sozialauswahl sozial ungerechtferigt im Sinne des § 1 Abs. 3 KSchG, obwohl der Arbeitgeber gar keine Möglichkeit hat, die Kündigung des sozial weniger schutzwürdigen Arbeitnehmers zu veranlassen.
Diese Probleme ergeben sich aber grundsätzlich dann nicht, wenn man mit der Rechtsprechung richtigerweise davon ausgeht, daß die für das Bestehen eines gemeinsamen Betriebes erforderliche vertragliche Vereinbarung zwischen mehreren Unternehmen gerade auf die Führung eines gemeinsamen Betriebes gerichtet sein muß. Es müssen dabei entweder die entsprechenden Arbeitgeberfunktionen auf eine gemeinsame Personalleitung übertragen werden oder die Unternehmen verpflichten sich gegenseitig dazu, jeweils die Maßnahmen gegenüber ihren Arbeitnehmern durchzuführen, die zum Vollzug der im Rahmen der gemeinsamen Personalplanung getroffenen Entscheidungen erforderlich sind. Fehlt es nämlich an einer solchen über die Arbeitnehmer des eigenen Unternehmens hinausgehenden Kompetenz, ist schon gar nicht das Vorliegen eines gemeinsamen Betriebs zu bejahen[851].

---

[848] Boecken, Unternehmensumwandlungen, Rn. 296; Brinkmann, Spaltung von Rechtsträgern, S. 290; Kasseler ArbR-Düwell, 6.8, Rn. 246; Schneider, Vertragsrechtliche Zuordnung, S. 155.
[849] BAG AP Nr. 10 zu § 1 KSchG; Bachner/Köstler/Trittin/Trümner, Arbeitsrecht bei Unternehmensumwandlung, S. 141; Däubler, FS Zeuner, S. 19, 36; DKK-Trümner, § 1 BetrVG, Rn. 148; HSG-Hess, § 1 BetrVG, Rn. 7; v. Hoyningen-Huene/Linck, § 1 KSchG, Rn. 436; Joost, in: Preis/Willemsen, Kölner Tage des Arbeitsrechts, S. 61, 91; Linck, Soziale Auswahl, S. 23 ff.; Lutter-Joost, § 323 UmwG, Rn. 23; Mengel, Umwandlungen, S. 276 m. w. Nachw.; Heinze, ZfA 1997, 1, 12; KR-Etzel, § 1 KSchG, Rn. 609; Boecken, Unternehmensumwandlungen, Rn. 297; Schneider, Vertragsrechtliche Zuordnung, S. 156.
[850] Vgl. Däubler, FS Zeuner, S. 19, 36.
[851] BAG AP Nr. 10 zu § 1 KSchG; Rieble, FS Wiese, S. 453, 458.

Außerdem zeigen diese Überlegungen, daß die Pflicht zur Prüfung einer Weiterbeschäftigungsmöglichkeit für den Arbeitnehmer nur innerhalb des gemeinsamen Betriebs bzw. darüber hinaus nur innerhalb des Unternehmens, an dessen Rechtsträger der betreffende Arbeitnehmer vertraglich gebunden ist, bestehen kann. Denn es ist diesem Rechtsträger nicht möglich, den anderen, an dem gemeinsamen Betrieb beteiligten Rechtsträger dazu zu zwingen, den Arbeitnehmer in einem anderen Betrieb seines Unternehmens zu beschäftigen.

(b) Besonderheiten für widersprechende Arbeitnehmer

(i) Weiterbeschäftigungsmöglichkeit

Es erscheint zweifelhaft, ob auch nach dem Widerspruch eines Arbeitnehmers bei Betriebsteilübergang und anschließender Gemeinschaftsbetriebsführung eine Verpflichtung zur Prüfung der Weiterbeschäftigungsmöglichkeit in dem gesamten gemeinsamen Betrieb besteht, oder ob sich hier nicht aufgrund des Widerspruchs des Arbeitnehmers Besonderheiten ergeben.
Dabei ist zunächst davon auszugehen, daß in diesem Fall mit großer Wahrscheinlichkeit noch eine Weiterbeschäftigungsmöglichkeit für den widersprechenden Arbeitnehmer – hier sogar in dem gemeinsamen Betrieb selbst – besteht, da unter normalen Umständen dessen Arbeitsplatz im übergegangenen Betriebsteil noch vorhanden und unbesetzt ist. Der betreffende Arbeitnehmer hat jedoch durch die Ausübung seines Widerspruchsrechts deutlich gemacht, daß er gerade nicht bei dem anderen Rechtsträger beschäftigt werden will, so daß es hier zu Konflikten zu kommen scheint.
Die Weiterbeschäftigung in einem Betriebsteil des Gemeinschaftsbetriebes, der jetzt eigentlich dem neuen Rechtsträger zugeordnet ist, führt aber nicht dazu, daß der neue Rechtsträger nun auch der Arbeitgeber des Arbeitnehmers wird[852]. Ebensowenig handelt es sich dabei um gemäß § 1 AÜG erlaubnispflichtige Arbeitnehmerüberlassung. Vielmehr bleibt der Arbeitnehmer vertraglich allein an seinen alten Arbeitgeber gebunden und kann aber aufgrund des gemeinsamen Leitungsrechts, das bezüglich des gesamten Betriebes und bezüglich aller Arbeitnehmer besteht, auch in dem Betriebsteil beschäftigt werden, der rechtlich dem anderen Rechtsträger zuzuordnen ist.
Somit gilt die Suche nach einer Weiterbeschäftigungsmöglichkeit innerhalb des gesamten gemeinsamen Betriebes grundsätzlich auch für die widersprechenden Arbeitnehmer. Schließlich dürfen diese so lange nicht wegen der Ausübung ihres Widerspruchsrechts benachteiligt werden, wie dadurch nicht andere, vom

---

[852] Demgegenüber gehen manche Autoren in diesem Zusammenhang von einem Arbeitgeberwechsel aus, vgl. Ingenfeld, Betriebsausgliederung, S. 394; Schneider, Vertragsrechtliche Zuordnung, S. 154.

Betriebsteilübergang grundsätzlich nicht betroffene Arbeitnehmer Nachteile erleiden, was hier jedoch nicht der Fall ist.
Demgegenüber ist in manchen Ausnahmefällen von der Befugnis des Arbeitgebers, dem widersprechenden Arbeitnehmer trotz theoretisch bestehender Weiterbeschäftigungsmöglichkeit im Gemeischaftsbetrieb zu kündigen, auszugehen. Dies ist insbesondere dann der Fall, wenn die beiden am Gemeinschaftsbetrieb beteiligten Rechtsträger in ihrer Führungsvereinbarung z.B. vereinbart haben, daß das Verhältnis der von ihnen jeweils beschäftigten Arbeitnehmer nicht verändert werden soll, oder wenn sie zumindest eine Höchstgrenze der von einem Arbeitgeber zu beschäftigenden Arbeitnehmer bestimmt haben. Legt ein Arbeitgeber von vornherein fest, nicht mehr als eine bestimmte Zahl von Arbeitnehmern beschäftigen zu wollen, so muß diese unternehmerische Entscheidung respektiert werden[853]. Es wäre Verstoß gegen die Grundrechte des Unternehmers aus Art. 12 und 14 GG, wenn man ihn aufgrund kündigungsschutzrechtlicher Regelungen in Verbindung mit der Rechtsprechung zum gemeinsamen Betrieb dazu zwingen würde, auf einmal mehr Arbeitnehmer als gewollt zu beschäftigen.

(ii) Sozialauswahl

Bezüglich der Sozialauswahl ist im Rahmen eines gemeinsamen Betriebes zwar grundsätzlich auf den ganzen Betrieb abzustellen, da die in diesem Rahmen eventuell notwendigen Umschichtungen von Arbeitskräften aufgrund der gemeinsamen Leitung ebenfalls durchaus möglich sind.
Hinsichtlich der Sozialauswahl bei der Kündigung widersprechender Arbeitnehmer direkt im Anschluß an den Betriebsteilübergang bei Bildung eines gemeinsamen Betriebes ist dabei aber zunächst festzuhalten, daß eine solche überhaupt nur in zwei Fällen notwendig werden kann. Zum einen, wenn keine anderweitige Beschäftigungsmöglichkeit besteht, weil der ursprüngliche Arbeitsplatz des widersprechenden Arbeitnehmers z.B. aus Rationalisierungsgründen weggefallen ist. Dann hätte der Arbeitnehmer seinen Arbeitsplatz so oder so verloren. Dies hat zur Folge, daß er in vollem Umfang in die Sozialauswahl einzubeziehen ist, weil vom Vorliegen eines sachlichen Grundes für den Widerspruch auszugehen ist[854].

---

[853] Vgl. allgemein dazu, daß der Arbeitgeber nicht durch gesetzliche Vorschriften zur Begründung von Arbeitsverhältnissen gezwungen werden kann, jedenfalls soweit es um die Frage geht, ob und wieviele Arbeitsverhältnisse einzugehen sind: MünchArbR-Buchner, § 39, Rn. 46.

[854] Ebenfalls für eine Teilnahme an der Sozialauswahl, jedoch allein mit der Begründung, daß ein gemeinsamer Betrieb im kündigungsrechtlichen Sinne vorliege: Rieble, FS Wiese, S. 453, 475.

Zum andern wird eine Sozialauswahl dann notwendig, wenn der Arbeitgeber trotz Vorliegens eines Gemeinschaftsbetriebes aufgrund seiner unternehmerischen Entscheidung nicht dazu verpflichtet werden kann, den widersprechenden Arbeitnehmer weiterzubeschäftigen. Hier würde eine den gesamten gemeinsamen Betrieb umfassende Sozialauswahl unter Umständen dazu führen, daß ein Arbeitnehmer des anderen Rechtsträgers vorrangig entlassen werden müßte, was wiederum der getroffenen unternehmerischen Entscheidung zuwider laufen würde. In diesem Fall muß also, um durch die Figur des gemeinsamen Betriebes nicht zu verfassungswidrigen Ergebnissen zu gelangen, die Sozialauswahl auf die Arbeitnehmer des übertragenden Rechtsträgers beschränkt werden. Um aber auch hier drohende Nachteile für „unbeteiligte" Arbeitnehmer auszuschließen, können nur die Arbeitnehmer in eine normale Sozialauswahl einbezogen werden, die dem Übergang ihres Arbeitsverhältnisses mit einem sachlichen Grund im oben beschriebenen Sinne widersprochen haben[855].

(iii) Ergebnis

Im Ergebnis führt also das Vorliegen eines gemeinsamen Betriebs nach einer Betriebsteilabspaltung auch für den widersprechenden Arbeitnehmer grundsätzlich zu einer Verbesserung seines Kündigungsschutzes. Sowohl für die Weiterbeschäftigungsmöglichkeit als auch für die Sozialauswahl ist auf den gesamten gemeinsamen Betrieb abzustellen. Einschränkungen ergeben sich aber zum einen aus einer diesem Ergebnis entgegenstehenden unternehmerischen Entscheidung des Arbeitgebers, zum andern aus den zu beachtenden Interessen unbeteiligter Arbeitnehmer.

3. Auswirkungen auf Sozialplan- und Nachteilsausgleichsansprüche

Zu prüfen ist darüber hinaus, welche weiteren, insbesondere finanziellen Folgen sich für die widersprechenden Arbeitnehmer ergeben, wenn diesen in zulässiger Weise betriebsbedingt gekündigt wird. Entscheidend dafür ist, ob es sich dabei um eine sozialplanpflichtige Betriebsänderung im Sinne der §§ 111, 112 BetrVG handelt, ob die widersprechenden Arbeitnehmer aus einem bereits abgeschlossenen Sozialplan Ansprüche ableiten können und ob ihnen gegebenenfalls Nachteilsausgleichsansprüche gemäß § 113 Abs. 3 BetrVG zustehen, oder ob ihnen all dies aufgrund des „verschuldeten" Arbeitsplatzverlustes verwehrt wird.

Grundvoraussetzung für ein Eingreifen der §§ 111 ff. BetrVG ist das Vorhandensein eines Betriebsrats und die Beschäftigung von in der Regel mehr als

---

[855] A.A. insoweit: Rieble, FS Wiese, S. 453, 475.

zwanzig wahlberechtigten Arbeitnehmern im Unternehmen[856]. Weitere Voraussetzung sowohl für die Pflicht zum Sozialplanabschluß als auch für mögliche Nachteilsausgleichsansprüche ist zunächst das Vorliegen einer Betriebsänderung im Sinne des § 111 BetrVG.

a) Vorliegen einer Betriebsänderung

Nach ständiger Rechtsprechung und herrschender Meinung stellt der Betriebsübergang selbst keine Betriebsänderung dar. § 613 a BGB trifft bezüglich des Betriebsübergangs eine die Arbeitnehmer schützende Sonderregelung, und die Arbeitnehmer sind durch den automatischen Übergang ihrer Arbeitsverhältnisse ausreichend geschützt[857]. Erschöpft sich der Betriebsübergang jedoch nicht in dem bloßen Betriebsinhaberwechsel, sondern ist er mit Maßnahmen verbunden, die als solche einen der Tatbestände des § 111 BetrVG erfüllen, sind die Mitwirkungs- und Mitbestimmungsrechte des Betriebsrats nach §§ 111, 112 BetrVG zu beachten[858].

Im Zuge eines Betriebs(teil)übergangs durch Unternehmensumwandlung können dabei verschiedene Tatbestandsalternativen des § 111 BetrVG hinsichtlich des Restbetriebes erfüllt sein. Insbesondere bei der Abspaltung oder Ausgliederung eines Betriebsteils kann in der organisatorischen Spaltung des Betriebs unter Umständen eine Betriebsänderung im Sinne von § 111 Satz 3 Nr. 3 BetrVG liegen[859]. Gleichzeitig kann eine grundlegende Änderung der Betriebsorganisation oder des Betriebszwecks im Sinne des § 111 S. 3 Nr. 4 BetrVG

---

[856] Maßgeblicher Anknüpfungspunkt ist seit dem BetrVerf-Reformgesetz vom 23.7.2001 nicht mehr der Betrieb, sondern das Unternehmen, so daß es gleichgültig ist, wie groß der einzelne von der geplanten Betriebsänderung betroffene Betrieb ist, vgl. Richardi-Richardi/Annuß, § 111 BetrVG, Rn. 19.

[857] BAG DB 2000, 2329; FKHES, § 111 BetrVG, Rn. 50; Matthes, NZA 2000, 1073 m. w. Nachw.; Richardi-Richardi/Annuß, § 111 BetrVG, Rn. 124 ff. A.A. DKK-Däubler, § 111 BetrVG, Rn. 102; GK-Fabricius, § 111 BetrVG, Rn. 267, 296; Biedenkopf, Interessenausgleich und Sozialplan, S. 57; Kittner, Anm. zu BAG AP Nr. 9 zu § 111 BetrVG 1972; Teichmüller, Betriebsänderung, S. 52 ff., die insbesondere davon ausgehen, daß § 613 a BGB nicht den Sinn habe, den durch andere Vorschriften gewährten Arbeitnehmerschutz irgendwie einzuschränken. Vgl. auch B. Gaul, der seit neuestem im Hinblick auf EU-Recht davon ausgeht, daß immer dann, wenn ein Betriebs- oder Teilbetriebsübergang vorliege, eine Betriebsänderung gegeben sei, da es sich um eine Maßnahme handele, die den Betrieb betreffe, vgl. Gaul, BB 1999, 582 f.

[858] BAG DB 2000, 2329; BAG AP Nr. 6 zu § 111 BetrVG 1972; BAG AP Nr. 8 zu § 111 BetrVG 1972; BAG AP Nr. 19 zu § 111 BetrVG 1972; Richardi-Richardi/Annuß, § 111 BetrVG, Rn. 128; Schwanda, Betriebsübergang, S. 282.

[859] BAG AP Nr. 110 zu § 112 BetrVG 1972; BAG AP Nr. 37 zu § 113 BetrVG 1972; Richardi-Richardi/Annuß, § 111 BetrVG, Rn. 96; Willemsen/Hohenstatt/Schweibert-Schweibert, Umstrukturierung, S. 141. § 111 S. 3 Nr. 3 BetrVG wurde mit Wirkung zum 1.1.1995 in § 111 BetrVG aufgenommen.

vorliegen[860]. Wichtig ist dabei jeweils, den mitbestimmungspflichtigen Vorgang der Aufgliederung oder Umorganisation des Betriebs streng von der mitbestimmungsfreien Übertragung des so abgespaltenen oder umorganisierten Betriebsteils auf einen neuen Inhaber zu trennen[861].
Fraglich ist, ob in dem hier interessierenden Fall des Widerspruchs mehrerer Arbeitnehmer, die beim ursprünglichen Rechtsträger als altem Betriebsinhaber verbleiben, und denen mangels Weiterbeschäftigungsmöglichkeit betriebsbedingt gekündigt werden muß, eventuell bereits unabhängig von einer anderweitig vorliegenden Betriebsänderung eine mitbestimmungspflichtige Betriebsänderung zu bejahen ist. Es kommt hier insoweit eine Betriebseinschränkung oder gar eine Betriebsstillegung gemäß § 111 S. 3 Nr. 1 BetrVG in Betracht.

(1) Rechtsprechung und Literatur

Eine Betriebseinschränkung kann nach ständiger Rechtsprechung auch durch bloßen Personalabbau erfolgen[862]. Voraussetzung für die Annahme einer wesentlichen Einschränkung ist, daß der Personalabbau eine relevante Zahl von Arbeitnehmern erfaßt. Für diese Beurteilung waren bisher die Zahlen und Prozentangaben des § 17 Abs. 1 KSchG maßgeblich[863]. Von dieser Richtschnur ist grundsätzlich zwar auch weiterhin auszugehen. Dies kann jedoch nicht für Kleinbetriebe mit in der Regel nicht mehr als 20 Arbeitnehmern gelten, die mittlerweile auch von der Regelung des § 111 BetrVG erfaßt werden können. Bei diesen ist vielmehr zu berücksichtigen, daß die relative Bedeutung der freigesetzten Arbeitnehmer gegenüber der Restbelegschaft mit abnehmender Betriebsgröße für die Annahme einer Betriebsänderung steigen muß, um nicht gewöhnliche Vorgänge innerhalb des Betriebs der Beteiligungspflicht zu unterwerfen[864]. Folglich ist bei diesen davon auszugehen, daß die Relevanzschwelle erst dann erreicht ist, wenn ein Drittel der Beschäftigten entlassen wird[865].
Die Zahl der Arbeitnehmer, die wegen Ausübung ihres Widerspruchsrechts beim alten Arbeitgeber verblieben sind, und denen nun gekündigt werden muß, ist nach Auffassung der Rechtsprechung und großen Teilen der Literatur bei der

---

[860] FKHES, § 1 BetrVG, Rn. 117 f.; HSG, § 111 BetrVG, Rn. 58; Ingenfeld, Betriebsausgliederung, S. 93 ff.; MünchArbR- Matthes, § 351, Rn. 64; Neef, NZA 1994, 97, 100; Richardi-Richardi/Annuß, § 111 BetrVG, Rn. 109, 133; Willemsen/Hohenstatt/Schweibert-Schweibert, Umstrukturierung, S. 141 f.

[861] Vgl. Matthes, NZA 2000, 1073, 1074.

[862] BAG AP Nr. 12 zu § 111 BetrVG 1972; BAG AP Nr. 26 zu § 111 BetrVG. Diese Auffassung, daß eine Betriebsänderung allein in der Entlassung von Arbeitnehmern bestehen kann, wurde auch durch § 112 a Abs. 1 BetrVG bestätigt.

[863] BAG AP Nr. 34 zu § 111 BetrVG 1972; FKHES, § 111 BetrVG, Rn. 74.

[864] Vgl. Richardi/Richardi-Annuß, § 111 BetrVG, Rn. 74.

[865] Vgl. DKK-Däubler, § 111 BetrVG, Rn. 50a; a.A. Löwisch/Kaiser, die in Anlehnung an § 112 a Abs. 1 Nr. 1 BetrVG bereits 20% als ausreichend ansehen, s. § 111 BetrVG, Rn. 25.

Beurteilung der Frage, ob eine Betriebsänderung vorliegt, mitzuberücksichtigen[866]. Die Möglichkeit der Weiterbeschäftigung, die gemäß § 112 Abs. 5 Satz 2 Nr. 2 BetrVG bei der Bemessung etwaiger Sozialplanleistungen eine Rolle spielen könne[867], dürfe hier nicht dazu führen, daß die betroffenen Arbeitnehmer schon bei der Frage, ob eine Betriebsänderung vorliege, unberücksichtigt blieben. § 112 Abs. 5 Satz 2 Nr. 2 BetrVG setze ja das Vorliegen einer Betriebsänderung trotz der Möglichkeit einer anderweitigen, zumutbaren Beschäftigung gerade voraus[868]. Danach wäre zumindest in dem Fall, in dem im Anschluß an den Betriebsteilübergang eine dem § 17 Abs. 1 KSchG genügende Zahl an widersprechenden (und nicht widersprechenden) Arbeitnehmern entlassen wird[869], eine beteiligungspflichtige Betriebsänderung zu bejahen.
Einige Autoren gehen demgegenüber davon aus, daß dann, wenn ein Personalabbau erforderlich werde, weil eine Vielzahl von Arbeitnehmern dem Übergang ihrer Arbeitsverhältnisse widersprochen habe, grundsätzlich „keine sozialplanpflichtige Betriebsänderung" vorliege[870]. Andere Autoren vertreten zumindest für den Fall des Übergangs des gesamten Betriebes die Auffassung, daß bereits die nach dem Widerspruch eintretende Trennung zwischen den Betriebsmitteln und einem Teil der Belegschaft sich aus deren Sicht als Stillegung des Betriebes darstelle. Ohne die bisherigen Arbeitsgeräte und die zum Erwerber übergegangenen Arbeitskollegen solle ersichtlich nicht weitergearbeitet werden[871], und der Veräußerer werde den widersprechenden Arbeitnehmern aller Voraussicht nach kündigen. Da es sich insoweit also um eine Stillegung handele, komme es für die Bejahung einer Betriebsänderung auch nicht auf die Richtwerte des § 17 Abs. 1 KSchG an[872]. Dem halten manche entgegen, daß ein Betriebsübergang nicht allein dadurch zu einer Stillegung werden könne, daß die Arbeitnehmer ihr Widerspruchsrecht ausübten. Eine beteiligungspflichtige Betriebsänderung komme deshalb, wie bereits dargestellt, nur dann in Betracht, wenn es sich um die Veräußerung eines Betriebsteils handele und deshalb wegen des Widerspruchs ein entsprechend hoher Personalabbau im Betrieb notwendig werde[873].

---

[866] BAG AP Nr. 32 zu § 113 BetrVG 1972; DKK-Däubler, § 111 BetrVG, Rn. 106; FKHES, § 111 BetrVG, Rn. 78; Henssler, NZA 1994, 913, 922; Neef, NZA 1994, 97, 101; Richardi-Richardi/Annuß, § 111 BetrVG, Rn. 79; Schlachter, NZA 1995, 795, 709 f.
[867] Siehe dazu unten S. 171 ff.
[868] BAG AP Nr. 32 zu § 113 BetrVG 1972; Henssler, NZA 1994, 913, 922.
[869] Bzw. wenn in Kleinbetrieben die Drittelgrenze erreicht wird.
[870] Bauer, DB 1994, 217, 220.
[871] KR-Pfeiffer, § 613 a BGB, Rn. 122 spricht von der „Auflösung der zwischen Arbeitgeber und Arbeitnehmer bestehenden Betriebs- und Produktionsgemeinschaft" durch den Nicht-Mitvollzug des Betriebsübergangs.
[872] DKK-Däubler, § 111 BetrVG, Rn. 105. So wohl auch BAG AP Nr. 123 zu § 112 BetrVG 1972; zur Stillegung eines wesentlichen Betriebsteils siehe BAG AP Nr. 37 zu § 113 BetrVG 1972.
[873] Richardi[7], § 111 BetrVG, Rn. 131.

Bei der Veräußerung des gesamten Betriebes und anschließender betriebsbedingter Kündigung der widersprechenden Arbeitnehmer soll keine beteiligungspflichtige Betriebsänderung vorliegen. Es handele sich dabei ausschließlich um die Folge des von den Arbeitnehmern erhobenen Widerspruchs[874].

(2) Eigene Auffassung

(a) Keine Betriebsänderung durch Widerspruch selbst

Die Ausübung des Widerspruchsrechts an sich kann im Gegensatz zu der Auffassung mancher Autoren schon deshalb nicht eine Betriebsänderung im Sinne des § 111 BetrVG darstellen, weil die Geschehnisse hier nicht vom Arbeitgeber „geplant" sind. Zwar hat das Tatbestandsmerkmal „geplant" grundsätzlich nur zeitliche Bedeutung, d.h. der Betriebsrat ist zu beteiligen, bevor der Unternehmer seinen Plan in die Tat umsetzt[875]. Es handelt sich hier aber noch nicht einmal um irgendeine Maßnahme des Unternehmers. Allein aus einer Handlung der Arbeitnehmer, nämlich deren Ausübung des Widerspruchsrechts, also ohne irgendein Zutun des Arbeitgebers, kann aber keine Betriebsänderung mit den Beteiligungsrechten des Betriebsrats resultieren.

(b) Betriebsänderung durch betriebsbedingte Kündigungen nach Widerspruch

Bei der Lösung der Frage, ob eine mitbestimmungspflichtige Betriebsänderung im Sinne des § 111 BetrVG durch die betriebsbedingte Kündigung mehrerer Arbeitnehmer im Anschluß an deren Widerspruch vorliegt, ist zwischen dem Übergang eines Betriebes und dem Übergang eines Betriebsteils infolge einer Abspaltung oder Ausgliederung zu unterscheiden[876].

(i) Übergang eines Betriebs

Bei einem Betriebsübergang kann die betriebsbedingte Kündigung widersprechender Arbeitnehmer nicht zu einer Betriebsänderung im übergegangenen Betrieb führen, da die Arbeitnehmer mangels Übergangs ihrer Arbeitsverhältnisse diesem Betrieb nicht mehr angehören. Aber auch ansonsten kann das Vorliegen einer Betriebsänderung nicht bejaht werden, da der Betrieb durch den Betriebs-

---

[874] So noch Richardi[7], § 111 BetrVG, Rn. 132.

[875] Vgl. Richardi-Richardi/Annuß, § 111 BetrVG, Rn. 147.

[876] In den Fällen der Verschmelzung und der Aufspaltung stellt sich diese Problematik von vornherein nicht, da dabei infolge des Fortfalls des ursprünglichen Rechtsträgers die Arbeitsverhältnisse bereits automatisch erlöschen.

übergang überhaupt nicht mehr bei dem alten Rechtsträger vorhanden ist, so daß nicht ersichtlich ist, wie der alte Inhaber rein begrifflich eine Betriebsänderung dieses Betriebes durchführen können soll. Die Entlassungen sind hier vielmehr die logische Folge des Widerspruchs der Arbeitnehmer bei einem Betriebsübergang[877]. Ein anderes Ergebnis kann sich nur dann ergeben, wenn die widersprechenden Arbeitnehmer zunächst in einen anderen Betrieb versetzt werden. Wenn ihnen dann betriebsbedingt gekündigt wird, kann sich diese Maßnahme unter Umständen als Betriebseinschränkung im Sinne des § 111 Satz 3 Nr. 1 BetrVG dieses anderen Betriebes darstellen[878].
Grundsätzlich ist aber davon auszugehen, daß bei dem Übergang eines ganzen Betriebes die betriebsbedingte Kündigung mehrerer Arbeitnehmer im Anschluß an deren Widerspruch keine mitbestimmungspflichtige Betriebsänderung im Sinne des § 111 Satz 3 Nr. 1 BetrVG darstellt[879].

(ii) Übergang eines Betriebsteils

Ein anderes Ergebnis könnte sich jedoch im Fall des Übergangs nur eines Betriebsteils ergeben. Da die Arbeitnehmer dabei durch den Widerspruch im Restbetrieb verblieben sind, kommt dort aufgrund der betriebsbedingten Kündigungen eine Betriebsänderung in Betracht.
Mit dem BAG ist grundsätzlich eine Betriebseinschränkung im Sinne des § 111 Satz 3 Nr. 1 BetrVG nur durch Personalabbau möglich, wenn die in § 17 Abs. 1 KSchG genannten Werte bzw. bei Kleinbetrieben die Drittelgrenze erreicht werden. Bei Erfüllung dieser Quoten wäre hier also eigentlich eine Betriebsänderung zu bejahen[880]. Fraglich ist jedoch, ob der vorangegangene Widerspruch der Arbeitnehmer und der damit praktisch selbst provozierte Arbeitsplatzverlust zu einem anderen Ergebnis führen.
Aufgrund der Beteiligungsrechte des Betriebsrates im Rahmen einer Betriebsänderung werden unter anderem Verhandlungen über das Ob und Wie der Betriebsänderung geführt, wodurch häufig noch einige Arbeitsplätze gerettet werden können. Um die Zahl der Entlassungen möglichst gering zu halten, macht es auch bei der betriebsbedingten Kündigung widersprechender Arbeitnehmer durchaus Sinn, das Vorliegen einer mitbestimmungspflichtigen Betriebsände-

---

[877] Trotzdem handelt es sich bei den Kündigungen hier nicht „ausschließlich" um die Folge des von den Arbeitnehmern erhobenen Widerspruchs (so aber noch Richardi[7], § 111 BetrVG, Rn. 132), da letztendlich die Entscheidung des Arbeitgebers, keine anderweitigen Zwecke mit den ihm verbliebenen Arbeitnehmern zu verfolgen, letzte Ursache für deren betriebsbedingte Entlassung ist.
[878] Insbesondere müßten dafür wiederum die Werte des § 17 Abs. 1 KSchG bzw. die Drittelgrenze erfüllt sein.
[879] Im Ergebnis ebenso: Richardi[7], § 111 BetrVG, Rn. 132.
[880] Für eine Betriebseinschränkung in diesem Fall: Gaul, DB 1995, 2265, 2266 f.; Meyer, NZA 2000, 297, 301.

rung anzunehmen. Insbesondere ist auch davon auszugehen, daß nicht nur widersprechende Arbeitnehmer entlassen werden, sondern aufgrund der Sozialauswahl oder aus Rationalisierungsgründen auch andere im Restbetrieb verbliebene Arbeitnehmer. Das Vorliegen einer Betriebsänderung kann aber nicht davon abhängig gemacht werden, ob nun neben den widersprechenden Arbeitnehmern ein, mehrere oder gar kein im Restbetrieb verbliebener Arbeitnehmer von einer Kündigung betroffen ist, da dies zu Zufallsergebnissen führen würde[881]. Das Gesetz bietet im übrigen keinerlei Möglichkeit, im Rahmen der Feststellung, ob überhaupt eine mitbestimmungspflichtige Betriebsänderung vorliegt, zwischen sachlich gerechtfertigtem und sachlich nicht gerechtfertigtem Widerspruch zu unterscheiden. Da aber wohlbegründet widersprechende Arbeitnehmer nicht als Arbeitnehmer „2. Klasse" behandelt werden dürfen, ist immer von einer Betriebsänderung in Form einer Einschränkung des Betriebes im Sinne des § 111 Satz 3 Nr. 1 BetrVG auszugehen, wenn bei einem Betriebsteilübergang die jeweils erforderlichen Quoten an Entlassungen von widersprechenden (und im Restbetrieb verbliebenen) Arbeitnehmern erreicht werden.
Welche Ansprüche dann daraus für den einzelnen, widersprechenden Arbeitnehmer resultieren, ist eine von dem Problem des Vorliegens einer mitbestimmungspflichtigen Betriebsänderung zu trennende Frage[882].

b) Sozialplanpflichtigkeit der Betriebsänderung

Der Sozialplan soll die wirtschaftlichen Nachteile, die Arbeitnehmer erleiden, die von einer Betriebsänderung betroffen sind, ausgleichen oder mildern[883]. Sinn und Zweck des Sozialplans wird dabei überwiegend in dessen Überbrückungs- und Daseinsvorsorgefunktion gesehen[884].
Voraussetzung für einen erzwingbaren Sozialplan ist grundsätzlich neben dem Vorliegen einer Betriebsänderung, daß den Arbeitnehmern durch die Betriebsänderung wirtschaftliche Nachteile entstehen, worunter insbesondere ein Arbeitsplatzverlust durch Kündigung fällt[885]. Besteht die geplante Betriebsänderung wie im Fall des Widerspruchs der Arbeitnehmer allein in der Entlassung

---

[881] Werden auch mehrere Arbeitnehmer des Restbetriebes entlassen, so sind schließlich nach überaus herrschender Meinung alle Arbeitnehmer, die nach ihrem Widerspruch betriebsbedingt entlassen werden, für die Feststellung, ob die Zahlengrenze einer Betriebsänderung erreicht ist, mitzuzählen.
[882] Zu den Sozialplanleistungen und den Nachteilsausgleichsansprüchen, die dem widersprechenden Arbeitnehmer zustehen, siehe unten S. 171 ff., 176 ff.
[883] FKHES, §§ 112, 112 a BetrVG, Rn. 77, 79; Richardi-Annuß, § 112 BetrVG, Rn. 84; GK-Fabricius, §§ 112, 112 a BetrVG, Rn. 33.
[884] Träxler, Betriebsänderung, S. 25; FKHES, §§ 112, 112 a BetrVG, Rn. 102 f.
[885] FKHES, §§ 112, 112 a BetrVG, Rn. 100; Richardi-Annuß, § 112 BetrVG, Rn. 86.

von Arbeitnehmern, so sind zusätzlich die in § 112 a Abs. 1 BetrVG bestimmten Zahlenvorgaben an Entlassungen zu erfüllen[886].
Fraglich ist aber, ob die Sozialplanpflichtigkeit der Betriebsänderung in dem Fall, in dem die Betriebsänderung hauptsächlich oder gar ausschließlich in der Entlassung entsprechend vieler widersprechender Arbeitnehmer besteht, nicht von vornherein beseitigt ist. Dies könnte damit begründet werden, daß die Arbeitnehmer mit ihrem Widerspruch den Verlust des Arbeitsverhältnisses bewußt in Kauf genommen haben, so daß ein Ausgleich dieses wirtschaftlichen Nachteils ausgeschlossen ist.
Manche Autoren vertreten tatsächlich die Auffassung, daß bei den betriebsbedingten Entlassungen der widersprechenden Arbeitnehmer wegen entsprechender Anwendung des Rechtsgedankens von § 112 Abs. 5 Satz 2 Nr. 2 Satz 2 BetrVG keine Sozialplanpflicht bestehen könne, zumindest wenn die Weiterbeschäftigung durch den Betriebserwerber nicht unzumutbar sei[887].
Dies kann jedoch nicht überzeugen. Wie bei der Frage, ob überhaupt eine Betriebsänderung vorliegt, ist auch bei der Prüfung der Sozialplanpflichtigkeit der Betriebsänderung gerade aufgrund der Regelung des § 112 Abs. 5 Satz 2 Nr. 2 Satz 2 BetrVG davon auszugehen, daß eine solche auch dann besteht, wenn es sich vornehmlich um Arbeitnehmer handelt, denen nach Ausübung ihres Widerspruchsrechts ohne sachlichen Grund betriebsbedingt gekündigt werden muß. Eine andere, davon zu trennende Frage ist es, ob dem einzelnen Arbeitnehmer dann Sozialplanansprüche zustehen, oder ob und unter welchen Voraussetzungen er wirksam von diesen Ansprüchen ausgeschlossen werden kann.
Würde man nämlich bereits die Sozialplanpflicht der hier vorliegenden Betriebsänderung ablehnen, so wären davon insbesondere die Arbeitnehmer nachteilig betroffen, die sowieso im Restbetrieb verblieben sind, und denen jetzt auch teilweise betriebsbedingt gekündigt werden muß, da deren vielleicht nur geringe Zahl an Entlassungen für sich allein nicht eine Sozialplanpflichtigkeit der Betriebsänderung auslösen könnte.

c) Sozialplanansprüche widersprechender Arbeitnehmer

Auch wenn man die Sozialplanpflichtigkeit einer Betriebsänderung, die hauptsächlich in der Entlassung widersprechender Arbeitnehmer besteht, bejaht, so ist damit noch nicht die Frage geklärt, welchem der widersprechenden Arbeitnehmer im einzelnen Ansprüche aus diesem Sozialplan zustehen. Das gleiche Problem stellt sich, wenn anderweitig abgeschlossene Sozialpläne bestehen und die widersprechenden Arbeitnehmer insoweit grundsätzlich Ansprüche wegen wirtschaftlicher Nachteile infolge der betriebsbedingten Kündigung geltend machen können.

---

886 Vgl. Matthes, NZA 2000, 1073, 1076.
887 Belling/Müsgen, NZA Beil. 1/1991, 7, 17; Henssler, NZA 1994, 913, 922.

(1) Literatur und Rechtsprechung

Manche Autoren vertreten diesbezüglich die Auffassung, daß den widersprechenden Arbeitnehmern keine Ansprüche aus dem Sozialplan zustehen könnten. Der Arbeitsplatzverlust des widersprechenden Arbeitnehmers sei nämlich nicht Folge der Betriebsänderung, nämlich der Betriebsspaltung, sondern Folge der freien, individuellen Entscheidung des Arbeitnehmers, bei dem aufnehmenden Rechtsträger nicht weiterarbeiten zu wollen[888]. Diese Auffassung übersieht jedoch, daß auch in der Entlassung entsprechend vieler widersprechender Arbeitnehmer eine Betriebsänderung zu sehen ist[889], so daß der Arbeitsplatzverlust sehr wohl Folge einer Betriebsänderung ist. Sozialplanansprüche der widersprechenden Arbeitnehmer sind somit nicht von vornherein ausgeschlossen.

Einige Autoren gehen davon aus, daß der Widerspruch, der aus einem höchstpersönlichen Recht folge, bei der Bemessung von Leistungen nicht zum Nachteil des Betroffenen ausschlagen dürfe. Die widersprechenden Arbeitnehmer dürften also auch nicht von Sozialplanleistungen ausgeschlossen werden. Ähnlich wie bei den Vertretern einer uneingeschränkten Sozialauswahl weist man auch hier auf eine ansonsten eintretende Verletzung des Maßregelungsverbots, § 612 a BGB, hin[890]. Andere sind demgegenüber der Auffassung, daß sogar eine Regelung im Sozialplan, die ganz allgemein alle widersprechenden Arbeitnehmer von Sozialplanansprüchen ausnehme, durchaus zulässig sei[891].

Das BAG vertritt bei dieser Frage den Standpunkt, daß eine ohne weiteres zulässige Regelung im Sozialplan, die entsprechend § 112 Abs. 5 Satz 2 Nr. 2 Satz 2 BetrVG solche Arbeitnehmer von Ansprüchen ausnehme, die einen ihnen zumutbaren Arbeitsplatz ablehnten, auch für die Arbeitnehmer gelte, die dem Übergang ihres Arbeitsverhältnisses nach § 613 a BGB widersprächen[892]. Die Weiterarbeit beim Betriebserwerber nach einem Betriebsübergang im Sinne von § 613 a BGB sei dem Arbeitnehmer in der Regel zumutbar[893]. Sie könne nur aus besonderen Gründen im Einzelfall unzumutbar sein[894], so daß den nach Widerspruchsausübung zu entlassenden Arbeitnehmern im Regelfall keine Abfindungen zu zahlen seien[895]. Dabei stehen den widersprechenden Arbeitnehmern jedoch nach der neueren Rechtsprechung wirklich nur dann keine Sozialplanansprüche zu, wenn der Sozialplan ausdrücklich diejenigen Arbeitnehmer von

---

[888] Rieble, FS Wiese, S. 453, 472 f.

[889] Vgl. oben S. 169 ff.

[890] DKK-Däubler, § 111 BetrVG, Rn. 106.

[891] Gaul, DB 1998, 1513, 1519.

[892] Gleiches gilt im übrigen für entsprechende tarifvertragliche Regelungen, vgl. BAG AP Nr. 43 zu § 1 TVG Tarifverträge: Einzelhandel.

[893] BAG AP Nr. 112 zu § 112 BetrVG 1972. Zweifelnd, ob die Weiterarbeit wirklich „in der Regel" unzumutbar ist: BAG AP Nr. 126 zu § 112 BetrVG 1972.

[894] BAG AP Nr. 112 zu § 112 BetrVG 1972. Ebenso: Jaeger, BB 1988, 1036, 1040; Meyer, NZA 2000, 297, 306.

[895] Vgl. auch Matthes, NZA 2000, 1073, 1076.

Leistungen ausschließt, die dem Übergang ihres Arbeitsverhältnisses widersprechen oder die einen „angebotenen zumutbaren Arbeitsplatz" ablehnen. Fehle eine solche Regelung, so hätten die widersprechenden Arbeitnehmer einen Anspruch auf Sozialplanleistungen[896]. Dies gelte auch dann, wenn der Sozialplan für diejenigen Arbeitnehmer, die dem Übergang ihrer Arbeitsverhältnisse nicht widersprächen, besondere Leistungen vorsehe[897].
Einige Autoren gehen wiederum im Gegensatz zu dieser Rechtsprechung unabhängig von entsprechenden ausdrücklichen Regelungen im Sozialplan davon aus, daß ein Arbeitnehmer, der dem Übergang seines Arbeitsverhältnisses widersprochen habe, von Sozialplanleistungen des Veräußerers unter den Voraussetzungen des § 112 Abs. 5 Satz 2 Nr. 2 Satz 2 BetrVG ausgeschlossen sei[898]. Denn der Sozialplan sei regelmäßig dahingehend auszulegen.

(2) Beurteilung

Bei dieser Frage ist zunächst mit dem BAG davon auszugehen, daß ein Ausschluß der widersprechenden Arbeitnehmer von Ansprüchen nur bei entsprechender ausdrücklicher Ausschlußregelung möglich ist. Die Regelung des § 112 Abs. 5 Satz 2 Nr. 2 Satz 2 BetrVG stellt nur eine Sollvorschrift hinsichtlich eines von der Einigungsstelle aufgestellten Sozialplans dar und wird nicht automatisch Teil eines jeden Sozialplans. Schließlich ist es Sache der Betriebsparteien, nach freier Entscheidung festzulegen, wer im konkreten Fall in welchem Umfang finanziellen Ausgleich für die wirtschaftlichen Nachteile infolge der Betriebsänderung erhalten soll und wer nicht. Dabei werden sie sich zwar grundsätzlich an den Vorgaben des § 112 Abs. 5 Satz 2 BetrVG orientieren. Entscheiden sie sich jedoch z.B. nicht dafür, Arbeitnehmer, die eine zumutbare Weiterbeschäftigung ablehnen, von Sozialplanansprüchen auszuschließen, so sind diese nicht nach dem „in § 112 Abs. 5 Satz 2 Nr. 2 BetrVG zum Ausdruck kommenden allgemeinen Gedanken" trotzdem von Sozialplanleistungen auszuschließen[899]. Denn die Vorgabe des § 112 Abs. 5 Nr. 2 Satz 2 BetrVG kann nicht unmittelbar im Wege der ergänzenden Auslegung herangezogen werden[900]. Zudem würde ein solches Vorgehen auch die Entscheidung der Betriebsparteien mißachten.

---

[896] Zust. Büdenbender, EWiR 1999, 437, 438.
[897] BAG AP Nr. 126 zu § 112 BetrVG 1972.
[898] MüKo-Schaub, § 613 a BGB, Rn. 79; Neef, NZA 1994, 97, 101; Staudinger[13]-Richardi/Annuß, § 613 a BGB, Rn. 138.
[899] So aber Staudinger[13]-Richardi/Annuß, § 613 a BGB, Rn. 138.
[900] Vgl. Büdenbender, EWiR 1999, 437, 438.

Enthält der Sozialplan aber eine Ausschlußregelung für den Fall der Ablehnung einer zumutbaren Weiterbeschäftigung[901], bleibt fraglich, ob davon wirklich „in der Regel" alle widersprechenden Arbeitnehmer erfaßt sind, oder welcher Maßstab dabei für die „Zumutbarkeit" angelegt werden muß. Ebenso stellt sich die Frage, ob ein Sozialplan auch widersprechende Arbeitnehmer insgesamt von Sozialplanansprüchen ausnehmen kann, oder ob eine solche Beschränkung nur auf grundlos widersprechende Arbeitnehmer möglich ist[902].

(a) Zumutbare Weiterbeschäftigung

In den Fällen, in denen eine sozialplanpflichtige Betriebsänderung unabhängig von einem Betriebs(teil)übergang vorliegt, geht man von einer „Zumutbarkeit" der Weiterbeschäftigung im Sinne des § 112 Abs. 5 Satz 2 Nr. 2 Satz 2 BetrVG dann aus, wenn die Arbeitsbedingungen in rechtlicher, finanzieller und beruflicher Hinsicht gleichwertig sind[903]. Die Anforderungen an die „Unzumutbarkeit" sind also um einiges geringer als die an die „sachliche Rechtfertigung" des Widerspruchs im hier vertretenen Sinne. Man könnte aber hinsichtlich der „Un-Zumutbarkeit" auch eine ähnliche Beurteilung vornehmen wie bei der Frage, welche widersprechenden Arbeitnehmer von der normalen Sozialauswahl gemäß § 1 Abs. 3 KSchG auszuschließen sind. Eine „unzumutbare" Weiterbeschäftigung läge dann nach der hier vertretenen Auffassung nur vor, wenn konkrete Anhaltspunkte bestünden, daß der Arbeitnehmer ohne den Widerspruch seinen Arbeitsplatz alsbald verlieren würde. In diesem Fall wäre nämlich der auszugleichende Nachteil auch ohne den Widerspruch beim Betriebserwerber entstanden[904].

Gegen eine solche Beurteilung spricht zwar auf den ersten Blick die Tatsache, daß sich hier grundsätzlich anders gelagerte Interessen gegenüberstehen als im Rahmen der Sozialauswahl. Schließlich steht hier der Arbeitsplatzverlust aller Beteiligten bereits fest. Es geht nur noch um die Frage, inwieweit die dadurch entstehenden wirtschaftlichen Nachteile ausgeglichen werden sollen, und ob die Ansprüche der „normalen" Arbeitnehmer durch die Ansprüche der widersprechenden Arbeitnehmer geschmälert werden dürfen, d.h. es geht um rein finan-

---

901 Eine solche Ausschlußregelung ist ohne weiteres zulässig, vgl. für Sozialpläne BAG AP Nr. 112 zu § 112 BetrVG 1972 und für tarifvertragliche Regelungen BAG AP Nr. 43 zu § 1 TVG Tarifverträge: Einzelhandel.

902 Bei dieser Frage ist jedoch zu beachten, daß Sozialplanregelungen, abgesehen von dem Fall, daß der Sozialplan durch Spruch der Einigungsstelle in Kraft gesetzt wird, grundsätzlich nicht abstrakt-generell überprüft werden können. In Betracht kommt aber die inzidente Überprüfung von Sozialplanregelungen im Rahmen sonstiger Klagen, insbesondere von Zahlungsklagen der von der Betriebsänderung betroffenen Arbeitnehmer, vgl. Gaul, DB 1998, 1513, 1519.

903 So Richardi-Annuß, § 112 BetrVG, Rn. 157; FKHES, §§ 112, 112 a BetrVG, Rn. 229 f.

904 So z.B. Soergel-Raab, § 613 a BGB, Rn. 160.

zielle Interessen der Beteiligten[905]. Von daher könnte man tatsächlich die Auffassung vertreten, daß bereits zu erwartende schlechtere Arbeitsbedingungen oder ungünstigere tarifvertragliche Regelungen für eine „Unzumutbarkeit" der Weiterbeschäftigung in diesem Zusammenhang ausreichen müßten.
Tritt jedoch die Betriebsänderung im Zusammenhang mit einem Betriebs(teil)übergang ein, ist zu beachten, daß grundsätzlich § 613 a BGB als Spezialvorschrift regelt, was als zumutbar anzusehen ist und was nicht. Folglich liegt auch in dem Fall, in dem der Arbeitnehmer durch den Widerspruch die Geltung eines ungünstigeren Tarifvertrages aufgrund der Regelung des § 613 a Abs. 1 Satz 3 BGB verhindern will, grundsätzlich die Ablehnung eines zumutbaren Arbeitsplatzes vor[906].
Der Arbeitsplatz bei dem übernehmenden Rechtsträger ist daher im Ergebnis nur dann als unzumutbar anzusehen, wenn dieser in nächster Zeit mit einiger Wahrscheinlichkeit wegfällt. Gleichzeitig bedeutet dies, daß dem widersprechenden Arbeitnehmer bei entsprechender „Unzumutbarkeitsregelung" im Sozialplan nur dann ein Sozialplananspruch zusteht, wenn für den Widerspruch ein sachlicher Grund in dem hier vertretenen Sinne vorlag[907].

(b) Zulässigkeit des Ausschlusses aller widersprechender Arbeitnehmer?

Zu klären bleibt noch die Frage, ob eine Sozialplanregelung zulässig ist, die ausnahmslos alle widersprechenden Arbeitnehmer von Sozialplanleistungen ausschließt.
Auf den ersten Blick scheint eine solche Regelung zwar gegen das Maßregelungsverbot des § 612 a BGB zu verstoßen[908]. Auch der Sozialplan darf nämlich grundsätzlich keinen Arbeitnehmer nur deshalb benachteiligen, weil er in zulässiger Weise seine Rechte ausübt[909]. Andererseits ist hier zu beachten, daß der Arbeitnehmer erst durch die Ausübung des Widerspruchsrechts die Voraussetzungen für seinen Arbeitsplatzverlust, der den ausgleichsbedürftigen wirtschaftlichen Nachteil darstellt, schafft.
Bei der Aufstellung des Sozialplans und der Regelung der Frage, welche Nachteile in welchem Umfang ausgeglichen werden sollen, müssen sich die Betriebsparteien an höherrangiges Recht halten, insbesondere gemäß § 75 Abs. 1

[905] Demgegenüber geht es im Rahmen der Sozialauswahl um das grds. weit höher zu bewertende Interesse der im Restbetrieb verbliebenen Arbeitnehmer, ihren Arbeitsplatz nicht aufgrund eines grundlosen Widerspruchs anderer Arbeitnehmer zu verlieren.
[906] Demgegenüber gehen manche Autoren von „Unzumutbarkeit" dann aus, wenn es durch den Betriebsübergang aufgrund der Anwendung eines anderen Tarifvertrages zu einer Lohnminderung von 15 % kommt, vgl. Salje, Anm. zu BAG AP Nr. 112 zu § 112 BetrVG 1972.
[907] Vgl. Matthes, NZA 2000, 1073, 1076.
[908] So wohl DKK-Däubler, § 111 BetrVG, Rn. 106.
[909] Vgl. 128; Richardi-Annuß, § 112 BetrVG, Rn. 112.

BetrVG auch an die Grundsätze von Recht und Billigkeit[910]. Innerhalb dieser Grenzen sind sie jedoch grundsätzlich frei zu entscheiden, welche Nachteile sie für ausgleichsbedürftig erachten und welche nicht[911]. Sind die Betriebsparteien übereinstimmend der Auffassung, daß allen widersprechenden Arbeitnehmern, denen im Anschluß an ihren Widerspruch betriebsbedingt gekündigt wird, dadurch kein ausgleichsbedürftiger Nachteil entsteht, insbesondere weil die Weiterarbeit bei dem übernehmenden Rechtsträger als zumutbar eingeschätzt wird, so kann darin kein Verstoß gegen höherrangiges Recht gesehen werden. Eine solche Einschätzung liegt grundsätzlich innerhalb ihrer Entscheidungskompetenz. Lediglich in Ausnahmefällen kann darin ein Verstoß gegen den im Grundsatz von Recht und Billigkeit niedergelegten Gleichbehandlungsgrundsatz liegen. Z.B. in dem Fall, in dem der Arbeitnehmer seinen Arbeitsplatz mit Sicherheit auch bei dem Betriebserwerber verloren hätte, würde durch eine solche Regelung eine Ungleichbehandlung der widersprechenden Arbeitnehmer mit den Arbeitnehmern vorliegen, die unabhängig vom Betriebsübergang eine solche unzumutbare Weiterbeschäftigung abgelehnt haben[912]. Der Widerspruch kann in einem solchen Fall nicht einen sachlichen Grund für eine Ungleichbehandlung darstellen, da es in jedem Fall zu einem Arbeitsplatzverlust gekommen wäre[913]. Somit ist im Ergebnis nur eine Regelung im Sozialplan, die diejenigen Arbeitnehmer von Sozialplanleistungen ausnimmt, die dem Übergang ihres Arbeitsverhältnisses ohne sachlichen Grund im hier vertretenen Sinne widersprochen haben[914], als zulässig anzusehen[915].

d) Ansprüche auf Nachteilsausgleich gemäß § 113 Abs. 3 BetrVG

Nach § 113 Abs. 3 i.V.m. Abs. 1 BetrVG hat ein von einer Betriebsänderung betroffener Arbeitnehmer grundsätzlich einen Anspruch auf Nachteilsausgleich, wenn der Unternehmer die geplante Betriebsänderung durchführt, ohne einen Interessenausgleich versucht zu haben, und der Arbeitnehmer infolge dieser Maßnahme entlassen wird. Unter einem Interessenausgleich versteht man das Ergebnis der Beratungen zwischen Unternehmer und Betriebsrat über die Frage, ob, wie und wann eine Betriebsänderung durchgeführt werden soll[916]. Der Unternehmer muß dabei das in § 112 Abs. 2 BetrVG vorgesehene Verfahren voll

---

910 FKHES, §§ 112, 112 a BetrVG, Rn. 213.
911 Richardi-Annuß, § 112 BetrVG, Rn. 101.
912 Vgl. Salje, Anm. zu BAG AP Nr. 112 zu § 112 BetrVG 1972.
913 Es erscheint aber in einem solchen Fall sowieso fraglich, ob der Betriebsrat überhaupt eine dementsprechende Regelung akzeptieren würde.
914 Vgl. oben S. 139 ff.
915 Für eine dahingehende einschränkende Auslegung auch bei anderslautendem Wortlaut einer Ausschlußklausel: Menze, Widerspruchsrecht, S. 176.
916 Richardi-Annuß, § 112 BetrVG, Rn. 18; FKHES, §§ 112, 112 a BetrVG, Rn. 1; Niebler/Förschner, Betriebsveräußerung, Rn. 237.

ausschöpfen, um nicht nachteilsausgleichspflichtig zu werden, d.h. er muß gegebenenfalls sogar die Einigungsstelle anrufen[917].
Fraglich ist, ob auch den Arbeitnehmern, denen im Anschluß an die Ausübung ihres Widerspruchsrechts bei Betriebs(teil)übergang im Rahmen einer Betriebsänderung betriebsbedingt gekündigt wird, Nachteilsausgleichsansprüche gemäß § 113 Abs. 3 BetrVG zustehen können. In Betracht kommt nämlich auch, daß sie von diesen aufgrund der Ausübung des Widerspruchsrechts ganz oder zumindest bei sachlicher Unbegründetheit des Widerspruchs, ähnlich wie bei den Sozialplanansprüchen, ausgeschlossen sind.
Manche Autoren vertreten diesbezüglich die Auffassung, daß Betriebsänderungen, die - von der Ausnahme des § 112 a BetrVG abgesehen - keine Sozialplanpflichtigkeit begründeten, bei ihrer Umsetzung nicht zum Nachteilsausgleich führen könnten[918]. Das BAG geht demgegenüber davon aus, daß auch dem widersprechenden Arbeitnehmer in vollem Umfang Nachteilsausgleichsansprüche zustünden[919]. Begründet wird diese, von der Rechtsprechung zu Sozialplanansprüchen abweichende Meinung damit, daß diese Ansprüche verschiedenartige Ziele verfolgten: Sozialplanleistungen sollten konkrete Nachteile ausgleichen, die dem Arbeitnehmer infolge der durchgeführten Betriebsänderung entstünden. Der Anspruch auf „Nachteilsausgleich“ gemäß § 113 Abs. 3 BetrVG verfolge demgegenüber das Ziel, ein bestimmtes betriebsverfassungswidriges Verhalten des Arbeitgebers durch Kostenbelastung zu sanktionieren. Dieser Sanktionszweck gebiete es nicht, die Berechnung der festzusetzenden Abfindung nach den Kriterien durchzuführen, die für Sozialplanleistungen gälten. Vielmehr sei gemäß der gesetzlichen Verweisung in § 113 Abs. 1 BetrVG allein § 10 KSchG maßgeblich. Dieser enthalte eben gerade keine Vorgaben dafür, eine Abfindung bei Ablehnung eines zumutbaren anderen Arbeitsplatzes entsprechend § 112 Abs. 5 Satz 2 Nr. 2 Satz 2 BetrVG entfallen lassen zu können[920]. Bei Ablehnung eines zumutbaren Arbeitsplatzes könne lediglich eine Reduzierung des Abfindungsbetrages in Betracht kommen, da auch im Rahmen des § 10 KSchG ganz generell die Lage auf dem Arbeitsmarkt von Bedeutung sei[921].

---

[917] BAG AP Nr. 11 zu § 113 BetrVG 1972; BAG AP Nr. 37 zu § 113 BetrVG 1972; Richardi-Richardi/Annuß, § 113 BetrVG, Rn. 29; FKHES, § 113 BetrVG, Rn. 13; GK-Fabricius, § 113 BetrVG, Rn. 24; HSG-Hess, § 113 BetrVG, Rn. 19, 28; Gaul/Gajewski, Betriebsänderung, S. 107; Löwisch/Kaiser, § 113 BetrVG, Rn. 10. A.A. Biedenkopf, Interessenausgleich und Sozialplan, S. 93 ff.

[918] Gaul/Gajewski, Betriebsänderung, S. 116.

[919] BAG AP Nr. 32 zu § 113 BetrVG 1972; BAG AP Nr. 37 zu § 113 BetrVG 1972.

[920] BAG AP Nr. 32 zu § 113 BetrVG 1972; bestätigt durch BAG AP Nr. 37 zu § 113 BetrVG 1972.

[921] BAG AP Nr. 32 zu § 113 BetrVG 1972; dagegen aber anscheinend BAG AP Nr. 37 zu § 113 BetrVG 1972.

In der Literatur wird diese Rechtsprechung teilweise uneingeschränkt befürwortet[922], teilweise aber auch ohne nähere Begründung als „zweifelhaft" eingeschätzt[923]. Diese Kritik ist wohl dahingehend zu verstehen, daß auch hier nach dem Vorbild der Sozialplanansprüche eine Beschränkung der Nachteilsausgleichsansprüche auf die Fälle vorzunehmen sein soll, in denen der Arbeitnehmer nicht einen zumutbaren anderen Arbeitsplatz abgelehnt hat, oder daß Nachteilsausgleichsansprüche sogar ganz entfallen sollen.
Problematisch erscheint hier zum einen, daß Arbeitnehmer, die keine Ansprüche aus einem Sozialplan ableiten könnten, weil sie einen ihnen im Sinne des § 112 Abs. 5 Satz 2 Nr. 2 Satz 2 BetrVG zumutbaren Arbeitsplatz durch die Ausübung des Widerspruchsrechts abgelehnt haben, dennoch „Nachteilsausgleichsansprüche" gemäß § 113 Abs. 3 BetrVG geltend machen können sollen. Zum andern ist zu berücksichtigen, daß die widersprechenden Arbeitnehmer insgesamt durch ihren Widerspruch die Betriebsänderung überhaupt erst notwendig gemacht haben, zumindest wenn es sich lediglich um eine Betriebseinschränkung aufgrund der Entlassung der widersprechenden Arbeitnehmer handelt.

(1) Vollständiges Entfallen der Nachteilsausgleichsansprüche bei einer Betriebsänderung allein wegen betriebsbedingter Kündigung der widersprechenden Arbeitnehmer?

Zunächst stellt sich also die Frage, ob nicht in dem Fall, in dem die Betriebsänderung allein wegen der betriebsbedingten Kündigung widersprechender Arbeitnehmer notwendig wird, ein Nachteilsausgleichsanspruch von vornherein für alle widersprechenden Arbeitnehmer ausgeschlossen ist, auch wenn der Arbeitgeber das vorgeschriebene Interessenausgleichsverfahren nicht eingehalten hat.
Problematisch erscheint dabei nämlich insbesondere, daß das in § 112 Abs. 2 BetrVG vorgesehene Verfahren recht langwierig ist. Die zu erwartende Dauer ist zwar bei einer „normalen" Betriebsänderung durchaus einkalkulierbar und vertretbar, da dann die Planung von Anfang an von der Seite des Betriebsinhabers ausgeht. Wird eine Betriebsänderung jedoch recht überraschend notwendig, wie das bei dem unerwarteten Widerspruch großer Teile der Belegschaft der Fall ist, so scheint es für den Betriebsinhaber kaum möglich, die betriebsbedingten Kündigungen im Rahmen der Betriebseinschränkung durchzuführen, ohne die Vorgaben des § 112 Abs. 2 BetrVG zu verletzen. Der Betriebsinhaber kann es sich nicht leisten, bei mangelnder Beschäftigungsmöglichkeit die betriebsbedingten Kündigungen für längere Zeit hinauszuschieben. Nach der Einführung des § 613 a Abs. 6 BGB kann der Betriebsinhaber zwar durch eine sehr frühzeitige Unterrichtung der Arbeitnehmer bewirken, daß auch deren Wider-

---

922 Vgl. Matthes, NZA 2000, 1073, 1077.
923 Vgl. Staudinger[13]-Richardi/Annuß, § 613 a BGB, Rn. 138.

spruchsfrist frühzeitig abläuft, um so ein ordnungsgemäßes Interessenausgleichsverfahren durchführen zu können. Eine solche langfristige Planung erscheint jedoch in den meisten Fällen, in denen sich die Notwendigkeit einer Umstrukturierung des Unternehmens eher kurzfristig ergibt, gerade nicht möglich. Zudem ist die Durchführung eines ordnungsgemäßen Interessenausgleichsverfahrens nach Inkrafttreten des Gesetzes zu „Korrekturen in der Sozialversicherung und zur Sicherung der Arbeitnehmerrechte" am 1.1.1999 nicht mehr zeitlich beschränkt. Denn dadurch wurde die in den Sätzen 2 und 3 des § 113 Abs. 3 BetrVG enthaltene Befristung von zwei bzw. drei Monaten, die erst am 1.10.1996 eingeführt worden war[924], wieder gestrichen. Folglich kann ein Interessenausgleichsverfahren vom Betriebsrat nun um so mehr in die Länge gezogen werden[925].

Ebensowenig ist in einem Fall zahlreicher, drohender Widersprüche der Abschluß eines „vorsorglichen Interessenausgleichs" möglich. Während nämlich ein Sozialplan auch vorsorglich für eine noch nicht geplante, aber in groben Umrissen abschätzbare Betriebsänderung aufgestellt werden kann[926], kann ein Interessenausgleich gerade nicht abstrakt-generell für künftige Fälle im voraus abgeschlossen werden[927]. Die Planungen müssen vielmehr bereits hinreichend konkret sein, damit mit dem Betriebsrat über das Ob und Wie verhandelt werden kann[928]. Dies würde jedoch bedeuten, daß der Betriebsinhaber in dem Fall, in dem die Notwendigkeit einer Betriebsänderung erst durch die Widerspruchsausübung vieler Arbeitnehmer entsteht, in einer Art Zwickmühle wäre. Denn vor deren Widerspruchsausübung kann die Planung einer Betriebsänderung noch gar nicht konkret genug für Verhandlungen über einen Interessenausgleich sein; nach deren Widerspruchsausübung wird jedoch kaum genügend Zeit für das in § 112 Abs. 2 BetrVG vorgesehene Verfahren sein. Zu klären ist, wie dieser Konflikt sinnvollerweise aufzulösen ist.

(a) Keine Anwendbarkeit der Rechtsprechung zum „sinnlosen Interessenausgleich"

Ausnahmsweise entfällt nach der Rechtsprechung die Verpflichtung des Unternehmers, einen Interessenausgleich zu versuchen. Dies ist z.B. der Fall, wenn Ereignisse eintreten, die eine sofortige Schließung des Betriebes unausweich-

---

[924] Vgl. Art. 5 des Arbeitsrechtlichen Beschäftigungsförderungsgesetzes vom 25.9.1996, BGBl. I, S. 1476.

[925] Vgl. Löwisch, BB 1999, 102, 106.

[926] BAG AP Nr. 117 zu § 112 BetrVG 1972; BAG AP Nr. 123 zu § 112 BetrVG 1972; BAG AP Nr. 37 zu § 113 BetrVG 1972. Ausführlich zur Ausgestaltung eines vorsorglichen Sozialplans siehe Meyer, NZA 2000, 297 ff.

[927] Vgl. BAG AP Nr. 117 zu § 112 BetrVG 1972; BAG AP Nr. 37 zu § 113 BetrVG 1972.

[928] BAG AP Nr. 37 zu § 113 BetrVG 1972.

lich machen, und ein Hinausschieben der Betriebsstillegung zum Zwecke des Versuchs eines Interessenausgleichs den betroffenen Arbeitnehmern nur weitere Nachteile brächte[929].
Zur Lösung des hier vorliegenden Problems ist eine Anwendung dieser Rechtsprechung zum „sinnlosen Interessenausgleich“ aber nicht möglich. Denn danach wird die Durchführung des Interessenausgleichsverfahrens nur dann als entbehrlich angesehen, wenn sich dieses quasi als „leere Formalität“ darstellen würde und „jeden Sinn verloren“ hätte[930]. Dies ist jedoch hier nicht der Fall, da Verhandlungen mit dem Betriebsrat durchaus noch zur Rettung weiterer Arbeitsplätze führen können.

(b) Kein „zwingender Grund“ für das betriebsverfassungswidrige Verhalten

Der Nachteilsausgleichsanspruch aus § 113 Abs. 1 BetrVG, auf den der hier grundsätzlich einschlägige § 113 Abs. 3 BetrVG verweist, entfällt nach der gesetzlichen Regelung dann, wenn der Unternehmer wegen eines „zwingenden Grundes“ von dem Interessenausgleich abweicht.
Es ist aber ganz allgemein bereits höchst fraglich, ob sich die Anordnung der entsprechenden Geltung in § 113 Abs. 3 BetrVG auch auf die Worte „ohne zwingenden Grund“ bezieht. Einige Autoren bejahen dies, weil der Gesetzestext nicht eindeutig sei und die frühere Rechtsprechung[931] ebenfalls in dieser Weise entschieden habe[932]. Das BAG und die überaus herrschende Meinung lehnen dies demgegenüber ab, weil es sich bei der Anordnung der entsprechenden Geltung in Abs. 3 lediglich um eine Rechtsfolgenverweisung handele[933]. Zudem sei eine entsprechende Ergänzung des Abs. 3 im Wege der Rechtsfortbildung mit dem gesetzgeberischen Grundgedanken des § 113 BetrVG, daß „die Einhaltung der Beteiligung des Betriebsrats bei unternehmerischen Maßnahmen abgesichert“ werden solle[934], nicht vereinbar[935].
Zwar ist in diesem Zusammenhang zunächst davon auszugehen, daß ein Unternehmer, der eine erforderliche Betriebsänderung „aus zwingenden Gründen“ durchführt, ohne über sie einen Interessenausgleich versucht zu haben, rechtlich grundsätzlich nicht anders behandelt werden darf als ein Unternehmer, der nach ordnungsgemäß durchgeführtem Interessenausgleichsverfahren aus einem

---

929 BAG AP Nr. 4 zu § 113 BetrVG 1972.
930 BAG AP Nr. 4 zu § 113 BetrVG 1972.
931 BAG AP Nr. 2 zu § 72 BetrVG 1952; BAG AP Nr. 6 zu § 72 BetrVG 1952.
932 Richardi-Richardi/Annuß, § 113 BetrVG, Rn. 26; HSG-Hess, § 113 BetrVG, Rn. 32.
933 BAG AP Nr. 1 zu § 113 BetrVG 1972; GK-Fabricius, § 113 BetrVG, Rn. 32; FKHES, § 113 BetrVG, Rn. 13.
934 BT-Drucks. 6/1786, S. 55.
935 GK-Fabricius, § 113 BetrVG, Rn. 26.

zwingenden Grund von dem geschlossenen Interessenausgleich abweicht[936]. In diesem Rahmen ist dann jedoch fraglich, worauf sich der „zwingende Grund" innerhalb des Absatzes 3 beziehen muß. Denn hier ist ein Interessenausgleich, von dem aus zwingendem Grund abgewichen werden könnte, gar nicht vorhanden[937]. Geht man dann wiederum davon aus, daß sich der zwingende Grund auf die Betriebsänderung selbst beziehen muß, d.h. daß der Betriebsinhaber nachweisen muß, daß die Betriebsänderung in jedem Fall und in dieser Form hätte durchgeführt werden müssen[938], kommt man in dem hier vorliegenden Fall wie oben zu dem Ergebnis, daß diese Voraussetzung nicht erfüllt ist. Es ist nämlich nicht auszuschließen, daß Verhandlungen eventuell auch zur Weiterbeschäftigung einzelner widersprechender Arbeitnehmer geführt hätten.
Somit kann es selbst bei einer entsprechenden Anwendung der Worte „ohne zwingenden Grund" im Rahmen des § 113 Abs. 3 BetrVG nicht von vornherein zu einem Wegfall der Nachteilsausgleichsansprüche kommen.

(c) Keine teleologische Reduktion des § 113 Abs. 3 BetrVG

Ein Nachteilsausgleichsanspruch der widersprechenden Arbeitnehmer gemäß § 113 Abs. 3 BetrVG kann auch nicht von vornherein aufgrund einer teleologischen Reduktion dieser Vorschrift entfallen, wenn es dem Arbeitgeber aufgrund einer durch den Widerspruch mehrerer Arbeitnehmer bei einem Betriebsteilübergang überraschend notwendig gewordenen Betriebseinschränkung nicht möglich ist, das gesamte in § 112 Abs. 2 BetrVG vorgeschriebene Verfahren rechtzeitig vor Ausspruch der betriebsbedingten Kündigungen durchzuführen.
Bei § 113 Abs. 3 BetrVG handelt es sich um eine Norm, die zum einen ein bestimmtes, betriebsverfassungswidriges Verhalten des Arbeitgebers durch Kostenbelastung sanktionieren will[939]. Dafür ist jedoch weder ein vorwerfbares Verhalten noch ein Verschulden des Betriebsinhabers erforderlich[940]. Folglich ist eine teleologische Reduktion der Vorschrift, auch wenn dem Betriebsinhaber die Vornahme der Betriebsänderung kurzfristig durch die Widerspruchsausübung mehrerer Arbeitnehmer praktisch aufgezwungen wird, schon deshalb nicht möglich.

---

[936] Vgl. Willemsen/Hohenstatt/Schweibert-Schweibert, Umstrukturierung, S. 264.
[937] Vgl. Richardi-Richardi/Annuß, § 113 BetrVG, Rn. 27.
[938] So Richardi-Richardi/Annuß, § 113 BetrVG, Rn. 27. Insoweit ist eine restriktive Interpretation des Begriffs der zwingenden Gründe erforderlich, vgl. Willemsen/Hohenstatt/Schweibert-Schweibert, Umstrukturierung, S. 265.
[939] Vgl. BAG AP Nr. 32 zu § 113 BetrVG 1972; BAG AP Nr. 37 zu § 113 BetrVG 1972. Dabei beschränkt das BAG § 113 Abs. 3 BetrVG auf dieses alleinige Ziel.
[940] BAG BB 1971, 437; Träxler, Betriebsänderung, S. 46; FKHES, § 113 BetrVG, Rn. 16; HSG-Hess, § 113 BetrVG, Rn. 20; Richardi-Richardi/Annuß, § 113 BetrVG, Rn. 28; GK-Fabricius, § 113 BetrVG, Rn. 24.

Darüber hinaus ist zu beachten, daß § 113 BetrVG gerade nicht allein den Zweck hat, das betriebsverfassungswidrige Verhalten des Betriebsinhabers zu sanktionieren (Sanktionszweck). Dieser Vorschrift kommt vielmehr nach weitverbreiteter Meinung auch ein sogenannter Kompensationszweck zu[941]. Sie soll sicherstellen, daß Arbeitnehmer, die von solchen, ohne Beachtung der Mitbestimmungsregelung durchgeführten Maßnahmen nachteilig betroffen werden, einen Ausgleich erhalten[942]. Dieser Kompensationszweck kann aber auch in den Fällen erfüllt werden, in denen der Betriebsinhaber aus Zeitdruck das Interessenausgleichsverfahren nicht ordnungsgemäß durchführt.
Somit sind die Nachteilsausgleichsansprüche in dem Fall, in dem eine Betriebsänderung nur deshalb stattfinden muß, weil entsprechend viele widersprechende Arbeitnehmer betriebsbedingt entlassen werden müssen, jedenfalls nicht von vornherein für alle widersprechenden Arbeitnehmer ausgeschlossen.

(2) Entfallen der Nachteilsausgleichsansprüche für grundlos widersprechende Arbeitnehmer

Fraglich ist jedoch sowohl in dem eben dargestellten Fall als auch dann, wenn bereits eine anderweitig geplante Betriebsänderung vorliegt[943], und grundsätzlich auch die übrigen Voraussetzungen des Nachteilsausgleichsanspruchs nach § 113 Abs. 3 BetrVG erfüllt sind, ob nicht zumindest die Arbeitnehmer, die dem Übergang ihres Arbeitsverhältnisses grundlos widersprochen haben und somit eine zumutbare Weiterbeschäftigung abgelehnt haben, von einem Nachteilsausgleichsanspruch ausgeschlossen sein müßten. Dies wäre nur dann der Fall, wenn in diesem Zusammenhang eine entsprechende Anwendung des § 112 Abs. 5 Satz 2 Nr. 2 Satz 2 BetrVG möglich wäre.
Nach Auffassung der oben dargestellten Rechtsprechung ist § 112 Abs. 5 Satz 2 Nr. 2 Satz 2 BetrVG wegen des Sanktionszwecks des § 113 Abs. 3 BetrVG für die Entscheidung, ob ein Nachteilsausgleichsanspruch besteht, aber gerade nicht anzuwenden[944]. Die Möglichkeit einer anderweitigen Beschäftigung soll nur bei der Berechnung des Umfangs der Abfindung gemäß § 10 KSchG von Bedeutung sein[945].
Zweifel an dieser Nichtanwendbarkeit des § 112 Abs. 5 Satz 2 Nr. 2 Satz 2 BetrVG ergeben sich jedoch daraus, daß die Rechtsprechung zumindest prak-

---

941 Richardi-Richardi/Annuß, § 113 BetrVG, Rn. 2; Ohl, Sozialplan, S. 227; Willemsen/Hohenstatt/Schweibert-Schweibert, Umstrukturierung, S. 261.
942 Siehe auch BT-Drucks. 6/1786, S. 55.
943 So z.B. die Stillegung des Restbetriebes, welche mit der Entscheidung zum Personalabbau im Anschluß an den Widerspruch als eine Einheit zu sehen ist.
944 BAG AP Nr. 32 zu § 113 BetrVG 1972. Ebenso: DKK-Däubler, § 113 BetrVG, Rn. 16; Berenz, NZA 1993, 538, 543; Matthes, NZA 2000, 1073, 1077.
945 BAG AP Nr. 32 zu § 113 BetrVG 1972.

tisch keine strikte Trennung von Interessenausgleich und Sozialplan durchführt. Vielmehr geht das BAG davon aus, daß die Nachteilsausgleichsansprüche aus § 113 Abs. 3 BetrVG auf die Sozialplanansprüche anzurechnen seien, wenn beide Zahlungen für denselben wirtschaftlichen Nachteil erfolgten, und grundsätzlich Nachteilsausgleichsansprüche neben Sozialplanansprüchen bestehen würden[946].

Problematisch erscheint insbesondere der Fall, in dem der Sozialplananspruch aus einem nachträglich aufgestellten Sozialplan für einen Arbeitsplatzverlust der im Restbetrieb verbliebenen Arbeitnehmer sowie der Arbeitnehmer, die mit sachlichem Grund widersprochen haben, und der Nachteilsausgleichsanspruch ungefähr gleich hoch liegen, die ohne sachlichen Grund widersprechenden Arbeitnehmer aber aufgrund einer § 112 Abs. 5 Satz 2 Nr. 2 Satz 2 BetrVG entsprechenden Regelung gar keine Sozialplanansprüche haben. Denn eine Anrechnung des Sozialplananspruchs auf den Nachteilsausgleichsanspruch würde hier dazu führen, daß im Endeffekt alle Arbeitnehmer ohne Unterschied gleich hohe Ansprüche hätten[947]. Eine Anrechnung der Nachteilsausgleichsansprüche auf die Sozialplanansprüche zur Verhinderung einer Doppelbelastung erscheint grundsätzlich angemessen[948]. Auch die Gegner der vom BAG befürworteten automatischen Anrechnung wollen den Betriebsparteien zumindest das Recht geben, im Sozialplan eine derartige Anrechnungsklausel ausdrücklich zu vereinbaren[949]. Somit ist zumindest auf den ersten Blick eine Anwendung des § 112 Abs. 5 Satz 2 Nr. 2 Satz 2 BetrVG auch auf die Nachteilsausgleichsansprüche zur Vermeidung von Wertungswidersprüchen erforderlich[950]. Es scheint nämlich sehr fragwürdig, warum der grundlos widersprechende Arbeitnehmer, der meist sowieso keine Ausgleichsansprüche aus dem Sozialplan geltend machen könnte, darauf hoffen können soll, daß sich der Betriebsinhaber im Vorfeld der Betriebsänderung betriebsverfassungswidrig verhält, um so allein aufgrund des § 113 Abs. 3 BetrVG genauso hohe Ansprüche wie die übrigen Ar-

---

946 BAG AP Nr. 6 zu § 112 BetrVG 1972; BAG AP Nr. 5 zu § 111 BetrVG 1972; BAG BB 2002, 950, 951; BAG AP Nr. 19 zu § 113 BetrVG 1972; zust. Löwisch/Kaiser, § 113 BetrVG, Rn. 16. In der Literatur wurde früher sogar die Auffassung vertreten, der Anspruch aus § 113 BetrVG sei gegenüber dem Sozialplan subsidiär, vgl. Richardi, Sozialplan und Konkurs, S. 32.

947 Daß innerhalb einer Abspaltung manche Arbeitnehmer einen sachlichen Grund für die Ausübung ihres Widerspruchsrechts in dem oben dargestellten Sinne haben, andere jedoch nicht, ist durchaus möglich, und zwar insbesondere dann, wenn mehrere Betriebsteile abgespalten werden, von denen nur bei einigen die konkrete Gefahr der baldigen Stillegung und somit des Arbeitsplatzverlustes besteht.

948 Richardi, Anm. zu BAG AP Nr. 2 zu § 113 BetrVG 1972; Willemsen/Hohenstatt/Schweibert-Schweibert, Umstrukturierung, S. 267.

949 Vgl. DKK-Däubler, §§ 112, 112 a BetrVG, Rn. 60; FKHES, §§ 113 BetrVG, Rn. 40. Vgl. dazu auch Willemsen/Hohenstatt/Schweibert-Schweibert, Umstrukturierung, S. 268.

950 So auch Berenz, NZA 1993, 538, 544.

beitnehmer zu haben[951]. Schließlich soll nach der Grundvorstellung der Regelung des § 113 Abs. 3 BetrVG ein Ausgleich für den infolge der fehlenden Beteiligung des Betriebsrats nicht vorhandenen Sozialplan geschaffen werden[952]. Diese Ausgleichsfunktion kann § 113 Abs. 3 BetrVG aber in den Fällen, in denen den Arbeitnehmern aufgrund ihres grundlos ausgeübten Widerspruchsrechts gar keine Sozialplanansprüche zustehen würden, gar nicht erfüllen. Der grundlos widersprechende Arbeitnehmer würde somit allein wegen der Sanktion des Arbeitgeberverhaltens etwas erhalten, was ihm nach der sonstigen gesetzlichen Regelung gerade nicht zustehen soll.
Sieht man den Zweck des § 113 BetrVG also in der Identität von Sanktion und Kompensation[953], scheint man zumindest in dem dargestellten Fall in Anlehnung an die Regelung des § 112 Abs. 5 Satz 2 Nr. 2 Satz 2 BetrVG von einem Ausschluß der grundlos widersprechenden Arbeitnehmer auch von den Nachteilsausgleichsansprüchen aus § 113 Abs. 3 BetrVG ausgehen zu müssen.
Demgegenüber ist zu beachten, daß sich ein ähnliches Problem auch dann stellt, wenn eine geplante Betriebsänderung aufgrund der Regelung des § 112 a BetrVG nicht sozialplanpflichtig ist, der Betriebsinhaber aber dennoch nachteilsausgleichspflichtig wird, weil er die Betriebsänderung durchführt, ohne einen Interessenausgleich zu versuchen. Hier erlangen nämlich die Arbeitnehmer ebenfalls allein aufgrund der Sanktion des Verhaltens des Betriebsinhabers Ansprüche, die ihnen sonst nach der gesetzlichen Regelung gar nicht zustehen würden[954]. Dies geschieht ausdrücklich mit dem Willen des Gesetzgebers[955] und wird vom BAG und der Literatur befürwortet[956]. Nur ganz vereinzelt gehen Autoren davon aus, daß in den Fällen des § 112 a BetrVG die Regelung des § 113 BetrVG unanwendbar bleibe, weil das Nachteilsausgleichsverfahren nur bei bestehender Sozialplanpflichtigkeit gleichgerichtet eingreifen könne[957].
In Anbetracht dieser Rechtsprechung und des dadurch eindeutig zum Ausdruck kommenden vorrangigen Sanktionszwecks des § 113 BetrVG scheidet somit auch hier ein Ausschluß der Nachteilsausgleichsansprüche der grundlos widersprechenden Arbeitnehmer aufgrund einer entsprechenden Anwendung des § 112 Abs. 5 Nr. 2 Satz 2 BetrVG im Ergebnis aus. Schließlich handelt es sich bei den Sozialplan- und Nachteilsausgleichsansprüchen trotz der in manchen Fällen

---

951 Ähnlich im Hinblick auf die Regelung des § 112 a BetrVG: Träxler, Betriebsänderung, S. 61.

952 Das BAG betont, daß sich die tatsächliche Schutzwirkung des § 113 Abs. 3 BetrVG immer auch auf den Sozialplan beziehe, vgl. BAG DB 1999, 2653. Vgl. zu der Kompensationsfunktion: Träxler, Betriebsänderung, S. 60.

953 So Träxler, Betriebsänderung, S. 61; Ohl, Sozialplan, S. 227.

954 Diese Konstellation kritisiert Träxler, Betriebsänderung, S. 60 f.

955 BT-Drucks. 10/2102, S. 27.

956 BAG AP Nr. 18 zu § 113 BetrVG 1972; HSG-Hess, § 112 a BetrVG, Rn. 4. Kritisch: Träxler, Betriebsänderung, S. 46 f.

957 Heinze, NZA 1987, 41, 51.

vorzunehmenden gegenseitigen Anrechnung um zwei selbständige, voneinander zu trennende Anspruchsgrundlagen. Dies gilt, auch wenn daraus teilweise Ergebnisse resultieren, die allein die grundlos widersprechenden Arbeitnehmer für das betriebsverfassungswidrige Verhalten des Betriebsinhabers belohnen. Hinsichtlich dieser besteht jedoch nach zutreffender Rechtsprechung zumindest die Möglichkeit, den Nachteilsausgleichsanspruch im Vergleich zu den übrigen Arbeitnehmern im Rahmen des § 10 KSchG zu mindern, was jedoch nicht zu einem Entfallen des Anspruchs insgesamt führen kann.

4. Sperrfrist nach § 144 SGB III

Wird dem widersprechenden Arbeitnehmer nach den dargestellten Grundsätzen bestriebsbedingt durch den alten Arbeitgeber gekündigt und wird er dadurch arbeitslos, hat er bei Erfüllung der übrigen Voraussetzungen des § 117 Abs. 1 SGB III grundsätzlich einen Anspruch auf Arbeitslosengeld. Es ist jedoch fraglich, ob sein Anspruch nicht eventuell für die Dauer von 12 Wochen ruht, weil dieser aufgrund der Ausübung des Widerspruchsrechts der Sperrfrist des § 144 Abs. 1 Nr. 1 SGB III[958] unterfällt. Dann würde der widersprechende Arbeitnehmer innerhalb dieses Zeitraums kein Arbeitslosengeld erhalten[959], was den Arbeitnehmer durchaus bei der Entscheidung über die Widerspruchsausübung beeinflussen könnte.

a) Kein arbeitsvertragswidriges Verhalten im Sinne des § 144 Abs. 1 Nr. 1, 2. Alt. SGB III

Nach § 144 Abs. 1 Nr. 1, 2. Alt. SGB III ruht der Anspruch auf Arbeitslosengeld für zwölf Wochen, wenn der Arbeitnehmer durch ein arbeitsvertragswidriges Verhalten Anlaß für die Lösung des Beschäftigungsverhältnisses gegeben hat und dadurch vorsätzlich oder grobfahrlässig die Arbeitslosigkeit herbeigeführt hat, ohne für sein Verhalten einen wichtigen Grund zu haben. Arbeitsvertragswidriges Verhalten liegt dann vor, wenn der Arbeitnehmer gegen seine arbeitsvertraglichen Pflichten verstößt und der Arbeitgeber deshalb das Arbeitsverhältnis berechtigterweise kündigt[960]. Da der Arbeitnehmer mit der Ausübung des Widerspruchsrechts aber lediglich von einem ihm zustehenden, verfassungsrechtlich fundierten und mittlerweile gesetzlich normierten Recht Gebrauch macht, kommt insoweit kein Verstoß gegen arbeitsvertragliche

---

[958] Früher § 119 Abs. 1 Nr. 1 AFG.
[959] Vgl. Gagel-Winkler, § 144 SGB III, Rn. 1; Neef, DB 1999, 281, 285.
[960] Gagel-Winkler, § 144 SGB III, Rn. 61.

Pflichten in Betracht. Folglich kann der Tatbestand des § 144 Abs. 1 Nr. 1, 2. Alt SGB III nicht durch die Widerspruchsausübung erfüllt sein[961].

b) Sperrfrist gemäß § 144 Abs. 1 Nr. 1, 1. Alt. SGB III?

Eine Sperrfrist für das Arbeitslosengeld wird nach § 144 Abs. 1 Nr. 1, 1. Alt. SGB III auch dann ausgelöst, wenn der Arbeitnehmer das Beschäftigungsverhältnis löst und dadurch vorsätzlich oder grobfahrlässig seine Arbeitslosigkeit herbeiführt, ohne einen wichtigen Grund für sein Verhalten zu haben. Zu prüfen ist somit zunächst, ob in dem Widerspruch des Arbeitnehmers gegen den Übergang seines Arbeitsverhältnisses ein „Lösen" des Beschäftigungsverhältnisses gesehen werden kann, und gegebenenfalls anschließend, in welchen Fällen die Sperrfrist letztendlich tatsächlich eingreift.

(1) Widerspruch als „Lösen eines Beschäftigungsverhältnisses" im Sinne des § 144 Abs. 1 Nr. 1, 1. Alt. SGB III?

(a) Literatur

Viele Autoren, die sich mit der Sperrzeitproblematik beschäftigen, gehen davon aus, daß der Widerspruch ein „Lösen des Beschäftigungsverhältnisses" gemäß § 144 Abs. 1 Nr. 1, 1. Alt. SGB III darstelle, wenn er auf die rechtliche Beendigung des Beschäftigungsverhältnisses ausgerichtet sei. Dies sei der Fall, wenn dem Arbeitnehmer bewußt gewesen sei, daß sein Widerspruch eventuell auch die Beendigung des Arbeitsverhältnisses nach sich ziehe und dies auch billigend in Kauf genommen habe[962]. Die Rücksicht auf die Versichertengemeinschaft gebiete es in diesem Fall, daß der Arbeitnehmer nicht anders behandelt werde, als habe er sein Arbeitsverhältnis selbst gelöst[963]. Andere verlangen für das Eingreifen der Sperrfrist zumindest, daß eine nachfolgende betriebsbedingte Kündigung für den Arbeitnehmer „offensichtlich" gewesen sei[964]. Im Rahmen der Einzelrechtsnachfolge wird dabei als Beispiel der Fall herangezogen, in dem der Arbeitgeber seinen einzigen Betrieb unter der Ankündigung verkauft, sich anschließend aus dem gewerblichen Leben zurückziehen zu wollen. Da der Arbeitnehmer dann wisse, daß er nicht weiterbeschäftigt werden könne, oder dies für ihn zumindest offensichtlich sei, liege auch die „unmittelbare Vertragsbeen-

---

[961] Pottmeyer, NZA 1988, 521, 522; Commandeur, NJW 1996, 2537, 2544; Menze Widerspruchsrecht, S. 182; Opitz, Probleme des arbeitnehmerseitigen Widerspruchs, S. 160.

[962] Opitz, Probleme des arbeitnehmerseitigen Widerspruchs, S. 168. Ähnlich bereits Commandeur, NJW 1996, 2537, 2544; Pottmeyer, NZA 1988, 521 ff; Müller-Ehlen, Übergang von Arbeitsverhältnissen, S. 98. Demgegenüber geht Schaub ohne Begründung sogar davon aus, daß die Sperrfrist „im allgemeinen" eingreifen werde, s. ArbRHandb, § 118, Rn. 64.

[963] Herschel, Anm. zu BAG AP Nr. 21 zu § 613 a BGB.

[964] Gaul, Betriebsübergang, S. 238.

digung" seitens des Arbeitnehmers vor, die für eine Anwendung des § 144 Abs. 1 Nr. 1, 1. Alt. SGB III erforderlich sei[965]. Schließlich sei ein bestimmtes Verhalten, das zu Handlungen Dritter führe, die ihrerseits erst einen bestimmten Erfolg auslösten, nach allgemeiner Meinung für den Eintritt des Erfolges dann ebenfalls ursächlich, wenn sich der Dritte zu seiner Handlung herausgefordert fühlen durfte. Hier habe sich eben der Betriebsinhaber herausgefordert fühlen dürfen, die Kündigung auszusprechen[966].
Andere lehnen ein Eingreifen der Sperrfrist gemäß § 144 Abs. 1 Nr. 1, 1. Alt. SGB III nach der Widerspruchsausübung ab. Diese könne als die Wahrnehmung des dem Arbeitnehmer aus Art. 12 Abs. 1 GG eingeräumten Wahlrechts zwischen zwei Arbeitgebern gerade nicht als Vertragsauflösung gewertet werden[967]. Der Arbeitnehmer wolle vielmehr das Arbeitsverhältnis mit dem alten Arbeitgeber fortsetzen[968]. Müßte der Arbeitnehmer mit einer Sperre des Arbeitslosengeldes rechnen, würde er mittelbar daran gehindert, sein grundrechtlich fundiertes Widerspruchsrecht auszuüben[969].

(b) Stellungnahme

(i) Kein „Lösen" des Arbeitsverhältnisses im Sinne des § 144 Abs. 1 Nr. 1, 1. Alt. SGB III

In der Ausübung des Widerspruchsrechts durch den Arbeitnehmer an sich ist kein „herkömmlicher" Lösungsakt zu sehen. Darunter fallen nur die Selbstkündigung, ein ausdrücklicher Aufhebungs-/Auflösungsvertrag oder eine Beteiligung des Arbeitnehmers an einer Kündigung des Arbeitgebers, d.h. insbesondere die Hinnahme einer offensichtlich rechtswidrigen Kündigung im Hinblick auf zugesagte finanzielle Vergünstigungen[970]. Abgesehen von diesem letzteren Ausnahmefall ergibt sich bereits aus dem allgemeinen Sprachgebrauch, daß der Arbeitnehmer für ein „Lösen" des Arbeitsverhältnisses selbst aktiv tätig werden muß[971]. Dabei muß sich der Wille des Arbeitnehmers bei seinem Tätigwerden

---

[965] Gaul, ZfA 1990, 87, 98. Für eine nur mittelbare Vertragsbeendigung, gleichzeitig aber aufgrund der vergleichbaren Interesselage für eine analoge Anwendung des § 144 Abs. 1 Nr. 1, 1. Alt. SGB III: Menze, Widerspruchsrecht, S. 186.
[966] Pottmeyer, NZA 1988, 521, 524; Müller-Ehlen, Übergang von Arbeitsverhältnissen, S. 99.
[967] Bauer, in: Preis/Willemsen, Kölner Tage des Arbeitsrechts, S. 188, 228; Lohre/Mayer/Stevens-Bartol, § 119 AFG, Rn. 6.
[968] Pietzko, Tatbestand, S. 312.
[969] Commandeur, Betriebs-, Firmen- und Vermögensübernahme, S. 14 f.; Bauer, Unternehmensveräußerung, S. 60; Seiter, Betriebsinhaberwechsel, S. 66.
[970] Vgl. ausführlich dazu: Opitz, Probleme des arbeitnehmerseitigen Widerspruchs, S. 160 ff. unter Bezugnahme auf die Sperrzeit-Durchführungsanweisung der Bundesanstalt für Arbeit vom 19.12.1996.
[971] Vgl. Niesel-Niesel, § 144 SGB III, Rn. 12.

auf die konkrete Rechtsfolge, das Beschäftigungsverhältnis mit dem Arbeitgeber zu lösen, richten[972]. Der Wille des Arbeitnehmers bei seiner hier alleinig vorliegenden Aktivität, nämlich der Ausübung seines Widerspruchsrechts, zielt jedoch gerade nicht auf eine Beendigung des Arbeitsverhältnisses, sondern vielmehr auf die Fortsetzung des Arbeitsverhältnisses mit dem bisherigen Arbeitgeber. Es handelt sich insoweit wegen der erforderlichen betriebsbedingten Kündigung nur um eine mittelbare Beendigung des Arbeitsverhältnisses durch den Widerspruch. Ein solcher Fall wird jedoch vom Wortlaut des § 144 Abs. 1 Nr. 1, 1. Alt. SGB III nicht erfaßt, da das Arbeitsverhältnis direkt grundsätzlich erst durch den Ausspruch der Kündigung durch den Arbeitgeber beendet wird, und ein wie auch immer geartetes Vorverhalten des Arbeitnehmers in diesem Rahmen keine Rolle spielen kann[973]. Allein das Bewußtsein des Arbeitnehmers, daß die Ausübung seines Widerspruchsrechts die Beendigung seines Arbeitsverhältnisses zur Folge haben kann und er dies auch in Kauf nimmt, kann nicht dazu führen, daß bereits die Widerspruchsausübung selbst ein „Lösen" des Arbeitsverhältnisses darstellt[974]. Der in diesem Zusammenhang von Pottmeyer angeführte Vergleich mit den „Herausforderungsfällen" scheint dabei allzu gekünstelt und trifft auch nicht zu, da es sich hier um eine ganz andere Konstellation handelt. Die Rechtsprechung zur Herausforderung des Geschädigten wurde schließlich entwickelt, um dem Herausforderer bestimmte Schäden zuzurechnen, die erst durch einen eigenen, aber durchaus nicht ganz ungewöhnlichen Willensentschluß des Geschädigten entstanden sind[975]. Dabei ist zumindest ein vorangehendes pflichtwidriges Verhalten des „Herausforderers" erforderlich. Es ist im vorliegenden Fall zwar durchaus verständlich, daß der Betriebsinhaber dem widersprechenden Arbeitnehmer kündigt. Es handelt sich dabei jedoch nicht um eine Entscheidung, die durch ein pflichtwidriges Vorverhalten des Arbeitnehmers „herausgefordert" wurde. Denn die Ausübung dieses grundrechtlich verankerten Rechts kann grundsätzlich nicht als pflichtwidrig qualifiziert werden. Darüber hinaus würde es auch zu absurden Ergebnissen führen, wenn Handlungen und Entscheidungen des Arbeitgebers, die eine Reaktion auf ein bestimmtes Vorverhalten des Arbeitnehmers darstellen, im Endeffekt dem Arbeitnehmer selbst zugerechnet würden.

---

[972] Vgl. Menze, Widerspruchsrecht, S. 184.

[973] Das Vorverhalten des Arbeitnehmers spielt, wie bereits festgestellt, nur im Rahmen des § 144 Abs. 1 Nr. 1, 2. Alt. SGB III eine Rolle, da es dabei darauf ankommt, ob der Arbeitnehmer dem Arbeitgeber „durch arbeitsvertragswidriges Verhalten" Anlaß für die Lösung des Beschäftigungsverhältnisses gegeben hat.

[974] Vgl. Menze, Widerspruchsrecht, S. 185. A.A. Opitz, Probleme des arbeitnehmerseitigen Widerspruchs, S. 168; Commandeur, NJW 1996, 2537, 2544; Pottmeyer, NZA 1988, 521, 524.

[975] Erman-Kuckuk, Vor § 249 BGB, Rn. 64.

Ein anderes Ergebnis könnte sich aber ausnahmsweise in dem Fall ergeben, in dem der ursprüngliche Rechtsträger durch die Umwandlung untergeht. In diesem Moment erlöschen nach der hier vertretenen Auffassung auch die Arbeitsverhältnisse der widersprechenden Arbeitnehmer notwendigerweise automatisch. In diesem Fall ist keine Kündigungserklärung seitens des Arbeitgebers vorhanden. Man könnte deshalb davon ausgehen, daß der Arbeitnehmer selbst das Arbeitsverhältnis durch den Widerspruch „löst" und damit unmittelbar seine Arbeitslosigkeit herbeiführt. Dem ist aber zu entgegnen, daß auch hier die Ausübung des Widerspruchsrechts selbst gerade nicht zur Beendigung des Arbeitsverhältnisses führt und nach dem Willen des Arbeitnehmers auch nicht dazu führen soll. Die Beendigung resultiert vielmehr unmittelbar allein aus dem Erlöschen des Vertragspartners, einem Umstand also, der gar nicht in der Sphäre des Arbeitnehmers liegt. Dies gilt, wie oben bereits dargestellt, auch wenn ein Großteil der Autoren das Widerspruchsrecht in diesem Zusammenhang fälschlicherweise als „einseitiges Lösungsrecht" bezeichnet, was um so mehr zu der verfehlten Annahme führen könnte, daß gleichzeitig auch ein „Lösen" des Arbeitsverhältnisses im Sinne des § 144 Abs. 1 Nr. 1, 1. Alt. SGB III vorliege[976]. Somit ist in keinem der Fälle, in denen der Arbeitnehmer dem Übergang seines Arbeitsverhältnisses widerspricht, ein „Lösen" des Arbeitsverhältnisses im Sinne des § 144 Abs. 1 Nr. 1, 1. Alt. SGB III zu bejahen.

(ii) Analoge Anwendung des § 144 Abs. 1 Nr. 1, 1. Alt. SGB III

In Betracht kommt jedoch insoweit eine analoge Anwendung des § 144 Abs. 1 Nr. 1, 1. Alt. SGB III, da das Gesetz für den Fall einer solchen mittelbaren Beendigung des Arbeitsverhältnisses durch den Ausspruch des Widerspruchs keine Regelung vorsieht und somit – vom Gesetzgeber unbeabsichtigt - lückenhaft ist[977]. Gleichzeitig erfordern Sinn und Zweck der Sperrzeitregelung eine Gleichbehandlung der Widerspruchsfälle mit denen der arbeitnehmerseitigen Kündigung oder des Abschlusses eines Aufhebungsvertrages. Denn Sinn und Zweck der Sperrzeitregelung ist es in erster Linie, die Gemeinschaft der Beitragszahler davor zu schützen, daß das Risiko der Arbeitslosigkeit durch den Anspruchsberechtigten manipuliert wird. Dies geschieht, indem in bestimmten Fällen die Übernahme des Risikos für eine begrenzte Zeit durch Festsetzung einer Sperrfrist abgelehnt wird[978]. Die Versichertengemeinschaft muß vor einem Widerspruch, bei dem der Arbeitnehmer damit rechnet, daß ihm durch den Betriebsveräußerer wegen mangelnder Weiterbeschäftigungsmöglichkeit eine betriebsbedingte Kündigung ausgesprochen wird, genauso wie vor einer Kündigung des Arbeitnehmers selbst geschützt werden. Denn schließlich verursacht

[976] So aber Müller-Ehlen, Übergang von Arbeitsverhältnissen, S. 98.
[977] Vgl. Menze, Widerspruchsrecht, S. 185.
[978] Vgl. BT-Drucks. 5/2291, S. 83; Gagel-Winkler, § 144 SGB III, Rn. 26.

auch derjenige Arbeitnehmer seine Arbeitslosigkeit mit, der billigend in Kauf nimmt, im Anschluß an seine Widerspruchsausübung betriebsbedingt gekündigt zu werden. Folglich ist § 144 Abs. 1 Nr. 1, 1. Alt. SGB III entsprechend auf die Fälle des arbeitnehmerseitigen Widerspruchs anzuwenden, die sich im Ergebnis als Beendigung des Arbeitsverhältnisses durch den Arbeitnehmer darstellen[979]. Dies ist jedoch nicht stets bei einer betriebsbedingten Kündigung im Anschluß an die Widerspruchsausübung der Fall, sondern eben nur dann, wenn der Arbeitnehmer den Ausspruch der Kündigung bewußt herbeiführt oder zumindest billigend in Kauf nimmt. Widerspricht der Arbeitnehmer bei der Übertragung des einzigen Betriebes des bisherigen Inhabers im Wege der Einzelrechtsnachfolge, so nimmt er immer zumindest billigend in Kauf, daß ihm der Arbeitgeber wegen fehlender Weiterbeschäftigungsmöglichkeit kündigen wird. Jedem vernünftigen Menschen ist klar, daß der Arbeitgeber ohne Betrieb kein Bedürfnis mehr für Arbeitskräfte hat. Noch eindeutiger ist die Lage in dem Fall, in dem der bisherige Rechtsträger durch die Eintragung der Verschmelzung oder Aufspaltung erlischt, da der Arbeitnehmer dann sicher weiß, daß er durch die Widerspruchsausübung im Endeffekt seinen Arbeitsplatz verlieren wird.
Fraglich erscheint allein, wie der Widerspruch des Arbeitnehmers bei der Abspaltung eines Betriebs von einem Unternehmen mit mehreren Betrieben oder gar nur eines Betriebsteils zu bewerten ist. Dabei kann der Arbeitnehmer durchaus die Hoffnung haben, daß er in einem anderen Betrieb des übertragenden Rechtsträgers bzw. in dem Restbetrieb selbst weiterbeschäftigt wird. Schließlich hat zum einen die Suche nach einer Weiterbeschäftigungsmöglichkeit unternehmensweit zu erfolgen. Zum andern sind bei fehlender Weiterbeschäftigungsmöglichkeit auch die Arbeitnehmer des Restbetriebes in die Sozialauswahl einzubeziehen, zumindest wenn der Arbeitnehmer einen sachlichen Grund für den Widerspruch hatte[980]. Soweit dem Arbeitnehmer aber aufgrund der konkreten Situation in seinem Betrieb klar ist, daß er nicht weiterbeschäftigt werden wird, zumal mangels drohendem Arbeitsplatzverlusts bei dem übernehmenden Rechtsträger auch keine Sozialauswahl zu seinen Gunsten stattfinden wird, ist die billigende Inkaufnahme eines Arbeitsplatzverlusts zu bejahen. Der Arbeitnehmer kann sich dann nicht darauf berufen, er habe dennoch auf eine Weiterbeschäftigung gehofft. Dies gilt, auch wenn das Arbeitsamt die Beweislast für das Vorliegen sämtlicher Tatbestandsmerkmale des § 144 Abs. 1 Nr. 1 SGB III trägt[981]. Denn eventuelle Beweisschwierigkeiten allein können nicht dazu führen, die Erfüllung des Tatbestands von vornherein abzulehnen[982]. Im Gegenteil wird es dem Arbeitnehmer im Hinblick auf die schützenswerten Interessen

---

979 Menze, Widerspruchsrecht, S. 186.

980 Vgl. dazu im einzelnen oben S. 129 ff.

981 Niesel-Niesel, § 144 SGB III, Rn. 90; Gagel-Winkler, § 144 SGB III, Rn. 133.

982 A.A. wohl Menze, Widerspruchsrecht, S. 190, da die billigende Inkaufnahme nur bei Vorliegen besonderer Anhaltspunkte nachzuweisen sei.

der Versichertengemeinschaft grundsätzlich verwehrt sein, sich auf seine Unkenntnis hinsichtlich der Umstände zu berufen, die zu seiner betriebsbedingten Kündigung führen[983]. Es ist ihm auch durchaus zuzumuten, sich über seine Zukunft beim übertragenden Rechtsträger vor Ausspruch des Widerspruchs zu informieren[984].
Folglich liegt grundsätzlich in allen Fällen des Arbeitsplatzverlustes nach Widerspruch bei einem Betriebs(teil)übergang infolge einer Unternehmensumwandlung eine billigende Inkaufnahme des Arbeitsplatzverlustes vor. Deren Nichtvorliegen kann der Arbeitnehmer nur im Einzelfall beweisen, so daß grundsätzlich eine entsprechende Anwendung des § 144 Abs. 1 Nr. 1, 1. Alt. SGB III auf den widersprechenden Arbeitnehmer angezeigt ist.

(2) Das Vorhandensein eines wichtigen Grundes

Als weitere Voraussetzung für ein Eingreifen der Sperrfrist unproblematisch erfüllt ist die Kausalität zwischen Widerspruchsausübung und Arbeitsplatzverlust. Insoweit ist jede Bedingung als ursächlich anzusehen, die zum Eintritt des Erfolges wesentlich mitgewirkt hat[985]. Ohne den Widerspruch wäre es nicht zur Kündigung durch den übertragenden Rechtsträger bzw. zum automatischen Erlöschen des Arbeitsverhältnisses gekommen. Ebenso wurde die vorsätzliche Herbeiführung der Arbeitslosigkeit durch die „billigende Inkaufnahme" bereits bejaht. Das Eingreifen der Sperrfrist scheidet aber trotzdem dann aus, wenn der Arbeitnehmer einen „wichtigen Grund" für die Ausübung seines Widerspruchsrechts hatte.
Ein wichtiger Grund ist nach allgemeiner Ansicht dann gegeben, wenn dem Arbeitnehmer unter Berücksichtigung aller Umstände des Einzelfalls und unter Abwägung seiner Interessen einerseits und derjenigen der Versichertengemeinschaft andererseits ein anderes Verhalten nicht zugemutet werden kann, weil sonst sein Interesse in unbilliger Weise geschädigt würde[986]. Ein wichtiger Grund ist jedenfalls immer dann gegeben, wenn der Arbeitnehmer nach arbeitsrechtlichen Grundsätzen zur fristlosen Kündigung berechtigt wäre[987]. Unter welchen Umständen darüber hinaus bei einem Arbeitsplatzverlust infolge eines arbeitnehmerseitigen Widerspruchs beim Betriebsübergang ein „wichtiger Grund" in diesem Sinne zu bejahen ist, ist umstritten.

---

[983] Pottmeyer, NZA 1988, 521, 525, spricht von einem „Beweis des ersten Anscheins" dafür, daß dem Arbeitnehmer die Konsequenzen seines Handelns durchaus bewußt gewesen seien, da es sich bei der betriebsbedingten Kündigung um einen typischen Geschehensablauf handele.
[984] Vgl. insoweit Menze, Widerspruchsrecht, S. 188.
[985] Vgl. Niesel-Niesel, § 144 SGB III, Rn. 23.
[986] BSG SozR 4100, § 119 AFG Nr. 17, S. 80 f.; Niesel-Niesel, § 144 SGB III, Rn. 80.
[987] Commandeur, NJW 1996, 2537, 2544;

(a) Literatur

Einige Autoren gehen davon aus, daß der Ausnahmetatbestand des „wichtigen Grundes" in der Regel nicht vorliege, weil der Arbeitnehmer bei einem Betriebsübergang durch § 613 a BGB ausreichend geschützt sei und somit den Belangen der Versichertengemeinschaft bei der Interessenabwägung der Vorrang gebühre[988]. Ein wichtiger Grund könne nur in wenigen, eng begrenzten Ausnahmefällen bejaht werden, wobei die Frage, wann ein solcher Ausnahmefall vorliegt, wiederum unterschiedlich beurteilt wird. Manche halten es für ausreichend, wenn der Arbeitsplatz bei dem neuen Rechtsträger konkret gefährdet sei[989]. Andere wollen im Einzelfall sogar starke persönliche Animositäten zwischen dem Arbeitnehmer und dem Betriebserwerber[990] oder aber die evidente Zahlungsunfähigkeit des Betriebserwerbers ausreichen lassen[991].

(b) Stellungnahme

Bei der Klärung der Frage, wann ein „wichtiger Grund" im Sinne des § 144 Abs. 1 SGB III vorliegt, ist zunächst zu beachten, daß insoweit zum einen die Wertungen des § 2 Abs. 5 SGB III[992] zu berücksichtigen sind und zum andern eine Wechselbeziehung zu § 121 SGB III besteht[993].
Die Vorschrift des § 2 SGB III erlegt den Arbeitnehmern eine besondere Verantwortung für die Vermeidung von Arbeitslosigkeit auf[994]. Gemäß § 2 Abs. 5 Nr. 1 und 3 SGB III haben die Arbeitnehmer zur Vermeidung oder zur Beendigung von Arbeitslosigkeit die Fortsetzung eines zumutbaren Arbeitsverhältnisses anzustreben und bei Arbeitslosigkeit jede zumutbare Beschäftigung aufzunehmen. Diese Vorschrift erweitert die Sperrzeittatbestände nicht, sondern § 144 SGB III konkretisiert vielmehr § 2 Abs. 5 SGB III und bindet den vorübergehenden Verlust des Arbeitslosengeldanspruchs an die dort genannten Voraussetzungen[995]. Gleichzeitig wird jedoch deutlich, daß der Begriff des „wichtigen Grundes" im Sinne des § 144 SGB III ebenfalls im Zusammenhang mit der Regelung des § 2 Abs. 5 SGB III zu sehen ist, d.h. es kommt primär auf die Zumutbarkeit der Fortsetzung des Arbeitsverhältnisses bei dem übernehmenden Rechtsträger an. Bei der Beurteilung der Frage, wann eine Beschäftigung zumutbar ist, sind die in § 121 SGB III geregelten diesbezüglichen Kriterien zu

---

988 Pottmeyer, NZA 1988, 521, 526 ff.; Menze, Widerspruchsrecht, S. 192.
989 Müller-Ehlen, Übergang von Arbeitsverhältnissen, S. 101. A.A. Menze, Widerspruchsrecht, S. 193; Pottmeyer, NZA 1988, 521, 527; Commandeur, NJW 1996, 2537, 2545.
990 Pottmeyer, NZA 1988, 521, 527; Commandeur, NJW 1996, 2537, 2545.
991 Menze, Widerspruchsrecht, S. 193; Commandeur, NJW 1996, 2537, 2545.
992 Dieser entspricht größtenteils dem bisherigen § 2 Abs. 3 SGB III.
993 Vgl. Opitz, Probleme des arbeitnehmerseitigen Widerspruchs, S. 179, 182.
994 Opitz, Probleme des arbeitnehmerseitigen Widerspruchs, S. 171.
995 Vgl. Gagel-Winkler, § 144 SGB III, Rn. 29.

berücksichtigen. Zudem erlangen die Grundrechte bei der Auslegung des unbestimmten Rechtsbegriffs „wichtiger Grund" eine besondere Bedeutung, da es wegen der unmittelbaren Freiheitsbeschränkung durch die Sperrzeittatbestände am Freiheitsanspruch der Verfassung orientierter Maßstäbe bedarf[996]. Soweit entsprechende Fälle vorliegen, kann auch auf den umfangreichen Katalog von wichtigen Gründen zurückgegriffen werden, den das BSG unter dem Zumutbarkeitsaspekt im Rahmen des § 144 SGB III entwickelt hat[997]. Häufig wird jedoch in diesem Katalog nichts zu den Beweggründen zu finden sein, die bei den Arbeitnehmern ausschlaggebend für die Widerspruchsausübung waren.
Dann hat eine Abwägung im oben dargestellten Umfang zu erfolgen, wobei diese jedoch, anders als von einigen Autoren behauptet[998], nur im Ausnahmefall zum Vorliegen eines wichtigen Grundes führen wird. Dies gilt, auch wenn hier im Gegensatz zu der Interessenabwägung bei der Frage, wann eine Sozialauswahl mit im Restbetrieb verbliebenen Arbeitnehmern stattzufinden hat, nicht die mögliche Kündigung eines Arbeitskollegen auf der anderen Seite der Waagschale liegt, sondern „nur" die finanzielle Belastung der Gemeinschaft. Dies kann aber nicht dazu führen, daß an den „Rechtfertigungsgrund" des wichtigen Grundes keine hohen Anforderungen zu stellen sind[999]. Schließlich ist gerade in Zeiten von einer sowieso schon hohen Arbeitslosigkeit die Versichertengemeinschaft vor überflüssiger Inanspruchnahme um so mehr zu schützen. Aufgrund der Regelung des § 613 a BGB sind jedenfalls tatsächlich nur sehr wenige Fälle denkbar, die bei einem Übergang des Arbeitsverhältnisses des Arbeitnehmers zu einer „unzumutbaren Beschäftigung" im Sinne des § 121 SGB III führen würden. Dem kann auch nicht entgegengehalten werden, daß der Arbeitnehmer durch die dann meist drohende Sperrfrist in seinem Recht auf freie Wahl des Arbeitsplatzes aus Art. 12 Abs. 1 GG beeinträchtigt würde. Denn es ginge über den Zweck des dem Arbeitnehmer zustehenden Widerspruchsrechts, das dessen Grundrecht auf freie Arbeitsplatzwahl schützen soll, hinaus, wenn es gleichzeitig auch noch dazu führen würde, ihn vor allen ihm aus der Ausübung des Widerspruchsrechts entstehenden Nachteilen zu bewahren[1000]. Die Nachteile, die aus der Ausübung seines Widerspruchsrechts resultieren, muß der Arbeitnehmer selbst einkalkulieren und in seine Entscheidung gegebenenfalls miteinbeziehen. Lediglich wenn der Arbeitsplatzverlust wegen Betriebs(teil)abspaltung in konkreter Stillegungsabsicht sowieso unvermeidbar ist, ist ein wichtiger Grund zu

---

[996] Vgl. Gagel-Winkler, § 144 SGB III, Rn. 22, 32, 98.
[997] Vgl. insoweit das ABC des wichtigen Grundes, in: Gagel-Winkler, Anh. 1 zu § 144 SGB III.
[998] So z.B. Opitz, Probleme des arbeitnehmerseitigen Widerspruchs, S. 184.
[999] A.A. Opitz, Probleme des arbeitnehmerseitigen Widerspruchs, S. 184.
[1000] Vgl. Opitz, Probleme des arbeitnehmerseitigen Widerspruchs, S. 174.

bejahen[1001]. Denn dann führt der Widerspruch nicht zu einer zusätzlichen Inanspruchnahme der Versichertengemeinschaft, und deren Interessen können folglich gar nicht beeinträchtigt werden.
Die 12-wöchige Sperrfrist hinsichtlich des Arbeitslosengeldanspruchs des Arbeitnehmers, dem im Anschluß an seine Widerspruchsausübung bei Betriebs(teil)übergang betriebsbedingt gekündigt wird, wobei er dies auch billigend in Kauf genommen hat, greift folglich in entsprechender Anwendung des § 144 Abs. 1 Nr.1, 1. Alt. SGB III grundsätzlich ein. Eine Ausnahme besteht jedoch dann, wenn der Arbeitsplatzverlust wegen Betriebs(teil)abspaltung in Stillegungsabsicht sowieso eintreten würde, d.h. wenn für den Widerspruch ein sachlicher Grund in dem hier vertretenen Sinne besteht.

IV. Folgen für die Beurteilung des Übergangs von Arbeitsverhältnissen wider Willen in anderen Fällen

A. Der Übergang von Arbeitsverhältnissen wider Willen beim Erbfall

Lange Zeit lag eine der größten Schwächen des Widerspruchsrechts in der unterschiedlichen Bewertung der Fälle der Einzelrechtsnachfolge und der Gesamtrechtsnachfolge, da bei letzterer die Frage des Widerspruchsrechts früher überhaupt nicht erörtert oder klar abgelehnt wurde[1002]. Daraus resultierte eine weithin unbegründete, vielfach als ungerecht empfundene Ungleichbehandlung dieser Fälle[1003]. Diese Inkonsequenz wurde auch teilweise von den Befürwortern des Widerspruchsrechts kritisiert[1004].
Bezüglich der gesellschaftsrechtlichen Gesamtrechtsnachfolge hat sich dies aber bereits seit Inkrafttreten des Umwandlungsgesetzes grundlegend geändert, zum einen durch die Einführung des § 324 UmwG selbst, zum andern durch die daraus resultierende Änderung des Verständnisses der gesellschaftsrechtlichen (partiellen) Gesamtrechtsnachfolge als rechtsgeschäftliche Gesamtrechtsnachfolge. Die im Umwandlungsgesetz behandelten Fälle der gesellschaftsrechtlichen Gesamtrechtsnachfolge werden nun nicht mehr lediglich als Folge eines Ereignisses aufgefaßt, sondern als Mittel der Vermögensübertragung kraft par-

---

[1001] Vgl. Müller-Ehlen, Übergang von Arbeitsverhältnissen, S. 101 f. A.A. Menze, Widerspruchsrecht, S. 193, da es dem Arbeitnehmer durchaus zugemutet werden könne, bis zur endgültigen Stillegung für den Betriebserwerber zu arbeiten.
[1002] Posth, Betriebsinhaberwechsel, S. 4; Quander, Gesamtrechtsnachfolge, S. 177; Schramm, Willensbeteiligung, S. 82 ff.
[1003] Fischer, Betriebsübergang, S. 143; Gaul, ZfA 1990, 87, 88; ders., in: Boewer, Aktuelle Aspekte des Arbeitsrechts, 1987, S. 140, 156; Herschel, AuR 1975, 383.
[1004] Posth, Betriebsinhaberwechsel, S. 56.

teiautonomer Entscheidung. Somit steht den Arbeitnehmern in diesem Bereich nun ebenfalls, wie oben festgestellt, ein Widerspruchsrecht zu.
Weiterhin wird jedoch die Frage des Widerspruchsrechts des Arbeitnehmers beim Betriebsübergang aufgrund erbrechtlicher Gesamtrechtsnachfolge erst gar nicht erörtert[1005] oder ohne weitere Auseinandersetzung mit diesem Problemkreis unter kurzem Hinweis auf die grundsätzliche Unbeachtlichkeit der Willensrichtung des Arbeitnehmers beim Erbfall recht stiefmütterlich behandelt. Es komme lediglich ein Recht des Arbeitnehmers zur fristlosen Kündigung „aus wichtigem Grund" nach § 626 BGB in Betracht, wenn im Falle des erbrechtlichen Betriebsübergangs die Zusammenarbeit mit dem neuen Betriebsinhaber unzumutbar sei[1006].
Im folgenden soll daher untersucht werden, ob dem Arbeitnehmer in Übereinstimmung mit den dem Widerspruchsrecht zugrundeliegenden Überlegungen auch bei erbrechtlicher Gesamtrechtsnachfolge ein Widerspruchsrecht zuzugestehen ist oder nicht. Dann müßten Gründe dafür ersichtlich sein, die es rechtfertigen, den entgegenstehenden Willen der Arbeitnehmer bei einem Betriebsübergang im Wege der Einzelrechtsnachfolge und der gesellschaftsrechtlichen Gesamtrechtsnachfolge einerseits für beachtlich zu halten, bei der erbrechtlichen Gesamtrechtsnachfolge andererseits jedoch nicht.

1. Der automatische Übergang von Arbeitsverhältnissen beim Erbfall

a) Übergang der Arbeitsverhältnisse gemäß § 1922 Abs. 1 BGB

Stirbt der Arbeitgeber, führt dies regelmäßig nicht zur Beendigung der Arbeitsverhältnisse. Der Erbe rückt gemäß §§ 1922 Abs. 1, 1967 Abs. 1 BGB unmittelbar in die gesamte Rechtsposition des Erblassers ein. Das gesamte Vermögen geht uno actu auf den Erben oder die Erbengemeinschaft über. Dieser Rechtsübergang erfaßt grundsätzlich auch alle mit dem Erblasser bestehenden Arbeitsverhältnisse, wobei der erbrechtliche Übergang kraft Gesetzes erfolgt, so daß es keines besonderen Übertragungsaktes bedarf. Ausnahmen von dem automatischen Übergang kommen allgemein nur bei den Arbeitsverhältnissen in Betracht, die in höchstpersönlicher Weise auf den Erblasser bezogen waren, so z.B. bei einem Krankenpfleger, einem Privatsekretär oder einem Privatlehrer[1007].

[1005] Meilicke, DB 1991, 1326, 1328.
[1006] Staudinger-Marotzke, § 1922 BGB, Rn. 279.
[1007] Brox/Rüthers, Arbeitsrecht, Rn. 223; Pietzko, Tatbestand, S. 244; Posth, Betriebsinhaberwechsel, S. 5.

b) Übergang der Arbeitsverhältnisse gemäß § 613 a Abs. 1 Satz 1 BGB?

Fraglich ist, ob „daneben“ auch beim Erbfall ein Übergang der Arbeitsverhältnisse gemäß § 613 a Abs. 1 Satz 1 BGB in Betracht kommen kann. Immerhin bejaht man dies nun verbreitet für den Fall der gesellschaftsrechtlichen Gesamtrechtsnachfolge nach dem UmwG.
Einzig problematisches Tatbestandsmerkmal ist auch hier das des Übergangs „durch Rechtsgeschäft“, wobei zwischen gesetzlicher und gewillkürter Erbfolge zu unterscheiden ist.

(1) Gesetzliche Erbfolge

Die gesetzliche Erbfolge gemäß den §§1924 ff. BGB tritt ein, wenn der Erblasser nicht durch einseitige Verfügung von Todes wegen den Erben bestimmt hat. In einem solchen Fall ist keine Willensäußerung des Erblassers vorhanden, aufgrund derer ein zu seinem Vermögen gehörender Betrieb auf einen anderen übergehen könnte. Da der Betriebsübergang folglich weder „durch“ noch „aufgrund“ eines Rechtsgeschäfts erfolgt, scheidet eine Anwendung des § 613 a Abs. 1 Satz 1 BGB als Rechtsgrundlage für den Übergang der Arbeitsverhältnisse von vornherein aus.
Anderer Ansicht bei dieser Frage sind allein Müller/Peters[1008], die davon ausgehen, daß § 613 a BGB auf den Erbfall unmittelbare Anwendung finde. Dies sei zwar nicht bereits im Zeitpunkt des Anfalls der Erbschaft der Fall, aber dann, wenn der Erbe sich entschließe, den Betrieb fortzuführen. Dann sei nämlich der Regelungsgedanke des § 613 a BGB einschlägig. Für das „Rechtsgeschäft“ im Sinne des § 613 a BGB sei es ausreichend, wenn die betriebliche Leitungsmacht im eigenen Namen und für eigene Rechnung durch ein einseitiges Rechtsgeschäft übernommen werde.
Diese Meinung ist jedoch abzulehnen. Ein Einverständnis hinsichtlich der Übertragung der Leitungsmacht muß zumindest auch vom ehemaligen Betriebsinhaber vorliegen, damit die Übertragung – wie nach nahezu einhelliger Meinung erforderlich – als „einvernehmlich“ bezeichnet werden kann[1009]. Daran fehlt es jedoch eindeutig bei der gesetzlichen Erbfolge, da dabei gar keine Erklärung des Erblassers vorliegt. Der Betriebsübergang auf den gesetzlichen Erben kann auch ohne oder gar gegen den Willen des Erblassers erfolgen, wenn dieser nicht in der vorgeschriebenen Form geäußert wird.
Eine Anwendung des § 613 a BGB auf Fälle der gesetzlichen Erbfolge scheidet somit aus.

[1008] Müller/Peters, Anm. zu BAG AP Nr. 14 zu § 3 TVG Verbandszugehörigkeit.
[1009] A.A. Müller/Peters, Anm. zu BAG AP Nr. 14 zu § 3 TVG Verbandszugehörigkeit.

(2) Gewillkürte Erbfolge

Bei der gewillkürten Erbfolge legt der Erblasser z.B. durch Testament fest, wer Erbe sein soll, so daß hier zumindest eine rechtsgeschäftliche Erklärung des Erblassers vorhanden ist.

Es ist jedoch zu beachten, daß der Erblasser auch bei der gewillkürten Erbfolge nicht entscheiden kann, ob sein Vermögen überhaupt nach seinem Tod auf einen andern übergehen soll, oder welcher Teil seines Vermögens vom Übergang erfaßt sein soll. Denn bestimmt er nur für einen Teil seines Vermögens einen gewillkürten „Erben", so geht der übrige Teil seines Vermögens automatisch auf seine gesetzlichen Erben über. Der sofortige, lediglich durch das tatsächliche Ereignis „Tod einer natürlichen Person" bedingte gesetzliche Übergang aller Vermögensgegenstände ist in dieser Situation die einzig mögliche Antwort einer Rechtsordnung, um das – unerwünschte[1010] - Entstehen subjektloser Rechte zu vermeiden.

Umfaßt das Vermögen des Erblassers nun beispielsweise einen Betrieb, und bestimmt der Erblasser in seinem Testament seinen ältesten Sohn zum Erben dieses Betriebs, so liegt aufgrund dieser privatautonomen Entscheidung, *wer* genau Erbe hinsichtlich des Betriebes sein soll, im Erbfall noch kein Betriebsübergang „durch Rechtsgeschäft" vor. Schließlich handelt es sich dabei nur um die privatautonome Ausgestaltung der in jedem Fall erfolgenden, vom Willen des Erblassers unabhängigen gesetzlichen Rechtsnachfolge. In den Fällen der Unternehmensumwandlungen nach dem Umwandlungsgesetz können die Entscheidungsträger der betreffenden Gesellschaften frei darüber bestimmen, *ob* überhaupt eine Unternehmensumwandlung und eine daraus folgende (partielle) Gesamtrechtsnachfolge stattfinden soll, und *wie* das zur Verfügung stehende Vermögen auf die einzelnen übernehmenden Rechtsträger verteilt werden soll. Der Erblasser kann gerade nicht über das „Ob" des Vermögensübergangs im Falle seines Todes entscheiden. Der Betriebsübergang ist unvermeidbare gesetzliche Folge des tatsächlichen Ereignisses des Todes des ursprünglichen Betriebsinhabers. Dabei macht auch die ihm eingeräumte Möglichkeit, die Person des neuen Betriebsinhabers privatautonom zu bestimmen, dies nicht zu einer rechtsgeschäftlichen Übertragung. Dies wird insbesondere dadurch deutlich, daß der Betriebsübergang auf den oder die gesetzlichen Erben dann, wenn das Testament an Wirksamkeitsmängeln leidet, trotzdem gemäß §§ 1922 Abs. 1, 1967 BGB mit dem Tode des Betriebsinhabers stattfindet. Für den Betriebsübergang an sich kommt es also auf die rechtsgeschäftliche Erklärung des Betriebsinhabers überhaupt nicht an. Der Betriebsübergang vollzieht sich vielmehr auch ohne dessen Willen, da er nicht in der Lage ist, den Übergang seines Vermögens

---

[1010] Vgl. Köhler, BGB AT, § 5 II 1.

als Ganzes auszuschließen. Auf der anderen Seite findet der Betriebsübergang nicht ohne das auslösende Ereignis – Tod – statt[1011].
Somit kommt auch im Fall der gewillkürten Erbfolge kein Betriebsübergang „durch Rechtsgeschäft" in Betracht. Eine Anwendbarkeit des § 613 a Abs. 1 Satz 1 BGB scheidet insoweit aus[1012].

2. Die Beachtlichkeit des Willens des Arbeitnehmers

Trotz des gesetzlichen Übergangs der Arbeitsverhältnisse nach §§ 1922 Abs. 1, 1967 BGB fragt sich, ob nicht dennoch der Wille des Arbeitnehmers bei diesem automatischen Übergang Beachtung finden muß.
Die direkte Anwendung das mittlerweile in § 613 a Abs. 6 BGB gesetzlich geregelten Widerspruchsrechts scheidet zwar mangels rechtsgeschäftlichen Betriebsübergangs und der daraus resultierenden Unanwendbarkeit des § 613 a Abs. 1 Satz 1 BGB aus[1013]. Es könnte jedoch aufgrund einer vergleichbaren Situation zumindest zu einer entsprechenden Heranziehung der zum Widerspruchsrecht entwickelten Grundsätze kommen. Jedenfalls sieht das Arbeitsgericht Köln eine „Vergleichbarkeit zum Fall des Betriebsübergangs nach § 613 a BGB" als ausreichend an, um auch in anderen Fällen das Bestehen eines Widerspruchsrechts gegen den gesetzlichen Übergang eines Arbeitsverhältnisses zu bejahen[1014].
Demgegenüber geht das BAG davon aus, daß § 613 a BGB weder auf der Tatbestands- noch auf der Rechtsfolgenseite analogiefähig sei[1015]. Daraus könnte zu schließen sein, daß auch eine entsprechende Anwendung des Widerspruchsrechts aus § 613 a Abs. 6 BGB auf andere vergleichbare Fälle gerade nicht möglich sein soll.

a) Vergleichbarkeit mit dem Fall des rechtsgeschäftlichen Betriebsübergangs

Für den Arbeitnehmer selbst macht es auf den ersten Blick keinen Unterschied, ob der Betrieb, in dem er beschäftigt ist, im Falle des Todes des Betriebsinhabers durch erbrechtliche Gesamtrechtsnachfolge auf dessen Erben oder gar auf

---

[1011] Demgegenüber geht Grünwald, Umwandlung, S. 70, davon aus, daß auch bei der gewillkürten Erbfolge die Möglichkeit bestehe, durch „vertragsgleiche Anordnung", d.h. durch Testament oder Erbvertrag, eine Gesamtrechtsnachfolge „auszulösen".
[1012] Im Ergebnis ebenso: Pietzko, Tatbestand, S. 152; Schramm, Willensbeteiligung, S. 84.
[1013] Zum Bestehen eines Widerspruchsrechts im Erbfall müßten jedoch Müller/Peters kommen, die eine unmittelbare Anwendung des § 613 a BGB in dem Zeitpunkt annehmen, in dem der Erbe sich entschließt, den Betrieb fortzuführen, vgl. Anm. zu BAG AP Nr. 14 zu § 3 TVG Verbandszugehörigkeit.
[1014] Vgl. ArbG Köln, DB 1996, 1342 f.
[1015] BAG AP Nr. 14 zu § 3 TVG Verbandszugehörigkeit.

eine Erbengemeinschaft übergeht, oder ob der Betriebsinhaber noch zu Lebzeiten eine rechtsgeschäftliche Übertragung des betreffenden Betriebes auf eine oder mehrere andere Personen vornimmt. In beiden Fällen geht sein Arbeitsverhältnis automatisch auf den oder die neuen Betriebsinhaber über, d.h. dem Arbeitnehmer wird der von ihm ausgewählte Arbeitgeber weggenommen und ein ihm eventuell unliebsamer oder auch nur unbekannter Arbeitgeber aufgedrängt. Er wird ohne sein Zutun entweder gemäß den §§ 1922 Abs. 1, 1967 BGB oder gemäß § 613 a Abs. 1 Satz 1 BGB vertraglich an den neuen Betriebsinhaber gebunden.

Dabei scheinen die Argumente, die vor Einführung des § 613 a Abs. 6 BGB für die Begründung eines Widerspruchsrechts im Rahmen des Anwendungsbereichs des § 613 a BGB herangezogen wurden und die schließlich auch zu dessen gesetzlicher Normierung geführt haben[1016], zumindest teilweise auch hier zu passen. Zwar kann bei der erbrechtlichen Gesamtrechtsnachfolge ein Widerspruchsrecht nicht auf die – ohnehin zweifelhafte – „einfachgesetzliche" Begründung des Widerspruchsrechts gestützt werden. Schließlich handelt es sich bei den erbrechtlichen Vorschriften um spezielle Vorschriften, die insbesondere nicht den allgemeinen oder besonderen schuldrechtlichen Einschränkungen des § 415 Abs. 1 Satz 1 BGB oder des § 613 Satz 2 BGB unterliegen. In Betracht kommt jedoch auch hier eine Verletzung des Arbeitnehmers in seinem durch Art. 1, 2 Abs. 1 und 12 Abs. 1 GG geschützten Grundrecht auf freie Wahl des Arbeitsplatzes, das auch den Schutz vor einem ungewollten Arbeitgeber beinhaltet.

Zum einen ist es gerade im Fall eines Familienbetriebes durchaus möglich, daß der Arbeitnehmer den ursprünglichen Betriebsinhaber wegen seines Führungsstils, seiner Zuverlässigkeit und wegen des durch ihn vermittelten Betriebsklimas besonders schätzte. Nun wird er aber durch den Erbfall an dessen Sohn vertraglich gebunden, der ganz andere Vorstellungen von einer effektiven Betriebsführung hat oder der ihm schon von je her – aus welchen Gründen auch immer – verhaßt war. In Betracht kommt z.B. auch der Fall, daß der Erbe eines Zeitungsverlages als neuer Betriebsinhaber offensichtlich die politische Richtung der dort herausgebrachten Zeitung ändern wird, so daß dem Arbeitnehmer als Redakteur eine weitere Zusammenarbeit unzumutbar ist.

Auch die pauschalen Behauptungen der nahezu gesamten Rechtsprechung und Literatur, ein Widerspruchsrecht im Erbfall komme von vornherein schon deswegen nicht in Betracht, weil es sich dabei zum einen um eine Gesamtrechtsnachfolge handele, und weil zum andern der ehemalige Betriebsinhaber als potentieller Arbeitgeber fortfalle[1017], sind so nicht ganz richtig. Wie oben bereits festgestellt, ist nämlich im Fall der gesellschaftsrechtlichen Gesamtrechtsnachfolge ein Widerspruchsrecht zu bejahen, so daß das Merkmal der Gesamtrechts-

[1016] Vgl. BT-Drucks. 14/7760, S. 20, li. Spalte.
[1017] Seiter, Betriebsinhaberwechsel, S. 143.

nachfolge für sich allein noch keinen Ausschlußgrund für ein Widerspruchsrecht darstellen kann. Darüber hinaus ist nach der hier vertretenen Auffassung ein Widerspruchsrecht auch in den Fällen der gesellschaftsrechtlichen Gesamtrechtsnachfolge zu bejahen, in denen der übertragende Rechtsträger durch die Umwandlung erlischt[1018]. Der Arbeitnehmer kann auch in diesen Fällen ein Interesse daran haben, nicht vertraglich an den neuen Rechtsträger gebunden zu sein. Ebenso kann der Arbeitnehmer im Fall der erbrechtlichen Gesamtrechtsnachfolge daran interessiert sein, nicht vertraglich an den Erben gebunden zu sein, auch wenn dies aufgrund des Todes des ehemaligen Arbeitgebers notwendigerweise zu einer Beendigung seines Arbeitsverhältnisses führt. Schließlich handelt es sich dabei lediglich um die Rechtsfolgen der Ausübung des Widerspruchsrechts, nicht jedoch um einen Umstand, der ein Widerspruchsrecht von vornherein ausschließt. Auch in den Fällen, in denen der ursprüngliche Arbeitgeber bestehen bleibt, droht stets die Gefahr, daß der widersprechende Arbeitnehmer seinen Arbeitsplatz durch betriebsbedingte Kündigung verliert, ohne daß dies zu einer grundsätzlichen Ablehnung des Widerspruchsrechts führt.

Für die Beachtlichkeit eines Widerspruchsrechts im Falle der erbrechtlichen Gesamtrechtsnachfolge spricht zuletzt ein Vergleich dieser Situation mit den möglichen anderen Gestaltungen des Betriebsübergangs zum Zeitpunkt des Todes des bisherigen Betriebsinhabers, da es sich dabei trotz äußerer Gleichartigkeit nicht immer um erbrechtlich bedingte Betriebsübergänge handelt[1019]. So sind die Fälle des dinglichen Vollzugs zum Todeszeitpunkt[1020], im Einzelfall der Schenkung von Todes wegen[1021], des Erwerbs eines Betriebes als Vermächtnisnehmer oder als Erbschaftskäufer[1022] sowie des Erwerbs aufgrund einer Teilungsanordnung[1023] oder aufgrund eines Auseinandersetzungsvertrages[1024] als rechtsgeschäftlich veranlaßte Betriebsübergänge zu bewerten. Dies hat zur Folge, daß den Arbeitnehmern ein Widerspruchsrecht gegen den Übergang ihrer Arbeitsverhältnisse zuzugestehen ist. Bei dem Erwerb nach Ausschlagung[1025], dem Erwerb als Nacherbe[1026] und bei der Auseinandersetzung durch Testamentsvollstrecker[1027] lehnt man ein solches Widerspruchsrecht aufgrund der Anwendbarkeit erbrechtlicher Vorschriften hingegen ab. Dabei ist für den Ar-

---

[1018] D.h. bei der Verschmelzung und der Aufspaltung.

[1019] Ausführlich zum Folgenden vgl. Schramm, Willensbeteiligung, S. 83 ff.

[1020] Schramm, Willensbeteiligung, S. 83.

[1021] Nämlich wenn die Schenkung bereits dinglich vollzogen und nur auf den Tod des Schenkers hinausgeschoben wird, vgl. BGH NJW 1959, 2254.

[1022] Schramm, Willensbeteiligung, S. 100.

[1023] Schramm, Willensbeteiligung, S. 103.

[1024] Schramm, Willensbeteiligung, S. 104.

[1025] Schramm, Willensbeteiligung, S. 96.

[1026] Schramm, Willensbeteiligung, S. 98.

[1027] Schramm, Willensbeteiligung, S. 103.

beitnehmer selbst kein vernünftiger Grund für die unterschiedliche Behandlung ersichtlich.

b) Unterschiede zum Fall des rechtsgeschäftlichen Betriebsübergangs

Auch wenn auf den ersten Blick viele Argumente für die Erforderlichkeit eines Widerspruchsrechts des Arbeitnehmers bei der erbrechtlichen Gesamtrechtsnachfolge sprechen, weil die Situation des Arbeitnehmers weitgehend mit der beim rechtsgeschäftlichen Betriebsübergang vergleichbar ist, lassen sich hier dennoch einige – entscheidende – Unterschiede feststellen.

Ein beachtlicher Unterschied zwischen dem rechtsgeschäftlichen Betriebsübergang und dem erbrechtlichen Betriebsübergang besteht, wie oben bereits erwähnt, darin, daß im ersten Fall der Betriebsinhaber und Arbeitgeber die privatautonome Entscheidung trifft, den Betrieb auf einen anderen zu übertragen, und er sich so den arbeitsvertraglichen Verpflichtungen entzieht, während im anderen Fall nur das tatsächliche Ereignis seines Todes eintritt. Steht dem Arbeitgeber im ersten Fall die Befugnis zu, aufgrund freiverantwortlicher Entscheidung die Arbeitnehmer an einen anderen „zu verkaufen", muß den Arbeitnehmern als Ausgleich ein Widerspruchsrecht zustehen, mit dem sie ihre grundgesetzlich verankerte Vertragsfreiheit und personale Würde verteidigen können.

Beim erbrechtlichen Betriebsübergang liegt hingegen gar keine solche Entscheidung des Betriebsinhabers vor. Der Betriebsübergang ist allein die gesetzlich angeordnete, notwendige Folge eines tatsächlich eintretenden Ereignisses, nämlich des Todes des Betriebsinhabers, um das Auftreten subjektloser Rechte zu vermeiden. Handelt es sich aber mangels einer Willensäußerung des Betriebsinhabers, die die Übertragung des Betriebes und somit auch den Übergang der Arbeitsverhältnisse auslöst, gar nicht um einen „Verkauf" der Arbeitnehmer, muß diesen zum Schutz ihrer personalen Würde auch kein Recht zugestanden werden, sich gegen diesen Übergang zu wehren. Für sie besteht nicht die typische Gefährdungslage wie bei einem Betriebs(teil)übergang durch Einzelrechtsnachfolge oder gesellschaftsrechtliche Gesamtrechtsnachfolge. Denn bei diesen kann der Betriebsinhaber schließlich jeweils entscheiden, ob und welche Arbeitnehmer auf einen anderen Arbeitgeber übergehen sollen, auch wenn dies grundsätzlich nur unter Bindung an den jeweiligen Betriebsteil geschehen kann. Es widerspräche darüber hinaus der Konstruktion der vom Gesetzgeber geregelten erbrechtlichen Gesamtrechtsnachfolge, in einem solchen Fall dem entgegenstehenden Willen des Arbeitnehmers Bedeutung beizumessen. Insbesondere ist keine rechtstechnische Konzeption ersichtlich, durch die man zu diesem Ergebnis gelangen könnte. Eine teleologische Reduktion des § 1922 Abs. 1 BGB dahingehend, daß der Übergang der zu einem Betrieb gehörenden Arbeitsverhältnisse, der Teil des Nachlasses ist, im Wege der Gesamtrechtsnachfolge dann

nicht stattfindet, wenn der Wille des Arbeitnehmers entgegensteht, kommt nicht in Betracht. Dies schon allein deshalb, weil Sinn und Zweck des § 1922 Abs. 1 BGB nicht hauptsächlich im Schutz der betroffenen Arbeitnehmer zu sehen ist, sondern vielmehr in der Regelung der Vermögenszuordnung. Sowohl im Interesse der Nachlaßgläubiger als auch im Interesse des Erben[1028] soll eine gewisse Kontinuität der Rechtspositionen und -beziehungen nach dem Wegfall des Zuordnungssubjektes gewährleistet werden[1029].
Somit ist der entgegenstehende Wille des Arbeitnehmers bei einem Betriebsübergang durch erbrechtliche Gesamtrechtsnachfolge auch weiterhin unbeachtlich, ohne daß man dadurch in Konflikt zu dem mittlerweile gesetzlich normierten Widerspruchsrecht in den Fällen des Betriebsübergangs durch Einzelrechtsnachfolge und durch gesellschaftsrechtliche Gesamtrechtsnachfolge geraten würde. Schließlich sind entscheidende Unterschiede zwischen den genannten Konstellationen festzustellen.
In Betracht kommt jedoch eine außerordentliche Kündigung, wenn dem Arbeitnehmer die Fortsetzung des Arbeitsverhältnisses unter dem Erben bis zur ordentlichen Beendigung des Arbeitsverhältnisses im Einzelfall nicht zumutbar ist[1030].

B. Ausscheiden des vorletzten Gesellschafters bei einer Personengesellschaft

Grundvoraussetzung dafür, daß im Fall des Ausscheidens des vorletzten Gesellschafters überhaupt ein Widerspruchsrecht des Arbeitnehmers in Betracht kommt, ist das Vorliegen eines Betriebsinhaber- und somit Arbeitgeberwechsels in diesem Zusammenhang.

1. Betriebsinhaber - / Arbeitgeberwechsel

Ein bloßer Gesellschafterwechsel durch Anteilsübertragung wird nach überaus herrschender Meinung auch bei Personengesellschaften nicht als Betriebsinhaberwechsel im Sinne des § 613 a Abs. 1 BGB angesehen[1031]. Auch wenn man die Personengesellschaft nicht als selbständigen Unternehmensträger ansehe[1032],

[1028] Lange/Kuchinke, Erbrecht, § 5 II 2a.
[1029] Vgl. Michalski, BGB – Erbrecht, § 1, Rn. 1.
[1030] So auch Seiter, Betriebsinhaberwechsel, S. 143.
[1031] BAG AP Nr. 87 zu § 613 a BGB; Kasseler ArbR-Hattesen, 6.7, Rn. 16 f.; Staudinger[13]-Richardi/Annuß, § 613 a BGB, Rn. 57.
[1032] So aber mittlerweile die Rechtsprechung und die h.M. in der Literatur, vgl. K. Schmidt, Gesellschaftsrecht, § 8 III 5.

sondern die Gesamtheit der Gesellschafter[1033], sei bei einem Gesellschafterwechsel für § 613 a BGB eine Identität des Unternehmensträgers zu bejahen[1034]. Ebenso findet grundsätzlich kein Arbeitgeberwechsel statt, wenn im Falle des Ausscheidens eines Gesellschafters dessen Anteil den verbliebenen Gesellschaftern gemäß § 738 Abs. 1 Satz 1 BGB ipso jure zufällt (Anwachsung)[1035], da auch dann die Gesellschaft nach h.M. als Arbeitgeberin bestehen bleibt. Ein anderes Ergebnis könnte sich jedoch ausnahmsweise in dem Fall ergeben, in dem sämtliche Gesellschafter bis auf einen unbeschränkt haftenden Gesellschafter aus der Gesellschaft ausscheiden und das Vermögen der Gesellschaft bei entsprechender Vereinbarung im Gesellschaftsvertrag[1036] gemäß §§ 738 Abs. 1 Satz 1 BGB, 140 Abs. 1 HGB (analog)[1037] auf den übriggebliebenen Gesellschafter übergeht. Während vorher die „Gesellschaft" Betriebsinhaberin und Arbeitgeberin war, könnte nun der übriggebliebene „Gesellschafter" als alleiniger Betriebsinhaber und Arbeitgeber anzusehen sein.
Entscheidend dafür, ob ein Betriebsinhaberwechsel vorliegt oder nicht, ist zunächst die Frage, ob überhaupt die Möglichkeit besteht, eine Personengesellschaft als „Einmann-Personengesellschaft" fortzuführen, da nur dann die Gesellschaft selbst auch bei Ausscheiden des vorletzten Gesellschafters – ohne daraus resultierenden Betriebsinhaberwechsel - weiterhin als Arbeitgeberin anzusehen sein könnte.

a) Möglichkeit des Fortbestehens einer Einmann-Personengesellschaft

Noch bis vor einigen Jahren war es einhellige Meinung, daß es eine Einmann-Personengesellschaft in keinem Fall geben könne[1038]. Das Ausscheiden aller Gesellschafter bis auf einen führe notwendigerweise zur Beendigung der Gesellschaft, da eine Personengesellschaft nicht aus nur einer Person bestehen könne. Man stellte dabei zur Begründung größtenteils auf das Gesamthandsprinzip ab, da die Gesamthand eine Personenmehrheit erfordere und daher bei dem Schrumpfen der Gesellschaft auf nur einen Gesellschafter auto-

---

[1033] So Wiedemann, Gesellschaftsrecht I, S. 242 ff.

[1034] MünchArbR-Wank, § 124, Rn. 62. A.A. ist Schleifenbaum, BB 1991, 1705, der, ausgehend von der Prämisse, bei der GbR seien die Gesellschafter gemeinschaftlich der Arbeitgeber, den Gesellschafterwechsel in diesem Rahmen als Betriebsübergang im Sinne des § 613 a BGB beurteilt.

[1035] Gussen/Dauck, Weitergeltung, Rn. 300.

[1036] Kasseler ArbR-Hattesen, 6.7, Rn. 18; Quander, Gesamtrechtsnachfolge, S. 139.

[1037] BGHZ 32, 307; MünchHdb.GesR I-Piehler, § 13, Rn. 26.

[1038] GK-Ensthaler, vor §§ 105 ff. HGB, Rn. 13; § 105 HGB, Rn. 8; § 131 HGB, Rn. 18; Koller, § 142 HGB, Rn.1; MünchHdb.GesR I-Gummert, § 16, Rn. 71; Palandt-Sprau, § 705 BGB, Rn. 1; K. Schmidt, Gesellschaftsrecht, § 8 IV 2b ; Staudinger-Keßler, Vorbem. zu § 705 BGB, Rn. 36; § 736 BGB, Rn. 1.

matisch entfalle[1039]. Teilweise sah man die Unmöglichkeit des Bestehens einer Einmann-Personengesellschaft auch als Folge der Sozietätskonstruktion der Personengesellschaften an[1040].
Seit einiger Zeit ist in diesem Bereich jedoch eine heftige Diskussion entbrannt, innerhalb derer einige Autoren für die grundsätzliche Existenz einer Einmann-Personengesellschaft eintreten. Zwar sei die Gründung einer solchen Gesellschaft aus gesetzlichen Gründen auch weiterhin nicht möglich. Dafür könne eine Einmann-Personengesellschaft aber sehr wohl durch das Ausscheiden der übrigen Gesellschafter entstehen. Insbesondere könne es in bestimmten Fällen, zum Beispiel wenn nach außen gerichtete Vermögensbeziehungen dies erforderten, zu einer Fortsetzung des Personengesellschaftsverbandes kommen, auch wenn alle Gesellschaftsbeteiligungen in einer Hand zusammenfielen[1041].
Die von der herkömmlichen Literaturauffassung vorgebrachten Argumente könnten die Möglichkeit einer solchen Gesellschaft nicht ausschließen. Schließlich handele es sich bei dem Gesellschaftsvermögen weiterhin aufgrund der Rechtsträgerschaft der Gesamthand um ein „Sondervermögen"[1042]. Ein der Gesamthand vorgegebenes Begriffsmerkmal der Personenmehrheit sei ebenso wenig anzuerkennen wie bei der juristischen Person[1043]. Die Sozietätskonstruktion stehe der Möglichkeit einer Einmann-Personengesellschaft ebenfalls nicht entgegen, da selbst die Vertreter dieser Auffassung diese in manchen Fällen anerkennen würden[1044]. Daher müsse auch deren grundsätzliche und nicht nur „relative" Existenz befürwortet werden[1045]. Nach dieser Auffassung ist somit auch bei dem Verbleib nur eines Gesellschafters die Gesellschaft selbst weiterhin als Arbeitgeberin anzusehen, so daß gar kein Übergang der Arbeitsverhältnisse vorliegt. Dann stellt sich die Frage eines Widerspruchsrechts der Arbeitnehmer von vornherein nicht.
Überwiegend ist man jedoch auch weiterhin der Meinung, daß mit dem Ausscheiden des vorletzten Gesellschafters die Gesellschaft erlischt, da es eine Einmann-Personengesellschaft grundsätzlich nicht gebe. Von diesem Grundsatz seien nur in bestimmtem Umfang Ausnahmen zu machen, so z.B. in dem Fall, in dem der vorletzte Gesellschafter den letzten Gesellschafter als Vorerben einsetze[1046]. Dann sei zwar nur noch eine Person als Gesellschafter übrig. Diese Per-

[1039] Huber, Vermögensanteil, S. 104 f.
[1040] So K. Schmidt, Gesellschaftsrecht, § 8 IV 2b.
[1041] So Baumann, BB 1998, 225; Weimar, ZIP 1997, 1769.
[1042] Weimar, ZIP 1997, 1769, 1774.
[1043] Weimar, ZIP 1997, 1769, 1772 mit Hinweis auf K. Schmidt, NJW 1980, 1769, 1775.
[1044] Dazu sogleich.
[1045] Weimar, ZIP 1997, 1769, 1773.
[1046] Vgl. BGH ZIP 1986, 912; Koller, § 177 HGB, Rn. 6. Daneben komme der Fall in Betracht, daß der letzte Gesellschafter Alleinerbe der vorletzten werde, jedoch beschwert durch eine Testamentsvollstreckung, oder daß dieser Anteil durch ein Pfandrecht oder durch einen Nießbrauch dinglich belastet sei, s. K. Schmidt, Gesellschaftsrecht, § 45 I 2b bb.

son besitze jedoch unterschiedlich belastete und damit voneinander zu trennende Mitgliedschaften. Nur auf das Vorhandensein mehrerer Mitgliedschaften komme es für die Möglichkeit des Fortbestehens einer Personengesellschaft jedoch an[1047].
Auch wenn in einem solchen Ausnahmefall eine Anerkennung der Einmann-Personengesellschaft zu befürworten ist[1048], kann dies in Übereinstimmung mit der geltenden gesetzlichen Regelung nicht zu deren grundsätzlicher Anerkennung führen. Zum einen würden dadurch Widersprüchlichkeiten entstehen. Denn es ist kein Grund dafür ersichtlich, warum die Gründung einer Einmann-Personengesellschaft weiterhin unzulässig ist[1049], während eine nicht-originäre Einmann-Personengesellschaft ohne weiteres zulässig sein soll. Dies würde geradezu zu einer Umgehung der Vorschrift des § 705 BGB einladen. Zum andern ist auch kein zwingender Grund ersichtlich, der die Fortexistenz der Personengesellschaft als Einmann-Personengesellschaft fordern würde. Schließlich übernimmt im Fall des Ausscheidens des vorletzten Gesellschafters der übrigbleibende Gesellschafter sämtliche Aktiva und Passiva[1050]. Die Gläubiger stehen folglich grundsätzlich nicht schlechter da, als wenn die Gesellschaft mit dem einzig verbleibenden Gesellschafter als persönlich haftendem Gesellschafter bestehen bleiben würde.
Verbleibt somit nach dem Ausscheiden des vorletzten Gesellschafters nur ein Gesellschafter mit einer einheitlichen Beteiligung, kann die Gesellschaft nicht als „Einmann-Personengesellschaft" und folglich auch nicht als Arbeitgeberin fortbestehen.

b) Rechtliche Folgen des Ausscheidens des vorletzten Gesellschafters

Das Ausscheiden des vorletzten Gesellschafters führt – abgesehen von den oben erwähnten Ausnahmefällen - zwingend zur Auflösung der Personengesellschaft. Zu prüfen ist, welche Folgen dies für das Vermögen der Gesellschaft hat, insbesondere auch für die mit der Gesellschaft bestehenden Arbeitsverträge.
Bezüglich der Personenhandelsgesellschaften gingen die Rechtsprechung und die herrschende Meinung bereits nach alter Rechtslage davon aus, daß in einem solchen Fall das gesamte Gesellschaftsvermögen entsprechend § 142 Abs. 1

[1047] Vgl. Rieker, Mehrfachbeteiligung, S. 116; Söring, Mehrfachbeteiligung, S. 133 f; T. Schmidt, Einmann-Personengesellschaften, S. 87.
[1048] Dies jedoch nur in dem Fall, in dem der letzte Gesellschafter einen Anteil mit abweichender Rechtsausstattung hinzuerwirbt, da dieser ex lege selbständig bleibt. Vgl. zum überholten Prinzip der Einheitlichkeit des Personengesellschaftsanteils Priester, DB 1998, 55 ff.; Söring, Mehrfachbeteiligung; Rieker, Mehrfachbeteiligung.
[1049] So nämlich auch die grundsätzlichen Befürworter der Einmann-Personengesellschaft.
[1050] Dazu sogleich.

HGB a.F., § 738 Abs. 1 Satz 1 BGB auf den einzig verbliebenen Gesellschafter übergehe[1051], wenn nicht im Gesellschaftsvertrag die Liquidation der Gesellschaft vereinbart sei[1052]. Mit Vereinigung aller Anteile entfalle die bisherige Gesamthand, die Gesellschaft erlösche ohne Auseinandersetzung, und das bisherige Gesamthandseigentum wandele sich ohne Übertragungsakt im Wege der Gesamtrechtsnachfolge in Alleineigentum des übernehmenden Rechtsnachfolgers um[1053].
Nach den Änderungen durch das Handelsrechtsreformgesetz vom 22.6.1998 vollzieht sich dieser Übergang automatisch entsprechend den §§ 131 Abs. 3, 140 Abs. 1 Satz 2 HGB n.F. i.V.m. § 738 Abs. 1 Satz 1 BGB[1054]. Dies geschieht insbesondere, um die Unternehmenskontinuität zu sichern, d.h. es ist keine Erklärung des Gesellschafters zur Übernahme erforderlich[1055].
Was die GbR anbetrifft, war streitig, ob der frühere § 142 HGB[1056] analog auf diese anzuwenden sei. Dies wurde von der Rechtsprechung und großen Teilen der Literatur teils grundsätzlich, teils zumindest für die unternehmenstragenden Gesellschaften bürgerlichen Rechts, deren Zweck auf den Betrieb eines Unternehmens gerichtet war, bejaht[1057]. Manche Autoren gingen demgegenüber davon aus, daß für ein Übernahmerecht im Analogiewege kein Raum sei und deshalb für die GbR eine vertragliche Übernahmevereinbarung erforderlich sei[1058]. Insbesondere bei unternehmenstragenden Gesellschaften, um die es in dem hier behandelten Problemkreis eines eventuell bestehenden Widerspruchsrechts von Arbeitnehmern nur gehen kann, ist das Interesse am Fortbestand der Gesellschaft, d.h. der Gedanke der Unternehmenserhaltung, mit der Situation bei der OHG und der KG identisch. Aufgrunddessen ist eine besondere Demonstration dieses Interesses durch eine besondere Vertragsklausel als entbehrlich anzusehen und vielmehr eine analoge Anwendung des § 140 Abs. 1 Satz 2 HGB n.F. in allen Fällen des § 131 Abs. 3 HGB auf die GbR anzunehmen. Dies gilt nach der Änderung des HGB um so mehr, als nun jede GbR, die ein Gewerbe betreibt, kraft Gesetzes Personenhandelsgesellschaft ist[1059]. Dies gilt nur dann

[1051] BAG ZIP 1998, 1974; Kasseler ArbR-Hattesen, 6.7, Rn. 18.
[1052] Auch sonst hatte der Gesellschafter aber nur das Recht, nicht die Pflicht, das Unternehmen als Einzelkaufmann zu übernehmen, vgl. Lamprecht, ZIP 1997, 919, 921 f.; GK-Ensthaler, § 131 HGB, Rn. 18.
[1053] BAG ZIP 1998, 1974.
[1054] GK-Ensthaler, § 131 HGB, Rn. 18.
[1055] Eine abweichende Bestimmung davon im Gesellschaftsvertrag ist selbstverständlich weiterhin möglich, da es sich bei den erwähnten Vorschriften um dispositives Recht handelt, vgl. GK-Ensthaler, § 131 HGB, Rn. 20.
[1056] D.h. der neue § 140 Abs. 1 HGB.
[1057] Vgl. BGHZ 32, 307; Schlegelberger-K. Schmidt, § 142 HGB, Rn. 9; K. Schmidt, Gesellschaftsrecht, § 58 V 2b.
[1058] Vgl. Ulmer, GbR, § 730, Rn. 53 ff., 59.
[1059] Und zwar in der Regel OHG.

nicht, wenn das Unternehmen nach Art und Umfang keinen in kaufmännischer Weise eingerichteten Geschäftsbetrieb erfordert und auch nicht im Handelsregister eingetragen ist[1060]. Von daher sind viele bisher gewerblich tätige BGB-Gesellschaften seit dem 1.7.1998 als OHG anzusehen[1061], wobei sich diese automatisch in BGB-Gesellschaften zurückverwandeln, sobald eine der genannten zusätzlichen Voraussetzungen entfällt. Um dabei nicht zu unterschiedlichen Regelungen beim Ausscheiden des vorletzten Gesellschafters zu gelangen, ist auch bei der unternehmenstragenden GbR von einem automatischen Übergang des Gesellschaftsvermögens in das Alleineigentum des verbliebenen Gesellschafters analog §§ 140 Abs. 1, 131 Abs. 3 HGB i.V.m. § 738 Abs. 1 Satz 1 BGB auszugehen.

Somit erlöschen – wenn nicht eine anders lautende gesellschaftsvertragliche Regelung vorliegt - alle Personengesellschaften ohne Auseinandersetzung, wenn sich die Gesellschaftsanteile in einer Hand vereinigen, und das Gesellschaftsvermögen wandelt sich ohne Übertragungsakt im Wege der Gesamtrechtsnachfolge in Alleineigentum des übernehmenden Rechtsnachfolgers um[1062]. Dieser wird daher unmittelbarer Vertragspartner der der Gesellschaft zugeordneten Rechtsverhältnisse und folglich auch neuer Arbeitgeber der vormals bei der Gesellschaft beschäftigten Arbeitnehmer[1063].

2. Widerspruchsrecht der Arbeitnehmer

Da grundsätzlich von einem Arbeitgeberwechsel auszugehen ist, wenn der vorletzte Gesellschafter aus einer Personengesellschaft ausscheidet, stellt sich in diesen Fällen auch die Frage nach dem Bestehen eines Widerspruchsrechts der Arbeitnehmer.

[1060] Vgl. §§ 105 Abs. 2, 123 Abs. 2 i.V.m. §§ 2, 3 Abs. 2 HGB.

[1061] Palandt-Sprau, § 705 BGB, Rn. 6.

[1062] BAG ZIP 1998, 1973, 1974; BGH NJW 1994, 796; Heymann-Emmerich, § 142 HGB, Rn. 2; MünchHdb.GesR I-Piehler, § 13, Rn. 27; MünchHdb.GesR I-Klein, § 14, Rn. 17; MünchHdb.GesR I-Gummert, § 16, Rn. 72; Schlegelberger-K. Schmidt, § 138 HGB, Rn. 25; K. Schmidt, Gesellschaftsrecht, § 11 V 3a aa; Gaul, Betriebsänderung, S. 7; Quander, Gesamtrechtsnachfolge, S. 139; Palandt-Sprau, § 736 BGB, Rn. 4. Teilweise geht man auch hier trotz der vorliegenden Besonderheit, daß sich die bisherige Gesamthandsberechtigung zu Alleineigentum in der Person des allein verbleibenden „Gesellschafters" umwandelt, vgl. BAG DB 1999, 2051, von einer normalen „Anwachsung" aus, vgl. Gussen/Dauck, Weitergeltung, Rn. 301; Ulmer, GbR, § 718, Rn. 21; § 719, Rn. 20.

[1063] Handelt es sich hingegen um einen der bestehenden Sonderfälle, in denen der letzte verbleibende Gesellschafter mindestens zwei voneinander zu trennende Gesellschaftsanteile oder Mitgliedschaften innehat, so bleibt die Gesellschaft als Arbeitgeber weiterhin erhalten, d.h. es findet kein Arbeitgeberwechsel statt, so daß sich auch die Frage eines Widerspruchsrechts von vornherein nicht stellt.

a) Keine direkte Anwendung des Widerspruchsrechts aus § 613 a Abs. 6 BGB

Eine direkte Anwendung des mittlerweile in § 613 a Abs. 6 BGB gesetzlich normierten Widerspruchsrechts kommt hier nicht in Betracht, da es sich nicht um einen rechtsgeschäftlichen Betriebsinhaberwechsel handelt, sondern um einen Fall der gesetzlichen Gesamtrechtsnachfolge. Der Betriebsinhaberwechsel beruht nicht, wie für § 613 a BGB erforderlich, auf einem Rechtsgeschäft, sondern ist gesetzlich notwendige Folge des tatsächlichen Ausscheidens des vorletzten Gesellschafters. In diesem Fall geht die Gesellschaft automatisch unter, und deren Vermögen muß, soweit keine Liquidation stattfindet, auf ein anderes Rechtssubjekt übergehen.

b) Widerspruchsrecht aufgrund vergleichbarer Situation?

Somit ist zu überprüfen, ob sich ein Widerspruchsrecht nicht aus anderen Gründen ergeben kann, insbesondere aufgrund einer Vergleichbarkeit der Interessenlage der betroffenen Arbeitnehmer mit der Interessenlage der Arbeitnehmer bei einem rechtsgeschäftlichen Betriebsinhaberwechsel.
Grundsätzlich kann sich auch hier eine mit dem Betriebsübergang durch Rechtsgeschäft oder durch gesellschaftsrechtliche Gesamtrechtsnachfolge vergleichbare Situation und Interessenlage der Arbeitnehmer ergeben. Vergleichbar mit dem rechtsgeschäftlichen Betriebsübergang ist die Tatsache, daß der Arbeitnehmer nun an einen Arbeitgeber gebunden ist, den er sich nicht vorher ausgesucht hat und der ihm aus den verschiedensten Gründen unliebsam sein könnte[1064]. Vergleichbar mit dem Betriebsübergang infolge einer Unternehmensumwandlung ist darüber hinaus, daß der Rechtsübergang im Wege der Gesamtrechtsnachfolge stattfindet, und – zumindest teilweise - der Umstand, daß der ursprüngliche Arbeitgeber untergeht. Schließlich wird durch die Vereinigung aller Mitgliedschaftsrechte in einer Hand die Gesellschaft grundsätzlich automatisch vollbeendet[1065].
Fraglich ist jedoch, ob es sich hier – wie bei dem erbrechtlichen Betriebsübergang – wirklich immer um die Folge eines unvermeidlichen, natürlichen Ereignisses handelt, oder ob nicht vielmehr teilweise – wie beim Betriebsübergang infolge einer Unternehmensumwandlung - die Folge eines privatautonom gefaßten Willensentschlusses vorliegt, dem der Gesetzgeber Geltung verschaffen will. Schließlich wurde ein Widerspruchsrecht beim „erbrechtlichen Betriebsübergang" insbesondere deshalb abgelehnt, weil es dabei gerade nicht darauf

---

[1064] In Betracht kommt auch hier die Änderung der Unternehmensstrategie, die Änderung der politischen Richtung bei einem Zeitungsverlag usw. durch die Betriebsübernahme des allein verbleibenden Gesellschafters.

[1065] Schlegelberger-K. Schmidt, § 131 HGB, Rn. 2; Ulmer, GbR, Vor § 723, Rn. 9.

ankam, dem Willen der Beteiligten zur Geltung zu verhelfen, sondern weil es sich vielmehr um eine notwendige gesetzliche Vermögenszuteilung handelte. Dabei ist zu beachten, daß die Vereinigung aller Mitgliedschaftsrechte in einer Person mit den sich daraus ergebenden Folgen verschiedene Ursachen haben kann[1066]. In Betracht kommen insbesondere das freiwillige Ausscheiden oder der Ausschluß aller Mitgesellschafter des verbleibenden Gesellschafters[1067], der Tod des vorletzten Gesellschafters unter Beerbung durch den alleinigen Mitgesellschafter, die Vereinigung aller Gesellschaftsanteile in einer Hand aufgrund rechtsgeschäftlicher Anteilsübertragung sowie die Fusion zweier als einzige Gesellschafter an einer Personengesellschaft beteiligten Aktiengesellschaften. Somit handelt es sich teilweise um natürliche, tatsächliche Ursachen, wie den Tod eines Gesellschafters, teilweise jedoch auch um gewollte, durch privatautonome Entscheidung herbeigeführte Ursachen, wie die rechtsgeschäftliche Anteilsübertragung.

Es erscheint jedoch fraglich, ob diese Unterscheidung zu unterschiedlichen Ergebnissen hinsichtlich des Bestehens des Widerspruchsrechts führt. Schließlich kann man auch im Fall der durch privatautonome Entscheidung herbeigeführten Anteilsvereinigung in einer Hand nur indirekt auch von einem durch privatautonome Entscheidung herbeigeführten Betriebsinhaber- und damit Arbeitgeberwechsel sprechen. Die zugrundeliegende Willenserklärung ist allein auf das Ausscheiden aus der Gesellschaft oder auf die Übernahme von Gesellschaftsanteilen gerichtet. Die darüber hinausgehende Folge des Übergangs des Gesellschaftsvermögens im Wege der Gesamtrechtsnachfolge ist demgegenüber allein durch die Tatsache bedingt, daß nur ein einziger Gesellschafter übrigbleibt, was eben nach noch herrschender Auffassung grundsätzlich zur sofortigen Beendigung der Gesellschaft führt. Würden hingegen noch weitere Gesellschafter verbleiben, so kämen bei den gleichen Vorgängen der rechtsgeschäftlichen Anteilsübertragung oder des sonstigen Ausscheidens eines Gesellschafters keine der hier angesprochenen Rechtsfolgen in Betracht. Denn ein einfacher Gesellschafterwechsel verursacht nach fast allgemeiner Meinung aufgrund der Wahrung der Identität der Gesellschaft[1068] keinen Betriebsinhaber- oder Arbeitgeberwechsel.

Es liegt somit hier seitens des Arbeitgebers kein auf privatautonomer Entscheidung beruhender „Verkauf“ der Arbeitnehmer vor. Es handelt sich vielmehr um eine gesetzlich angeordnete, notwendige Folge eines tatsächlichen Ereignisses[1069], um das Auftreten subjektloser Recht zu vermeiden. Die einzigen teil-

---

[1066] Siehe dazu Schlegelberger-K. Schmidt, § 131 HGB, Rn. 2; Ulmer, GbR, Vor § 723 Rn. 9.

[1067] Dabei wird bei der GbR teilweise das Vorhandensein einer gesellschaftsvertraglichen Fortsetzungsklausel gefordert, vgl. Ulmer, GbR, Vor § 723, Rn. 9.

[1068] Palandt-Sprau, § 736 BGB, Rn. 3.

[1069] Die Auflösung der Gesellschaft durch die Vereinigung aller Anteile in einer Hand ist, ebenso wie der Tod eines Menschen, in diesem Rahmen als tatsächliches Ereignis zu verstehen,

weise vorhandenen Willensentscheidungen richten sich – im Gegensatz zu den Vorgängen bei einer Unternehmensumwandlung – grundsätzlich auf ein ganz anderes Ziel, nämlich allein auf das Ausscheiden des jeweiligen Gesellschafters aus der Gesellschaft.
Folglich ist im vorliegenden Fall kein Ansatzpunkt dafür ersichtlich, den Arbeitnehmern „als Ausgleich" für eine auf Arbeitgeberseite getroffene Entscheidung zur Betriebs- und damit Arbeitnehmerübertragung ein Widerspruchsrecht gegen den Übergang ihrer Arbeitsverhältnisse zu gewähren. Zudem käme es bei einer anderen Bewertung dieser Vorgänge notwendigerweise zu unterschiedlichen Ergebnissen, je nach dem, aufgrund welchen Umstands die Vereinigung aller Gesellschaftsanteile in einer Hand erfolgte. Dies kann aber schon allein aus Gründen der Rechtssicherheit und Rechtsklarheit nicht das richtige Ergebnis sein.
Nach alledem steht den Arbeitnehmern kein Widerspruchsrecht gegen den Übergang ihrer Arbeitsverhältnisse von einer durch Vereinigung aller Gesellschaftsanteile in einer Hand aufgelösten Personengesellschaft auf den übriggebliebenen „Gesellschafter" im Wege der Gesamtrechtsnachfolge zu.
Ist die Weiterarbeit für sie im Einzelfall als unzumutbar anzusehen, steht ihnen gemäß § 626 BGB ein außerordentliches Kündigungsrecht zu.

C. Fiktion des Arbeitsverhältnisses, § 10 Abs. 1 Satz 1 AÜG

Ein weiterer Fall des „Aufdrängens" eines neuen, eventuell ungewollten Arbeitgebers liegt im Fall der Fiktion des Arbeitsverhältnisses zum Entleiher aufgrund unerlaubter Arbeitnehmerüberlassung gemäß § 10 Abs. 1 Satz 1 AÜG vor.

1. Voraussetzungen der Fiktion des Arbeitsvertrages nach § 10 Abs. 1 Satz 1 AÜG

Voraussetzung für die Fiktion des Arbeitsvertrages nach § 10 Abs. 1 AÜG zum Entleiher ist, daß dem Verleiher bei einer gewerbsmäßigen Arbeitnehmerüberlassung die nach § 1 Abs. 1 Satz 1 AÜG erforderliche behördliche Erlaubnis fehlt.
„Arbeitnehmerüberlassung" im Sinne des § 1 Abs. 1 Satz 1 AÜG liegt vor, wenn ein Arbeitgeber einem Dritten einen Arbeitnehmer zur fremdbestimmten Arbeitsleistung überläßt[1070], wobei eine vertragliche Vereinbarung zwischen dem Vertragsarbeitgeber und dem Dritten vorliegen muß[1071]. Die Arbeitneh-

---

auch wenn diese wiederum im Einzelfall rechtsgeschäftlich bedingt ist, so z.B. bei der rechtsgeschäftlichen Anteilsübertragung.

[1070] Schüren, § 1 AÜG, Rn. 76; Ulber, § 1 AÜG, Rn. 15.

[1071] Sog. Arbeitnehmerüberlassungsvertrag, vgl. ArbG Köln, BB 1996, 800.

merüberlassung ist von anderen Formen des drittbezogenen Personaleinsatzes abzugrenzen, d.h. insbesondere vom Werkvertrag. Diese Abgrenzung ist nach der Rechtsprechung im Rahmen einer Gesamtbetrachtung anhand von Indizien vorzunehmen. Als entscheidendes Kriterium ist darauf abzustellen, wer im konkreten Fall die arbeitsrechtliche Weisungsbefugnis tatsächlich ausübt[1072].
Als „gewerbsmäßig" im Sinne des § 1 Abs. 1 Satz 1 AÜG ist in Anlehnung an die gewerberechtliche Begriffsbestimmung jede nicht nur gelegentliche, sondern auf gewisse Dauer angelegte und auf die Erzielung unmittelbarer oder mittelbarer wirtschaftlicher Vorteile gerichtete selbständige Tätigkeit anzusehen[1073], d.h. entscheidend hierbei ist die Gewinnerzielungsabsicht[1074]. Läßt sich der Verleiher nur die anfallenden Personalkosten ersetzen, liegt nach weitverbreiteter Ansicht lediglich eine Weiterverleihung zum Selbstkostenpreis vor, was die Gewinnerzielungsabsicht und somit eine gewerbsmäßige Arbeitnehmerüberlassung ausschließe[1075].
Bei einer Arbeitnehmerüberlassung durch ein reines Verleihunternehmen ohne die erforderliche Erlaubnis werden die Tatbestandsvoraussetzungen der unerlaubten Arbeitnehmerüberlassung ohne weiteres erfüllt sein und somit die Rechtsfolgen des § 9 Nr. 1 AÜG, d.h. die Unwirksamkeit des Vertrages zwischen Verleiher und Leiharbeitnehmer, und des § 10 Abs. 1 Satz 1 AÜG, d.h. die Fiktion des Arbeitsverhältnisses zwischen Entleiher und Leiharbeitnehmer, eintreten. Demgegenüber ist dies z.B. in den Fällen, in denen sich der Arbeitgeber nach der Versetzung eines Arbeitnehmers auf unbestimmte Zeit in ein Tochterunternehmen innerhalb eines Konzerns auf den „Übergang" des Arbeitsverhältnisses nach § 10 Abs. 1 Satz 1 AÜG beruft[1076], nicht ganz unproblematisch[1077]. Im Einzelfall können jedoch die Voraussetzungen für die gesetzliche Fiktion erfüllt sein[1078].

1072 BAG AP Nr. 2 zu § 1 AÜG; Becker/Wulfgramm, Art. 1 § 1 AÜG, Rn. 39; Pietzko, Tatbestand, S. 112; Schüren, § 1 AÜG, Rn. 162 ff.; Ulber, AÜG, Einleitung C, Rn. 61.

1073 Becker/Wulfgramm, Art. 1 § 1 AÜG, Rn. 27; Schüren, § 1 AÜG, Rn. 273; Ulber, § 1 AÜG, Rn. 148.

1074 BAG AP Nr. 15 zu § 1 AÜG; BAG NZA 2000, 103.

1075 Becker/Wulfgramm, Art. 1 § 1 AÜG, Rn. 29; Pietzko, Tatbestand, S. 113. Anderer Auffassung ist Schüren, § 1 AÜG, Rn. 314, der zumindest in dem Fall, in dem der Arbeitgeber sonst keine Einsatzmöglichkeit für seine Arbeitnehmer hat, davon ausgeht, daß bereits die bloße Überlassung von Arbeitskräften gegen angemessene Gegenleistung auf Gewinnerzielung gerichtet sei, da in diesen Fällen im eigenen Betrieb gerade keine Arbeitsmöglichkeit zur Verfügung stehe, und der Arbeitgeber somit durch die Verleihung sehr wohl wirtschaftlich besser dastehe und einen wirtschaftlichen Gewinn erziele.

1076 Vgl. zu diesen Fällen die Urteile des ArbG Köln, BB 1996, 800 und DB 1996, 1342.

1077 Problematisch erscheint dies wegen der Voraussetzungen einer Vereinbarung zwischen dem Vertragsarbeitgeber und dem Dritten und der Gewerbsmäßigkeit der Arbeitnehmerüberlassung, wegen des Konzernvorbehalts des § 1 Abs. 3 Nr. 2 KSchG und allgemein wegen des Sinns und Zwecks des AÜG, vgl. ArbG Köln, BB 1996, 800 f.

1078 Vgl. ArbG Köln, DB 1996, 1342, 1343.

2. Beachtlichkeit des Willens des Arbeitnehmers

Fraglich ist, ob der Arbeitnehmer bei entgegenstehendem Willen verhindern kann, daß ein Arbeitsverhältnis zwischen ihm und dem Entleiher fingiert wird.

a) Rechtsprechung und Literatur

Soweit man sich in der Vergangenheit in Rechtsprechung und Literatur überhaupt zu dem Problemkreis der Beachtlichkeit des Willens der Beteiligten und insbesondere des Arbeitnehmers im Rahmen der Fiktion des Arbeitsverhältnisses nach § 10 Abs. 1 Satz 1 AÜG äußerte, wurde meist nur kurz darauf hingewiesen, daß es auf die Kenntnis der Beteiligten oder ihren Willen, sich vertraglich zu binden, nicht ankomme[1079]. Das fingierte Arbeitsverhältnis entstehe insbesondere regelmäßig gegen den Willen des Entleihers[1080].
Ganz vereinzelt wurde auch explizit darauf hingewiesen, daß der Arbeitnehmer den Eintritt der Fiktion nicht durch seinen Widerspruch verhindern könne[1081], bzw. daß er keinen Weiterbeschäftigungsanspruch gegenüber dem Verleiherbetrieb habe. Dabei gelte dies auch im Hinblick auf Betriebsratsmitglieder, deren Betriebsratsamt durch den Übergang des Arbeitsverhältnisses erlösche[1082]. Zum einen handele es sich bei der Fiktion des Arbeitsverhältnisses zum Entleiher um zwingendes Arbeitnehmerschutzrecht, welches von den Beteiligten nicht abbedungen werden könne[1083]. Zum andern könne der Widerspruch hier anders als bei § 613 a BGB nicht zum Verbleib im Arbeitsverhältnis zum Verleiher führen. Denn dieses Arbeitsverhältnis sei gemäß § 9 Nr. 1 AÜG unwirksam, und der Widerspruch liefe somit auf eine fristlose Eigenkündigung des einzig bestehenden Arbeitsverhältnisses hinaus[1084]. Aufgrund der Unterschiede zwischen der Rechtslage bei § 10 Abs. 1 AÜG und der Rechtslage bei § 613 a BGB erscheine eine unterschiedliche Beurteilung auch im Hinblick auf die Anerkennung eines Widerspruchsrechts durchaus gerechtfertigt[1085].

[1079] BGH NJW 1980, 452.
[1080] Schüren, § 10 AÜG, Rn. 30.
[1081] Schüren, § 10 AÜG, Rn. 35.
[1082] Feudner, DB 1994, 1570, 1571.
[1083] Schüren, § 10 AÜG, Rn. 34.
[1084] Becker/Wulfgramm, Art. 1 § 10 AÜG, Rn. 11; Schüren, § 10 AÜG, Rn. 35; BAG SAE 1978, 172. Anderer Auffassung diesbezüglich ist Schnorr von Carolsfeld, SAE 1978, 174, 176, der davon ausgeht, daß „Unwirksamkeit" im Sinne des § 9 Abs. 1 AÜG nicht ein völliges rechtliches Nichts bedeute, sondern daß der Vertrag durchaus wieder wirksam werden könne, wenn z.B. die Genehmigung nachträglich erteilt werde.
[1085] Vgl. Becker/Wulfgramm, Art. 1 § 10 AÜG, Rn. 10, die darauf hinweisen, daß der Inhalt des fingierten Arbeitsverhältnisses nicht identisch sei mit dem Inhalt des Leiharbeitsverhältnisses, und es sich bei § 10 Abs. 1 AÜG somit nicht nur um einen Arbeitgeberwechsel handele.

Einige Autoren gingen jedoch bereits seit einiger Zeit zumindest davon aus, daß dem Arbeitnehmer im Interesse der freien Wahl seines Arbeitsplatzes (Art. 12 Abs. 1 GG) ein außerordentliches Kündigungsrecht nach § 626 BGB zur Beendigung des nach § 10 Abs. 1 Satz 1 AÜG fingierten Arbeitsverhältnisses zustehen müsse[1086]. Dies würde jedoch wiederum zu dem Verlust beider Arbeitsplätze führen[1087]. Der wichtige Grund im Sinne des § 626 BGB soll dabei im Nichtbesitz der Erlaubnis bzw. in dem späteren Erlaubniswegfall liegen[1088].
Nachdem Konzen schon sehr frühzeitig die Widersprüchlichkeit zwischen der Rechtsprechung des BAG zu § 613 a BGB und § 10 Abs. 1 AÜG kritisiert hatte[1089], wurde insbesondere in den letzten Jahren darüber hinaus die Meinung vertreten, daß dem Leiharbeitnehmer hinsichtlich des fingierten Arbeitsverhältnisses zum Entleiher ein aus Art. 12 Abs. 1 GG folgendes Recht zum Widerspruch gegen den Übergang des Arbeitsverhältnisses entsprechend dem nunmehr in § 613 a Abs. 6 BGB gesetzlich normierten Widerspruchsrecht zustehen müsse[1090]. Schließlich greife der Gesetzgeber mit der gesetzlichen Fiktion eines Arbeitsverhältnisses in die privatautonome Gestaltungsfreiheit der Arbeitsvertragsparteien und in das durch Art. 12 Abs. 1 GG geschützte Recht auf freie Wahl des Arbeitsplatzes ein. Dies geschehe, indem der Arbeitnehmer gegen seinen erklärten Willen einem Arbeitsverhältnis zu einem Dritten unterworfen werde und die bisherige Vertragsbeziehung zum privatautonom gewählten Arbeitgeber kraft Gesetzes beendet werde. Ein derartiger Eingriff sei verfassungsrechtlich nur insoweit unbedenklich, als die Schutzzwecke des Gesetzes, den Leiharbeitnehmer vor unzuverlässigen Verleihern zu schützen[1091] und einen sozial- und arbeitsrechtlichen Mindestschutz der Arbeitnehmer der Verleihunternehmen sicherzustellen[1092], dies erforderten. Dies führe zu der Anerkennung eines Widerspruchsrechts[1093], auf das wohl grundsätzlich die zu § 613 a BGB

[1086] Becker/Wulfgramm, Art. 1 § 10 Rn. 4, 38; Sandmann/Marschall, Art. 1 § 10 AÜG Rn. 19; ErfK-Wank, § 10 AÜG, Rn. 12.

[1087] Aus diesem Grunde lehnt Konzen, ZfA 1978, 451, 507, die Einräumung eines außerordentlichen Kündigungsrechts des Arbeitnehmers gegenüber dem Arbeitgeber ab.

[1088] Becker/Wulfgramm, Art. 1 § 10 AÜG, Rn. 4; Sandmann/Marschall, Art. 1 § 10 AÜG, Rn. 19ErfK-Wank, § 10 AÜG, Rn. 12.

[1089] Konzen, ZfA 1978, 451, 506 f. Auch Schnorr von Carolsfeld, SAE 1978, 174, 176, hielt bereits die Auffassung des BAG mit dem Persönlichkeitsrecht des Arbeitnehmers für unvereinbar und forderte, „jedenfalls bei klar fehlender Zustimmung" nur ein weiteres Fortbestehen des bisherigen Arbeitsverhältnisses anzunehmen, hinsichtlich dessen bei Weigerung des bisherigen Arbeitgebers, die Dienste entgegenzunehmen, Annahmeverzug eintreten würde.

[1090] So noch vor Einführung des § 613 a Abs. 6 BGB: Hessisches LAG DB 2001, 2104; ArbG Köln, DB 1996, 1342, mit zust. Anmerkung Wrede; Liebscher, BB 1996, 801, 802; Ulber, § 10 AÜG, Rn. 5, 34, 39.

[1091] Becker/Wulfgramm, Art. 1 § 10 AÜG, Rn. 3.

[1092] Blank, u.a., Betriebsaufspaltung, S. 276.

[1093] Ulber, § 10 AÜG Rn. 34; Liebscher, BB 1996, 801, 802, die jedoch darauf hinweist, daß in der Rechtsprechung bisher lediglich Sachverhalte anzutreffen gewesen seien, in denen die entwickelten bzw. mittlerweile gesetzlich geregelten Grundsätze angewendet werden sollen.

b) Eigene Auffassung

Zu klären ist bei dieser Fragestellung, ob ausgehend vom Sinn und Zweck des Arbeitnehmerüberlassungsgesetzes eine teleologische Reduktion des § 10 Abs. 1 AÜG in der Weise vorgenommen werden kann, daß bei einem entgegenstehenden Willen des Arbeitnehmers die Fiktion des Arbeitsverhältnisses zum Entleiher ausscheidet. Eine dahingehende Auslegung des § 10 Abs. 1 AÜG ist aufgrund des entgegenstehenden Wortlauts nicht möglich[1094].

Das LAG Baden-Württemberg hat sich zumindest in dem Fall für eine teleologische Reduktion des § 10 Abs. 1 AÜG ausgesprochen, in dem ein als „Werkvertrag" bezeichneter Vertrag zwar aufgrund seiner praktischen Handhabung als Arbeitnehmerüberlassungsvertrag erscheine, der „Werkunternehmer" jedoch seine Arbeitgeberpflichten korrekt erfülle. In einem solchen Fall sei die Einschränkung der verfassungsrechtlich geschützten Vertragsfreiheit, die auch die Freiheit erfasse, zu entscheiden, ob und mit wem ein Arbeitsvertrag geschlossen werde, vom Schutzzweck der Regelung her nicht geboten[1095].

Das AÜG hat insbesondere den Schutz des Arbeitnehmers im Auge[1096]. Somit scheint eine teleologische Reduktion dieser Vorschrift vor dem Hintergrund der ansonsten eintretenden Verletzung der Vertragsfreiheit des Arbeitnehmers dann geboten, wenn eine Gefahrenlage für den Arbeitnehmer insbesondere aufgrund eines gesicherten sozial- und arbeitsrechtlichen Mindestschutzes überhaupt nicht eintreten kann. Schließlich droht hier ansonsten genau die Situation, die auch für die Entwicklung des Widerspruchsrechts im Rahmen des § 613 a BGB ausschlaggebend war, nämlich daß über den Arbeitnehmer – wenn auch durch gesetzliche Anordnung - wie über einen Gegenstand verfügt wird. Zwar ergibt sich diese Gefahr nicht - wie von manchen Autoren befürchtet -, wenn das AÜG von „einfallsreichen Sanierern"[1097] als Instrument zur Umstrukturierung innerhalb eines Konzerns gebraucht bzw. mißbraucht werden soll, indem man ungewollte Arbeitnehmer bei Tochtergesellschaften einsetzt. Denn in diesen Fällen kommt es aufgrund des Konzernvorbehaltes des § 1 Abs. 3 Nr. 2 AÜG grundsätzlich schon gar nicht zu einer Unwirksamkeit des einen und zu einer Fiktion

Arbeitnehmer ein Interesse an dem Bestand des Arbeitsverhältnisses mit dem Entleiher gehabt hätten; es sei kein einziger Fall zu finden, in dem das Arbeitsverhältnis gegen den Willen des Arbeitnehmers übergeleitet worden sei.

1094 A.A. wohl Hessisches LAG DB 2001, 2104.

1095 LAG Baden-Württemberg, DB 1990, 2971; ähnlich zu dem mittlerweile gestrichenen § 13 AÜG: LAG Köln, EWiR 1997, 487. A.A. BAG AP Nr. 8 zu § 10 AÜG.

1096 Vgl. Großkommentar-Steffan, § 613 a BGB, Rn. 77.

1097 Vgl. Wrede, DB 1996, 1343, 1344.

des anderen Arbeitsverhältnisses, so daß insoweit auch kein Bedürfnis für ein Widerspruchsrecht des Arbeitnehmers besteht.
Anders ist dies jedoch bei der unerlaubten Arbeitnehmerüberlassung durch ein reines Verleihunternehmen zu beurteilen. Dabei ist auch die Befugnis des Arbeitnehmers, sich von dem neuen Arbeitgeber durch Kündigung zu lösen, wie bei einem Betriebsübergang nicht als ausreichend anzusehen. Die grundrechtliche Gefährdungslage resultiert gerade daraus, daß der Arbeitnehmer – wenn auch nur vorübergehend – an einen anderen Arbeitgeber gebunden wird. Zudem kann die Tatsache, daß es sich bei den Vorschriften der §§ 9 und 10 AÜG grundsätzlich um zwingendes Arbeitnehmerschutzrecht handelt[1098], nicht dazu führen, daß ein ablehnender Wille des Arbeitnehmers von vornherein keine Bedeutung hat. Dies hätte sonst früher auch dem mittlerweile aber ausdrücklich gesetzlich geregelten Widerspruchsrecht bei einem Betriebsübergang nach § 613 a BGB entgegengestanden. Die Befürworter des Widerspruchsrechts gingen nämlich von jeher davon aus, daß der erwünschte Bestandsschutz der Arbeitsverhältnisse bereits dann erreicht werde, wenn der Betriebserwerber in seiner Freiheit eingeschränkt werde, die Übernahme einzelner Arbeitnehmer abzulehnen. Auch den Verzicht des Arbeitnehmers auf den ihm gewährten Schutz des Arbeitsverhältnisses für unbeachtlich zu halten, wurde hingegen nicht als erforderlich angesehen[1099].
Gleiches muß aufgrund der Vergleichbarkeit der Situation zu § 613 a BGB auch dann gelten, wenn ein reines Verleihunternehmen unzulässige Arbeitnehmerüberlassung betreibt. Dem Arbeitnehmer darf wegen seines Grundrechts aus Art. 12 Abs. 1 GG nicht gegen seinen Willen der Entleiher als Arbeitgeber aufgezwungen werden. Der Arbeitnehmer hat zwar bereits in dem sog. Leiharbeitsvertrag einer Übertragung der Weisungsbefugnis zugestimmt und somit abweichend vom gesetzlichen Leitbild des § 613 Satz 2 BGB in die Übertragung der Dienste auf einen Dritten, den Entleiher, eingewilligt[1100]. Damit hat er sich jedoch nicht gleichzeitig auch mit der Zuweisung eines neuen Arbeitgebers einverstanden erklärt. Die Anerkennung eines Widerspruchsrechts scheitert dabei auch nicht daran, daß dem Arbeitnehmer dann aufgrund der Unwirksamkeit des mit dem Verleiher bestehenden Vertrages gemäß § 9 Nr. 1 AÜG überhaupt kein Arbeitsverhältnis mehr verbleibt[1101]. Dieser Umstand führt schließlich auch

---

[1098] Vgl. Schüren, § 10 AÜG, Rn. 34.
[1099] BAG AP Nr. 1, 21 zu § 613 a BGB; zust.: Seiter, Anm. zu BAG AP Nr. 1 zu § 613 a BGB; Menze, Widerspruchsrecht, S. 22. A.A. Pietzko, Tatbestand, S. 251 ff.
[1100] Schüren, § 1 AÜG, Rn. 61; Ulber, § 9 AÜG, Rn. 24.
[1101] Dabei kann eine teleologische Reduktion des § 10 Abs. 1 AÜG dahingehend, daß die Fiktion des Arbeitsverhältnisses zum Entleiher bei einem entgegenstehenden Willen des Arbeitnehmers nicht stattfindet, nicht gleichzeitig dazu führen, daß entgegen der gesetzlichen Regelung das Arbeitsverhältnis zum Verleiher als wirksam anzusehen wäre, vgl. MünchArbR-Buchner, § 39, Rn. 32. Die Regelung des § 9 Nr. 1 AÜG, nach der auf Arbeitnehmerüberlassung gerichtete Verträge unwirksam sind, wenn der Verleiher die erforderliche behördliche

im Rahmen der Aufspaltung und der Verschmelzung nicht zu einem Entfallen des Widerspruchsrechts[1102].
Folglich ist in den Fällen unerlaubter Arbeitnehmerüberlassung ein Widerspruchsrecht des Arbeitnehmers gegen den „Übergang" seines Arbeitsverhältnisses auf den Entleiher zu bejahen, so daß auch insoweit keine Widersprüchlichkeiten zu dem mittlerweile im Rahmen des § 613 a BGB ausdrücklich gewährten Widerspruchsrecht bestehen.

V. Zusammenfassung der Ergebnisse

§ 613 a Abs. 1 Satz 1 BGB findet auf die Fälle des Betriebs(teil)übergangs im Wege der gesellschaftsrechtlichen (partiellen) Gesamtrechtsnachfolge durch Verschmelzung, Spaltung und Vermögensübertragung direkte Anwendung, da es sich dabei um einen Betriebs(teil)übergang „durch Rechtsgeschäft" handelt. Zusätzlich wird dieses Ergebnis durch § 324 UmwG klargestellt. Somit erfolgen der Übergang und die Zuordnung der Arbeitsverhältnisse bei Spaltungen und Verschmelzungen nach dem UmwG grundsätzlich gemäß § 613 a Abs. 1 Satz 1 BGB, d.h. Zuordnungsfreiheit besteht nur bezüglich der einzelnen Betriebe und Betriebsteile, nicht jedoch hinsichtlich der einzelnen Arbeitsverhältnisse.
Ist die Zugehörigkeit eines Arbeitnehmers zu dem übergehenden Betrieb oder Betriebsteil nicht eindeutig, weil er als Springer oder in einer Overhead- oder Querschnittsfunktion tätig war, so erfolgt ein Übergang seines Arbeitsverhältnisses gemäß § 613 a Abs. 1 Satz 1 BGB nach der strukturorientierten Betrachtungsweise nur dann, wenn der Arbeitnehmer in den übergehenden Betrieb(steil) auch organisatorisch eingegliedert war. Bei mehrfacher organisatorischer Eingliederung erfolgt die Zuordnung nach dem absoluten bzw. relativen Tätigkeitsschwerpunkt, wobei dem Arbeitgeber in letztlich noch bestehenden Zweifelsfällen ein originäres Zuweisungsrecht zusteht.
Ein sogenannter „spaltungsrechtlicher" Übergang der Arbeitsverhältnisse gemäß §§ 126 Abs. 1 Nr. 9, 131 Abs. 1 Nr. 1 UmwG, für dessen Wirksamkeit die Zustimmung der betroffenen Arbeitnehmer gemäß § 132 UmwG i.V.m. § 613 Satz 2 BGB erforderlich ist, kommt nur in Betracht, wenn entweder gar kein Betrieb(steil) übergeht, oder wenn zusätzlich zu einem Betrieb(steil) noch weitere, diesem Betrieb(steil) nicht zugehörige Arbeitsverhältnisse übertragen werden sollen. Denn dann kann §613 a BGB von vornherein nicht eingreifen.
Die Regelung des § 323 Abs. 2 UmwG kann im Einzelfall dazu führen, daß der Arbeitgeber in sog. „doppelten Zweifelsfällen" eine von § 613 a BGB abwei-

---

Erlaubnis nicht hat, dient nämlich primär der Sicherung des Erlaubnisvorbehalts des § 1 Abs. 1 AÜG, vgl. BAG AP Nr. 8 zu § 10 AÜG.

[1102] Ob natürlich aufgrund dieser Tatsache aber überhaupt ein Arbeitnehmer von seinem Widerspruchsrecht Gebrauch machen wird, ist eine andere Frage.

chende Zuordnung vornehmen darf, dies jedoch nur mit Einverständnis des Betriebsrates.

Das Widerspruchsrecht, das nach über 25 Jahren ständiger Rechtsprechung mit Wirkung zum 1.4.2002 in § 613 a Abs. 6 BGB gesetzlich normiert wurde, besteht auch im Rahmen des Betriebs(teil)übergangs durch gesellschaftsrechtliche Gesamtrechtsnachfolge nach dem UmwG. Dies zum einen, weil es sich dabei um einen rechtsgeschäftlichen Betriebsübergang gemäß § 613 a Abs. 1 Satz 1 BGB handelt, und zum andern, weil § 324 UmwG nun auch § 613 a Abs. 6 BGB für unberührt bleibend erklärt. Die Arbeitnehmer sind auch in diesen Fällen vor einem „Verkauf" zu schützen, und ihnen ist ihre durch Art. 12 Abs. 1 GG geschützte Vertragsfreiheit zu gewährleisten, als Ausgleich zu der privatautonom gefaßten Entscheidung des übertragenden Rechtsträgers, die zum Betriebs(teil)übergang durch das Mittel der (partiellen) Gesamtrechtsnachfolge führte. Dies gilt auch in den Fällen, in denen der Rechtsträger durch die Umwandlung erlischt.
Demgegenüber scheidet ein Widerspruchsrecht des Arbeitnehmers gegen den Übergang seines Arbeitsverhältnisses in den Fällen der erbrechtlichen Gesamtrechtsnachfolge und der Gesamtrechtsnachfolge auf den verbliebenen „Gesellschafter" beim Ausscheiden des vorletzten Gesellschafters aus einer Personengesellschaft auch weiterhin aus. Die Gesamtrechtsnachfolge stellt sich dabei jeweils als Folge eines tatsächlichen Ereignisses und nicht als Mittel zur Vermögensübertragung dar. Somit besteht die Gefahr eines „Verkaufs" des Arbeitnehmers nicht in gleichem Maße wie beim rechtsgeschäftlichen Betriebsübergang – eingeschlossen des Betriebsübergangs durch gesellschaftsrechtliche Gesamtrechtsnachfolge – und bedarf nicht eines Ausgleichs durch ein Widerspruchsrecht. Nur im Falle der Fiktion eines Arbeitsverhältnisses zum Entleiher nach § 10 Abs. 1 Satz 1 AÜG ist aufgrund der Vergleichbarkeit zu § 613 a BGB ein Widerspruchsrecht des Arbeitnehmers zu bejahen.

Das Widerspruchsrecht ist ein Gestaltungsrecht, das ohne Angabe von Gründen ausgeübt werden kann. Die eindeutige und unbedingte Widerspruchserklärung muß in Schriftform wahlweise dem alten oder dem neuen Arbeitgeber zugehen, und zwar gemäß § 613 a Abs. 6 BGB innerhalb eines Monats nach Zugang der Unterrichtung nach § 613 a Abs. 5 BGB. Die Widerspruchsfrist fängt folglich nur an zu laufen, wenn der Arbeitnehmer vollständig in Textform durch den alten oder neuen Arbeitgeber über die in § 613 a Abs. 5 BGB genannten Punkte unterrichtet wurde. Dabei dürfen sich die Arbeitgeber nicht auf die bloße Wiedergabe des Gesetzestextes beschränken. Sie haben die Arbeitnehmer vielmehr ausgehend davon, daß diese eine Entscheidungsgrundlage für die Ausübung ihres Widerspruchsrechts erhalten sollen, über den Rechtsgrund des Betriebsübergangs, in Stichworten auch über dessen wirtschaftlichen Hintergrund sowie im einzelnen über die rechtlichen, wirtschaftlichen und sozialen Folgen für sie und die ihnen gegenüber in Aussicht genommenen Maßnahmen zu unterrichten. Als Grenze der Informationspflicht sind dabei jeweils die legitimen Geheimhaltungsinteressen des alten Arbeitgebers und des neuen Rechtsträgers anzusehen. Darüber hinaus sind die Arbeitnehmer über die Person des übernehmenden Rechtsträgers sowie über das ihnen zustehende Widerspruchsrecht an sich zu informieren. Unterbleibt die Unterrichtung oder ist sie unvollständig, beginnt die Frist nicht zu laufen. Trotzdem wird ein erst über sechs Monate nach dem Betriebsübergang ausgeübter Widerspruch meist nach § 242 BGB unbeachtlich sein, wenn der Arbeitgeber sich den Umständen nach darauf einrichten durfte, daß der Arbeitnehmer nun nicht mehr widersprechen werde. Eine kürzere Widerspruchsfrist als die Monatsfrist, nach deren Ablauf das Widerspruchsrecht erlischt, kann der Arbeitgeber dem Arbeitnehmer nicht setzen. Nach ausreichender Unterrichtung gemäß § 613 a Abs. 5 BGB besteht lediglich die Möglichkeit, frühzeitig eine schriftliche Verzichtsvereinbarung zu schließen, da dann ein gleichwohl erhobener Widerspruch als unbeachtlich anzusehen ist. Auch in anderen Fällen kann die Ausübung des Widerspruchsrechts unbeachtlich da rechtsmißbräuchlich sein. Insbesondere die kollektive Widerspruchsausübung ist dann als rechtsmißbräuchlich anzusehen, wenn die Arbeitnehmer Ziele verfolgen, die über die Verhinderung des Arbeitgeberwechsels hinausgehen, d.h. wenn z.B. materielle Vergünstigungen erreicht werden sollen.

Unmittelbare Rechtsfolge der Ausübung des Widerspruchsrechts ist bei Fortbestehen des ursprünglichen Rechtsträgers der Fortbestand des Arbeitsverhältnisses zum alten Arbeitgeber. Auch bei Ausübung des Widerspruchsrechts erst nach Betriebsübergang erfolgt bis dahin nur ein aufschiebend bedingter Übergang des Arbeitsverhältnisses. Erlischt der ursprüngliche Rechtsträger, muß auch das Arbeitsverhältnis zu diesem Zeitpunkt erlöschen. Dann müssen die übernehmenden Rechtsträger für sämtliche Forderungen des Arbeitnehmers gesamtschuldnerisch einstehen, auch für solche, die noch nicht fällig sind, wie Ansprüche aus der betrieblichen Altersversorgung. Der „Hauptschuldner“ ist dabei durch Auslegung des Spaltungsvertrages zu ermitteln. Ist dies nicht möglich, sind im Interesse des bestmöglichen Gläubigerschutzes alle Spaltungsprodukte als Hauptschuldner anzusehen. Entsprechendes gilt für die Ansprüche aus einem nachvertraglichen Wettbewerbsverbot, wobei die Arbeitnehmer dann jedoch auch daraus verpflichtet sind.
Bleibt das Arbeitsverhältnis zunächst zwar zum alten Arbeitgeber bestehen, so droht dem Arbeitnehmer dennoch meist ein Arbeitsplatzverlust durch betriebsbedingte Kündigung, nämlich wenn unternehmensweit keine anderweitige Beschäftigungsmöglichkeit besteht. Dabei kann sich der Arbeitnehmer bei einem Betriebsteilübergang nur dann auf eine fehlerhafte Sozialauswahl berufen, wenn er einen „sachlichen Grund“ für den Widerspruch hatte. Ein solcher liegt in

Abwägung mit den Interessen der Arbeitnehmer der Restbelegschaft nur dann vor, wenn die konkrete Gefahr besteht, daß der Arbeitnehmer seinen Arbeitsplatz ohne Ausübung des Widerspruchsrechts alsbald verliert.
Auch besonders kündigungsgeschützte Arbeitnehmer, wie tariflich ordentlich unkündbare Arbeitnehmer oder Betriebsratsmitglieder, können nur dann Vorteile aus ihrem besonderen Kündigungsschutz ziehen, wenn sie aus einem sachlichen Grund widersprochen haben. In diesem Zusammenhang stellt z.B. das Ziel eines Betriebsratsmitglieds, sein Betriebsratsamt nicht durch den Betriebsteilübergang zu verlieren, keine sachliche Rechtfertigung dar.
Bei einem Betriebsteilübergang ist vor jeder betriebsbedingten Kündigung widersprechender Arbeitnehmer der Betriebsrat – soweit ein solcher besteht - anzuhören, es sei denn, der Restbetrieb stellt nach der Spaltung des Betriebes keine betriebsratsfähige Einheit mehr dar.
Liegt im Einzelfall nach Betriebsteilabspaltung ein gemeinsamer Betrieb vor, erhöhen sich dadurch die Chancen des widersprechenden Arbeitnehmers, nicht durch eine betriebsbedingte Kündigung seinen Arbeitsplatz zu verlieren. Denn grundsätzlich ist sowohl bezüglich der Weiterbeschäftigung als auch bezüglich der Sozialauswahl auf den gesamten gemeinsamen Betrieb abzustellen. Einschränkungen können sich jedoch aus einer diesem Ergebnis entgegenstehenden unternehmerischen Entscheidung des Arbeitgebers sowie auch hier wiederum aus den zu beachtenden Interessen der am Betriebsteilübergang unbeteiligten Arbeitnehmer ergeben.

Auch wenn der Betriebs(teil)übergang selbst keine Betriebsänderung im Sinne des § 111 BetrVG darstellt, kann eine solche im Zusammenhang mit dem Betriebs(teil)übergang durchgeführt werden. Auch die betriebsbedingte Kündigung entsprechend vieler (widersprechender) Arbeitnehmer im Anschluß an einen Betriebs(teil)übergang ist als Betriebs(teil)einschränkung und daher als Betriebsänderung zu beurteilen. Somit greifen die Beteiligungsrechte des Betriebsrates gemäß den §§ 111 ff. BetrVG ein. Auch hier spielt jedoch die sachliche Rechtfertigung des Widerspruchs insofern eine Rolle, als der widersprechende Arbeitnehmer bei einer Unzumutbarkeitsregelung im Sozialplan im Sinne des § 112 Abs. 5 Satz 2 Nr. 2 Satz 2 BetrVG dann keinen Sozialplananspruch hat, wenn er keinen sachlichen Grund für den Widerspruch hatte. Denn in diesem Fall ist die Weiterarbeit beim neuen Rechtsträger als zumutbar anzusehen. Demgegenüber steht auch dem grundlos widersprechenden Arbeitnehmer grundsätzlich ein Anspruch auf Nachteilsausgleich gemäß § 113 Abs. 3 BetrVG zu, wenn der Arbeitgeber keinen Interessenausgleich mit dem Betriebsrat versucht. Dieser Anspruch kann lediglich im Rahmen des § 10 KSchG gemindert werden.

Der Anspruch auf Arbeitslosengeld des widersprechenden Arbeitnehmers, der im Anschluß an seinen Widerspruch arbeitslos wird, unterfällt im Hinblick auf die Interessen der Versichertengemeinschaft in entsprechender Anwendung des § 144 Abs. 1 Nr. 1, 1. Alt. SGB III einer 12-wöchigen Sperrfrist, es sei denn, ein Arbeitsplatzverlust würde sowieso eintreten.

Nach alledem erscheint es höchst fraglich, inwieweit dem Arbeitnehmer überhaupt zu einer Ausübung des ihm aus verfassungsrechtlichen Gründen zustehenden, mittlerweile gesetzlich normierten Widerspruchsrechts gegen den Übergang seines Arbeitsverhältnisses bei einem Betriebsübergang infolge einer Unternehmensumwandlung zu raten ist. In finanzieller Hinsicht sollte er nach den oben festgestellten Auswirkungen eines sachlich unbegründeten Widerspruchs auf die Sozialauswahl sowie auf Sozialplan-, Nachteilsausgleichs- und Arbeitslosengeldansprüche davon jedenfalls nur dann Gebrauch machen, wenn sein Arbeitsplatz nach dem Übergang auf den neuen Rechtsträger mit hinreichender Wahrscheinlichkeit wegfallen würde.

FSC
www.fsc.org
MIX
Papier | Fördert gute Waldnutzung
FSC® C083411

Kolibri 360 GmbH
Ferdinand-Jühlke-Straße 7
99095 Erfurt, Deutschland
produktsicherheit@kolibri360.de

Druck:
CPI Druckdienstleistungen GmbH
im Auftrag der
Kolibri 360 GmbH
Ferdinand-Jühlke-Str. 7
99095 Erfurt